Biblioteca de Derecho Financiero y Tributario

José Andrés Rozas Valdés
(Director)

Carlos Antonio Agurto Gonzáles
Sonia Lidia Quequejana Mamani
Catherine Margaret Navarro Acosta
(Coordinadores Generales)

Cristiano Carvalho
Profesor Libre-Docente en Derecho Tributario, Universidad de Sao Paulo (USP)
Doctor en Derecho Tributario, Pontificia Universidad de São Paulo (PUC-SP)
Post-Doctor en Derecho y Economía, Universidad de California, Berkeley.
Abogado

Teoría de la decisión
tributaria

Ediciones Olejnik

TEORÍA DE LA DECISIÓN TRIBUTARIA

© CRISTIANO CARVALHO

© Ediciones Olejnik
Huérfanos 611, Santiago - Chile
E-mail: contacto@edicionesolejnik.com
Web site: http://www.edicionesolejnik.com

Primera edición: 2017

ISBN: 978-956-7799-77-0

Diseño de Carátula: Ena Zuñiga
Diagramación: Luis A. Sierra Cárdenas

Impreso en Argentina 2017 Printed in Argentina

ÍNDICE GENERAL

CAPÍTULO II
DECISIÓN DEL LEGISLADOR

CAPÍTULO III
DECISIÓN DEL CONTRIBUYENTE

CAPÍTULO IV:
DECISIÓN DEL AGENTE FISCAL

CAPÍTULO V
DECISIÓN DEL JUEZ

A mi madre, Leila,
con amor

AGRADECIMIENTOS

A Paulo de Barros Carvalho, por la enseñanza de ayer, hoy y siempre, y por la permanente inspiración intelectual y personal.

A Rachel Sztajn, por la pionera aplicación en el Derecho brasileño de varias de las teorías e instrumentos metodológicos constantes de esta obra y por el honor de haber dictado con ella la disciplina *Instituciones de Derecho y Economía,* en el programa de post-graduación stricto sensu en Derecho Comercial, Facultad de Derecho del Largo Sao Francisco, Universidad de Sao Paulo.

Al Equipo Examinador del concurso a la libre docencia en Derecho Tributario, Facultad del Largo de Sao Francisco, Universidad de Sao Paulo, por las críticas y observaciones que contribuyeron mucho para el mejoramiento de esta obra: Luis Eduardo Schoueri, Paulo de Barros Carvalho, Francisco de Queiroz Bezerra Cavalcanti, André Ramos Tavares y Nelson Nery Junior.

A Robert D. Cooler, cuyo trabajo y obra tuvieron una gran influencia en este libro, por la orientación en el Post-doctorado, Law and Economies Program, Boalt Hall School of Law, University of California, Berkeley.

A John R. Searle, por la ocasión única de participar de su grupo de estudios Berkeley Social Ontology, University of California, Berkeley.

A Juan Carlos Panez Solórzano por el constante apoyo e interés en divulgar mis libros en países de habla hispana.

A Ediciones Olejnik por el privilegio y la oportunidad de publicar esta obra en Argentina y España.

A los queridísimos amigos, que de varias formas influyeron y contribuyeron en el desarrollo y publicación de esta obra: Alex Raskolnikov, André Elali, Carla de Lourdes Goncalves, Celso Campilongo, Eduardo Jobim, Ely Mattos, Eurico de Santi, Fernando Zilveti, Flavia Vera, Giacomo Balbinotto, Juan Javier del Granado, Heleno Torres. Luciano Benetti Timm, Marcos Nobrega, Marcelo Magalhaes Peixoto, Rafael Bicca Machado, Reuven Avi-Yonah y Ronald Hilbretch.

PRESENTACIÓN

El bello y claro texto de Cristiano Rosa de Carvalho evidencia la importancia de la interdisciplinaridad en el análisis y discusión de temas propios del Derecho. Combinando de forma perfecta aspectos filosóficos y morales con comportamientos estratégicos adoptados por las personas, el autor de muestra que el ser humano, al tomar decisiones, en la medida en que afectan su bienestar, o que defienda una posición o interés, puede «contaminarlas» con elementos de naturaleza subjetiva.

En ese sentido, tanto los magistrados, como los legisladores, pueden ser involuntariamente capturados por valores prevalentes en el medio en el que fueron criados y por las instituciones sociales que respetan, lo que puede interferir en la toma de decisión. Del mismo modo, el contribuyente y el agente fiscal actúan de forma estratégica al formular sus elecciones. De ahí la relevancia de una discusión orientada hacia la formulación de políticas públicas en el campo tributario.

Es lo que hace Cristiano Carvalho asociando modelos diseñados en la teoría de los juegos para evaluar las decisiones en materia de interés general, ya sea del Estado o del sector privado. Al primero, a quien le compete la atribución de derechos legales, debe estimulársele la creación de riqueza, sin dejar de atender reclamos asistenciales en casos específicos.

Al último, debe brindársele los recursos necesarios a la propia función estatal, a través del pago de tributos.

Pensando la tributación como instrumento de distribución de bienestar, recurrir a la teoría de la decisión facilita anticipar tanto comportamientos oportunistas como otras formas indeseables de imputación que ocasionen impacto negativo en los estímulos del sector privado para crear riqueza.

La claridad con que expone las bases de áreas no jurídicas facilita la lectura del texto a los poco acostumbrados a las temáticas extralegales, al mismo tiempo que nos convence de que, en la etapa actual de desenvolvimiento socioeconómico, es necesario que el dogmatismo, usual en la doctrina jurídica, tome las herramientas nuevas para el operador del derecho, evaluadas, no obstante, en otras áreas del conocimiento, a efectos de que se cumpla la función de promoción del derecho, como se entiende por Norberto Bobbio.

Presentar una obra que reúne tales características es motivo de enorme satisfacción, que me enorgullece mucho.

San Paulo, 30 de septiembre de 2012.

Rachel Sztajn

Profesora asociada de Derecho Comercial, en la Facultad de Derecho de la Universidad de San Paulo.

PRÓLOGO

Perhaps you think that reading a book about taxes is almost as bad as paying them. If so, prepare to be pleasantly surprised by Cristiano Carvalho's *Theory of tax decision*. The tax code is not just arcane rules to take your money. It is also an account of the power and aspirations of a nation as expressed through its politics. You have probably seen books by tax professors who codify taxes. Instead, this book decodifies taxes, which requires explaining the behavior of the people who make the tax code and respond to it.

The approach of this book is to analyze four different decision makers -the legislator, the taxpayer, the fiscal authority, and the judge. The analysis is at once theoretical and practical. It is theoretical because it draws upon the best behavioral science to explain what each of the four actors does, and the best social science especially comes from economics -rational choice theory, decision theory, and market theories. And it is practical because explaining what the actors do, the book evaluates their behavior in light of shared values, notably justice, efficiency, freedom, and equality. The book combines predictions about behavior related to taxes and evaluation of that behavior in light of policy values that everyone cares about. The book applies social science and philosophy to taxes.

In June of 2012, I will be attending the 16th annual conference of the Latin American and Iberian Law and Economics Association (ALACDE). It meets in a different Latin American City each year - this year the meeting is in Lima, Peru- and I have attended all of the meetings. With pleasure and amazement I have watched the growth of law and economics from a few voices to a full chorus with a powerful song. The song is about new legal scholarship that uses 22 social science to predict the consequences of alternative legal rules and institutions for the welfare of people. Cristiano Carvalho is a participant in this movement and his book is a significant contribution to law and economics in Latin America. When you finish reading this book, I hope that you will appreciate this new genre of music and, if you are a scholar, I hope that you will want to sing along.

May 15, 2012.

Robert Cooter

«Herman Selvin» Professor of

Law University of California, Berkeley Law School

PREFACIO

El proceso de positivización del derecho presupone el tiempo y el rol de intercalador del sujeto aplicador, justamente aquél que mueve las estructuras jurídicas para que ellas cumplan su misión de regir las conductas intersubjetivas, implantando los valores que la sociedad anhela.

El tiempo, con todos los misterios y dificultades que la reflexión filosófica reconoce, está marcado por tres aspectos fundamentales: a) la continuidad, es decir, su marcha secuencial es inexorable, transcurriendo sin detenerse ni interrumpirse; b) la unidireccionalidad, lo que quiere decir que el avance progresa al compás de una única e inmutable dirección, proyectándose siempre hacia el futuro; y c) la irreversibilidad, como la característica que vuelve imposible plantearse cualquier tipo de regreso.

La participación del sujeto aplicador nos conduce a las complejidades inherentes al proceso de decisión, expresadas invariablemente por un acto de habla. De hecho, allí donde exista comunicación, y donde el derecho pueda ser tomado como un gran proceso comunicacional, habrá, por cierto, el acto de habla que lo inaugure.

Este es el momento elegido por el Profesor Cristiano Carvalho para cosechar la sustancia del excelente libro que somete a edición: analizar el proceso decisorio, en términos de racionalidad, en el contexto de la tributación. En una visión interdisciplinaria, el autor produjo una obra pionera en muchos aspectos, empleando métodos sofisticados, como la teoría de los juegos, presente en los comportamientos estratégicos de los individuos; una teoría de los actos de habla, anclada en la sólida filosofía moral y política;

una teoría analítica del derecho, además de modernas contribuciones de la neurociencia y de las teorías de la racionalidad: todo para investigar el fenómeno de la toma de decisión en el ámbito del Derecho Tributario.

En el capítulo primero, el autor presenta los presupuestos que sostienen el discurso, vale decir, la Teoría de los Actos de Habla, la Teoría de la Elección Racional, la Teoría de los Juegos, la Filosofía Política y Filosofía Moral, todo eso combinado con la Teoría Analítica del Derecho, como los datos que fundamentan el trabajo. El capítulo introduce, además, los conceptos básicos de segmentos de las investigaciones más recientes, tales como la Neurociencia y la línea conocida como Heurísticas y Prejuicios (Sesgos).

El capítulo II trata de la «decisión del legislador', a partir de las premisas indicadas en el capítulo inicial, aplicando conceptos fundamenta les para enfrentar problemas, dilemas y «trilemas» con los que nos enfrentamos en la construcción del sistema jurídico tributario, espacio que combina el estructuralismo y funcionalismo para comprender mejor ese subconjunto del derecho positivo brasileño.

El capítulo III está dedicado al análisis de la «decisión del contribuyente», observando su comportamiento frente a la configuración del fenómeno tributario. Examina las medidas que el sistema incentiva al sector privado, para que cumpla con sus obligaciones tributarias, ya sea por medio de sanciones punitivas o mediante sanciones premiales. Además, se ocupa también de otras cuestiones tales como la elusión fiscal y los costos de conformidad, siempre bajo la óptica del contribuyente.

El capítulo IV está dedicado a estudiar la «decisión del agente administrativo», figura imprescindible en la configuración del plexo jurídico tributario. En realidad, la aplicación de las normas tributarias, en la cadena de positivización del derecho, es prerrogativa y deber del agente administrativo, utilizándose las fuentes previstas en varios escalones del ordenamiento jurídico positivo. Parte, también, en el contexto de las propuestas de dicho capítulo, de cuestiones tales como la «norma general antielusiva», la «transición tributaria», asuntos íntimamente entrelazados con la dicotomía vinculación/ discrecionalidad de la Administración Pública.

El capítulo V es decisivo. En él, el autor focaliza la «decisión del juez», quien enfrenta los problemas más agudos y difíciles a ser tratados por la Teoría del Derecho moderno, tales como conflictos entre reglas y la colisión entre derechos fundamentales. Las funciones de las normas jurídicas y su análisis por medio del lenguaje, de la comunicación, de la teoría de los precios y de la teoría de los juegos, además de una presentación del «protocolo decisorio», construido específicamente para la toma de decisión del juez/tribunal frente al derecho tributario, constituyen otra instancia en la que vibra el espíritu de Cristiano, ofreciéndonos tópicos valiosísimos proyectando un horizonte amplio sobre la materia.

Se concluye el libro con referencia al caso concreto, recogido en el propio terreno de la experiencia brasileña, para mostrar la difícil cuestión de la colisión de derechos fundamentales y del modo como las herramientas recomendadas en esta obra, incluyendo el «protocolo decisorio», pueden proponer un camino adecuado a la prestación jurisdiccional.

El volumen del que tengo la inmensa satisfacción de escribir el prefacio, como ya lo dije en ocasión del brillante concurso para docente libre que el Autor rindió en la Facultad de Derecho del Largo de San Francisco, no es, simplemente, un libro para ser leído, sino para ser estudiado, o como siempre recordaba el Prof. Lourival Vilanova, para ser leído como quien estudia.

San Paulo, 30 de agosto de 2012

Paulo de Barros Carvalho

Profesor Emérito y Titular de la PUCSP y de la USP

INTRODUCCIÓN

«Nada es más difícil, y, por lo tanto, más valioso, que ser capaz de decidir.»

NAPOLEÓN BONAPARTE (1769/1821)

Cuando Napoleón Bonaparte invadió Rusia en 1812, detentaba el imperio más grande de su época y contaba con un ejército superior a medio millón de soldados. Siendo uno de los más brillantes estrategas militares de todos los tiempos, señor de casi toda Europa continental y contando con centenas de millones de soldados, las oportunidades de victoria seguramente estaban de su lado.

Sin embargo, Napoleón terminó siendo derrotado por Rusia, hecho que le costó gran parte de su contingente, lo que desencadenó el fin de su imperio. Diversos factores podrían ser responsables por la derrota, tales como la falta de logística, no prever que los rusos incendiarían Moscú al punto de no permitir que los invasores se apropiaran de los víveres, o no haber tenido en cuenta el riguroso invierno.

No obstante, siempre es fácil analizar y criticar errores después de que los mismos han ocurrido bajo una perspectiva *ex ante,* sin embargo, al enfrentarse con la alternativa de invadir o no invadir Rusia, considerando las informaciones que disponía, el estado de cosas en el mundo y las posibles consecuencias de sus actos, ¿habría optado Napoleón por una elección irracional?

A pesar de la genialidad estratégica de Napoleón Bonaparte, su proceso decisorio no diferiría del de cualquier otro individuo en el mundo, ya sea de ayer o de hoy. Al verse frente a alternativas posibles, tuvo que optar por una de ellas, calculando sus costos y beneficios, además de sus probables consecuencias.

¿Y las decisiones menos dramáticas, tomadas en el marco de nuestra cotidianeidad, serán muy diferentes? ¿Y las decisiones que acarrean consecuencias jurídicas?

La presente tesis tiene por objeto abordar el fenómeno de la decisión jurídica en el derecho tributario. Por «decisión jurídica» se entiende el proceso de toma de decisión del que resulten consecuencias jurídicas, así como también el producto resultante de este proceso.

Sin embargo, se enfatizará el *proceso de decisión del individuo*, sea éste legislador, agente fiscal, contribuyente o juez. Ello debido a que el producto de la decisión se consustancia en una norma (o ausencia de) producida por el creador/operador del derecho, y, aunque muchas veces sea el punto de partida epistémico para el estudio del proceso decisorio, es éste el que nos importa. Es en ese recorrido, altamente complejo, que se encuentran los fenómenos más interesantes, que incluyen la racionalidad de quien toma la decisión, los valores que él invoca, sus razones para actuar y la acción propiamente dicha que convierte la voluntad en realidad: la decisión.

Aunque el problema de la decisión pueda ser plenamente aplicable a cualquier segmento del ordenamiento jurídico, el campo temático específico que interesa a este trabajo es el tributario. La opción por la tributación se realiza por el hecho de que ese segmento hace posible interesantes intersecciones entre el derecho, la moral y la economía, proporcionando enfoques interdisciplinarios de gran fuerza analítica e informativa.

El método de análisis a ser utilizado es interdisciplinario, como no podría ser de otra manera, teniendo en cuenta el tema elegido. El estudio de la decisión abarca diversos abordajes que, aunque provengan de campos distintos como la filosofía, la matemática y la economía, poseen elementos comunes, que hacen posible, por lo tanto, la referida interdisciplinariedad.

La teoría de la decisión es la teoría de la toma de decisión *racional*. Un tomador de decisiones elige actuar a partir de un conjunto de alternativas, por ejemplo, levantarse temprano para trabajar o permanecer en casa durmiendo, o elecciones más importantes, como tener hijos o posponer la maternidad para invertir en la carrera. Sea como fuere, el proceso de decisión racional es básicamente el mismo, variando apenas los temas a los cuales se aplican.

Algunas premisas fundamentales serán adoptadas en este trabajo. La primera premisa fundamental es que el proceso de decisión presupone un individuo que elige.[1] Por lo tanto, nuestro método de conocimiento es el del individualismo metodológico, que, vale decir, no debe ser confundido con el individualismo político-filosófico. Corolario de esa premisa es que los individuos son racionales, en el sentido de que, cuando deciden, tratan de elegir la alternativa que les parezca mejor, en relación al objetivo que pretenden alcanzar. Y, por ser racionales, reaccionan ante incentivos.

La segunda premisa es que las elecciones acarrean, inevitablemente, consecuencias. Esa tesis es, por lo tanto, partidaria del consecuencialismo en el sentido epistemológico, moral y legal, sin embargo esa propuesta pretende atender los derechos individuales, sin caer, por lo tanto, en proposiciones utilitaristas.

Existen dos formas de enfocar la decisión: 1) según una perspectiva positiva y 2) según una perspectiva normativa. La primera tiene por objetivo describir la forma por la cual las personas realmente deciden en el mundo. Se trata de una propuesta empírica, que requiere investigación de campo y cuya finalidad es descriptiva y predictiva. El objetivo de la segunda es prescribir *cómo* las personas racionales *deberían* decidir.

Aunque analíticamente las propuestas sean distintas, es cierto que ambas se entrecruzan en diversos momentos. Por ejemplo,

---

[1] Cf. Luce y Raiffa (1985, p. 13), la decisión puede ser tomada por un individuo, por un grupo o por una organización, siendo que la diferencia biológica entre ellos no interesa. Lo que debe tener se encuenta, para fines analíticos, es la existencia de intereses unitarios que motivan las decisiones, para que se pueda considerar al tomador de decisión como individuo, para los fines de la teoría. Así, una empresa o un sujeto de carne y hueso se contarán como individuos, del mismo modo, prestando atención a sus elecciones y acciones.

si queremos prescribir formas más eficientes de decidir necesitaremos, en cierta medida, comprender cómo ocurre en realidad el proceso decisorio.

Este libro se enfocará en la decisión con énfasis en una perspectiva normativa. La razón principal para ello es que su objetivo es analizar cómo las opciones jurídicas pueden ser estructuradas con el objeto de alcanzar mayor eficiencia y justicia, así como también de establecer protocolos o métodos decisorios para el individuo, con mayor precisión frente a la tributación y especialmente del juez. En otras palabras, tiene el objetivo de proponer una forma racional y organizada de maximizar la eficiencia en el proceso decisorio, teniendo en cuenta las consecuencias de las elecciones.

En cuanto a la división de este libro:

El capítulo I presentará los presupuestos teóricos que sustentan este trabajo. La teoría de los actos de habla, la teoría de la elección racional, la teoría de los juegos, la filosofía política y la filosofía moral, las cuales en conjunto con la teoría analítica del Derecho, forman los pilares fundamentales de esta obra.

El capítulo II abordará la «decisión del legislador», aplicando las herramientas presentadas en el capítulo anterior a los problemas y dilemas de la construcción del sistema jurídico tributario, en conjunto con el estructuralismo y el funcionalismo en el deslinde de la formación del orden tributario.

El capítulo III tratará sobre la «decisión del contribuyente» y evaluará la interacción del sector privado con el fenómeno tributario, *y*, cómo el sistema incentiva al sector privado a cumplir o no con sus obligaciones tributarias, sea por medio de sanciones punitivas, sea mediante estímulos (premios). Otras cuestiones como la elusión fiscal y los costos de conformidad serán debidamente analizadas, siempre desde la óptica del contribuyente.

El capítulo IV tiene por tema la «decisión del agente fiscal», quien, así como el contribuyente, es un eslabón fundamental de la relación jurídico tributaria. La aplicación de la legislación tributaria, cuyo método es el de la subsunción, es prerrogativa y deber del agente administrativo fiscal, que a su vez desencadena el proceso de positivación del Derecho, fenómeno que requiere del debido estudio de las fuentes del Derecho. Cuestiones como la norma general anti-elusiva y la transacción tributaria, íntimamente relacionadas a la dicotomía vinculación/discrecionalidad de la administración también serán abordadas.

Finalmente, el capítulo V analizará la «decisión del juez», quien enfrenta los problemas más difíciles e interesantes que serán tratados por la teoría jurídica moderna, tales como los conflictos entre las reglas, la elección entre reglas y principios y la colisión entre derechos fundamentales.

CAPÍTULO I
TEORÍA GENERAL DE LA DECISIÓN

1. Una breve historia de la decisión

Parece increíble que a lo largo de la mayor parte de la historia humana las civilizaciones hayan surgido, se hayan desarrollado y extinguido sin alguna teoría específicamente creada para la toma de decisiones. Imperios, reinos y democracias llegaron y partieron desde el surgimiento de las primeras ciudades-Estado hace millones de años, invariablemente por medio de decisiones influenciadas por experiencias pasadas y altamente influenciadas por supersticiones, mitos y creencias.

Grandes líderes y conquistadores de la Antigüedad y de la Edad Media, tales como el macedonio Alejandro Magno, el cartaginense Aníbal, el romano Julio César, el chino Sun Tzu, el huno Atila, el franco cruzado Godofredo de Bouillon o el mongol Gengis Khan, todos estrategas geniales, tenían por denominador común la capacidad de valerse de la experiencia adquirida en los campos de batalla, aunada a una gran inteligencia e intuición. Pero, además de esos recursos innatos y adquiridos, recurrían frecuentemente a métodos que actualmente sorprenderían a sus subordinados, por ser empleados públicamente: oráculos, chamanes, sacerdotes o simplemente oraciones a los dioses, recursos empleados frecuentemente como apoyo previo a la toma de decisiones importantes.

Evidentemente, como nos muestra la historia, las obras de esos genios no dejaron de realizarse debido a sus supersticiones, puesto que sus creencias eran tenidas por verdaderas y hasta imprescindibles en la época en que vivieron y actuaron. Pero siempre cabrá la pregunta: ¿Y si hubieran contado con métodos analíticos y sistemáticos propios de la modernidad, cómo habrían tomado sus decisiones?[2] Probablemente, la Historia habría seguido otro rumbo.

La llegada del sistema numérico indoarábigo a Europa[3], alrededor del siglo once, y posteriormente, del advenimiento del Renacimiento y la superación de las creencias y misticismos por la razón y por el entonces naciente método científico, culminando en el movimiento intelectual históricamente conocido como la Ilustración, hicieron posible el medio en el cual los descubrimientos matemáticos y filosóficos así como sus aplicaciones en el mundo real florecieron como nunca antes, desde el período clásico.

La historia de la teoría moderna de la decisión comienza de forma prosaica. En 1654, el noble francés conocido como Chevalier de Méré, aficionado a las matemáticas así como por los juegos de azar, pidió al matemático francés Blaise Pascal que solucionara un misterio: cómo dividir las apuestas en un juego con dos jugadores, interrumpido cuando uno de ellos estaba venciendo. Obviamente, parecía injusto dividir los valores apostados a la mitad, si uno de ellos estaba en ventaja. ¿Pero, cómo dividir, con qué criterio, si el juego no había terminado?

Pascal, célebre matemático, solicitó ayuda a Pierre de Fermat, otro brillante matemático (y abogado), a fin de que juntos deslindaran un enigma que ya existía desde su formulación por parte de

---

2 La estrategia militar de los Estados Unidos de América después de la segunda guerra mundial se basó prácticamente, en su totalidad, en la Teoría de los Juegos. La famosa *Rand Corporation*, entidad sin fines de lucro dedicada al estudio de la estrategia, es, de hace varias décadas, una de las principales fuentes de inteligencia y toma de decisión del gobierno norteamericano. La política adoptada durante la guerra fría, denominada destrucción mutua asegurada (*mutual assured destruction*), cuya finalidad es disuadir a las potencias nucleares de accionar sus misiles, puesto que el resultado sería su propia extinción, no es otra cosa que una aplicación de la Teoría de los Juegos y del equilibrio de Nash. Para más información, consultar la página web de *Rand Corporation*: www.rand.org

3 Y su revolucionaria utilización del «cero», como valor en la escala decimal, surgido alrededor del siglo quinto, pero hasta entonces desconocido por el mundo occidental, a través del matemático italiano Fibonacci, en el siglo trece.

otro matemático, el monje italiano Luca Paccioll, dos siglos antes. Con la solución del problema obtenida por el dúo, nació la idea de la *utilidad esperada*, pilar fundamental de la teoría de la decisión en caso de riesgo, y se descubrieron los fundamentos de la teoría de las probabilidades.

Es importante recordar que por esa época, siglo diecisiete, Europa ya vivía bajo una intensa revolución cultural y científica. El heliocentrismo, teoría por la cual la Tierra gira alrededor del Sol, propuesta por Nicolás Copérnico (1473-1543) y comprobada por Galileo Galilei (1564-1642), padre de la ciencia moderna (con su increíble invento, el telescopio) había enterrado definitivamente al geocentrismo, afirmado entonces por la ya no tan poderosa Iglesia Católica, herida por la reforma protestante de Martín Lutero.

El florentino Leonardo da Vinci (1452-1519), científico, pintor, escultor, anatomista, matemático, ingeniero e inventor, anticipó el concepto de tecnologías que siglos más tarde serían conocidas y ampliamente utilizadas, tales como el paracaídas, el submarino y el avión. El invento de los tipos móviles por parte de Johannes Gutenberg (1398-1468) hizo posible la imprenta y la consecuente diseminación del conocimiento, que ocurrió a ritmos agigantados. El capitalismo comienza a dar los primeros pasos, y alrededor de 1630 tendría su primera crisis, el estallido de la burbuja financiera surgida en Holanda y conocida como «Tulipomanía», cuando la especulación sobre esos bulbos de tulipán llegó a tal punto que apenas uno de ellos valía más que doce acres de tierra, para, luego, no valer nada. La noción que en el futuro sería llamada de «riesgo sistémico» por la Economía y por la Ciencia de las Finanzas se experimentaba concretamente, con efectos devastadores.

En 1703, el filósofo y matemático alemán Gottfried von Leibniz, descubridor del cálculo infinitesimal (en forma simultánea e independiente a la de su otro descubridor, el científico inglés Isaac Newton) comentó con el también matemático, el suizo Jacob Bernoulli que «la naturaleza estableció patrones que dan origen al retorno de los eventos, pero apenas en la mayor parte de los casos», lo que motivó a Bernoulli a crear la «ley de los grandes números», pieza fundamental de la naciente Estadística, ciencia responsable por el recojo, organización e interpretación de datos, por medio de métodos cuantitativos, empleada para fines tan distintos como la previsión de la calidad de las cosechas de vinos, proyecciones de campeonatos deportivos o fluctuaciones en la bolsa de valores.

Algunas décadas más tarde, en 1730, Abraham de Moivre descubriría lo que vendría a ser denominado como la «Distribución normal de la probabilidad» en Estadística, también conocido como «desviación estándar», actualmente elemento de la Estadística. Ocho años después, el sobrino de Bernoulli, Daniel (1700-1782), de mismo apellido, también científico y matemático de prestigio, presenta los conceptos fundamentales del proceso racional de la toma de decisión, generando los fundamentos matemáticos de la Economía, válidos y firmes actualmente. Su idea fundamental fue la noción de *utilidad marginal decreciente*, por la cual el aumento del dinero es inversamente proporcional a la cantidad de bienes anteriormente poseídos, lo que explica por qué razón el Rey Midas se sentía más infeliz a medida que se hacía más rico, pues las personas suelen ser adversas al riesgo, así como la sensibilidad de los consumidores a los precios (hoy conocida como «elasticidad cruzada de la demanda»). Nacía la teoría de la decisión.

Cerca de un siglo después, en 1740, el filósofo iluminista escocés David Hume publicaba su *Magnum Opus (Obra Maestra)*, «Tratado de la Naturaleza Humana», en la cual frente a ideas radicales y osadas, proponía la noción de racionalidad movida por deseos, fundamento de la Teoría de la Elección Racional, que siglos más tarde se convertiría en el paradigma que sostiene la ciencia económica en la actualidad.

En esa misma época, el pastor presbiteriano inglés Thomas Bayes (1702-1761) formularía el teorema que fue denominado con su nombre, publicado luego de su muerte.[4] El Teorema de Bayes es, todavía hoy, el principal instrumento de la teoría de las probabilidades para calcular las oportunidades de que haya ocurrido un evento condicional desconocido. Décadas después, Pierre Simon, el Marqués de

[4] Trabajo titulado *Essay Towards Solving a Problem in the Doctrine of Probabilidades (Ensayo para resolver un problema en la Doctrina de las Oportunidades)*, leído póstumamente para la Royal Society of London, en 1763, y posteriormente publicado en The Philosophical Transactions of the Royal Society of London.

Laplace, astrónomo y matemático francés, se convertiría en el primer gran estadístico, elevando el análisis de las probabilidades al *status* de ciencia. Su *Essai philosophique sur les probabilités (Ensayo filosófico sobre las probabilidades)*, de 1814, establece principios de raciocinio inductivo basado en las probabilidades, que algunos consideran[5] como la formulación más completa y general del Teorema de Bayes, aplicando el método probabilístico inclusive al Derecho.

En 1776, el profesor de teoría jurídica y moral en la Universidad de Glasgow, el escocés Adam Smith, publicaría lo que vendría a ser posiblemente la primera (y más importante) obra de Economía propiamente dicha, *Riqueza de las Naciones*, reafirmando la naturaleza auto interesada de los individuos (concepción anteriormente subestimada por el filósofo inglés Thomas Hobbes, en su *Leviatán*, de 1651) y proponiendo la noción de equilibrio del sistema económico, con la famosa metáfora de la «mano invisible».

En ese mismo período, el jurista y filósofo reformista inglés Jeremy Bentham vertía profusamente ideas tan revolucionarias como subversivas. De ellas vendrían el Utilitarismo y la concepción de «utilidad» (nuclear para la microeconomía, para la teoría de la elección racional y para la teoría de la decisión), y el propio positivismo jurídico, algunas décadas después oficialmente inaugurado por su discípulo, el iusfilósofo John Austin (*The province of jurisprudence determined*, de 1832).[6]

---

5 Cf. Steven Stigler (1986).

6 En la historia de las ideas, es habitual la existencia y desarrollo de movimientos teóricos semejantes, aunque en lugares distintos. Algunas veces, eso ocurre por influencias mutuas que el mundo académico propicia; otras veces, ni siquiera existe comunicación entre pensadores en lugares distintos del planeta. El legalismo jurídico, precursor del positivismo surgió muchos siglos antes, en la China imperial, con mayor precisión tres siglos antes de Cristo. Sus premisas son básicamente idénticas a lo que vendría a convertirse en el legalismo utilitarista de Bentham y el positivismo de Austin, alrededor de veintidós siglos después: la necesidad de la objetividad del Derecho por el carácter escrito de sus normas, la preponderancia de ellas sobre las costumbres y las tradiciones antiguas, su aplicación, principalmente por medio de sanciones, y la separación entre el Derecho y la Moral. Ver el clásico *The Book of Lord Shang: A Classic of the Chinese School of Law*, escrito por el estadista chino Shang Yang (390-338 A.C.). Nueva Jersey: Lawbook Exchange, 2003.

De forma análoga, la teoría jurídica continental europea, influencia de Savigny, pero principalmente influenciada por la obra de Georg Friedrich Puchta (1798-1846), sería dominada por la *Jurisprudencia de los Conceptos*, doctrina que enfatizaba la autosuficiencia del Derecho y del método lógico deductivo, por el cual las soluciones prácticas (por tanto decisiones) se darían mediante la deducción desde conceptos generales hasta los particulares.

En 1871, el austríaco Carl Menger, con la publicación de su obra Principios de Economía, establecía los fundamentos de la corriente marginal de la Economía, así como la que futuramente sería acuñada como la «escuela austríaca». Poco después, en 1880, el economista inglés Alfred Marshall publicaría el libro de igual nombre, *Principios de Economía*, que, casi simultáneamente, y en forma independiente, establecía principios y conceptos que resultarían en la denominada revolución marginal (resultando en la «escuela neoclásica», que sobrevivió por casi todo el siglo pasado), a través de concepciones tales como la utilidad marginal, el equilibrio entre oferta y demanda y la teoría de los precios.

La potente e innovadora comprensión de la naturaleza subjetiva del valor era fruto del marginalismo, desarrollado concomitantemente por austríacos e ingleses, y que colocaría una lechada de cal en la concepción del valor objetivo e intrínseco de los bienes, presente en los economistas clásicos Adam Smith y David Ricardo, y en la teoría del valor del trabajo (por la cual un bien vale en la medida del trabajo necesario para producirlo, siendo que cualquier excedente cobrado es fruto de la explotación capitalista), del alemán Karl Marx, padre del Comunismo.

Es interesante destacar que, hasta el final del siglo diecinueve, una persona de buena formación intelectual contaba con un conocimiento general bastante completo sobre el mundo en el que vivía. Un individuo con razonables nociones de ciencias naturales y de matemática sabía que el tiempo era una constante universal, por lo tanto absoluto, que los cuerpos se atraían en la proporción directa de sus masas (física newtoniana), que la organización de un sistema cerrado tiende a decaer (entropía o segunda ley de la Termodinámica) y que las especies evolucionaban por medio de la selección natural (teoría de la evolución[7]).

No obstante, el siglo veinte se iniciaría con una serie ininterrumpida de revoluciones científicas y tecnológicas y el mundo nunca más sería el mismo. En 1900, el físico alemán Max Planck propone la hipótesis por la cual la energía se forma por minúsculas partículas denominadas «quanta». En 1905, otro físico alemán, el joven Albert Einstein afirma que el tiempo no era uniforme ni absoluto, sino relativo a la velocidad de los cuerpos en movimiento. Las dimensiones pasaron a ser cuatro, pues además de las tres espaciales usuales (anchura, altura, profundidad), se sumó una cuarta, el tiempo. La tesitura de la realidad pasó a ser el espacio-tiempo y lo que antes era absoluto pasa a ser relativo al observador y a su sistema de referencia.[8]

En 1927, Werner Heinseberg, también alemán, introduce el principio de la incerteza, por el cual es imposible conocer simultáneamente la posición y la velocidad de una partícula sub-atómica: utilizando la radiación para observar precisamente la posición de un electrón, se altera su velocidad; asimismo, al intentar medir la velocidad con el máximo grado de precisión, tampoco se sabrá su posición.

Siendo así, la certeza daba lugar a la probabilidad y la intervención del observador altera el propio objeto de conocimiento. Nacían las dos principales teorías del siglo pasado, la física cuántica y la teoría de la relatividad, factores que explican el Universo, a nivel micro y macro, respectivamente. Otros grandes pensadores contribuirían al desarrollo de la física moderna, tales como Niels Bohr, Wolfgang Pauli, Erwin Schrödinger, entre otros. Sin embargo, en el

---

7 Probablemente la teoría más revolucionaria de aquel siglo, responsable por la ruptura de los paradigmas científicos, morales y religiosos y por rebajar al Hombre de su *status* de criatura divina para colocarlo como una criatura más, entre las otras especies animales, de ancestro común (sin embargo desconocido) con los primates. La Teoría de la Evolución traspasa las fronteras de la biología, siendo aplicable tanto a las ciencias humanas y sociales como a las del comportamiento, tales como la Psicología, la Sociología y la Economía.

8 La constante universal es la velocidad de la luz, siempre la misma (cerca de trescientos mil kilómetros por segundo).

siglo cuya explosión científica y tecnológica hizo posible el avión, la televisión e *internet*, también ocurrieron dos guerras mundiales, la bomba atómica y la carrera armamentista.

En el terreno jurídico, nuevamente ocurrirían cambios paralelos en Alemania y en los Estados Unidos, los que posteriormente influenciarían al resto del mundo. La entonces dominante Jurisprudencia de los Conceptos (J.C.) sería combatida por la naciente *Jurisprudencia de los Intereses*, con influencia de Jhering y protagonizada por juristas como Phillipp Heck, Heirinch Stoll y Rudolf Müller-Erzbach. Tal corriente criticaba el carácter cerrado y formalista de la J.C., sosteniendo que las normas y decisiones jurídicas provenían de intereses materiales, nacionales, religiosos y éticos - por último, de influencias externas al sistema jurídico, aunque absorbidas por él.

Ya en EEUU, también en las primeras décadas del siglo veinte, el Derecho, por entonces muy formalista y cerrado, sería combatido por el naciente Realismo Jurídico (R.J.), centrado en figuras tales como el juez de la Suprema Corte, Oliver Wendell Holmes. El R.J. propiciaría el surgimiento de diversas líneas de pensamiento, tales como la de *Critical Legal Studies (Estudios de Crítica Jurídica)*, y permitiría la interdisciplinariedad en el estudio del Derecho, abriendo sus puertas a disciplinas tales como la Sociología y la Economía (tiempos después, el movimiento *Law and Economics* -Derecho y Economía- surgiría como fruto del pensamiento realista).

En 1928, el matemático y físico húngaro, naturalizado estadounidense, Jon von Neumann desarrolla soluciones para juegos de suma cero, resultando en el teorema *minimax*, por el cual el jugador actúa teniendo en cuenta el comportamiento del otro jugador, buscando entonces minimizar sus pérdidas. Posteriormente, en 1944, en coautoría con el economista alemán Oskar Morgeinstein, publica el pionero *Theory of Games and Economic Behavior (Teoría del Juegos y Comportamiento Económico)*, presentando el campo de conocimiento interdisciplinario denominado Teoría de los Juegos al público general, revolución intelectual que sería aplicada a áreas tales como la microeconomía, la estrategia militar, las finanzas y los negocios, así como también al propio Derecho.

En ese entonces, el Círculo de Viena, movimiento también conocido como Neopositivismo Lógico, formado por eminentes intelectuales austríacos, tenía por concepto la supremacía del empirismo y del rigor en el lenguaje, como fundamentos de la ciencia. Su mayor fuente de inspiración era el *Tractatus Logico-philosophicus*, obra publicada en 1922, bajo la autoría del filósofo austríaco Ludwig Wittgeinstein.[9] Uno de los participantes habituales del círculo y luego su disidente, el también austríaco Karl Popper, publica en 1934, «La Lógica de la Investigación Científica» (*Logik der Forschung*) que delimitaría los límites de aquello que es y aquello que no es ciencia, instituyendo el criterio de la falseabilidad para las hipótesis científicas, en oposición al verificacionismo de los neopositivistas.[10] En

---

9 El *Tractatus* busca delimitar el alcance del lenguaje, colocando además de él la Metafísica, la Estética y la Ética. Dichos dominios no son alcanzados por el lenguaje (son trascendentales a él), de ahí sus famosas proposiciones: «los límites de mi lenguaje significan los límites de mi mundo «(5.6.) y «sobre aquello de lo que no se puede hablar, debe permanecerse en silencio» (6.54). Lo místico, lo metafísico, se revela al hombre de manera trascendente al lenguaje, que no tiene capacidad para describirlo. La propia lógica y la matemática tampoco expresan nada sobre el mundo, según Wittgeinstein: «las proposiciones de la lógica son tautologías»(6.1.); «así las proposiciones de la Lógica nada dicen (son las proposiciones analíticas)» (6.11); «la Matemática es un método lógico, las proposiciones de la Matemática son igualdades, en consecuencia proposiciones aparentes.» (6.21). Es cierto que los teoremas y ecuaciones matemáticas, son como también lo son las formulas lógicas, en el sentido kantiano, necesariamente juicios analíticos (las conclusiones ya se encuentran en las premisas, o el predicado ya se encuentra contenido en el concepto del sujeto, *v.g.*, el triángulo tiene tres lados; todos los cuerpos tienen extensión) y no sintéticas (proposiciones donde el predicado no está en el sujeto, *es decir.*, es contingente, *v.g.*, todos los cisnes son blancos), pero no se puede olvidar que las ciencias naturales, como la Física y aún la ciencia humana de la Economía utilizan modelos matemáticos de gran sofisticación y rigor para investigar, comprender y describir sus respectivos objetos - en último análisis, la propia realidad.

10 Para los neopositivistas, una hipótesis científica necesitaría ser verificada por la verificación empírica. El problema es que las ciencias naturales proponen hipótesis y las prueban por inducción. La hipótesis «todos los cisnes son blancos» puede muy bien ser verificada en muchas observaciones empíricas, hasta el día en que surja un cisne negro, echando por tierra la proposición. Siendo así, el criterio debe ser el de la falseabilidad, por el cual la teoría será científica si es pasible de ser falseada o refutada, pues eso significa que se somete a la experiencia. El psicoanálisis y el marxismo, por ejemplo, son,

ese mismo año, se publica *Teoría Pura del Derecho* (*Reine Retchlere*), del jurista (igualmente austríaco) Hans Kelsen, estableciendo el método positivista al estudio del fenómeno jurídico, alcanzando enorme prestigio (y crítica proporcional) en diversos países, inclusive en Brasil.

En 1950, el matemático norteamericano John Forbes Nash, Jr. finaliza su tesis doctoral en la Universidad de Princeton, un manuscrito de apenas veintiocho páginas que le daría, sin embargo, fama mundial y fructificaría alrededor de cuatro artículos fundamentales[11] para la Teoría de los Juegos, trabajos por los cuales fue galardonado con el premio Nobel, en 1994.

Esta década presenció uno de los grandes virajes de la filosofía. Wittgeinstein, directamente responsable por influenciar el movimiento filosófico más significativo de la primera mitad del siglo, redirecciona su pensamiento radicalmente, abandonando sus convicciones anteriores y dedicándose al análisis del lenguaje ordinario. Su obra *Investigaciones Filosóficas (Philosophical Investigations)*, de 1953, presentó la idea a los «juegos de lenguaje», enfatizando la dimensión de la pragmática lingüística. La escuela analítica de la filosofía, antes identificada y centrada en lógicos como Gottlob Frege, Bertrand Rusel, Alfred Tarsky, Rudolph Carnap y el propio Wittgeinstein, pasa a ser el terreno para el análisis pragmático del lenguaje humano. Pensadores como Gylbert Ryle, F.P. Strawson, Jürgen Habermas, Paul Grice y Roman Jakobson se dedican a las implicancias filosóficas de la comunicación humana.

---

de acuerdo con Popper, pseudociencias, una vez que no son falseables, pues además de adaptarse y alterar sus tesis al efecto de no permitir su refutación por los hechos, emplean todavía la falacia del *argumento ad hominem*. Quien intente refutar el psicoanálisis será habido como alguien que se «resiste» a ella, portador de neurosis u otras patologías psíquicas. Quien intente refutar al marxismo, será tildado de pequeño-burguéso algo peor. Son fenómenos que se aproximan más de una religión, de una secta, que de un auténtico emprendimiento científico.

11 "Equilibrium Points in N-person Games», *Proceedings of the National Academy of Sciences* (36): 48-9, 1950; «The Bargaining Problem», *Econometrica* (18): 155-62, 1950;»Non-cooperative Games», *Annals of Mathematics* (54): 286-95, 1951; «Two-person Cooperative Games», *Econometrica* (21): 128-40, 1953.

En la Universidad de Oxford, Inglaterra, el filósofo analítico John Langshaw Austin percibe que el lenguaje es una forma de acción y que los actos comunicativos no se limitan apenas a describir la realidad, sino también a crearla y alterarla. Surge la concepción de los «actos de habla», por la cual en determinadas situaciones, «hablar es hacer». Tras la prematura muerte de Austin, en 1960, su discípulo norteamericano, John R. Searle desarrolla la Teoría de los Actos de Habla, conectándola con áreas como la filosofía de la mente, de la intencionalidad y de las instituciones.

En 1960, el economista inglés Ronald Coase publica el artículo «The Problem of Social Cost» (El Problema del Costo Social), fundaría simultáneamente las bases de la Nueva Economía Institucional (*New Institutional Economics*) y del propio Análisis Económico del Derecho moderno. Este trabajo, juntamente con su anterior estudio sobre la naturaleza de las empresas (*The Nature of the Firm*, de 1937), le valdría el Nobel de Economía, en 1991.

A partir del final de la década de 1960, otro laureado con el Nobel (1992) y profesor en la Universidad de Chicago, el economista norteamericano Gary Becker pasa a aplicar los métodos analíticos basados en la Elección Racional a áreas diferentes del mercado, tales como la criminalidad, la política, el matrimonio, la drogadicción. Su compañero de universidad, el jurista, juez y profesor en la facultad de Derecho, Richard Posner, se destaca como el nombre más conocido en el campo interdisciplinario conocido como Derecho y Economía (*Law and Economics*) o Análisis Económico del Derecho, cuyas herramientas son tributarias a las ideas y contribuciones de varios de los maestros presentados en éste tema.[12]

---

12 Para una lectura introductoria sobre el tema, ver nuestro El Análisis Económico del Derecho Tributario. Lima: Grijley, 2011.. Para un abordaje completo y profundo sobre las diferentes escuelas del análisis económico y su aplicación al fenómeno tributario, ver la obra *Direito Tributário e Análise Econômicado Direito: uma visão crítica*, de Paulo Caliendo. São Paulo: Campus, 2009. NÃO SE TRADUZ TÍTULOS DE LIVROS PUBLICADOS EM PORTUGUÊS. SUGIRO ACRESCENTAR O TÍTULO DE EDIÇÃO EM ESPANHOLA, CASO ESTE TENHA SIDO PUBLICADO TAMBÉM EM LINGUA ESPANHOLA.

Con esta breve referencia histórica[13], presentamos el origen de las ideas y conceptos nucleares de esta obra. A partir del próximo tema, pasaremos a exponer las premisas y los fundamentos generales, que provienen de disciplinas tan variadas y distintas como la filosofía del lenguaje, la filosofía y la teoría general del Derecho, la Economía y la Matemática, entre otras, cuya interdisciplinariedad, no obstante, sostiene y delinea nuestra Teoría de la Decisión Tributaria.

1.1. Ontología y epistemología objetivas, ontología y epistemología subjetivas

El (mal) uso de la dicotomía objetivo/subjetivo es en gran parte responsable de las confusiones y consecuentes equivocaciones en las ciencias sociales. Es suficiente un análisis filosófico elemental de los términos para aclarar su ambigüedad, ayudando a evitar falacias comunes en su utilización, según veremos a continuación.

Uno de los sentidos más comunes otorgados a esa dicotomía concierne al grado de parcialidad atribuido por alguien a una determinada cosa. Por ejemplo, el juez puede ser objetivo en su decisión al dirimir un conflicto de intereses (en el sentido de aplicar la ley imparcialmente); o puede ser subjetivo, en el sentido de favorecer determinada parte en el proceso, sea por pensar que así estará haciendo justicia o por cualesquiera intereses personales.[14]

Otro posible sentido es en cuanto al *modo de existencia* del objeto en cuestión. Por ejemplo, las montañas tienen naturaleza objetiva, no dependen del observador. Si es el caso de una obra de arte, por el contrario, que es esencialmente subjetiva en su modo de existir, depende del observador para tener sentido.

La misma dicotomía ocurre en el conocimiento del objeto. Si pudiera conocerlo con independencia de mi opinión o valores per-

---

13 Para una lectura histórica más completa de la Estadística, Probabilidades, y Teoría de la Decisión, ver: *El Andar del Borracho*, de Leonard Mlodinow (Barcelona: Drakontos Bolsillo 2008, trad. de Diego Alfaro); *Against the Gods: Remarkable story of risk*. de Peter L. Bernstein (New York: John Wiley & Sons, 1998) y *The History of Statistics*, the Steven M. Stigler (Harvard University Press, 1986).

14 Ver nuestro *Ficciones Jurídicas en el Derecho Tributario* (São Paulo: Noeses, 2008, p. 16).

sonales, se dice que el conocimiento es *objetivo*. Si, *a contrario sensu (en sentido contrario)*, mis juicios personales de valores permearan el acto de conocer, éste será *subjetivo*.

La distinción se aplica, por lo tanto, a dos categorías fundamentales de la filosofía: la ontología y la epistemología.

Epistemológicamente hablando, «objetivo» y «subjetivo» son predicados de juicios. Cuando decimos que algún juicio es subjetivo, significa que su verdad o falsedad no puede ser determinada «objetivamente», pues la verdad/falsedad no depende de cuestiones de hecho, pero sí de sentimientos, preferencias y puntos de vista del emisor del juicio.[15] Por ejemplo, si yo dijera que prefiero a Víctor Hugo más que a León Tolstoi, estoy emitiendo un juicio subjetivo, relativo a preferencias personales. Por otro lado, si dijera que Víctor Hugo nació en 1802, en Francia y que Tolstoi nació en 1828, en Rusia, estaré emitiendo juicios objetivos, que serán verdaderos si corresponden a hechos.

Ontológicamente hablando, «objetivo» y «subjetivo» son predicados de entes y de objetos, y denotan modos de existencia. En ese sentido, los planetas, mares o volcanes son ontológicamente objetivos, pues su existencia no depende de los observadores. Si un día la raza humana deja de existir, aquellos seguirán su rumbo por la eternidad, indiferentes a las preferencias, creencias o deseos de los individuos.

Por su parte, una obra de arte tiene ontología subjetiva, pues necesita un contexto cultural que le dé la condición de «obra de arte», dado que objetivamente es apenas un objeto físico (*v.g.*, un bloque de mármol del que algún artista produjo una escultura).

1.2. Análisis positivo y análisis normativo: ser y deber-ser

David Hume, filósofo empirista escocés, es el responsable de la separación, hasta hoy debatida en filosofía, entre hechos y valores.[16]

---

[15] Cf. John R. Searle, *The Construction of Social Reality*, p. 8.

[16] En el clásico pasaje del *Treatise of Human Nature* (1992, p. 469):
«In every system of morality, which I have hitherto meet with, I have always remarked, that the author proceeds for some time in the ordinary ways of reasoning, and establishes the being of a God, or makes observations

La llamada «Guillotina de Hume» es, por lo tanto, una sección entre el ser y el deber-ser, posteriormente seguida por Kant. En otras palabras, no se puede afirmar, de aquello que *es*, lo que *debe ser*. Una variación de esa guillotina es la famosa «falacia naturalista» del filósofo inglés G.Y. Moore (1903, § 13), que sostiene la indefinibilidad de términos como «bueno» y «malo». Una típica falacia naturalista actual es considerar que lo que proviene de la naturaleza es bueno y lo que es artificial es malo; por ejemplo, considerar que los nativos son moralmente superiores porque viven más cercanos a la naturaleza, mientras que el hombre urbano es moralmente inferior por vivir en las ciudades.

En lo que se refiere al lenguaje, el ser y el deber-ser se distinguen en la pragmática de la comunicación humana. El lenguaje asertivo y el lenguaje directivo de conductas cumplen funciones comunicacionales distintas: la primera busca *adecuarse* a la realidad, la última pretende *alterar* la realidad. Como ejemplo de la primera, la ciencia. Como ejemplo de la última, los lenguajes normativos de la moral, de la religión y del Derecho.

La separación entre aseveraciones y directrices es importante para la ciencia, y frecuentemente las confusiones entre esos dos dominios acarrean consecuencias funestas. El ejemplo histórico paradigmático es la *eugenía*, la doctrina pseudocientífica que propugnaba la eliminación de «razas inferiores» basándose en la teoría de la evolución de las especies de Charles Darwin. La falacia está en tomar un fenómeno espontáneo de la naturaleza, que es la evolución de las especies, por medio de la «sobrevivencia del más apto» (dominio del ser), como presupuesto lógico de una prescripción (dominio del deber-ser) del tipo «eliminar razas inferiores».

---

concerning human affairs; when all of a sudden I am surpriz'd to find, that instead of the usual copulations of propositions, *is*, and *is not*, I meet with no proposition that is not connected with an *ought*, or an *ought not*. This change is imperceptible; but is however, of the last consequence. For as this *ought*, or *ought not*, express some new relation or affirmation, 'tis necessary that it shoe's be observ'd and explain'd; and at the same time that a reason should be given; for what seems altogether inconceivable, how this new relation can be a deduction from others, which are entirely different from it».

Se advierte una mezcla entre ciencia y moral, entre objetos naturales, moralmente neutros, con propuestas axiológicas intrínsecamente subjetivas, que deben ser evitadas.

En el campo jurídico, la falacia es común en las tesis iusnaturalistas, ocurriendo de forma adversa. Cuando un adepto de alguna de las vertientes del Derecho Natural se enfrenta con alguna norma o incluso con todo un sistema normativo que contradice sus concepciones morales de justicia, suele descalificar a aquel ordenamiento particular como algo «no jurídico», «que no es parte del Derecho». Eso ocurre en cualquier ideología, sea liberal, conservadora o socialista. El Derecho Natural, por lo tanto, mezcla lo positivo con lo normativo e incurre frecuentemente en la falacia naturalista, crítica hecha inclusive por Bentham (1843).

La gran contribución iuspositivista, iniciada con Bentham (influenciado por Hume) y posteriormente desarrollada por Austin (discípulo de Bentham), en el siglo diecinueve, y por Kelsen (de influencia neokantiana, de ahí su distinción entre el *ser* y el *deber ser*), en el siglo pasado, fue justamente separar el derecho de la moral.[17] Un análisis positivo del derecho, por lo tanto, será capaz de verificar cuales obligaciones, prohibiciones y permisos son válidos en un sistema jurídico particular, el que remite a la expresión latina *lege data*. Un análisis normativo será capaz de proponer alteraciones normativas a aquel sistema, a efectos de alcanzar cualquier propósito, el que remite, a su vez, a la expresión *lege ferenda*.

Debe observarse que aún un análisis normativo puede ser realizado de manera objetiva, en el sentido de proponer alguna alteración en el ordenamiento jurídico que venga a alcanzar determinado fin, aunque quien lo proponga repruebe moralmente aquel objetivo.

La separación entre el ser y el deber-ser debe ser aplicada cardinalmente entre la ciencia y la moral.[18] Eso no significa, sin embargo, que la parte que llamamos «realidad» no tenga una dimen-

[17] En la ciencia económica tal declaración de separación surgió más tarde, al menos de forma expresa, con el famoso artículo de Milton Friedman, Nobel de Economía, titulado The Methodology of Positive Economics (*Essays in Positive Economics*, University of Chicago Press, 1953).

[18] Aunque pueda existir una ciencia de la moral, como veremos en el ítem 1.7.1.

sión deontológica, permitiendo entonces la unión entre ser y deber-ser. John R. Searle,[19] uno de los principales filósofos contemporáneos del lenguaje, sostiene justamente la transición entre estos dominios a través de lo que denomina «hechos institucionales». Su ejemplo más famoso es el acto de habla que implica compromiso, o, de forma más simple, la promesa.

En el momento en que prometemos a alguien hacer algo, la mera comunicación, que es un hecho, establece simultáneamente una obligación de quien promete con el beneficiario, lo que es puro deber-ser. Es decir, al decir una promesa (ser), nos comprometemos a cumplirla (deber-ser).

El mismo fenómeno ocurre en toda parte de la realidad que se denomina institucional, complaciendo diversas entidades que pertenecen simultáneamente al ser y al deber-ser, pues su mera existencia, que es fruto de la aceptación colectiva, genera obligaciones y deberes entre los individuos. Veremos esa cuestión más detenidamente a continuación.

1.3. Mente, lenguaje y sociedad: de lo natural a lo institucional

Somos seres dotados de mentes, y, en el sentido que quiero emplear, *mentes conscientes*.

A pesar de que experimentamos estados conscientes desde el momento que nos despertamos hasta que nos vamos a dormir, la propia consciencia es objeto de difícil análisis y definición. Es que para analizar la consciencia necesitamos estar conscientes, entonces es como si necesitáramos salir de nosotros mismos para ser capaces de examinar objetivamente el fenómeno, lo que resulta imposible. De modo más simple, como la consciencia es un fenómeno intrínsecamente subjetivo, no puede ser descrita por las ciencias naturales, esencialmente objetivas.[20]

Ocurre que la consciencia tiene ontología de primera persona, mientras que los fenómenos estudiados por las ciencias naturales

---

19 Ver el artículo How to derive an ought from an is (*Philosophical Review* 73, 1964) y la obra *The Construction of Social Reality* (New York, Free Press, 1995).

20 Ese es el argumento de Thomas Nagel, en su famoso artículo *What is like to be a bat?* (1979).

tienen ontología de tercera persona (SEARLE, 2010, p. 142). Sin embargo, no es porque el objeto tenga ontología subjetiva que no permite una epistemología objetiva. En ese sentido, los estados neurológicos cerebrales son responsables por la consciencia, aunque ésta solo pueda ser experimentada desde el punto de vista del sujeto, *es decir*, subjetivamente.

Lo que nos interesa aquí es la capacidad que los estados conscientes tienen de proyectarse al mundo, es decir, la *intencionalidad*. Esa aptitud hace posible la interacción de los seres conscientes con la realidad e incluye actos como percibir, creer, desear, o temer, así como también «tener la intención de» algo, en el sentido usual de la expresión.

Los estados intencionales, por dirigirse al mundo, deben ser *exitosos*. Una creencia debe ser correspondida por los hechos, un deseo debe ser satisfecho y una percepción debe tener relación con la realidad. Existe, por lo tanto, una dirección de ajuste entre los estados intencionales y el mundo, que tiene el trayecto «mente-mundo», es decir, los estados conscientes intencionales deben corresponderse con los estados de cosas reales.[21]

Aunque los animales vertebrados dotados de un córtex cerebral más desarrollado tengan algún grado de consciencia e intencionalidad, no poseen el aparato racional-lingüístico que hace posible la consciencia de uno mismo. En ese sentido, la razón y el lenguaje son aptitudes intrínsecamente conectadas; es la diferencia específica la que destaca al Hombre en el género animal y lo que le hace posible tener un sistema cognitivo superior.

Por algún misterio de la evolución, entre 50 y 100 mil años atrás los homínidos ancestrales del hombre moderno pasaron a ser capaces de pensar y formular juicios abstractos y, principalmente, transmitir-

---

21 Como observa Robert Nozick (1999, p. 113), seguramente la selección natural evitó la sobrevivencia que animales superiores, al percibir la presencia de predadores, no considerasen reales. Los especímenes que así actuaron no duraron mucho tiempo tampoco perpetuaron sus genes. Por otro lado, especímenes cuyas percepciones correspondieron a la realidad o inclusive aquellos que erróneamente percibieron amenazas donde nada había, tuvieron más probabilidades de sobrevivir.

los a sus iguales. A partir de eso fue posible transmitir conocimiento no solo a los contemporáneos, sino también a los descendientes. Las bases para el nacimiento de la cultura estaban plantadas.

El pensamiento abstracto, por lo tanto, hizo posible la creación del lenguaje altamente sofisticado que es el lenguaje humano, capaz de crear conceptos referentes tanto a objetos del mundo real, como a los imaginarios. Esa capacidad de transmisión y registro de conocimiento hizo posible también el desarrollo de los primeros grupos sociales humanos.

Es importante recordar que diversas especies de animales, así como también de insectos, son capaces de reunirse en grupos sociales, entendidos estos como una forma de interacción lingüística que hace posible la convivencia, con objetivos comunes y muchas veces hasta con división de tareas.[22]

Sin embargo, solo la especie humana está preparada para procesar las informaciones del mundo mediante un aparato lingüístico capaz de transformar esos *perceptos* en conceptos, elevándola del mero nivel perceptual, que ella divide con los animales, para el nivel conceptual, que solo ella posee.

El lenguaje, así entendido, es un sistema o código formado por signos, que tiene la función de representar la realidad: el lenguaje es el sistema de representaciones que nos hace posible lidiar con el mundo.[23]

Además de representar eficazmente la realidad, el lenguaje permite, de acuerdo a lo que se ha dicho, la construcción de conceptos que no se refieren a objetos naturales. Tal aptitud permite la construcción de la *realidad institucional*.

Vale decir que la realidad institucional es un paso que está más allá de la realidad meramente social y también se distingue de la realidad, por falta de una expresión más adecuada, «objetiva». La primera está compuesta por hechos en bruto, la segunda, por hechos sociales y la tercera, por hechos institucionales.

---

22 Por ejemplo, diversas especies de primates e insectos con organización social compleja, como las abejas.

23 Para Jeremy Bentham, citado en la obra clásica de C.K. Ogden (1959, p. XLVI): «language... is esentially a technological apparatus for dealing with the world».

En relación a los hechos en bruto, es importante enfatizar aquí la diferencia entre hechos y lenguaje. Determinadas líneas de pensamiento subjetivistas, relativistas, o lo que se ha convenido en denominar de «posmodernismo», pregonan que la realidad está «constituida» por el lenguaje. De acuerdo con esas corrientes, no existe realidad objetiva, apenas construcciones subjetivas o diferentes puntos de vista. No me detendré en largas refutaciones de esas líneas filosóficas, que, de hecho, considero refutables por sí mismas, pues el punto más importante aquí es la falacia uso-mención (SEARLE, 1999, p. 73-74). Con esta expresión me refiero al siguiente ejemplo: cuando enunciamos «el monte Everest está localizado en Nepal», estamos usando la palabra «monte» para designar un objeto específico, real, situado en tiempo y espacio. Cuando enunciamos «monte es una palabra de cinco letras», estamos mencionando la palabra «monte».

No es por necesitar el lenguaje para hablar sobre los hechos que estos se confunden.

En relación a los hechos sociales, basta la interacción entre seres dotados de alguna forma de comunicación. En otras palabras, tanto animales como seres humanos pueden producir hechos sociales y vivir en sociedad, difiriendo apenas en grado de complejidad.[24] Esa cooperación social ocurre por medio de lo que se denomina «intencionalidad colectiva», que difiere de la intencionalidad individual por ser un fenómeno de la primera persona del plural: en lugar de «yo creo», «nosotros creemos»; en vez de «yo deseo»,

---

[24] Como enseña Searle (2000, p. 113), para que exista un hecho social, basta un hecho cualquiera que implique a dos o más agentes dotados de intencionalidad colectiva, entendida esta como la proyección de la consciencia frente al mundo, sin embargo, en la primera persona del plural «nosotros»: «[...] animales cazando juntos, pájaros cooperando en la construcción de un nido y probablemente los llamados insectos sociales, como hormigas y abejas, manifiestan intencionalidad colectiva y, por lo tanto, generan hechos sociales. Los seres humanos tienen una extraordinaria capacidad que les permite ir más allá de los meros hechos sociales hasta los *hechos institucionales*. Los seres humanos están implicados en algo que va más allá de la simple cooperación física; ellos también conversan, tienen propiedad, se casan, forman gobiernos y así sucesivamente».

«nosotros deseamos»; en vez de «yo actúo», «nosotros actuamos».[25]

Los hechos institucionales, a su vez, son más complejos. Además de intencionalidad colectiva, requieren atribución de funciones y reglas constitutivas.

La atribución de funciones es la capacidad que los seres humanos y algunos animales superiores tienen de utilizar objetos como herramientas o con propósitos que trascienden sus características intrínsecas. Desde la utilización de las ramas para agarrar alimentos, por los monos, hasta la compleja y abstracta utilización de dinero, el fenómeno es el mismo.

La intencionalidad, así como la atribución de funciones denotan teleología por parte del agente, por lo tanto, tiene ontología subjetiva. De forma objetiva, un billete de dinero es apenas un objeto básicamente compuesto por papel y tinta, que puede descomponerse hasta sus unidades físicas y químicas fundamentales. No obstante, el significado de «dinero» requiere otras cualidades que denotan: 1) la intencionalidad colectiva, es decir, la creencia por parte de los individuos de que aquel objeto es realmente dinero; 2) la atribución de la función de dinero al objeto; y 3) *reglas constitutivas*, que conceden el *status* de hecho institucional al objeto.

Como la ontología de los hechos institucionales es subjetiva, lo que significa que tales hechos solo existen por cuenta de los actores sociales, son necesarias reglas que constituyan los objetos. Solamen-

---

25 Es posible, por ejemplo, comparar dos situaciones: imagine que diversas personas están sentadas en el pasto, en diferentes partes de un parque. Imagine ahora que de repente comienza a caer una lluvia muy fuerte, y todas se levantan y corren hacia un refugio común, situado en una parte central del parque. Cada persona tiene una intención que puede ser expresada por la frase «Yo estoy corriendo hacia el refugio». Cada persona tiene una intención individual, independientemente de las intenciones de las demás, aunque, por coincidencia, sean comunes unas a las otras - no obstante no hay comportamiento colectivo.
Imagin es ahora otra situación: pasada la lluvia, parte de las personas que estaban en el parque resuelve formar dos equipos y jugar un partido de fútbol. Para que eso ocurra, existe, en forma previa a tal comportamiento, un conjunto de reglas que constituyen el juego de fútbol. En ambas situaciones, las personas se movieron tratando de alcanzar un fin. En el primer caso, la intencionalidad es individual; en el segundo caso, la intencionalidad es colectiva.

te en ese contexto es posible considerar que el lenguaje «constituye» la realidad - en verdad, la parte de la realidad que se denomina institucional.

La diferencia entre reglas reguladoras y reglas constitutivas es que, mientras las primeras regulan comportamientos, las últimas instituyen las reglas del juego. Como ejemplo, un juego cualquiera como el fútbol. Las reglas del fútbol no determinan apenas cómo debe ser jugado un partido sino también la propia posibilidad de jugar, que depende de la existencia de esas reglas constitutivas. Y así ocurre con todas las instituciones sociales, tales como la moneda, el matrimonio, la propiedad privada, el gobierno y tantas otras. La fórmula lógica universal para las reglas constitutivas es X equivale a Y en C, o: el objeto X cuenta como Y en el contexto C. Por ejemplo, ese pedazo de papel, fabricado por la Casa de la Moneda, equivale a dinero, para todos los fines que la moneda legal se destina.

El punto importante es que el hecho institucional implica *status* deóntico para los individuos. Tales funciones de *status* se relacionan y se sobreponen a otras funciones, constituyendo una compleja red deóntica. Por ejemplo, yo no tengo apenas dinero. Tengo *dinero* ganado como *abogado* inscrito en la *Orden de los Abogados de Brasil*, y lo tengo en mi *cuenta bancaria*, que uso para pagar mis *impuestos municipales, provinciales y nacionales*, así como mis *cuentas de tarjeta de crédito, de electricidad y de teléfono.*

Todos los términos y expresiones en itálica son institucionales. Se refieren a reglas constitutivas que implican derechos y deberes intersubjetivos. Ese conjunto de reglas, formales e informales, constituye un esqueleto ensamblado cuyos elementos, por excelencia, son las *instituciones.*

1.3.1. El rol de las instituciones y de las organizaciones

Las instituciones forman la estructura fundamental de cualquier sociedad compleja. Según hemos visto, tienen una ontología subjetiva y se constituyen lingüísticamente, por medio de reglas constitutivas. ¿Pero cuál es su importancia social y cómo se diferencian de las organizaciones?

Para Parsons y Shils (2001, p. 40), las instituciones son sistemas por los cuales los actores sociales ocupan determinados *status* o roles, dentro de situaciones regularmente recurrentes, en las cuales existen expectativas de conductas y de correspondientes sanciones por su *no cumplimiento*. Las instituciones, a su vez, se agrupan en sistemas sociales.

Tal concepción no desentona de la de Douglas C. North, Premio Nobel de Economía, para quien las instituciones son las reglas del juego en una sociedad o, más formalmente, son restricciones que delimitan la interacción humana (1990, p. 3). Las instituciones, por firmar esas restricciones, reducen incertezas, en la medida en que establecen guías para la acción humana. Para saludar un conocido en la calle, manejar un automóvil, comprar naranjas, pedir dinero prestado, armar un negocio, enterrar nuestros muertos etc., basta aprender cómo desempeñar esas tareas (ibídem, p. 4).

Las instituciones tienen la función primordial de garantizar reglas sociales de conducta, no obstante, sin cualquier pretensión determinística. Analógicamente a lo que sucede en un juego, las instituciones son como las reglas: determinan cómo jugar, pero no garantizan resultados.

Las instituciones están compuestas por tres factores: a) reglas formales; b) reglas informales; c) mecanismos responsables por la eficacia de esos dos tipos de reglas.[26]

Si las instituciones son las reglas del juego, las organizaciones son los jugadores (ibídem, p. 11). Mientras las instituciones, a pesar de ser siempre artefactos humanos, pueden formarse de manera espontánea (por ejemplo, el *common law* inglés) o a través de un plan (por ejemplo, la Constitución de los Estados Unidos de América), las organizaciones siempre se forman a propósito,[27] y están compuestas por individuos unidos y dedicados a alcanzar determinado fin, sea éste la maximización de lucros, sea la victoria electoral, el

[26] Según Douglas C. North (1998, p. 10): «El grado de identidad existente entre las normas institucionales y las opciones hechas por el individuo en el contexto institucional dependen de la eficacia del sistema de fiscalización de tales normas».

[27] En ese sentido, también Friedrich Hayek (1995, p. 53).

entretenimiento, la instrucción de alumnos, la formación de empresas, la formación de gobiernos, la promulgación de leyes, etc.

Asimismo, las empresas, partidos políticos, entidades gremiales, universidades, iglesias u organizaciones no gubernamentales operan básicamente dentro del marco delimitada por las instituciones, en el marco de una lógica de incentivos y costos. Como premisa fundamental es importante percibir que las instituciones y las organizaciones existen de hecho. Sin embargo, ellas tienen un propio modo de ser, y ese ser es dependiente de la intencionalidad colectiva y del lenguaje. A su vez, los seres humanos maximizan sus oportunidades mediante elecciones racionales, actuando dentro de ese marco formado por las instituciones, muchas veces bajo la cubierta simbólica de una organización. Las organizaciones, sin embargo, no eligen ni actúan, pues eso es privilegio exclusivo de individuos dotados de razón.

La enorme importancia que tienen las instituciones para las ciencias sociales, muy marcada en Sociología y más intensa todavía en Economía, deviene de su intrínseca relación con el desarrollo de los sistemas sociales y económicos. Es posible afirmar, inclusive, que, cuanto más sólidas y estables sean las instituciones, más desarrollado será el sistema social por ellas estructurado.

¿Pero, cómo surgen las instituciones? ¿Por qué son importantes para los sistemas sociales?

Existen dos formas interesantes de responder a esas interrogantes. En la perspectiva de la Teoría de los Juegos, es posible considerar que ciertas reglas de conductas sociales surgen a partir de reiteradas situaciones que fuerzan la cooperación entre los individuos. Un ejemplo clásico es la «Caza del Ciervo», primeramente presentado por Jean Jacques Rousseau en su clásico *Discurso sobre esta cuestión propuesta por la Academia de Dijon: cuál es el origen de la desigualdad entre los hombres, y si está autorizada por la ley natural*, publicado en 1754.[28]

---

[28] El pasaje está en el inicio de la segunda parte de la obra, en la siguiente sección:
He aquí cómo los hombres pudieron insensiblemente adquirir cierta idea rudimentaria de compromisos mutuos y de la ventaja de cumplirlos, pero

El juego de la Caza del Ciervo ilustra la situación en la cual los cazadores pueden unir fuerzas para cazar un ciervo o, individualmente, cazar liebres. La liebre es más fácil de obtener, sin embargo la recompensa es menor. Por otra parte, el ciervo ofrece mucho más carne, pero requiere la cooperación entre los cazadores, puesto que la probabilidad de capturarlo individualmente es ínfima.

El juego tiene dos puntos de equilibrio: el primero, en el cual los cazadores «abandonan» y prefieren cazar la liebre individualmente y el segundo, en el cual cooperan para cazar el ciervo. Metafóricamente, la situación es aplicable a incontables situaciones intersubjetivas y los intentos y aciertos en el transcurso del tiempo funcionaron en el sentido de promover reglas de cooperación, resultando en lo que los filósofos contractualistas denominan «contrato social». Evolutivamente, las reglas de cooperación forman las instituciones sociales.

La segunda manera de analizar las instituciones es a través del *Teorema de Coase*. Para ello, es necesario abordar previamente un tema llamado «externalidades», una de las llamadas «fallas de mercado» en la teoría económica.

La expresión «externalidades» se refiere a los costos o beneficios que alcanzan terceros, no integrantes de la relación jurídico-económica. Las externalidades pueden ser negativas o positivas: en el primer caso, son costos solventados por terceros. Un ejemplo común es la contaminación causada por una fábrica, donde el costo es solventado por la población y no «internalizado» en el precio del producto que fabrica.

---

sólo en la medida que podía exigirlos el interés presente y sensible, pues la previsión nada era para ellos, y, lejos de preocuparse de un lejano futuro, ni siquiera pensaban en el día siguiente. ¿Tratábase de cazar un ciervo? Todos comprendían que para ello debían guardar fielmente su puesto; pero si una liebre pasaba al alcance de uno de ellos, no cabe duda que lo perseguirían sin ningún escrúpulo y que, cogida supresa, se cuidarían muy poco de que no se les escapase la suya a sus compañeros.
Libro disponibleen:<http://www.dominiopublico.gov.br/download/texto/cv000053.pdf>.
Acceso en: 02.02.2010
Versión en español:
http://www.catedradh.unesco.unam.mx/SeminarioCETis/Documentos/Doc_basicos/5_biblioteca_virtual/2_genero/5.pdf

Las externalidades positivas son beneficios no previstos que alcanzan individuos que no pagaron por ellos, generando también fallas de mercado. Volveremos a esa cuestión más adelante, pues lo que importa en el punto presente son las externalidades negativas.

Hasta mediados del siglo pasado la solución económica considerada más eficiente para solucionar las externalidades, tales como la contaminación referida anteriormente, era la tributación pigouviana, propuesta por el economista inglés Arthur Pigou, cuya función era justamente desestimular la producción de externalidades negativas. En esa situación, se le impondría el impuesto al agente contaminador a efectos de forzarlo a corregir su comportamiento. Al internalizar el costo de la contaminación al contaminador, el tributo entonces crea incentivos que corrigen la falla de mercado.

En su artículo fundamental de 1960,[29] el economista inglés Ronald Coase rompe con los paradigmas dominantes en lo que respecta a las externalidades y cómo solucionarlas. En el artículo que posteriormente le otorgaría el Nobel de Economía, Coase sostiene que las externalidades pueden ser solucionadas por medio de la negociación entre las partes, siempre y cuando los costos de transacción sean nulos.

Los costos de transacción, a su vez, son aquellos que se devengan en el proceso de efectivización de una transacción (MANKIW, 2007, p. 211). Como afirma Douglas North (1998, p. 8), la mayoría de los agentes económicos no producen nada que los individuos consuman. No obstante, los abogados, contadores, banqueros, políticos, jueces, funcionarios públicos, entre otros, son piezas fundamentales para que opere cualquier sistema económico, aunque sean responsables de generar costos de transacción. No es posible, *v.g.*, comprar una empresa sin implicar en la transacción a varios de los actores anteriormente referidos.

El Teorema de Coase puede ser enunciado así: si las partes pueden negociar en un ambiente de costos de transacción cero, no im-

29 The Problem of Social Cost, originalmente publicado en el *Journal of Law and Economics*, 1960. Actualmente, disponible en la obra *The Firm, the Market and the Law*. Chicago: The University of Chicago Press, 1988.

porta la distribución inicial de derechos, pues terminarán llegando a una disposición eficiente de los recursos: estos deberán converger hacia quien los valore más.

En el caso de la contaminación, si tanto el contaminador como el contaminado pudieran negociar los derechos de contaminar o de no ser contaminado, tales derechos naturalmente convergirán hacia quien les dé mayor valor, es decir, los recursos serán asignados eficientemente. O el contaminador le comprará al contaminado el derecho de continuar contaminando o el contaminado comprará al contaminador el derecho de ya no ser contaminado. Sea cual fuere el resultado, la asignación será eficiente, *es decir*, todos saldrán ganando.

El punto neurálgico del teorema es demostrar que solamente en un mundo sin costos de transacción es que el paradigma neoclásico de la Economía, que sea de mercados totalmente eficientes, funciona sin necesidad de instituciones. Como en el mundo real muchas veces los costos de transacción son altos, las instituciones políticas, económicas y jurídicas pasan a tener una importancia crucial. Las instituciones sólidas, estables y confirmadoras de expectativas sociales disminuyen los costos de transacción, haciendo posible interacciones y resultados eficientes entre los agentes, o, en forma más directa, desarrollo social y económico.

Entre las instituciones fundamentales para el desarrollo ut supra referido, se destaca el derecho de propiedad, justamente el más afectado por la tributación. Sin embargo, sin tributo no es posible tener instituciones ni las organizaciones necesarias para protegerlas.

1.4. Decisión y comunicación: la Teoría de los Actos de Habla

Pasamos todo el tiempo efectuando elecciones, lo que equivale a decir *decidiendo*. En contextos intersubjetivos, en los que nuestras decisiones y nuestras acciones generan consecuencias en las decisiones y acciones de terceros, la comunicación humana es la propiedad que permite el surgimiento de sistemas sociales complejos.

La comunicación humana es la más sofisticada de todos los seres vivos. Como dice John Searle, somos «animales hablantes» y, por eso, nos realizamos como seres humanos a medida que podemos comunicarnos de la forma más plena posible.

La comunicación es un fenómeno que la filosofía del lenguaje, de acuerdo a lo que enseña Paulo de Barros Carvalho (2008, p. 36-37), analiza en tres dimensiones: lógica, semántica y pragmática. La lógica sintáctica y la lógica deóntica, en el caso del lenguaje normativo, son disciplinas altamente desarrolladas, tanto como los estudios de semántica, de gran importancia para el Derecho, dada la peculiar disputa retórica por los significados de las palabras en esa área.[30]

Considerando el carácter dinámico de la decisión, nos interesa el enfoque pragmático del lenguaje. Entre las teorías pragmáticas del lenguaje, la que más éxito obtuvo es la Teoría de los Actos de Habla, creada por el filósofo inglés John L. Austin, y, posteriormente, continuada y desarrollada por el norteamericano John R. Searle.

La Teoría de los Actos de Habla analiza cómo el lenguaje es utilizado por los hablantes en sus actos comunicativos. Por cierto, no toda decisión necesita actos de habla, pero todo acto de habla proviene de una decisión. Si queremos pedir, describir, expresar, declarar o prometer algo, necesitamos comunicarnos con otros individuos para ello. En el contexto social e institucional, para que las

---

30 La pragmática de la comunicación, rama de la Teoría General de los Signos, fue explorada tardíamente, al contrario de lo que ocurrió con las otras ramas, la Sintaxis, o lógica del lenguaje, y la Semántica. La clasificación de Morris y Carnap distinguió meramente la pragmática de la sintaxis y de la semántica, relegándola a segundo plano. Por una serie de razones, la pragmática de la comunicación humana se confunde en método y enconceptos y categorías con otras ciencias, tales como la Teoría de la Información y la Cibernética, no consideradas ramas semióticas. Tal vez, debido al abordaje tardío, la pragmática haya utilizado conceptos ya elaborados por las demás teorías de la comunicación y control. Según Tércio Sampaio Ferraz Jr., le falta la pragmática «un delineamiento definitivo o, por lo menos, más definido, no solo en lo relativo a sus instrumentos metodológicos, sino también a su objeto» (*Teoría de la norma jurídica*, 3ª ed., Rio de Janeiro: Forense, 1997, p. 1). Sin embargo, a partir de obras fundamentales, la Pragmática comenzó a afirmarse como disciplina tan importante como la Sintaxis lógica y la Semántica. Entre esas obras se destaca la del filósofo inglés John L. Austin, titulada *How to do things with words* (2. ed., 16.ª reimpresión, Boston: Harvard University Press,1999), como también el trabajo desarrollado por el ya referido John Searle, autor de *Spell Acts*, Cambridge: University Press, 1999) y de otros diversos trabajos en el campo.

decisiones tengan efecto práctico, es condición necesaria que sean externalizadas por medio de *actos ilocutivos*. El acto ilocutivo es la unidad mínima de la comunicación humana.

La diferencia fundamental de la Teoría de los Actos de la Habla con otras ciencias del lenguaje es la de considerar al acto de habla como núcleo del lenguaje. Toda comunicación lingüística implica actos lingüísticos. Por lo tanto, la unidad de la comunicación lingüística no es, como se presupone habitualmente, el símbolo, la palabra o la frase, o inclusive mencionar el símbolo, de la palabra o de la oración, pero, sí, la producción o enunciación del símbolo, palabra o frase mediante la *performance* del acto de habla.[31]

En el campo jurídico, toda decisión requiere comunicación. Las decisiones que no sean expresadas por medio de actos de habla adecuados no lograrán ingresar en el sistema jurídico, perdiéndose en el vacío de las meras intenciones no formalizadas y no comunicadas.

1.5. Racionalidad

De acuerdo a la clásica definición de «Hombre» atribuida a Aristóteles,[32] la *differentia specifica* que separa el Hombre del *genum* «animal» es la racionalidad.

¿Pero, qué es ser «racional»? ¿El fanático religioso que se reviste de bombas y explota, matándose a sí mismo y a terceros, actúa racionalmente? ¿La racionalidad debe ser juzgada por el punto de vista de terceros respecto de la elección del agente?

La racionalidad, o su sinónimo «razón», es uno de los temas más ancestrales enfrentados por el hombre. Por ser una categoría sobre la que se base el propio acto de pensar, la racionalidad es tan problemática como la cuestión de la consciencia. Desde que el hom-

---

31 Searle, 1968, p. 16.

32 Vulgarmente atribuida a Aristóteles en su obra *Metafísica*. No existe, sin embargo, ningún pasaje que contenga esa disposición en forma expresa. En la sección 981a1 lo más próximo a esa definiciónesla locución «[...] otros animales (además del ser humano) viven sobre la base de impresiones y recuerdos, contando apenas con una modesta cuota de experiencia; la raza humana, sin embargo, vive también sobre la base del arte y del razonamiento» (2006, p. 43. Traducción de Edson Bini).

bre, dotado de consciencia de sí mismo, pasó a reflexionar sobre sí, surgió la necesidad de buscar la esencia de las cosas, incluyendo ahí la propia razón. Es como si fuera necesario salir de la propia racionalidad para comprenderla, lo que no es apenas autocontradictorio, sino imposible.

Desde los presocráticos y su búsqueda de la esencia de todas las cosas, el principio único del cosmos, pasando por el aforismo del Oráculo de Delfos («conócete a ti mismo y conocerás a los dioses y al universo»), el desarrollo del pensamiento filosófico en Sócrates, Platón y Aristóteles, hasta la disputa entre racionalistas como Descartes y empiristas como Locke y Hume, la racionalidad es uno de los temas fundamentales de la gran aventura humana: el pensar.

Como toda palabra del lenguaje natural, «racionalidad» tiene diversas acepciones en el uso común de la comunicación. Se dice que una persona es racional cuando actúa de forma lúcida, y sus referencias corresponden a la realidad. Por ejemplo, si el sujeto sabe que saltar por la ventana del décimo piso resultará en su probable muerte, él es racional. Por otro lado, si el sujeto cree que saldrá volando en el aire, es irracional.

Otro sentido usualmente empleado tiene que ver con el modo ponderado de actuar en el mundo, *es decir*, con la razonabilidad. El individuo que pide el divorcio apenas porque vio a su esposa saludando al vecino actúa irracionalmente. El hombre o la mujer que piensa fríamente sobre cualquier opción, dejando las emociones de lado, es racional, «cartesiano».

En lo que respecta al problema de la elección y decisión, la racionalidad se emplea de modo mucho más simple, quizás casi pueril. Se trata de la *racionalidad instrumental*, lo que significa básicamente adecuar los medios a los resultados pretendidos (PETERSON, 2009, p. 5).

Siendo así, no importan los fines, sino apenas el modo como el sujeto efectúa las elecciones y actúa a efectos de alcanzarlos. Si, por ejemplo, mi objetivo es ir a París y tengo como opción dos compañías aéreas que ofrecen el mismo servicio y la misma calidad, es racional que opte por el pasaje más barato. Sea como fuere, el objetivo no es importante en la teoría de la racionalidad instrumental, pero, sí, los medios empleados para alcanzarlos.[33]

Es la concepción adoptada en la teoría de la decisión y en las diversas disciplinas que de ella tratan, como la microeconomía y la rama de matemática aplicada, la Teoría de los Juegos. Algunos podrían argumentar: pero, ¿y los fines, no son importantes para el Derecho? Seguramente lo son, sin embargo lo que importa es percibir que las normas jurídicas influyen en las elecciones de los individuos, pues *implican precios* para su conducta. Y esos precios serán calculados en la ponderación costo-beneficio que el tomador de decisión hará al elegir qué acción realizará.

Como veremos más adelante, el sujeto no siempre es totalmente racional. En realidad, muchas veces las personas no actúan racionalmente, ni siquiera en el sentido simple de la racionalidad instrumental. Sin embargo, para fines analíticos, asumir que los individuos son racionales simplifica el modelo científico de elección, convirtiéndolo en elegante y preciso (aunque no siempre realista), como toda teoría anhela ser. Y permite que los modelos de *elección racional* sean eficazmente predictivos (Friedman, 2000, p. 8-9), dentro de la mecánica y estructura que toda hipótesis científica debe tener, orientada a simplificar la realidad a los fines de poder explicarla mejor y a los fenómenos que le pertenecen.

1.5.1. La Teoría de la Elección Racional

La Teoría de la Elección Racional trata de moldear matemáticamente las elecciones de los individuos, siendo la Economía abiertamente el paradigma dominante en las ciencias sociales.

Sus postulados fundamentales son (Cooter y Ulen, 1992, p. 9-18): 1) los individuos están interesados en sí mismos, lo que significa que actúan en el sentido de maximizar su bienestar (o *utilidad*, según el término empleado por la teoría), frente a los recursos limitados de los que dispone; 2) los individuos realizan elecciones consistentes, mediante la información de la que disponen, en relación a

[33] Aunque los conjuntos de objetivos (o preferencias) deban ser, al menos, consistentes, en el sentido de no ser simétricos e intransitivos, como se verá más adelante.

las alternativas posibles para alcanzar los objetivos pretendidos; 3) los individuos reaccionan ante incentivos.

Postulados son postulados. Como tal, no se refieren a toda la complejidad de la mente, consciencia, moral y cultura humanas, incluyendo las frecuentes irracionalidades cometidas por las personas y, principalmente, no se someten a la contraprueba. Debemos partir de ellos sin cuestionarlos considerando apenas que para fines analíticos del comportamiento humano ellos son lo suficientemente robustos como para separar aquello que es elemento previsible del comportamiento humano, permitiendo así modelos descriptivos.

La elección racional es una teoría basada fundamentalmente en las *preferencias reveladas* del individuo. En ese sentido, no se indagan los motivos o gustos personales del agente, sino que se limita apenas a la observación de su comportamiento. De eso resulta el carácter empírico de la teoría.

Para que el individuo sea «racional» desde el punto de vista de la referida teoría, debe apenas efectuar elecciones consistentes, como veremos más adelante. Y la consistencia de esas elecciones se verifica por medio de su comportamiento.

Es importante resaltar: la Elección Racional es apenas una teoría y, como tal, no pretende ser una descripción fidedigna y exhaustiva del mundo. Esa advertencia es útil, pues nos resguarda del común equívoco de criticar una teoría o una hipótesis apenas porque sus premisas no siempre se corresponden con todos los aspectos de la realidad.

En ese sentido, el interés en sí mismo racional, uno de sus postulados, no significa tampoco que la maximización del propio bienestar sea necesariamente egoísta o peor, calcada en objetivos gananciales y materialistas. El bienestar subjetivo puede darse en los más diversos valores que el individuo anhele: salud, cultura, felicidad, amor, bienes materiales, inclusive por medio de vicios y conductas antisociales.[34]

[34] En eso reside la elocuente advertencia de Gary Becker, en su discurso al recibir el Nobel de Economía, en 1992, al referirse al abordaje económico del comportamiento humano, que no es otra cosa que la Elección Racional: «Unlike Marxian analysis, the economic approach I refer to does not assume that individuals are motivated solely by selfishness or gain. It is a method of

La teoría intenta captar el comportamiento medio de los individuos, que es maximizador y suele ser estable en sus preferencias.

Una de las cualidades que toda teoría científica debe anhelar, y muchas veces la falta de ese predicado le retira la cientificidad, es la moderación, o, como enseñó William de Ockham: *entia non sunt multiplicanda praeter necessitatem (las entidades no deben multiplicarse más de lo necesario)*. Entre dos hipótesis explicativas del mismo fenómeno, debe ser preferida la que contiene menos premisas, menos asunciones, menos entidades. La explicación más simple tiende a ser la mejor y, dentro de la jerga de la ciencia, *elegante*.

Habitualmente se dice que las teorías científicas son «descriptivas» de la realidad, pues sus aseveraciones deben corresponderse con los hechos o, en el sentido popperiano, no ser refutadas por ellos. No obstante, debe procederse con cautela ante tal predicado. Una cosa es que la teoría haga posible las descripciones (y predicciones) del fenómeno que demarcó como su objeto; otra, es que teoría en sí misma sea descriptiva de su objeto. La diferencia puede comprenderse fácilmente por medio del cuento de Jorge Luis Borges, *Del rigor de la ciencia*. De acuerdo con esa historia, la ciencia cartográfica de un determinado imperio llegó a tal nivel de exactitud que únicamente los mapas de la misma dimensión del propio imperio eran considerados satisfactorios. El mapa perfecto reproducía entonces absolutamente todos los aspectos y detalles de aquel lugar. El costo de esa máxima exactitud devenía en la ausencia total de la utilidad del mapa.

Una teoría de la elección racional que pretenda tener en cuenta toda la magnitud de las vicisitudes humanas no lograría obtener

---

analysis, not an assumption about particular motivations. Along with others, I have tried to pry economists away from narrow assumptions about self interest. Behavior is driven by a much richer set of values and preferences. The analysis assumes that individuals maximize welfare as they conceive it, whether they be selfish, altruistic, loyal, spiteful, or masochistic. Their behavior is forward-looking, and it is also consistent over time. In particular, they try as best they can to anticipate the uncertain consequences of their actions. Forward-looking behavior, however, may still be rooted in the past, for the past can exert a long shadow on attitudes and values.» (disponibleenhttp://www.nobelprize.org/nobel_prizes/economics/laureates/1992/becker-lecture.pdf)

modelos causales útiles para la explicación y predicción del comportamiento humano. Además de no ser una buena teoría «descriptiva», seguramente no sería una teoría normativa útil[35].

Se verifica en la realidad que los individuos no siempre actúan de manera exclusivamente interesada en sí mismo, o que muchas veces no tienen preferencias estables. Y, lo que es todavía peor, frecuentemente violan la regla de la transitividad y se dejan engañar por sesgos que los inducen a errores sistemáticos de juicio. Del mismo modo, la teoría no pretende negar que las personas actúen de manera desinteresada, altruista o sobre la base de los más elevados valores morales.

Aun así, es razonable considerar, a los efectos de la practicidad y utilidad del modelo, por el cual, *como promedio, las personas se comportan racionalmente.*

La simplicidad de la Teoría de la Elección Racional, antes de ser una falla, es una cualidad. Hace posible la construcción de modelos matemáticamente precisos de la elección, permitiendo cuidadosas descripciones y, por lo tanto, predicciones del comportamiento humano. Y, con igual importancia, permite que las hipótesis propuestas a partir de ese referencial teórico sean pasibles de refutación, lo que, desde Popper[36], es el criterio demarcador de lo que es y de lo que no es ciencia.

1.5.2. Acción humana, valores, elecciones y preferencias

El hombre actúa en el mundo. Para actuar, debe utilizar su aparato cognitivo derivado de millones de años de evolución, intercambiando informaciones con su medio ambiente. Su principal instrumento de cognición es la razón, que es la aptitud de procesar los datos y de construir conceptos partiendo de ellos.

---

35 Vilfredo Pareto (1988, p. 15) puntualiza de manera precisa la naturaleza, el alcance y el objetivo de cualquier teoría científica: «una teoría puede ser buena para alcanzar cierto objetivo; otra puede serlo para alcanzar otro; pero, de todos modos ellas deben estar de acuerdo con los hechos, porque de lo contrario no tendrían ninguna utilidad». Siendo así, una buena teoría científica no es más que un modelo útil y suficientemente eficaz que se aproxima a la realidad, sin lograr capturarla en todas sus complejidades y matices.

36 Tesis principal de la *lógica de la investigación científica* (*Logik der Forschung*, originariamente publicado en alemán, en 1934), São Paulo: Cultrix, 1996.

La acción humana quiere decir el comportamiento dotado de un propósito, es la voluntad puesta en funcionamiento (Mises, 1995, p. 12).La acción, como voluntad puesta en práctica, presupone la elección del agente. El agente humano, al perseguir sus fines, siempre se coloca frente a una elección: satisfacer una necesidad en detrimento de otra. Ante las posibles alternativas, el individuo debe decidir cómo actuar (o no actuar). Un individuo se enfrenta con un problema decisorio siempre que debe elegir por lo menos entre dos posibilidades de acción. Levantarse temprano para trabajar o seguir durmiendo; tener hijos o postergar la maternidad jerarquizando la carrera profesional; economizar o gastar en un viaje al exterior; entregar la cartera o resistir a un asalto a mano armada. Ya sea en situaciones domésticas o en situaciones dramáticas, todo el tiempo nos enfrentamos con problemas decisorios.[37]

Toda elección, a su vez, depende del valor que el agente atribuye a las posibilidades que se le presentan en el momento en que debe optar por actuar de una u otra forma. Como ya debe haber advertido el lector, este libro menciona frecuentemente el término «valor», por lo tanto, cabe a nosotros definirlo.

«Valor», al igual que «realidad», es una de las categorías filosóficas «fundamentales», por lo tanto, de difícil definición intencional, con sus notas y características que las colocan en un género y las diferencian de otras especies similares.[38]

---

[37] Como aclara David Lindley (1988, p. 1): «All of us have to make decisions every day of our lives. Most of choices involved are often trivial, as when a lady decides what dress to wear, or a diner selects from the menu: though one can easily imagine occasions when we recognize as important and to which we devote a great deal of thought. Decisions concerning a proposal of marriage, accepting a new job, or buying a house will have important consequences that need to be carefully considered before coming to a conclusion».

[38] Para John Locke (*An essay concerning human understanding*, capítulo IV, «6», p. 342), el gran filósofo empirista inglés, «definir» es simplemente mostrar el significado de una palabra por varios otros términos que no sean sinónimos. Como ejemplo, «hombre es un animal racional». No obstante, advirtió que las «ideas simples» no pueden ser definidas de esa forma, puesla regla expuesta arriba es violada. Al definirse, por ejemplo, «movimiento» como el pasaje de un punto al otro, se emplea, en rigor, sinónimos: igual resultado se obtendría diciendo que «pasaje» es «movimiento» o viceversa. Tales ideas simples, o fundamentales, pueden ser entonces comprendidas por el hom-

Así como lo real es aquello que es, valor es aquello que vale. Igualmente, cualquier valor específico, como el valor moral de la honestidad, el valor estético de lo bello o el valor económico de lo útil requieren objetos que posean ese predicado, como condición de su entendimiento. ¿Cómo comprender la virtud sin lo virtuoso, o la escasez sin el bien que me es precioso?

La definición más apropiada para valor, por lo tanto, es extensional, *es decir,* aquella que contextualiza el valor en el terreno de la razón práctica:

> «Valor es aquello en función de lo cual alguien actúa para obtener y/o preservar. Valor denota el objeto de una acción: es aquello en función de lo que la acción de alguna entidad se encuentra direccionada para adquirir y/o conservar.»[39]

En la definición ut supra dada por Ayn Rand, el *definiendum* (el que es definido) y el *definiens* (el que define) son puestos de forma ostensiva (por lo tanto, no analítica o esencialmente, pero en el ámbito de la acción humana), y denotan una escala de preferencias, de importancia que el agente racional atribuye a los objetos o fines de sus elecciones.

El punto crucial en el que se refiere a la naturaleza del valor es su ontología subjetiva, dependiente del individuo dotado de consciencia e intencionalidad. Como sostiene Hessen (XX, p. 45) *Valor es siempre valor para alguien – es la cualidad de una cosa, que solo puede pertenecerle en función de un sujeto dotado de una determinada consciencia capaz de registrar.*

Otra manera de referirse a valor es el término «utilidad», primeramente introducido por Jeremy Bentham, que significa la «medida abstracta de satisfacción que el individuo tiene frente a deter-

---

bre, sin embargo, son indefinibles. En ese sentido, términos como «justicia», «belleza», utilidad» son indefinibles por sí mismos, requiriendo objetos que reciban tales cualidades y que puedan ostentar tales características. Para comprender la locución «Ricardo Corazón de León era un rey justo», deberíamos conocer sus acciones y evaluarlas según nuestra concepción de justicia, que, a su vez, la cualificaría o no como tal.

39 Cf. Ayn Rand, *apud* Leonard Peikoff, *in Objetivismo: la filosofía de Ayn Rand,* p. 200.

minadas situaciones, personas, bienes o servicios» (Mankiw, 2005, p. 462). Obsérvese que, de acuerdo a ese punto de vista no existe diferencia ontológica entre valores morales, económicos, estéticos o filosóficos, pues sean cuales fueren, los valores se refieren a preferencias.

En lo que se refiere a la Economía, en despecho de su inestimable contribución, el gran error de los economistas clásicos, tales como Adam Smith y David Ricardo, fue el de intentar objetivar (en el sentido de valor intrínseco, ontológico) el valor económico.

Las teorías que atribuían el valor de un bien, como cantidad de trabajo o como el costo necesario para producirlo, padecían de inconsistencias inabarcables. La teoría del valor como cantidad de trabajo implicada en la manufactura del bien (que posteriormente llevó a la teoría marxista de la plusvalía y, consecuentemente, a la teoría de la explotación del capitalismo) afirmaba que el valor real de una mercancía es medido por las horas de trabajo utilizadas para ello. La experiencia desmiente esa teoría: no logra explicar, por ejemplo, el alto valor de un diamante encontrado en el lecho de un río por alguien, que tuvo apenas el trabajo de mojar los pies, agacharse y agarrarlo. *Por lo tanto, el valor de un bien es simplemente el monto que los individuos se dispongan a pagar por él.*[40]

La teoría del costo como medición del valor real de un bien comete, igualmente, el error de objetivar el valor. De la misma forma, la experiencia refuta esa teoría; puedo gastar una fortuna para hacer una escultura, cuyo valor de mercado sería, seguramente, próximo de cero.[41]

En síntesis, independientemente de la alternativa que se presente al agente, él elige la acción que será realizada sobre la base de sus *preferencias*. La teoría de la elección racional establece algunos presupuestos en relación a esas preferencias:

---

[40] Algo que Thomas Hobbes (2008, p. 129) advirtió mucho antes que los economistas del siglo XIX, al discurrir sobre el valor justo: «el valor de todas las cosas contratadas se mide por el apetito de los contratantes, por lo tanto el valor justo es aquel que ellos consideran conveniente ofrecer».

[41] Cf. Mises, 1995, p. 64. Según ese mismo autor, siel valor de un bien fuera el costo necesario para producirlo, jamás habría perjuicio para suproductor.

1) Estabilidad: para que la elección sea racional, las preferencias deben ser manifestadas de forma estable, lo que significa decir razonablemente constantes. Por ejemplo, el individuo no puede alternar preferencias frecuentemente, es decir, en determinado momento preferir A en lugar de B y en el momento siguiente, B en lugar de A.
2) Consistencia: para que las elecciones sean racionales, deben ser consistentes. La consistencia concierne a la escala de preferencias del individuo, que debe satisfacer los siguientes requisitos:

a) Completitud: la preferencia debe ser completa, lo que significa que el individuo debe ser capaz de decir cómo ordena sus preferencias. Debe poder decir que prefiere A > B, o que prefiere B > A o que es indiferente a A y a B.
b) Asimetría: la preferencia debe ser asimétrica, es decir, si el individuo prefiere A en lugar de B, no puede simultáneamente preferir B en lugar de A (A>B V B>A).
c) Transitividad: la preferencia debe ser transitiva, es decir, si el individuo prefiere A a B, y prefiere B a C, necesariamente debe preferir A a C (A>B; B>C → A>C).

Como vimos, la utilidad o el valor que las alternativas de acción tienen para el individuo son subjetivos. Eso significa que no es posible, por ejemplo, afirmar que Juan prefiere tres veces más que María correr en el parque. Tal escala de preferencias se denomina *cardinal*. Ese método de medición se origina en el utilitarismo de Jeremy Bentham, por el cual la planificación social debe hacerse con el fin de distribuir el máximo de felicidad para el mayor número de personas. La redistribución de utilidad y bienestar ocurriría de manera planificada, bastando para ello medir cuan satisfechas estarían las personas. Una medida gubernamental, por ejemplo, que redujera en 75 «utils» la satisfacción de un individuo, pero incrementase en 50 «utils» la satisfacción de otras dos personas tendría un resultado final de 25 «utils» positivos. Tal medida estaría justificable desde el punto de vista social.

Desafortunadamente tal medida de valoración no es posible; en otras palabras, las comparaciones interpersonales de utilidad son inviables. La escala *ordinal* de utilidad es más sencilla y solamente ordena las alternativas por orden de preferencia. Luego, podemos afirmar, por ejemplo, que Juan prefiere correr en el parque por la mañana que por la tarde, o que preferimos la compañía de María a la de Pablo, o inclusive que a Carlos le gusta más la cerveza que el vino.

Desde el punto de vista epistemológico, sería algo complicado investigar cómo las personas organizan sus preferencias o determinan su utilidad intrasubjetivamente. Epistemológicamente, por lo tanto, los datos observables son los comportamientos de los individuos, *es decir*, las elecciones efectivamente realizadas. Este abordaje se denomina «preferencia revelada», contribución del economista Paul Samuelson.[42]

1.5.3. El costo de elegir

La racionalidad permite que el individuo pueda efectuar elecciones consistentes, de acuerdo a lo visto ut supra. No obstante, como dice el aforismo: *para cada elección, una renuncia*. Siempre que el individuo opta por una alternativa, excluye las demás. El término económico para esa elección/renuncia es *trade off*, un intercambio que implicará también un *costo de oportunidad*.

El costo de oportunidad, a su vez, es el costo en que incurre el individuo por dejar de elegir la segunda mejor alternativa. Así, el costo real de una cosa incluye el costo de aquello que es necesario sacrificar para obtenerlo (Krugman y Wells, 2007, p. 800), es decir, se suma el costo contable de algo al costo de la elección renunciada. Por ejemplo, si Juan tiene como alternativas estudiar en el exterior o continuar en su empleo, al optar por estudiar, su costo de oportunidad serán los salarios que dejará de ganar por no estar trabajando. Y el costo total de su opción de estudiar en el exterior incluirá los costos financieros propiamente dichos de su viaje, carrera, hospedaje etc., y los salarios renunciados.

---

42 En su obra *Foundations of Economic Analysis*, de 1947. Sin embargo, Ken Binmore (2009, p.7) advierte que la idea básica de preferencia revelada puede ser encontrada ya en Frank Ramsey en su obra *Truth and Probability*, publicada en 1931.

Las elecciones efectuadas por el agente racional se basan en preferencias personales, y esas preferencias, a su vez, se ordenan sobre la base de los valores de cada individuo. Si Juan opta por estudiar en el exterior, es porque esa opción para él tiene más *utilidad, es decir*, él *valora* más su formación personal que el empleo actual.

No se puede olvidar que el individuo racional, al elegir una alternativa de acción, no se encuentra aislado de la realidad, no está al margen del mundo. Esas elecciones son influenciadas por los incentivos que se presentan para cada una de ellas. Si Juan prefiere estudiar afuera es porque esa opción fue tomada por la influencia de incentivos (pero no únicamente por esta razón) que pueden ser, *v.g.*, expectativa de ascenso profesional, de aceptación en un determinado grupo, de perfeccionamiento cultural o inclusive, de satisfacción del propio ego.

Cuando transponemos la cuestión de la elección individual al Derecho, advertimos que el aplicador de las normas no hace otra cosa que efectuar una elección racional. Es evidente que su abanico de elecciones está delimitado por el propio sistema jurídico: el juez debe juzgar de acuerdo con la ley; el fiscal debe actuar dentro de los límites legales; los contratantes no pueden celebrar obligaciones mutuas fuera de lo dispuesto por el Código Civil.

1.5.4. ¿Y la eficiencia?

La palabra «eficiencia» será repetida muchas veces en el transcurso de este trabajo. Debemos, entonces, definir el sentido que le atribuimos.

La eficiencia, en tanto valor, es instrumental, lo que significa decir que no es propiamente un valor «meta», pero un valor-medio para la consecución de otros valores. La ciencia económica es el campo del conocimiento que más trabajó el concepto de eficiencia, central para sus análisis. De modo general, la eficiencia para la Economía es alcanzar resultados a partir de los menores *inputs* posibles, o, lo que es lo mismo, alcanzar el mayor *output* posible a partir de determinados recursos. De modo todavía más sintético, eficiencia significa alcanzar los mejores resultados posibles a partir de recursos limitados, cualquiera fuere el área y sean cuales fueren los objetivos pretendidos.

Más específicamente, la eficiencia en la producción de bienes significa que no se puede producir el mismo *output* con menos recursos o que no se puede producir más *output* con los mismos recursos. Ya la eficiencia, vista por la óptica de la atribución de recursos, también llamada de eficiencia de Pareto (nombrado en función de su proponente, Vilfredo Pareto, sociólogo, filósofo y economista italiano, 1848-1923), se refiere a la satisfacción de elecciones individuales.

Una situación o interacción es «Pareto eficiente» cuando en una interacción, al menos un individuo resulta en situación mejor que antes y ninguno en peor situación. Y una asignación es «Pareto óptimá», cuando no es posible alterarla sin que uno de los individuos quede en peor situación que antes. Por ejemplo, una transacción en que el vendedor dispone de un bien que valora en R$ 50,00, mientras el comprador valora el mismo bien en R$ 100,00. Cualquier resultado de la transacción que no deje a uno de los dos en peor situación será Pareto-eficiente, por ejemplo, la venta del bien por R$ 75,00 (o por cualquier valor que no sea menor que R$ 50,00 o mayor a R$ 100,00).

En esta transacción,[43] el vendedor no posee más que el bien, no obstante, en compensación, está mejor que antes (en R$ 25,00), y el comprador no posee más R$ 75,00, pero, en contrapartida, es propietario de un bien al que atribuye el valor de R$ 100,00. Ambos resultaron en una situación mejor de la que tenían antes de que la transacción ocurriera, y, como pudieron dividir el excedente social (en términos económicos, el excedente del productor y el excedente del consumidor, que son respectivamente los valores-límite por los cuales aceptan vender y comprar determinado bien), su ganancia líquida (o ganancia social, que significa generación de riqueza para la sociedad) es de R$ 50,00. En términos económicos -lo que equivale a la satisfacción de preferencias y elecciones individuales-, la transacción llevada a cabo es eficiente, pues mejoró la situación de los implicados.[44]

---

43 Ejemplo retirado de David Friedman, 2000, p. 19-20.

44 No estamos teniendo en cuenta posibles externalidades en la transacción, que podrían dejar a terceros en peor situación que antes, como en el caso de la contaminación.

La eficiencia también puede ser Kaldor-Hicks (así nombrada por cuenta de los economistas Nicholas Kaldor, 1908-1986, y John Hicks, 1904-1989), y ocurre cuando en una interacción una de las partes resulta en situación peor a la que tenía antes, sin embargo es teóricamente posible que el individuo que salió perdiendo sea compensado por el que salió ganando (COOTER y ULEN, 1992, p. 41).[45] Es importante resaltar que la compensación no debe ser efectivizada concretamente, sino tan solo viable en tesis, según el resultado final, en beneficio económico, de la transacción. Un ejemplo simple es justamente la tributación, que deja a todos los contribuyentes en situación peor financieramente, sin embargo, potencialmente recompensable en vista de los servicios públicos que la renta tributaria hace posible.

Cuando se realizan elecciones jurídicas, lo que implica decir «elecciones públicas», puesto que afectan a toda la sociedad (aún las decisiones judiciales, que dirimen conflictos entre las partes del proceso, generan externalidades a terceros), la eficiencia se vuelve aún más importante. La elección del legislador, al elaborar leyes cuyas consignas incentivarán determinadas atribuciones de recursos, muchas veces será Pareto-ineficiente. Del mismo modo, la elección del juez, al decidir quién tiene razón en un litigio, frecuentemente no alcanzará la eficiencia de Pareto, dado que una de las partes resultará en peor situación. Aunque el criterio paretiano sea obviamente el más deseable y, por principio, debe ser siempre el buscado, la eficiencia Kaldor-Hicks es más realista y fácil de concretar en la vida práctica.

Veremos que hay situaciones en las que existe *trade offs* entre eficiencia y justicia, pero, aun así, los valores no deben ser considerados antagónicos. La eficiencia, como valor medio, busca alcanzar valores-fines, entre ellos, el de la justicia.

---

45 En el ejemplo de la contaminación, si las partes que transaron, v.g., productor y consumidor, obtuvieron beneficios que en teoría son suficientes para compensar a los terceros perjudicados por la externalidad negativa, existe eficiencia Kaldor Hicks.

1.5.5. Fronteras de la racionalidad

¿Las personas son siempre racionales? ¿Es plausible considerar que en el mundo real, en su vida diaria, las personas ponderen costos y beneficios al elegir?

La concepción tradicional de la racionalidad ha venido sufriendo intensos ataques en las últimas décadas, y estos vienen de todos los frentes: de la Filosofía, de la Psicología y también de la propia Economía.

Cabe advertir, sin embargo, que los ataques de corrientes filosóficas identificadas con el posmodernismo no es el tema que abordaré aquí. El motivo es que las concepciones de esas líneas - si es que pueden ser consideradas como tales- carecen de sentido. Como sostiene John R. Searle (2001, p. xiv), una típica exposición relativista como «¿cuál es su argumento para sostener la racionalidad?» es sin sentido, pues la noción de argumento presupone racionalidad. Se trata de un proyecto autorrefutado desde sus premisas más básicas.[46]

La crítica que será abordada en este tema está dirigida a los siguientes principios fundamentales de la elección racional: 1) todo individuo actúa por interés en sí mismo, por lo tanto es un maximizador de su utilidad; y 2) el individuo pondera el costo y el beneficio antes de elegir cómo actuar.[47] De modo más conciso, el eje de crítica es el llamado *homo economicus*.

---

[46] Por ejemplo, la obsesión de las más diversas líneas relativistas o posmodernas en negar la verdad objetiva. La sentencia típicamente posmoderna «no existe verdad, apenas diferentes perspectivas» es un perfecto ejemplo de autorrefutación. ¿Debe ser considerada como verdadera aseveración? Si la frase es objetivamente verdadera, entonces implica una contradicción, pues *es verdad que no existe verdad*. Si aceptamos el contenido de la frase aplicada así misma, entonces ella es falsa, o válida, dependiendo apenas de algún «punto de vista», lo que también la niega. Aunque se considere una cuestión de metalenguaje, *es decir.*, debe ser considerada verdadera solo la frase que habla sobre todas las demás aseveraciones en el mundo, aun así existe contradicción, pues es como si la aseveración pretendiese insertarse en su propia afirmación que pretende ser universal. Pero, ¿por qué razón debería su contenido no valer para ella misma? Es realmente impresionante como aún existe espacio académico para ese tipo de discusión.

[47] Otro principio fundamental, el que dice que los individuos reaccionan a incentivos, deviene del primero. No obstante, parece tan obvio que realmente reaccionamos a incentivos que se vuelve difícil refutar tal afirmación. El modo como el individuo actuará frente a los incentivos es otro problema, que no confirma esta máxima.

El accionar autointeresado y egoísta se remonta a los pensadores clásicos, como Thomas Hobbes, Adam Smith y David Hume. Sin embargo, el accionar racional motivado por deseos viene de la famosa afirmación de Hume (1992, p. 415): «la razón es, y debe ser apenas la esclava de las pasiones, y no puede aspirar a otra función además de servirlas y obedecerlas».

El empirismo de Hume,[48] antirracionalista por excelencia, somete la racionalidad a los deseos humanos. Estos forman el fundamento de la racionalidad instrumental, que significa simplemente elegir los mejores medios para los fines pretendidos, constituyendo el pilar fundamental de la Teoría de la Elección Racional.

En célebre artículo titulado Rational Fools: La Critique of the Behavioral Foundations of the Economic Theory, el economista premiado con el Nobel, Amartya Sen, ataca directamente la concepción del *homo economicus*. Según Sim, la teoría dominante reduce los individuos la «tontos racionales», puesto que, para cumplir con los dictámenes de la racionalidad económica, reducen al Hombre a un animal que solo busca satisfacer sus deseos.[49]

Todavía según Sim (2001, p. 46):

> [...] una concepción de racionalidad debería incluir el uso de la razón para comprender cómo alcanzar objetivos y valores, así como también envuelve el uso de esos objetivos y valores para realizar elecciones sistemáticas. Aunque el abordaje del interés en sí mismo pueda parecer fundamentado en la importancia del individuo, en rigor, desprecia la razón individual, repudiando la principal característica que los diferencia de los animales, que es nuestra habilidad de raciocinar y emprender investigaciones metódicas del mundo.

---

48 Otra famosa frase de David Hume (1992, p. 416) ilustra muy bien la racionalidad instrumental: «It is not contrary to reason to prefer the destruction of the whole world to the scratching of my finger».

49 En otro artículo (2002, p. 39). Se ilustra su argumento con la siguiente situación: considere una persona que se encuentra ocupada seccionando los dedos de los pies con un cuchillo filoso. Le preguntamos a ella por qué está actuando así, si ya pensó en las consecuencias de no tener los dedos de los pies. Ella responde que no, y que no lo pensará, porque cortarse los dedos de los pies es lo que desea - es su principal objetivo y ella se considera perfectamente racional con tal que persiga su objetivo de manera inteligente y sistemática.

A pesar de que la crítica de Amartya Sen sea elocuente, me parece que en determinados momentos confunde el concepto o juicio ideal de la racionalidad con una de sus definiciones que cumple una función específica. Por ejemplo, la definición de hombre como animal racional es una descripción que ni de lejos alberga toda la complejidad del ser humano, pero cumple la función de diferenciarlo de otros elementos del mismo género. También parece confundir análisis positivo con análisis normativo de la elección humana, *es decir*, no el hombre que en promedio actúa de modo egoísta, sino el hombre moral, que debe actuar siempre basándose en los más elevados valores. Por lo tanto, dentro de un modelo tal vez simplista, no obstante eficaz, el *homo economicus* funciona.

Si bien podemos considerar que el concepto de racionalidad no debe limitarse a la mera relación entre medios y fines, el modelo de la instrumentalidad es eficaz justamente por su simplicidad. Aun así, su análisis es importante por establecer los valores que seguramente influencian la elección humana, tanto en el sentido de restringir posibilidades como en el sentido de obligar a optar por alternativas que no siempre coinciden con meros deseos.

Ese punto es la esencia de la crítica de John Searle (2001), de aquello que llama «concepción clásica de la racionalidad». Para el filósofo de la Universidad de California, en Berkeley, lo que nos diferencia de otros animales conscientes es justamente el hecho de que gran parte de las veces, actuamos por «razones independientes de los deseos». Concurrimos a fiestas de graduación o de casamiento no porque las apreciemos, sino porque nos sentimos moral o socialmente obligados. No dejamos de ser racionales por el hecho de no apropiarnos del dinero que alguien olvidó sobre la mesa, algo que la maximización nos debería conducir a hacer, y no lo hacemos porque tenemos consciencia moral de que está mal tomar algo que no es nuestro.

Se podría argumentar, en favor del interés en sí mismo, que no nos apropiamos del dinero ajeno porque eso nos haría sentir culpables, causando en nosotros la sensación de disgusto.[50] Como respues-

[50] Cierta vez, Thomas Hobbes, el pionero del autointerés, habría sido encontrado dando limosna a un mendigo. Al ser indagado por el motivo de su accionar altruista, el filósofo habría dicho que le desagradaba la imagen del mendigo hambriento, por lo tanto, era de su interés egoísta darle limosna.

ta a ese argumento, Sen (1977, p. 326) utiliza la diferencia entre «simpatía» y «compromiso», conceptos empleados primeramente por Stuart Mill (2007, capítulo III). Si el hecho de que las personas son torturadas lo incomoda (le genera «menor utilidad», en la jerga económica), se trata de un caso de simpatía; si tal idea no le genera ninguna sensación desagradable, pero aun así usted toma medidas para terminar con tal práctica, estamos frente al compromiso.[51]

¿Será viable establecer esa diferencia como una forma eficaz y práctica de analizar elecciones racionales?

Entendemos que no. Aunque desde un punto de vista moral (por lo tanto, normativo) las personas deban actuar comprometidas con valores éticos, y aunque de hecho, actúen así muchas veces, una teoría que prevalezca sobre la razonabilidad y la moderación debe ser más modesta en lo que refiere a la naturaleza del ser humano. Si los individuos actuaran siempre comprometidos, independientemente de sus deseos, no habría siquiera necesidad del propio sistema moral que les inhiba determinadas conductas, ni tampoco del sistema jurídico que los coarte a actuar dentro de los límites.

Nada impide que se propongan modelos normativos de elección. Los objetivos o valores perseguidos por el individuo al hacer

---

[51] Un ejercicio hipotético fue propuesto cierta vez, para probar la viabilidad práctica y empírica del altruismo. Digamos que la Madre Teresa de Calcuta (1910-1997), mundialmente conocida por sus actividades humanitarias, recibiera la siguiente propuesta de un gran conglomerado multinacional. Por los próximos cinco años ella debería abdicar de practicar sus actividades usuales, tales como viajar por todo el mundo realizando sus misiones de caridad, reunirse con jefes de Estado, interactuar con los desafortunados y divulgar la palabra cristiana, debiendo dedicarse exclusivamente a ser representante de la marca comercial de tal conglomerado. En contrapartida, recibiría el equivalente a diez veces el valor de las donaciones colectadas en los últimos cinco años. Resta saber cuál sería su elección. Si sus objetivos fueran solamente ayudar a los pobres, la decisión racional sería aceptar la propuesta, pues los recursos posibilitarían aumentar exponencialmente el asistencialismo. En ese caso, la elección sería autointeresada y maximizadora. Sin embargo, si su objetivo fuera, además de la caridad en sí, actuar personalmente en tales actividades, por el hecho de que ellas le brindan satisfacción personal, la decisión racional sería rechazar la propuesta, pues aquel bienestar superaría en utilidad el mero aumento de recursos que sus misiones recibirían. Y, si fuera realmente altruista, debería sacrificar su utilidad en beneficio del humanitarismo. Este sería un perfecto caso de «compromiso» en el léxico de Amartya Sen.

una elección pueden ser de naturaleza ética, estética, económica o científica. De esa forma, no interesan apenas los medios empleados, sino también los valores pretendidos. Si pretendemos que el derecho penal aumente el nivel de disuasión[52]de la práctica de delitos, disminuyendo así la criminalidad (fin), debemos entonces crear normas que sean eficientes para ello (medios).

Robert Nozick (1993, p. 132) elabora una simultánea defensa y crítica de la racionalidad instrumental. Su defensa sostiene que, a pesar de que hayan sido propuestas diversas descripciones más amplias de la racionalidad, todas incluyen implícitamente a la racionalidad instrumental. La racionalidad instrumental es la única situada en la intersección de todas las demás teorías, siendo, por lo tanto, la teoría fundamental. Además de eso, todas las demás teorías requieren justificación, es decir, necesitan producir razones para sostener que aquello que delimitan es realmente racionalidad. La racionalidad instrumental dispensa tales justificativos.

La crítica, si es que puede llamarse así, es la advertencia de que la racionalidad instrumental no es la única concepción de racionalidad. A efectos de incrementar una teoría de la elección, Nozick propone sumar a la instrumentalidad, coordinada por la utilidad esperada (el objetivo que queremos alcanzar a través de nuestros medios de obtención racional), lo que denomina «utilidad simbólica». Así, la racionalidad no está orientada apenas a los resultados, sino también a las propias acciones empleadas para alcanzarlos. Las creencias y deseos, así como las elecciones resultantes de ellos, tienen un valor simbólico intrínseco, desarrollado por medio de millones de años de evolución. Por ejemplo, ser ético en el sentido práctico es un valor en sí mismo, que simboliza los valores que nos son más caros, estando la utilidad no en el resultado (que puede nunca ser alcanzado), sino en la propia elección.[53]

---

52 Disuasión o *deterrence*, palabra de lengua inglesa más adecuada para referir al fenómeno, significa el grado de eficacia que tiene la sanción como incentivadora de los individuos. Si las sanciones jurídicas incentivan la abstención de la práctica de actos ilícitos, decimos que tal legislación tiene alto grado de intimidación.

53 Algo que recuerda la Ética de la Virtud aristotélica.

Lo expuesto en este tema busca conciliar cuestiones éticas con el mero interés en sí mismo del *homo economicus*. Resta indagar si todas esas posiciones no son normativas, es decir, en el fondo no pretenden describir el comportamiento promedio, sino proponer una forma de racionalidad.

Cabe decir que, como nuestra propuesta de teoría de la decisión jurídica es eminentemente normativa, las propuestas de pensadores importantes como Sen, Searle y Nozick son bienvenidas. En ese sentido, no nos interesa mucho la forma como los aplicadores del derecho juzgan de hecho, sino el modo como deberían juzgar.

1.5.5.1. Heurísticas y Sesgos

Vimos las críticas más comunes a la figura del *homo economicus* en tanto criatura exclusivamente interesada en sí mismo y maximizadora de su utilidad. Pero, y en lo referente a su capacidad de efectuar análisis costo-beneficio en sus elecciones, ¿es infalible? O, yendo más allá... ¿las personas realizan cálculos siempre que eligen?

El punto que será abordado en este tema es tema de líneas de estudio relativamente recientes, de intersección entre Psicología y Economía, para las cuales los individuos son racionales, sin embargo, tienen *racionalidad limitada (bounded rationality)*, expresión acuñada por Herbert Simon (1957), Nobel de Economía y gran innovador en la teoría de la decisión.

Como el conocimiento de todas las alternativas por el agente no siempre es completo o consciente, ya que no es posible determinar todas las consecuencias de sus elecciones, el agente no es un maximizador que busca el resultado óptimo, sino tan solo el satisfactorio.

Para los propulsores de la Elección Racional, el argumento no contradice la premisa del análisis costo-beneficio, al contrario, la confirma. En diversas situaciones de la vida cotidiana simplemente no es conveniente para el agente racional buscar todas las informaciones para realizar elecciones sencillas. Es más ventajoso contentarse con la información suficiente para decidir únicamente en la situación particular. De la misma forma, no siempre el mayor y mejor resultado es el preferido dependiendo de la situación, es decir, no siempre la persona racional busca el *mayor* beneficio (sea el mayor pago, la mayor dosis de bebida o el mayor bife), pero sí el *mejor* beneficio (Sllick, 1997, p. 38). Y es en ese sentido que el análisis costo-beneficio y la teoría de la utilidad esperada deben ser entendidas.

Daniel Kahneman, Nobel de Economía, y Amos Tversky también fueron pioneros en el estudio de las fallas de cognición, sesgos y heurísticos de la elección racional. Sus contribuciones ayudaron a dar origen al movimiento de la Economía Comportamental (*Behavioral Economics*), cuyo tema es justamente las limitaciones de la racionalidad en el proceso decisorio.

Se trata de un análisis positivo de la decisión, que intenta demostrar cómo eligen realmente las personas. Tales sesgos y heurísticas (un nombre pomposo que podría ser traducido de un modo más prosaico: «estimaciones») son fruto del proceso de evolución. Muchas veces son eficientes para auxiliar en la elección, sin embargo también pueden llevar a errores sistemáticos.

El proceso heurístico es una forma adaptativa de reducir incertezas. Cuando el individuo se ve frente a una elección bajo incerteza, en virtud de la información incompleta que posee, suele estimar probabilidades de ocurrencia de consecuencias: «creo que»; «es improbable que»; «es posible que», y así sucesivamente.

Si las heurísticas no funcionaran gran parte de las veces, probablemente no estaríamos aquí, en este tiempo presente, viviendo nuestras vidas en una sociedad civilizada. Desde que éramos primitivos cazadores y recaudadores en las Sabanas de África, frecuentemente debíamos estimar el peligro que nos rodeaba (costo) al buscar el sustento de cada día (beneficio), inclusive actualmente cuando realizamos una maniobra para intentar pasar a otro en una ruta de doble vía, actuamos movidos por estimaciones subjetivas y de limitada precisión.

Tal economía y practicidad no resulta gratuita. El costo son errores de juicio ocurridos a raíz de los sesgos que poseemos. En el lenguaje común, el «sesgo» denota un vicio de juicio que impide la objetividad del sujeto cognoscente. Los preconceptos, estereotipos y optimismo exacerbado son algunos ejemplos.

La Heurística (con inicial en mayúscula) es el campo del conocimiento ligado a la Psicología que analiza los procesos heurísticos y los sesgos cognitivos relacionados a las tomas de decisión. En las heurísticas (con inicial en minúscula y en plural) más conocidas, se destacan:

1) Representatividad

Esta heurística hace que las personas estimen la probabilidad de que un evento ocurra teniendo en cuenta la medida en que ese evento supuestamente es representativo de una clase de eventos. Así, si A es altamente representativo de B, la probabilidad de que A sea originado por B es alta. Si A es poco representativo de B, la probabilidad estimada será baja.

Tal heurística proviene de la predisposición de nuestro aparato cognitivo a elaborar patrones, asociaciones y clasificaciones a partir de la inmensa cantidad de información originaria del ambiente, que procesamos a cada segundo. Esta reorganización mental no solo nos permite ahorrar tiempo haciendo posible reacciones eficientes de nuestro organismo, sino que seguramente es una de las estrategias evolutivas que nuestra especie desarrolló para sobrevivir a sus predadores. Evolutivamente es más ventajoso procesar determinados signos como índices de peligro, como por ejemplo, asociar ruidos a animales peligrosos, que despreciar tales señales, aunque muchas veces la asociación sea infundada.

El tipo de sesgo más común, ligado a esa heurística es la asociación de un evento con un estereotipo que no necesariamente corresponde a la realidad. Por ejemplo, la apariencia física como indicador de cualidades morales es uno de los más comunes, del cual los criminales frecuentemente se aprovechan. Un sujeto bien vestido y educado seguramente despertará menos sospechas al entrar en un local público con intención de cometer un delito en relación a un individuo mal vestido y grosero.

2) Disponibilidad

Cuando el individuo estima la frecuencia de un acontecimiento sobre la base de un recuerdo más inmediato y disponible. Ejemplo común de sesgo cognitivo resultante de esa heurística es el miedo que volar en avión puede causar, a raíz de algún accidente aéreo reciente, aunque la estadística pruebe que los accidentes automovilísticos sean mucho más frecuentes. Las medidas de seguridad en los aeropuertos después de los atentados terroristas de 11 de septiembre de 2001, en los Estados Unidos, implican costos enormes en tiempo y recursos financieros, a pesar de que estadísticamente sean rarísimos tales incidentes.

3) Anclaje

En diversas situaciones los individuos realizan estimaciones a partir de un valor inicial que poseen o le es dado. Tal heurística denota la capacidad relacional cognitiva que poseemos en detrimento de una evaluación de medición abstracta. El sesgo cognitivo resultante puede ser una mala evaluación de la situación o una permanente e innecesaria fijación en valores que marcaron el ajuste inicial. Por ejemplo, un abogado que cobra honorarios bajos como estrategia para conquistar determinado cliente muy probablemente tendrá dificultades para aumentar el valor de sus servicios, cuando el precio inicial potencialmente sirvió de ancla.

4) Imitación

Una de las formas más simple de heurística es simplemente imitar lo que los otros hacen (GINTIS, 2009, p. 29), cuando se perciba que aquellos comportamientos y elecciones son razonablemente exitosos frente a los objetivos pretendidos, y que es menos costoso imitarlos que buscar nuevas alternativas. Como toda heurística, tal imitación no siempre lleva a los mejores resultados, pues su precio es la falta de innovación.

1.5.5.2. Heurística, sesgos y las líneas comportamentales de la Economía y del Análisis Económica del Derecho

El campo de la Heurística es relativamente reciente, surgiendo en la Psicología y siendo utilizado interdisciplinariamente muy rápidamente, por ejemplo, en Economía. No tardaría en ser aplicada en el Derecho, principalmente por los teóricos del *Law and Economics* norteamericano en su vertiente «comportamental».

La racionalidad limitada es considerada un gran impedimento para que los individuos puedan tomar decisiones eficientes y no contaminadas por sesgos. Cass R. Sunstein, profesor de Derecho en la

Universidad de Harvard, en la Universidad de Chicago, y también *Administrator of the Office of Information and Regulatory Affairs* del gobierno de Obama, propone lo que denomina «paternalismo libertario»,[54] que significa la intervención del Estado en la elección individual, para corregir errores y sesgos en la toma de decisiones privadas.

Jolls, Sunstein y Thaler (2000, p.48-49) advierten que los burócratas estatales no necesariamente llevarán a las personas a realizar mejores elecciones, puesto que aquellos también son individuos dotados de la misma racionalidad limitada. Sugieren que la Escuela de la Elección Pública, caracterizada por la aplicación de la elección racional a cuestiones de ciencia política, sea aplicada junto a la Economía comportamental, para que ambas empleen en sinergia herramientas que busquen la mejoría de las elecciones. También sostienen que intervención estatal no significa coerción, pudiendo aparecer bajo la forma de campañas de información, como es el ejemplo de técnicas de «desesgamiento» relacionadas al cigarrillo, utilizando datos estadísticos para alertar a los consumidores.

El punto clave es que Sunstein y otros ruegan que no se considere la intervención estatal nociva *a priori*. Como «no existe axioma que demuestre que las personas hacen elecciones para servir a sus mejores intereses», la cuestión es empírica y, por lo tanto, debería ser respondida por medio de hechos y de cálculos costo-beneficio.

Deben hacerse algunas observaciones en relación a esa cuestión. En primer lugar, la afirmación de que no existe axioma que compruebe la maximización individual es falaz por varias razones. Los axiomas, por definición, no demuestran ni comprueban nada, siendo apenas marcos iniciales precisamente no demostrables, a partir de los cuales se construyen hipótesis - esas, sí, pasibles de demostración y refutación. Además de eso, es necesario negar que las personas generalmente sean eficientes maximizadoras de su utilidad. Proponer lo contrario es incurrir en aseveraciones refutables por sí mismas, justamente por una simple observación de la realidad social e histórica. Si está empíricamente comprobado el desarrollo social y

[54] Expresión criticada por diversos autores que la consideran un oxímoron. En ese sentido, ver Mitllell, Gregory (s/d)

económico en sistemas que permiten razonable grado de libertad para la libre elección individual es exactamente por el hecho de que las personas realmente maximizan sus propios intereses la mayor parte de las veces. Por otro lado, no se pueden erigir modelos o paradigmas teóricos delimitando como punto de partida desvíos-patrón en la elección individual. Tan es así que, hasta el presente, las líneas comportamentales de la Economía y del Análisis Económico del Derecho, las más críticas al paradigma de la racionalidad, no ofrecieron ninguna alternativa que sustituya la teoría dominante de la Elección Racional (Krugman y Wells, 2007, p. 211).

En segundo lugar, debe tenerse extrema cautela con el juicio de que son realmente las mejores elecciones. El modelo dominante de la racionalidad dispensa el punto de vista de terceros. Si el individuo actúa de forma tal, que otros desaprueben, eso no significa, para los fines analíticos, que actuó irracionalmente. Una de las grandes contribuciones de Gary Becker, Nobel de Economía en 1992, fue, en efecto, demostrar que en diversos sectores de «no mercado» los sujetos son racionales, como es el caso del delito. Son racionales porque reaccionan a incentivos y actúan en el sentido de aumentar su utilidad, aunque sus elecciones puedan ser desaprobadas por la mayoría de las personas.

Por lo tanto, esa valoración externa de la elección del tercero irónicamente también podría ser vista como un sesgo, pues no tiene en cuenta el punto de vista más importante, que es el del sujeto autónomo que actuó de acuerdo a la decisión que tomó. De eso resulta el peligro inmenso del paternalismo, por mejor intencionado que sea. Ejemplos históricos recientes de desastres político-sociales provenientes de dictadores «benevolentes» son incontables.

El argumento de Sunstein debe ser considerado en el sentido de no vetar la intervención por principio, proponiendo una evaluación caso por caso. En rigor, actualmente (si es que hubo en cualquier período histórico) no existe sistema político libre de intervenciones estatales en alguna medida en la elección individual. Sea por medio de incentivos indirectos, por ejemplo, la tributación extra fiscal, sea a través de prohibición pura y simple, el Estado se hace presente en la autonomía privada. Por lo tanto, tal ruego suena frívolo en ese contexto. Aun así, siempre con extrema cautela y con límites rígidamente delimitados por el derecho positivo, el Estado o las agencias reguladoras pueden promover recursos de «desesgamiento» que incrementen las elecciones individuales en el sentido de mejor maximización.

1.5.5.3. Heurísticas como herramientas para toma de decisiones eficientes

Propuestas más recientes intentan enfatizar los aspectos positivos de las heurísticas, como recursos que auxilian en la elección más productiva, especialmente en situaciones de incerteza. Para ello, ellas proponen la Ciencia de la Heurística, que, en lugar de resaltar fallas cognitivas, describe y prescribe formas más simples y económicas de conocimiento para la toma de decisiones.

El argumento nuclear es que la racionalidad no debe ser vista únicamente como una propiedad lógica (sintáctica), sino también semántica (contenido) y pragmática (objetivos), *es decir*, se trata de un recurso adaptativo en relación al ambiente, siendo externo además de interno. En ese sentido, la racionalidad es ecológica (ENGEL y GIGERENZER, 2006, p. 3, y GIGERENZER, 2006, p. 36-37).

La Heurística propone métodos decisorios más sencillos y rápidos que la tradicional teoría de la decisión, que aplica métodos probabilísticos. Algunas inconsistencias empíricamente verificadas de la elección racional son solucionadas por la Heurística, como es el caso de la intransitividad señalada por la Paradoja de Allais.

En esa paradoja, se presentan las siguientes alternativas de ganancias en un juego de apuestas:

A.R$ 100.000,00 con certeza;

B. R$ 500.000,00 con probabilidad de .98 o nada.

En pruebas, la mayoría de las personas elige la opción A. Consideremos ahora otras alternativas:

C. R$ 100.000,00 con probabilidad .01.

D. R$ 500.000,00 con probabilidad .0098.

La mayoría de las personas elige la opción D, aunque las alternativas A y B sean idénticas a C y D, salvo por el detalle de la multiplicación por el factor común de 1/100. Por el modelo de la elección racional/utilidad esperada, las personas que optaron por A>B deberían igualmente elegir C>D. Como no lo hicieron, de ahí surge la paradoja.

La solución propuesta por Gerd Gigerenzer (2006, p. 33) es la *heurística de la prioridad*, que consiste en los siguientes pasos:

1) regla de la prioridad - las razones deben ser ordenadas de la siguiente forma: ganancia mínima, probabilidad de ganancia mínima, ganancia máxima;
2) regla de detener- detenga el análisis si el beneficio mínimo difiere por lo menos en 1/10 (nivel de aspiración) de la ganancia máxima; o, entonces, detenga el análisis si las probabilidades difieren en por el menos 1/10 en la escala de probabilidad;
3) regla de la decisión - elija la alternativa con la ganancia más atractiva (probabilidad). La diferencia entre la utilidad esperada y la heurística de la prioridad es que ésta no condiciona la elección entre C y D a la anterior elección entre A y B, y sí prevé cuál elección será realizada de forma independiente. En el caso de la elección entre A y B, la ganancia máxima es de R$ 500.000,00, siendo el nivel de aspiración de R$ 50.000,00 (1/10). R$ 100.000 y 0 representan las ganancias mínimas del problema decisorio. Cuando la diferencia (R$ 100.000) supera el nivel de aspiración (R$ 50.000), la ganancia mínima de R$ 100.000 se considera la mejor elección.

En el segundo problema decisorio, las ganancias mínimas en términos probabilísticos (.0.1 y .0098) no difieren para alcanzar el nivel de aspiración (la diferencia anterior era entre 0 y R$ 100.000,00). Por lo tanto, la ganancia máxima (R$ 500.000 vs. R$ 100.000) decide la elección, y la previsión es que las personas elegirán D.

Aplicando esa heurística en un caso jurídico (Rachilinsky, 1996), supongamos la siguiente situación:

1. El autor de un juicio de indemnización podría aceptar una propuesta de acuerdo por el valor de R$ 200.000 (A) o seguir con el juicio, con .05 de probabilidad de ganar R$ 400.000 o nada (B).

2. El demandado puede proponer un acuerdo y pagar R$ 200.000 al actor (C) o continuar con el juicio y arriesgarse a perder el proceso con .05 de probabilidad de pagar R$ 400.000 o nada (D).

En esas cuestiones, estudiantes de Derecho norteamericanos optaron en la prueba 1 por aceptar la propuesta y en la prueba 2, por continuar con el juicio. Considerando que la situación es idéntica, nuevamente la transitividad fue violada, pues, si eligieron A en la prueba 1, deberían haber elegido C en la prueba 2.

Los estudiantes, en el rol de abogados del actor, aplicando heurística de la prioridad, consideran primeramente las ganancias mínimas (R$ 200.000 y 0). La diferencia es mayor a el nivel de aspiración (1/10 de la ganancia máxima, es decir, R$ 40.000), por lo tanto el análisis se interrumpe y la decisión es tomar (A), que es la ganancia mínima pero atractiva. En el rol de abogados del demandado, consideran primeramente las pérdidas mínimas (R$ 200.00 y 0), diferencia nuevamente mayor a el nivel de aspiración. El análisis se interrumpe y la alternativa con la ganancia mínima pero atractiva es elegida, que implica seguir con el proceso. La heurística de la prioridad nuevamente previó la elección realmente hecha por los estudiantes sometidos a prueba.

Sin embargo, en rigor, se advierte que las inconsistencias de la paradoja no son solucionadas por el método heurístico. Lo que ocurre es justamente la forma (*framing*) diferente por la cual las alternativas se presentan a los mismos sujetos en el problema del juego de apuestas. A pesar de que las alternativas sean idénticas, el hecho de que la primera opción contenga una recompensa presentada como «determinada», es decir, 100% de certeza, influye psicológicamente en el tomador de decisión de manera distinta a aquella en que la misma recompensa se presenta con probabilidad de .001. Esta es la llamada *aversión al riesgo*, por la cual la desutilidad del individuo a perder es mayor a la utilidad de ganar el mismo valor. La heurística propuesta suena más como un recurso *ex post* para justificar la psicología del agente.

En otras situaciones, la Heurística propone árboles decisorios sencillos y rápidos (*fast and frugal decision trees*), para permitir que las incertezas puedan rápidamente ser superadas sin que la decisión sea paralizada. No nos detendremos en ellas, pues este trabajo intenta aplicar la teoría tradicional de la elección racional al proceso de toma de decisiones.

1.6. Elecciones morales

Decimos que una persona íntegra es aquella que actúa siempre de acuerdo con sus principios y valores, y no los traiciona de ningún modo, sin importar lo que pase.

Al mismo tiempo, nos referimos a aquella persona que mide las consecuencias de sus actos como responsable y ponderada.

¿Cuál de esas personas es «moral»? ¿En cuál de ellas confiaríamos en una situación de vida o muerte?

La filosofía moral discute cuestiones centrales que todavía estarán presentes por siglos. Pero recientemente, contribuciones como la neurociencia, la neuroética, la sociobiología y la teoría de los juegos evolucionaria vienen iluminando algunos de esos temas.[55]

En primer lugar, son necesarias algunas definiciones básicas. ¿Cuál la diferencia entre «moral» y «ética»? En el lenguaje ordinario, es común que ambos términos sean usados como sinónimos. ¿Pero significarán lo mismo?¿Se referirán al mismo fenómeno?

En el sentido empleado para los fines de este trabajo, Ética (con inicial en mayúscula) es la rama de la filosofía que tiene por objeto cuestiones tanto «éticas» como «morales».[56] Siendo así, son objeto de la Ética temas como el bien y el mal, la virtud y el vicio, tales como actuar en vista de valores *a priori*, o si las consecuencias deben tenerse en cuenta cuando el agente elige actuar de determinada manera. Por otro lado, «ética» (con inicial en minúscula) se refiere a códigos de conducta usualmente construidos y adoptados por determinados grupos sociales. Finalmente, la «moral» concierne a nociones individuales de carácter, tanto en sentido apriorístico como en sentido teleológico. Por lo tanto, un sujeto puede ser considerado «moral» si actúa

---

55 Ver como obras recientes sobre el tema: *Defining Right and Wrong in Brain Science* (editado por Walter Glannon. New York: Dana Press, 2007) y *Neuroeconomics*, de Peter Politser (Oxford: Oxford University Press, 2008).

56 La Metaética, a su vez, se preocupa de cuestiones como la naturaleza de lo correcto y lo incorrecto. Mientrasla Ética se preocupa por «cómo deben actuar los individuos frente a la dicotomía del bien y del mal», la Metaética indaga «¿qué es correcto e incorrecto?».

dentro de un código personal de reglas; «inmoral», si actúa contrariamente a esas reglas consideradas socialmente correctas; y «amoral», si simplemente es ajeno a las reglas de conducta social.

Se trata de una clasificación arbitraria, pero que atiende a los propósitos de diferenciación necesarios.

Cuando las reglas de conducta moral se vuelven fuertes a tal punto que, el grupo social aplique sanciones a los desviadores, se dice que estamos frente al fenómeno de las «normas sociales». Tales normas son parte de las instituciones, formando su dimensión informal, sin embargo, no menos poderosa que las reglas formales. Volveremos a ese punto más adelante.

En este tema, nos interesa abordar algunas de las principales corrientes de filosofía moral y su relación con la elección jurídica. Debe destacarse que se trata de una cuestión normativa, es decir, de cómo el individuo *debe* actuar desde el punto de vista moral, y no de un abordaje empírico sobre cómo las personas realmente se portan ante las cuestiones morales.

Siendo así, ¿cómo debe actuar el individuo frente a un dilema moral? Por ejemplo, ¿debe el gobierno siempre permitir la libertad de expresión, o debe limitarla en ciertos casos, a depender de posibles consecuencias de su ejercicio? La opinión de que empresas multinacionales de alimentos promueven el hambre del pueblo, vinculada oralmente en discurso para una multitud frente al establecimiento de la empresa, ¿debe ser permitida por el poder público? Stuart Mill, uno de los principales filósofos de la Ilustración que trataron sobre la libertad, seguramente diría que no.[57]

---

[57] En el famoso pasaje de su obra *Sobre la libertad* (1988, p. 97), el filósofo inglés evalúa las consecuencias de la libertad de expresión en cualquier situación o contexto: «[...] hasta las opiniones pierden su inmunidad cuando las circunstancias en que se explican son tales que su expresión constituye una incitación positiva a algún acto nocivo. Las opiniones de que los comerciantes de cereales matan el hambre del pobre o la de que la propiedad privada es un latrocinio, no deben ser molestadas cuando son meramente transmitidas por la prensa, pero pueden incurrir en pena justa cuando son expuestas verbalmente, o fijadas bajo la forma de un cartel, en medio a una multitud excitada, reunida frente a la casa de un comerciante de cereales».

Otro clásico ejemplo de dilema moral es el del «vagón descontrolado». Supongamos que un tren descontrolado se está dirigiendo a toda velocidad en dirección a cinco personas que caminan sobre los rieles. En razón de la velocidad y del hecho de que el terreno lateral a los rieles está muy inclinado, las personas no lograron escapar a tiempo. María, un peatón que está pasando ocasionalmente por allí, se encuentra próxima al control de rieles, una palanca que hace que el vagón se desvíe hacia otros rieles, lo que salvaría las cinco personas. No obstante, hay un individuo que está durmiendo sobre los rieles alternativos. Se pregunta: ¿está permitido moralmente que María accione el desvío, salvando cinco personas, pero condenando otra a la muerte determinada?

Antes de responder a la cuestión, pasemos a otra variación del mismo dilema: El mismo vagón descontrolado se dirige a los mismos cinco transeúntes. Hay una pasarela aérea entre el tren y los transeúntes. Juan, que está en la pasarela, advierte que solo podrá reducir la velocidad del vagón, permitiendo que las cinco personas logren salir de los rieles, si arroja algún objeto suficientemente pesado en su camino. Sin embargo, el único objeto suficientemente pesado es un sujeto grande que también está en la pasarela observando la situación. Se pregunta: ¿le está moralmente permitido a Juan empujar al sujeto de la pasarela, salvando así cinco personas, pero matando a otra?

El sentido común respondería que le está permitido a María accionar el desvío, sin embargo no está permitido a Juan empujar un inocente hacia la muerte, aunque sea para salvar a varias personas.

Son ejemplos radicales, casi absurdos, pero que cumplen la función de ilustrar problemas de razón práctica.[58]

---

[58] Otro ejemplo habitualmente empleado es el de un cirujano que necesita salvar, digamos, a tres personas que sufrieron un accidente automovilístico y que tienen órganos inutilizados, es decir, dos de ellas tienen ambos pulmones irremediablemente damnificados y una tercera tiene el corazón gravemente herido. ¿Podría este médico sacrificar una persona saludable que está aguardando en la sala de espera del hospital, en función de que sus órganos salvarían a tres individuos a costa de uno? Nuevamente el sentido común

Otras situaciones son más fáciles de vislumbrar en el mundo real. Por ejemplo, ¿está permitido obtener una confesión utilizando tortura en un sospechoso de terrorismo, si la información anhelada podrá salvar la vida de millones de personas en una ciudad densamente poblada, en virtud de una sospecha de bomba en lugar desconocido? Los ejemplos presentados ut supra parecen tener, en determinada medida, una rápida respuesta, aunque quizás fácil. Sin embargo, en este último ejemplo, la respuesta ya no parece tan simple.

Tales dilemas conducen a las principales corrientes de filosofía moral o, como referimos anteriormente, de la Ética: Deontología y Consecuencialismo.[59]

---

dirá que no, independientemente de cuestiones relativas al código de ética de los médicos o de las normas penales. La primera respuesta que se le cruza a cualquier sujeto razonable es que tal medida, aunque justificable desde un punto de vista puramente utilitarista de resultados, es inherentemente incorrecta, *es decir*, inmoral.

59 Una tercera corriente importante es la Ética de la Virtud, identificada con Aristóteles, específicamente con su obra *Ética a Nicómaco* (2002). El más importante adepto contemporáneo de esa línea es el filósofo escocés Alasdair MacIntyre, cuya obra *Despuésde la virtud* (2001) es la principal referencia. La Ética de la Virtud se centraliza en la identificación de toda moral primariamente con la virtud, que es el punto de partida, volviéndose referencial para la felicidad, el deber y el actuar. Según MacIntyre, todo el proyecto de la Ilustración fracasa desde el inicio, basándose en el abandono renacentista de la filosofía aristotélica, principalmente de su elemento teleológico y de la distinción entre el «hombre como él es» y el «hombre como él debería ser» y el trayecto de uno hacia el otro (2001, p. 97). En otras palabras, el paso de la potencia al acto, una de las distinciones aristotélicas fundamentales. Tal abandono de Aristóteles, fruto de una rebelión contra el pensamiento medieval intensamente influenciado por el filósofo estagirita, privó a la Ética de concepciones fundamentales como la razón de la vida humana, el carácter, y la importancia de la virtud. Sin esa estructura contextual, la Ética pasó a significar apenas morales individuales y subjetivas, y, a lo sumo, un conjunto de definiciones y conceptos, no asociados, de un telón de fondo que realmente tenga la función de auxiliar al sujeto a convertirse en lo que él debería convertirse, *es decir.*, virtuoso. No obstante, la razón para que no abordemos la Ética de la Virtud en este trabajo es porque ésta no parece responder a cuestiones fundamentales de la elección. La razón práctica, que nos ordena a reflexionar sobre «cómo actuar», contrapone deberes y principios morales aprioristicos con consecuencias de nuestros actos. Y a la Ética de la Virtud invierte la causalidad y coloca el actuar en plano secundario en relación a la virtud del individuo, lo que destituye esa línea de utilidad para las cuestiones que pretendemos enfrentar.

La Deontología es la filosofía de la razón práctica por la cual una acción es considerada moralmente correcta si fue realizada sobre la base del cumplimiento rígido de principios y reglas que reflejan valores morales. Esta Ética está asociada principalmente al filósofo alemán Immanuel Kant y su «imperativo categórico», enunciado principalmente en las siguientes proposiciones: 1) «actúa de acuerdo a una máxima tal que puedas querer al mismo tiempo que ella se convierta en una ley universal; 2) «actúa como si la máxima de tu acción pudiera convertirse, según tu voluntad, en una ley universal de la naturaleza»; y 3) actúa de tal manera que uses la humanidad, tanto en tu persona como en la de cualquier otro, siempre y simultáneamente como un fin y nunca apenas como un medio».

Tales concepciones éticas revisten fundamental importancia para la Humanidad, y forman, junto a las ideas de otros pensadores de la Ilustración como John Locke, Voltaire y Montesquieu, la base de la concepción de la importancia del individuo como un fin en sí mismo y de los derechos fundamentales e inalienables que le pertenecen.

El Consecuencialismo, por su parte, a pesar de que diversos de sus propulsores compartan ideales y valores sustantivos como los ut supra referidos, difiere en cuanto a la concepción de qué es el actuar moralmente. Para los consecuencialistas, debe enfatizarse los posibles resultados a los fines pretendidos por el agente, es decir, un acto no es moral o inmoral *a priori*, sino que será uno u otro, dependiendo de las consecuencias de sus resultantes.

La filosofía específica pero célebre en el contexto consecuencialista es, seguramente, el Utilitarismo. Fundado por el filósofo y jurista inglés Jeremy Bentham, para quien un acto moralmente correcto sería aquél que causara «el mayor bien para el mayor número de personas». El principio de la utilidad, fundado en la dicotomía placer-dolor, es su contribución, constituyendo uno de los pilares de la Economía moderna, así como el análisis costo-beneficio y comparaciones cardinales de utilidad.[60] El origen del positivismo jurídico se

---

60 La utilidad es uno de los pilares de la teoría económica. Aunque las comparaciones interpersonales de utilidad hayan caído en descrédito (a pesar de que hayan experimentado una cierta resurrección con el advenimiento de la Economía de la pobreza y del índice de desarrollo humano - IDH), fueron

encuentra igualmente en Bentham[61][62], teniendo en su discípulo John Stuart Mill, uno de sus principales propulsores.

---

dominantes hasta fines del siglo diecinueve. El análisis costo-beneficio es igualmente punto central de la Economía hasta hoy, y puede ser vislumbrado en la principal obra de Bentham, *The Principles of Morals and Legislation* (1988, p. 70: «the general tendency of an act is more or lesspernicious, according to the total sum of its consequences: that is, according to the difference between of such as are good and the sum of such as are evil».

61 John Austin (1790/1859), considerado el primer iuspositivista en la plena acepción del término, por haber analizado y separado conceptualmente el Derecho de la moral, así como por la definición del Derecho como «comandos apoyados por amenazas estatales» y cuya fuente es «el soberano». *The Province of Jurisprudence Determined* (originalmente publicada en 1832. La edición actual de Prometheus Books, 2000) es su principal obra, inaugurando la Jurisprudencia Analítica y anticipando en un siglo el positivismo jurídico que se volvería famoso por medio de la pena de Hans Kelsen y H.L. Hart; fue pupilo de Jeremy Bentham. Las posiciones benthanianas, sin embargo, se caracterizaban más por ser reformistas que propiamente positivistas en el sentido analítico que vendría a tener con Austin. Bentham era opositor del sistema jurídico inglés de la época, principalmente por lo que veía como árbitro de los jueces, prefiriendo un sistema más legalista, *es decir*, de aplicación restrictiva de la ley por los magistrados. En ese sentido, su posición era más legalista que propiamente positivista. A título de ejemplo, Bentham (in OGDEN, 1958, p. 141) se oponía ferozmente a la utilización irrestrictiva de ficciones jurídicas por los jueces ingleses, que denominaba de «aliento pestilente» «sífilis jurídica», «juguete para niños» y «modo pernicioso y vil de mentira». Era también gran crítico del principal jurista de la época, William Blackstone, autor de una de las obras clásicas del Derecho inglés, *Commentaries on the Laws of England* (publicado originalmente en 1765. Ediciónactualde la University of Chicago Press, 1979).

62 Es importante recordar todavía, que un movimiento análogo ocurría, más o menos en la misma época, en Europa continental, más precisamente en Alemania, a partir del trabajo del jurista Georg Friedrich Puchta (1798-1846), cuya línea trascendió como la «Jurisprudencia de los Conceptos». Según Larenz (2009, p. 29), tal corriente, por medio de sus métodos lógico-deductivos de análisis, preparó el terreno para el formalismo jurídico que prevalecería durante más de un siglo. La concepción de la J.C. era del Derecho como sistema lógico-formal o axiomático-deductivo, como advierte Canaris (1996, p. 32), estaba destinada al fracaso, debido al núcleo axiológico (y no meramente lógico, por lo tanto) del orden jurídico. La relativa larga supremacía de esta escuela sería desafiada por la Jurisprudencia de los Intereses, centrada en nombres como Phillip Heck y Rudolph Müller-Erzbach, siendo esta línea una forma de apertura del Derecho para otras áreas de la vida, teniendo por foco y objetivo la tutela de los intereses. En ese sentido, sus propias normas son producto de intereses de orden material, nacional, religioso y ético (Larenz,

El Utilitarismo no es idéntico al Consecuencialismo, sino apenas un capítulo menor de esa filosofía moral. En rigor, mientras este último se preocupa por analizar consecuencias, sin definir sustantivamente cuáles deben ser ellas, el Utilitarismo tiene de antemano cuáles son los resultados deseables: una acción es moralmente correcta si su resultado alcanza la mayor satisfacción posible para el mayor número de personas.

Actualmente, una de las vertientes del Consecuencialismo es el que Richard Posner denomina Pragmatismo. Sin embargo, Posner conecta una versión de filosofía práctica, de raigambre consecuencialista, con líneas filosóficas surgidas con Charles Sanders Peirce y William James, al final del siglo diecinueve, cuyo principal nombre contemporáneo es otro filósofo norteamericano, Richard Rorty. El Pragmatismo rortyano es mucho más afecto al relativismo de determinadas corrientes surgidas en la segunda mitad del siglo pasado, como el deconstruccionismo, post-estructuralismo, hermenéutica filosófica, entre otras, habitualmente agrupadas bajo el rótulo de «postmodernismo».[63]

Me parece que la línea postneriana es más afecta a lo que podría denominarse «pragmatismo», es decir, una razón práctica que enfatiza la importancia de las consecuencias, principalmente las que surgen de la toma de decisiones jurídicas.

¿Podrá haber una Ética «correcta»? ¿O la pregunta termina siendo circular, puesto que tanto la Deontología como el Consecuencialismo responderían sobre la base de sus propios argumentos? ¿Deberíamos partir para una Metaética?

Desde el punto de vista explicativo o causal, la moralidad humana ha sido parcialmente iluminada por nuevas contribuciones de la cien-

---

op. cit., p. 63). Nuevamente, un movimiento análogo ocurría en los Estados Unidos, con el llamado Realismo Jurídico (RJ), centrado en figuras como Oliver Wendell Holmes y Jerome Frank, cuyas premisas son de sobremanera semejantes.

63 Principalmente en relacióna la concepción de «verdad» para el Pragmatismo. Una aseveración será verdadera, según dicen los pragmáticos, no porque corresponde a los hechos, sino porque «funciona» o es «útil». Como bien señala Robert Nozick (1993, p. 68), tal posición denota apenas una valoracióndе la verdad, no su naturaleza.

cia, especialmente de la teoría de la evolución, la neurociencia y la sociobiología. La Economía, cada vez más interdisciplinar, se ha venido beneficiando de esas nuevas líneas de investigación, haciendo surgir campos como la neuroeconomía y la teoría evolutiva de los juegos.

Las propuestas evolucionistas explican la moralidad como fruto de la selección entre las especies, incluyendo sentimientos como simpatía entre miembros de un grupo social, actitudes como cooperación y altruismo e inclusive concepciones abstractas como religión, mitos y normas sociales. Aún posiciones deontológicas, en ese sentido, tienen un origen consecuencialista, pues los principios morales universales surgieron y se solidificaron como tales por permitir y facilitar la cohesión social, necesaria para la preservación y propagación de la especie.

Asimismo, reglas morales imperativas como «no matar» o «no robar» tienen fundamento evolutivo y se convirtieron en imperativos que son necesarios como instrumentos de pacificación y convivencia entre los individuos. De ese modo, metaéticamente hablando, la propia moral deontológica tiene naturaleza consecuencialista: surgió y se afirmó simplemente porque funciona.

Sea como fuere, la cuestión es la siguiente. ¿Cómo debemos actuar: sobre la base de deberes consustanciados en principios y reglas intrínsecamente morales o evaluando las posibles consecuencias de nuestros actos?

En los dilemas morales presentados ut supra, la solución para el caso de la libertad de expresión es claramente consecuencialista. Aunque tal libertad tenga valor fundamental para cualquier sociedad que se pretenda democrática, no debe ser ilimitada, so pena de violar otras libertades.

Por lo tanto, puede ser necesario limitar la manifestación de opiniones que pueden, en determinadas y específicas circunstancias, incentivar la destrucción de la propiedad ajena y la integridad física de otros. Es importante advertir que tener en cuenta las consecuencias no implica una disculpa para limitar libertades individuales. Stuart Mill (1988, p. 117-118) es sabio cuando dice que la libertad individual no debe nunca ser limitada, salvo cuando su ejercicio perjudique a terceros. Cuando ese ejercicio genere externalidades negativas, el Estado debe entonces intervenir con el objetivo no de violar la libertad de uno, pero de preservar la libertad de otros.

En los ejemplos del vagón descontrolado, se advierten dos soluciones. La primera, cuando le es permitido a María accionar el desvío y salvar cinco personas, aunque el hecho de que el vagón desviado alcance a otro individuo, sea de índole consecuencialista. El resultado del acto es directamente salvar a cinco personas e indirectamente sacrificar una.

La segunda, cuando se le impide a Juan empujar al sujeto grande del pasillo para retardar el avance del vagón y así salvar a cinco personas, es de índole deontológica. El resultado del acto es directamente asesinar un individuo para indirectamente salvar a cinco personas.

Nótese que las consecuencias, en número de vidas, son idénticas en las dos situaciones. Una persona muere y cinco viven. Sin embargo, parece claro para cualquier sujeto razonable que la primera hipótesis es moralmente justificable, mientras que la segunda no lo es. Observe que tanto la solución deontológica como la consecuencialista sirven al mismo valor, que es la preservación de vidas humanas.

¿La cuestión de que el acto sea directo en relación a una consecuencia e indirecto en relación a otras consecuencias (que serían efectos colaterales del acto) es la solución para los dilemas? Se podría pensar que sí. Pero, ¿qué pasa en el ejemplo del empleo de tortura para interrogar a un sospechoso de terrorismo con el fin de evitar la detonación de una bomba y consecuente muerte de millones de personas? El acto directo es la tortura, cuya consecuencia es la inmediata violación de libertades civiles del sospechoso, siendo posible o no (cuando el interrogado es sospechoso) la preservación de la vida de terceros, una mera consecuencia posible. Aun así, ¿es justificable la tortura? No es una respuesta fácil.[64]

---

[64] El tema fue intensamente debatido en los Estados Unidos, en virtud principalmente del infame memorando «Bybee Memo», del United States Department of Justice's Office of Legal Counsel (OLC), elaborado por John Yoo, uno de sus miembros y también profesor de Derecho de la Universidad de la California, en Berkeley. El memorándum estipuló nuevas definiciones y límites para interrogatorios a sospechosos de terrorismo, excluyendo los interrogadores que empleasen métodos (usualmente considerados como tortura por los parámetros internacionales) de la aplicación de la ley antitortura

Aunque pueda parecer justificable, en un teorético análisis costo-beneficio, torturar a un sospechoso para salvar la vida de millones de personas, la verdad es que, en la realidad práctica, es rara la certeza absoluta sobre la culpabilidad del sospechoso, o acerca de si el propio método interrogatorio será eficaz en la extracción de informaciones útiles.

Aun así, si el resultado fuera favorable, es decir, si la tortura realmente hiciera posible que las autoridades desarmaran la bomba y salvaran víctimas inocentes, probablemente el juicio moral del torturador será favorable, o, en la peor de las hipótesis, resultará en una blanda condena. Si, por el contrario, el sospechoso fuera posteriormente declarado inocente, el juicio moral del torturador será muy probablemente condenatorio.

Irónicamente, la evaluación moral varía en relación a las consecuencias del caso. Justamente por eso es tan temerario conceder una apertura para que el Estado pueda violar derechos individuales. Esa apertura siempre surge estrecha, pero puede ensancharse fácilmente, siempre con justificativo consecuencialista. En esos casos, difícilmente los fines podrán justificar a los medios.

Es interesante destacar que tergiversar sobre el tema de forma analítica es intentar encontrar justificaciones lógicas *a posteriori* para soluciones dadas intuitivamente. No obstante, según líneas de estudio desarrolladas por biólogos evolucionistas, la moralidad es innata en nosotros, así como las estructuras sintácticas fundamentales de Noam Chomsky. Los seres humanos tienen una gramática moral universal innata,[65] bien como una moralidad desarrollada y evalua-

---

norteamericana (18 USC 2340). Los límites de los derechos individuales después del 11 de septiembre fueron tratados en diversas obras, tales como *Is there a right to remain silent* (Oxford University Pres, 2008), del profesor de la Universidad de Harvard Alan M. Dershowitz, y *Not a Suicide Pact* (Oxford University Pres, 2006), del profesor de la Universidad de Chicago y juez federal Richard A. Posner.

65 Es la tesis del biólogo evolucionista de Harvard, Marc D. Hauser, en su obra *Moral Minds. The nature of right and wrong* (New York: Harper, 2006). También en la misma línea evolucionista, la obra *Primates and Philosophers. How Morality evolved*, coordinada por Frans de Wall (Princeton: Princeton University Press, 2006).

da a lo largo de millones de años de existencia de los homínidos, y de millones de años de existencia del *homo sapiens*.

Los seres humanos poseen, por así decirlo, una herramienta intuitiva para construir sistemas morales y resolver problemas de razón práctica. La razón de la existencia de esa capacidad es simplemente evolutiva, *es decir*, funcionó a lo largo de los siglos y cumplió a función de permitir la propagación de la especie (o de sus genes, como pretenden los biólogos evolucionistas contemporáneos, como Richard Dawkins).

Vale recordar que los dilemas morales ut supra ilustrados, bien como sus posibles soluciones, no tienen en cuenta cuestiones jurídicas. No se trata, por lo menos por ahora, de saber si determinada elección es lícita o ilícita.

Yendo más allá del campo jurídico, se pregunta: ¿y en lo pertinente al problema aparentemente más modesto y doméstico que es la tributación? ¿Surgirían de ella otros dilemas justificadores de elucubraciones como las que discutimos aquí?

No tengo la menor pretensión de solucionar problema de tal dimensión filosófica, objeto de siglos de discusión entre los más grandes pensadores de la humanidad. Sin embargo, considero importante traer la problemática hacia el campo de lo jurídico.

La propuesta puede parecer sencilla, pero entiendo que una división radical, al menos para el Derecho, no es fructífera. Tanto la Deontología como el Consecuencialismo (no tanto el Utilitarismo) son importantísimos, pues establecen valores fundamentales, como también guías prácticas de elección para el tomador de decisión jurídica.

Mi intuición es que los principios morales son también fruto de un largo proceso evolutivo y cultural, y se desarrollaron a lo largo de los tiempos en forma universal, en sus aspectos básicos, fundamentales. El altruismo recíproco, por ejemplo, podría haber surgido como una estrategia de cooperación necesaria para la sobrevivencia mutua de los individuos agrupados en comunidades. La Teoría de los Juegos propone esa solución para los dilemas de prisionero iterado (estrategia también denominada «tit for tat»). Principios y reglas morales, tales como no agredir, salvo en defensa propia, no matar y no robar serían una evolución cultural de esa estrategia de convivencia.

La solución posible para conciliar las posiciones aparentemente irreconciliables es colocar el Consecuencialismo al servicio de la Deontología, al menos en el contexto jurídico. De esa forma, cumpliendo la máxima kantiana de los «individuos como fines en sí mismos», los derechos individuales deben ser considerados como soberanos. Así, se preserva el cálculo consecuencialista sin que se caiga en el utilitarismo, ya que las consecuencias deseadas son justamente aquellas que alcanzan, cumplen y preservan derechos.

Considerando que la estructura del sistema jurídico se compone de principios y reglas de esencia deontológica, que informan valores y conductas que son correctos y justos *a priori*, no tiene sentido utilizar como medida-patrón los cálculos consecuencialistas en la aplicación del derecho. Es que para gran parte de los casos el derecho ya ofrece soluciones, sea por medio de los códigos y leyes en el sistema del *Civil Law*, sea por los precedentes del *Common Law*.

Aunque eso pueda indicar una preferencia por la moral deontológica, cabe la advertencia de que tal estrategia tiene naturaleza consecuencialista. En rigor, se trata de una metaestrategia: desde el punto de vista personal del aplicador, por la guía deontológica en la aplicación del derecho, apenas porque en un análisis costo-beneficio es más ventajoso aprovechar soluciones listas y evaluadas que buscar soluciones nuevas y tal vez inseguras en lo que se refiere a los resultados. Desde el punto de vista de la sociedad, la aplicación reiterada de soluciones previamente conocidas por todos reduce asimetrías de información, disminuye costos de transacción y promueve estabilidad social, otra palabra para seguridad jurídica. Le queda al legislador, entonces, crear leyes cuyas consignas busquen consecuencias por él deseadas. Obviamente, el consecuencialismo es necesario en ese campo, siempre que también sirva para cumplir valores sociales socialmente anhelados.

Mi hipótesis central es que, en el Derecho, principalmente en el contexto de la decisión judicial, las posiciones deontológicas solo deben ser adoptadas primordialmente, del modo como realmente funcionan la mayor parte del tiempo. Las razones de ello son, irónicamente, consecuencialistas. *Debe ser así simplemente porque funciona.* Por otro lado, en determinadas circunstancias críticas, las posiciones deontológicas no son suficientes, especialmente en los llamados «casos difíciles». En esas situaciones, las posiciones consecuencialistas deben ser empleadas.

Transponiendo el dilema a las categorías jurídicas, las corrientes de la Ética aquí expuestas tienen relación directa con la aplicación de reglas o de principios en casos concretos. Las reglas son soluciones *ex ante* para las situaciones que prevén, mientras los principios permiten, en vista de su apertura semántica y pragmática, soluciones consecuencialistas, muchas veces necesarias para la calibración entre sistema jurídico y sociedad.

1.6.1. Normas Sociales

Stuart Mill, uno de los principales propulsores del Utilitarismo, sostiene que los individuos, aunque motivados por cálculos de utilidad personal, son oprimidos por sanciones. Todo patrón moral tiene sanciones que le son intrínsecas, pues es a partir de ellas que el individuo se siente compelido a seguir la conducta señalada como moralmente correcta. Advierte, sin embargo, que las sanciones son tanto internas como externas.

Las sanciones internas o intrasubjetivas son importantes en la medida en que motivan la conducta del agente y componen su sentido personal de lo que es correcto o incorrecto hablando en términos morales. Funcionan también por medio del mecanismo de la culpa, componente umbilicalmente ligado a la moral.

Las sanciones externas son las que restringen directamente la conducta, y son empíricamente observables en todos los grupos y sociedades. Otra denominación para esas sanciones es «normas sociales», un componente importantísimo de las instituciones sociales. No son normas jurídicas, sino normas morales, lo que no les quita prescriptividad, de acuerdo a la clásica tesis de R. M. Hare (1996, p. 3).

Como enseña Eric Posner (2000, p. 3),

> [...] en un mundo sin derecho o formas rudimentales de Estado, existirá orden de algún modo. Tal orden se manifiesta a través de un rutinario cumplimiento de las normas sociales y de la aplicación colectiva de sanciones a los que incumplan con ellas, incluyendo la estigmatización de los infractores y el ostracismo de los incorregibles.

Pero la importancia práctica y fuerza de cohesión de las normas sociales no conlleva a que sean siempre correctas, justas, imparciales o inmunes a errores. La tradición, pura y simple, por sí misma, no significa inmunidad a la verificación. Ejemplos de preconceptos y de tabúes morales pululan en todas las eras. Por ejemplo, discriminaciones raciales o religiosas, que segregaron a judíos, negros e indígenas, fueron normas sociales plenamente aceptadas en eras pristinas y, sin embargo, no resisten el más simple análisis ético y filosófico.

Por otra parte, en nuestra época, temas como el mercado de órganos y de adopción son considerados por muchos como algo indefendible. No obstante, basta un rápido examen frío e imparcial, es decir, sin brotes pseudo-humanistas, para advertir, sin duda, que la sociedad ganaría si las reglas de mercado fueran aplicadas a los órganos y las adopciones. Solo por adecuarse a las leyes de la oferta y la demanda, los recursos ultra escasos de órganos para donación y de derechos para adopción pasarían a tener valor económico.

Distorsiones verdaderamente injustas y aún grotescas, como personas muriendo en las filas de espera de órganos o niños atravesando infancias enteras sin la oportunidad de crecer en un contexto familiar, serían drásticamente reducidas. Es evidente que tales mercados necesitarían de una severa y objetiva regulación, *pero, aun así, serían mercados.*[66]

Las normas sociales, muchas veces denominadas de forma vaga e imprecisa como «costumbres», componen la dimensión informal

---

[66] Resta decir que, en rigor, siempre existe mercado, aún en esos casos, no obstante, ilícito. La expresión más conocida es «mercado negro», aquél prohibido oficialmente, pero no menos operante en los subterfugios del sistema. Todos sabemos que, gracias a la ineficiencia generada por la prohibición de la venta de órganos y de la venta de los derechos de adopción (¡no confundir con ventas de niños!), la demanda no disminuye, sino todo lo contrario. Como la oferta está prohibida, la demanda aumenta cada vez más, ocasionando corrupción, usura, y precios artificialmente altos, cuya consecuencia es una violación absurda del principio de la igualdad. Como no hay mercado libre, entendido como espacio público de intercambio voluntario, donde la oferta y la demanda tienden al equilibrio, la escasez artificial generada por la ilicitud provoca que apenas los más ricos puedan adquirir órganos – o también (y ahora sí) niños.

de las instituciones sociales. Es interesante advertir que la existencia de las normas sociales delimita la separación entre la moral y el derecho positivo, aunque naturalmente haya gran influencia mutua entre esas dos esferas. Un sistema jurídico que no considere las normas sociales probablemente será infructuoso en el carácter motivacional de las conductas intersubjetivas, de ahí la importancia del legislador y del juez en considerarlas al crear normas jurídicas.

Otra diferencia entre las dos esferas es que, justamente por su formalidad, las sanciones jurídicas contienen marcos objetivos, ya sea en la relación a plazos temporales para su aplicación y duración, o en el contenido sustantivo de la punición. Una sanción criminal tiene plazos de prescripción y debe expresamente decir cuál es el castigo exacto que el condenado sufrirá. Las sanciones sociales no. Dependiendo del contexto social en que son creadas y aplicadas, no es anormal que sean muchas veces más severas y largas que las jurídicas.

Una de las funciones del Estado es justamente concentrar en sus manos el monopolio de la violencia, retirando de la mano de los individuos la aplicación de la justicia. Aun así, un sujeto que sea considerado inocente desde el punto de vista jurídico puede ser condenado socialmente, y tal sanción puede llegar a tener una duración indefinidamente más larga que la versión formal del derecho positivo.

En muchas situaciones de la convivencia humana, el repudio a prácticas «antisociales» tiene correspondencia jurídica. En otras, no es tan así. El repudio a crímenes que atentan contra la vida o la integridad física o psicológica es común en casi todas las culturas. Asimismo, otras formas de ilícito pueden variar dependiendo del contexto histórico o cultural. Un ejemplo de eso es la tributación.

Hay incontables ejemplos de rebeliones contra imposiciones tributarias a lo largo de la historia, en las cuales el rechazo a cumplir con el pago de tributos era algo considerado moralmente correcto, a pesar de ser contrario a la ley. La independencia norteamericana de 1776 fue motivada por la pesada tributación impuesta por los ingleses, generando la famosa máxima «no a la tributación sin representación» (*no taxation without representation*), puesto que los impuestos eran cobrados a la colonia americana sin que Inglaterra proporcionara la contrapartida de permitir representantes colonos en el parlamento inglés. La rebelión conocida como «Inconfidência Mineira» (conspiración minera) también ocurrió en razón de la pesada tributación impuesta por Portugal a los productos producidos en el Brasil colonial.

La tributación también funciona como fuerte incentivo de conductas. Considerando el postulado de que los individuos racionales son autointeresados, intentarán invariablemente escapar de los tributos cuando éstos incurrieren en costos más altos que los beneficios percibidos. El costo moral, que funcionaría como potente motivador al lado de la norma formal, es relativamente bajo en relación a los costos morales asociados a otras conductas ilícitas, como las de los crímenes ut supra mencionados. En ese sentido, como sostiene Ives Gandra da Silva Martins[67], los tributos son normas de «rechazo social».

Si, en algún improbable experimento social, las normas penales del homicidio fueran derogadas, probablemente no habría incremento sustancial en la tasa de atentados a la vida ajena. Por otro lado, resta saber qué recaudación obtendría el Estado si los tributos se convirtieran en obligaciones facultativas y no obligatorias. Temo decir que la caída de la renta pública probablemente sería dramática.

1.7. Teoría de la decisión

Por teoría de la decisión se entiende el campo de estudio, basado en la racionalidad, que permite obtener los mejores resultados por medio de un proceso organizado y metódico (SHABLEL, 1994, p. 1). Se trata, por lo tanto, de una teoría normativa, por la cual se intenta analizar cómo las decisiones *deben ser*, en lugar de cómo realmente ocurren.

En un mundo contingente, donde las decisiones prácticas del individuo se dan en un contexto de riesgo e inclusive de incerteza, la teoría de la decisión intenta establecer formas de obtener la maximización de los posibles resultados, a través de los objetivos pretendidos.

---

67 De acuerdo a la tesis central de su obra *Teoria da Imposição Tributária*, São Paulo: Saraiva, 1983.

1.7.1. Actos, estados y resultados

Para que se pueda decidir sobre algo, es necesario en principio especificar cuáles son los *actos, estados y resultados* (Peterson, 2009, p. 17-30). En otras palabras, un problema decisorio impone al agente condiciones que son los *estados de cosas* en el mundo en relación a las cuales deberá realizar *actos*, en concordancia con los *resultados* que pretende obtener.

Los estados de cosas son condiciones de la realidad que afectan las elecciones del agente, elecciones tales que resultarán en alguna acción específica. En el proceso decisorio, no son ni los actos efectuados por el agente ni los resultados obtenidos por ellos, sino eventos relevantes para la elección que debe ser hecha. Por otro lado, también los actos realizados por otros constituyen, desde el punto de vista del agente, estados.

Como ejemplo, la elección entre pagar o discutir judicialmente alguna imposición tributaria. La probabilidad de éxito en el litigio, así como los costos y beneficios asociados, influenciarán directamente la decisión del contribuyente. Si los beneficios así lo justifican, habrá litigio; si los costos fueren exorbitantes, no.

Nótese que, en el contexto de la decisión jurídica, el repertorio de normas compone el Estado de cosas que influenciarán la elección. Ya sean principios, o reglas, y, principalmente, la pragmática que fija esas normas en el sistema - la jurisprudencia -, ésta es la información sobre la realidad que importa al agente que debe elegir. En el derecho tributario, por ejemplo, el contribuyente, el agente o el juez tomarán como base justamente ese repertorio al realizar sus actos visando los resultados pretendidos, siempre en el afán maximizador: obtener economía fiscal, actuar de modo eficiente o poner fin al litigio alcanzando la decisión más justa.

Los actos, a su vez, son las acciones provenientes de la decisión tomada por el agente. En ese sentido, son funciones relativas a los estados de cosas asociados, que les sirven de argumentos. En el ejemplo ut supra, los actos son alternativos y excluyentes: litigar o no litigar.

Uno de los pilares de la elección racional es justamente la distinción entre actos y estados de cosas. El agente racional tiene el control sobre los primeros, pero no sobre los últimos. Si la acción se realiza en el sentido de alterar un determinado Estado de cosas, este será el resultado pretendido, que, a su vez, estará condicionado también a otros estados de cosas (GILBOA, 2009, p. 12).[68]

Finalmente, los resultados son, obviamente, lo que más importa para los tomadores de decisiones. Los actos son elegidos como forma de alcanzar los deseados resultados, y los estados de cosas componen la realidad que restringe e influencia la toma de decisión.

Los bloques fundamentales que constituyen la decisión son aquellos. Volviendo al ejemplo y recordando que el contribuyente decidió litigar contra el fisco: si las probabilidades de éxito son asunciones que corresponden al Estado de cosas real del mundo, y esa información se inserta en la función del acto, el resultado será una probable victoria del contribuyente. Si la evaluación de las probabilidades informa que éstas son bajas, y eso se corresponde con los hechos, el resultado será una probable derrota.

Los individuos realizan estimaciones todo el tiempo cuando deciden sobre cualquier cosa. La certeza, por lo tanto, no es una entidad metafísica, sino un grado de probabilidad. Asimismo, la diferencia entre certeza e incerteza no es de naturaleza, sino de grado. Aun cuando realizamos cualquier acción rutinaria, como salir de casa e ir al trabajo, existe una mera probabilidad de que llegaremos al destino pretendido. Aunque la práctica y la rutina siquiera nos permitan dudar de que alcancemos el objetivo, una infinidad de imprevistos puede ocurrir, resultando en fracaso. Tal posibilidad no nos impone, sin embargo, que cada día planeemos meticulosamente una serie de acciones y alternativas que cubran todas las incontables posibilidades de contingencias – el costo de eso es prohibitivo, a punto de paralizar la acción.

En otras situaciones en las cuales el individuo conscientemente, frente a decisiones, se siente inseguro, víctima de la incerteza o aún de la ignorancia – cuando siquiera dispone de cualquier estimación de probabilidades, aunque fueran intuitivas –, el cálculo racional debe ser el tono decisorio.

68 La famosa «plegaria de la serenidad» del pastor norteamericano Reinhold Niebuhr ilustra bien la diferencia: «Concédeme, Señor, la Serenidad necesaria, para aceptar las cosas que no puedo modificar; Coraje, para modificar aquellas que puedo, y Sabiduría, para distinguir unas de las otras!». Las cosas que no podemos modificar son los estados de cosas en el mundo. Las que podemos modificar son nuestros actos.

En el derecho, las decisiones bajo incerteza y, muchas veces, bajo ignorancia son corrientes. Ya sea en relación al contribuyente, que debe realizar determinada operación frente a la indeterminación de la legislación tributaria, en lo pertinente al fiscal, que debe aplicar la misma legislación a casos concretos, o en relación al juez, que debe decidir quién tiene razón en el conflicto de intereses.

Una de las formas normativas de establecer criterios racionales para la toma de decisión es el árbol de la decisión.

1.7.2. Árbol de la decisión

El árbol de la decisión es la esquematización gráfica de un problema de toma de decisión. Presenta las decisiones posibles resultantes en actos, los resultados con sus probabilidades de ocurrencia, y la forma de resolver el problema puesto por el árbol, aunque metódico, es, como todo proceso decisorio, subjetivo e intuitivo.

Supongamos que el contribuyente debe elegir entre pagar lo que le es exigido en acta de infracción (R$ 100 mil) o impugnarla. Si opta por pagar, existe una reducción de 30% sobre el valor exigido (R$ 30 mil). Si elige discutir, dos resultados pueden ocurrir: o no pagará nada si sale victorioso, o pagará íntegramente el valor. Se trata de una cuestión aparentemente fácil, pues la cobranza impuesta incurrió en decadencia. También deben ser incluidos en ese análisis los honorarios del abogado que asumirá la defensa administrativa (*v.g.*, R$ 10 mil).

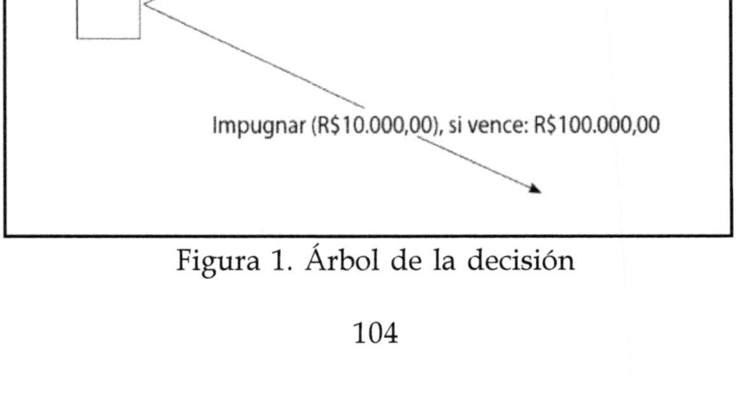

Figura 1. Árbol de la decisión

En el árbol ut supra visualizamos las dos alternativas posibles, expresadas en los ejes superior e inferior.

La solución es simple: la decisión óptima es impugnar, puesto que, a pesar de que los honorarios del abogado (representados entre paréntesis, lo que significa valor negativo) resulten en una recompensa líquida de R$ 90 mil, la opción es más ventajosa que pagar el valor, aún con la reducción ofrecida por el fisco.

Desafortunadamente, las cosas no siempre son tan sencillas, al menos para individuos más realistas. Como dice el dictado popular, nunca se sabe qué esperar de pata de caballo o de cabeza de juez (o de quien haga las veces de ello). Por lo tanto, en gran parte de las elecciones que hacemos en el mundo no tenemos certeza absoluta de las consecuencias que de ellas implicarán. Por lo tanto, elegiremos tomando al *riesgo* como factor de ponderación.

Es necesario determinar la diferencia entre *riesgo* e *incerteza*. Correspondió al economista de la Escuela de Chicago, Frank Knight (1972, p. 249) establecer la distinción:

> La diferencia práctica entre las dos categorías, riesgo e incerteza, es que en la primera la distribución del resultado en un grupo de casos es conocida (ya sea a través del cálculo *a priori*, o de las estadísticas de la experiencia pasada), mientras en el caso de la incerteza eso no ocurre, en general debido al hecho de que es imposible formar un grupo de casos, porque la situación que se enfrenta tiene, un alto grado de singularidad.

Según Knight, la diferencia básica entre riesgo e incerteza reside en la presencia o no de una distribución de probabilidades en relación a un determinado evento. De esa forma, «incerteza» se refiere a situaciones en que no se conoce o no se puede conocer la distribución de probabilidad de los resultados. «Riesgo», por otro lado, denota la situación en que se pueden establecer los posibles resultados y sus respectivas probabilidades de ocurrencia.

Volviendo al ejemplo, supongamos que la tesis de la caducidad levantada por el contribuyente sea cuestionable por la doctrina y jurisprudencia, habiendo, por ejemplo, más de una ley disponiendo sobre el mismo plazo decadencial,[69] o controversia sobre las formas de computar el referido plazo.

Dadas estas cuestiones, la probabilidad de éxito es estimada en, digamos, 30%[70] (treinta por ciento). Volvamos, entonces, al árbol.

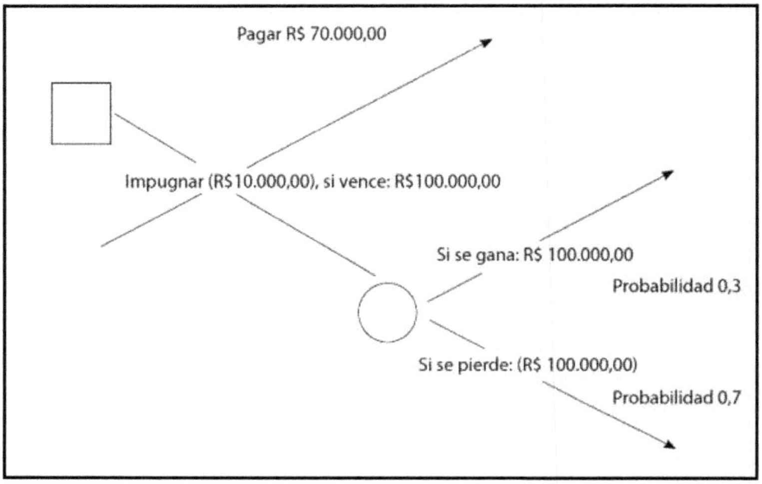

Figura 2. Árbol de la decisión bajo riesgo y valor esperado

El círculo en el vértice inferior del árbol se llama «nudo de posibilidades», pues significa qué probabilidades tendrá un rol en lo que ocurre en seguida. En el ejemplo ut supra, las consecuencias o resultados posibles provenientes de la elección de «impugnar» serán vencer o perder para el fisco, y cada una de esas posibilidades tiene probabilidades específicas.

---

69 Por ejemplo, la Ley n.º 8.212/1991, que determinaba plazos de caducidad y prescripción de diez años, respectivamente, en total antinomia con los plazos por mitad del Código Tributario Nacional. Hasta que tales disposiciones (artículos 45e 46 de la Ley) fueran consideradas inconstitucionales por el Supremo Tribunal Federal, resultando en la Precedente Vinculante n.º 8, siempre habría un nivel de riesgo en relación a qué plazo prevalecería, lo que significa cálculo probabilístico.

70 El registro de las probabilidades es binaria, siendo de 0 y 1. «0» significa probabilidad cero (imposibilidad) y «1» significa certeza de ocurrencia del evento, es decir, 100% de probabilidades de acertar. Siendo así, los márgenes suelen quedar entre esos valores, por ejemplo, 50% de probabilidad se registra como 0,5.

¿Cuál sería la decisión óptima ahora, cuál será la elección racional frente al Estado de cosas que se presenta al contribuyente?

Nuevamente, si el contribuyente opta por no impugnar y pagar el débito, tendrá una pérdida de R$ 70 mil (y un descuento de R$ 30 mil). Si prefiere impugnar, se encontrará frente a la probabilidad de 30% de vencer y de 70% de perder. El cálculo, por lo tanto, es 0,3*100.000 + 0,7*(100.000) = (40.000 + 10.000 de los honorarios). El perjuicio probable (e, inversamente, la ganancia) es de R$ 50 mil, una opción aún mejor que los R$ 70 mil de débito, en el supuesto de que optara por pagar. Nuevamente, la racionalidad determina que el contribuyente impugne el acta de infracción.

El factor que entra en juego se llama «valor esperado». No se trata del resultado, sea cual fuere, pero sí de la probabilidad de la recompensa multiplicada por el valor de la recompensa.

Es importante resaltar que las probabilidades presentadas no requieren, necesariamente, estudios empíricos del particular o de su abogado, a efectos de estimarlas. Si fuera posible tener información sobre, por ejemplo, el modo como piensan las Cortes al respecto de determinado tema antes de tomar la decisión, y convertir tal información en estadísticas, mucho mejor.

Sin embargo, muchas veces las probabilidades son meramente estimaciones subjetivas, obtenidas intuitivamente. Como enseñan Kaplow y Shavell (2004, p. 28-29), si un sujeto necesita estimar las probabilidades de vencer determinada pretensión jurídica, puede comenzar preguntándose a sí mismo: si prefiere hacer una apuesta en la cual será pagado si vence el litigio o si prefiere apostar y ganar si acierta cualquier número entre uno y treinta en una ruleta que tenga cien números al girar.

Si la respuesta fuera que prefiere apostar en su causa jurídica, la probabilidad subjetiva de vencer es mayor a 30%. Si la pregunta fuera entre apostar en el propio proceso que en un número cualquiera entre uno y cincuenta en la misma ruleta, la probabilidad subjetiva será mayor a 50%.

Y así sucesivamente, hasta alcanzar un punto de descanso - el punto en el cual si es indiferente entre apostar en la propia causa o en la ruleta, qué dirá entonces cuál es la probabilidad subjetiva exacta en relación a la situación específica. Si el sujeto advierte que da lo mismo apostar en su causa o en un número entre uno y ochenta en la ruleta, la probabilidad subjetiva es de 80%.

Aunque la probabilidad sea, de hecho, subjetiva[71], es influenciada (potencialmente sesgada) por informaciones de las que disponga el sujeto. Informaciones que pueden inclusive alterar la estimación de las probabilidades, en la medida en que son provistas al individuo.

En el ejemplo del árbol, si el contribuyente fuera reacio al riesgo, su estimativa puede no solo ser más pesimista, sino que además su elección puede hasta ser contraria a las probabilidades que le fueron presentadas. Un sujeto extremamente conservador en relación a los riesgos puede preferir pagar la imposición fiscal, aunque su abogado le estime una probabilidad positiva de, por ejemplo, 70% de probabilidad de éxito.

Imaginemos ahora que el contribuyente tiene argumentos débiles como defensa y pretende apenas ganar tiempo. La probabilidad de tener éxito es prácticamente nula, de 10%. En ese caso, el valor esperado es de R$ 10.000,00, de los cuales debe restarse los honorarios, resultando en ventaja económica cero. Considerando además que el Estado concedió descuento de R$ 30.000,00 como condición para el pago inmediato, la solución aconsejable sería pagar el acta de infracción, salvo, claro, si no tuviera recursos para ello y prefiriera arrastrar al máximo la imposición tributaria. En este caso, se trata de *elección o estrategia dominante*, aquella situación en que una de las elecciones es siempre mejor que la alternativa, sin importar el real Estado de cosas (Petersen, 2009, p. 297). Como el contribuyente no dispone de los recursos necesarios para saldar el débito, la opción impugnar es siempre la más ventajosa.

El mismo esquema de decisión puede ser aplicado también a jueces y fiscales. De hecho, no podría ser de otra forma, puesto que los árboles decisorios se aplican a cualquier tipo de decisión, para cualquier agente racional que efectúe elecciones. Lo que cambiará, evidentemente, son los tipos de actos, condiciones y resultados.

---

71 Subjetividad que denota la teoría «bayesiana» de la decisión.

Finalmente, los árboles decisorios pueden ser esquematizados de modo mucho más complejo que los que ilustramos aquí, y contener múltiples puntos de bifurcación y nosotros de posibilidades. Todo dependerá del problema decisorio y de las elecciones que se le presentan al agente.

1.8. Elecciones estratégicas: la Teoría de los Juegos

Vimos que en la teoría de la decisión existen actos, estados de cosas y resultados. Tal sistematización engloba todo el proceso decisorio, sin embargo lo enfoca de manera estática. Eso significa que el Estado de cosas que influencian la elección del agente no está influenciado por sus actos, como si él estuviera observando la situación «desde afuera» y pudiera entonces optar por determinada acción sin tener en cuenta posibles desdoblamientos en el comportamiento de terceros.

Sin embargo, en el proceso de toma de decisión racional, la elección de un individuo frecuentemente depende o está influenciada por la elección de otro. Si el agente racional elige teniendo en cuenta elecciones potenciales o concretas de terceros, se dice que actúa *estratégicamente*. Según la definición de Herbert Gintis (2009, p. 45), la teoría de los juegos es una teoría de la decisión de múltiples jugadores, en la que las elecciones de cada jugador afectan las recompensas del otro, y los jugadores que consideran eso eligen - y actúan.

Un jugador de ajedrez, un boxeador o un general de un ejército actúa intentando anticipar lo que harán sus oponentes. Del mismo modo, en interacciones negociales, sociales y jurídicas, los individuos frecuentemente tienen en cuenta lo que esperan que sean las elecciones de los otros cuando deciden cómo actuar.

El precio que determinada industria cobrará por sus productos tomará en cuenta los precios de sus competidores. Al invitar a alguien a algún evento social, se tendrá en cuenta si habrá reciprocidad en futuros eventos realizados por el invitado. Mover una acción judicial implicará tener en cuenta el modo cómo los abogados del demandado actuarán en el transcurso del litigio. En todas esas situaciones el actuar estratégico es fundamental, si el agente intenta maximizar su utilidad, es decir, alcanzar el resultado pretendido.

Sea cual fuere la situación estratégica, o simplemente, el *juego*, algunos caracteres estarán presentes. Por ejemplo, un juego puede incluir dos jugadores, como el ajedrez, o varios, como el fútbol. Puede también tener cantidad indefinida, como un mercado cualquiera. Denominaremos a los individuos, en ese contexto estratégico, como *jugadores*.

Las acciones de los jugadores pueden ser simultáneas o sucesivas, así como los jugadores pueden tener información sobre el comportamiento del oponente o no. Además de eso, los jugadores también pueden tener información sobre las recompensas (*pay offs*) disponibles si ganan la disputa, como también pueden desconocerlas En la jerga de la teoría, los juegos pueden ser estáticos o dinámicos, como también de información completa o incompleta, respectivamente.

Todas las combinaciones de esas características forman una extensa variedad de situaciones estratégicas reales de la vida, moldeadas en juegos. Considerando que los agentes son racionales, sean ellos comerciantes, pareja de novios contribuyentes o jueces, intentarán siempre alcanzar la mayor recompensa, *es decir*, el resultado que más maximice su utilidad.

Como sucede en todas las teorías, la de los juegos es una simplificación de la realidad. Baird, Gertner y Picker, en su obra fundamental sobre teoría de los juegos aplicada al derecho,[72] afirman que la prueba de cualquier modelo científico debe considerar si este «perfila» nuestra intuición iluminando las fuerzas primordiales que operan sutilmente en situaciones reales de interacción. En ese sentido, no es necesario introducir en el modelo todas las vicisitudes y detalles que acompañan la complejidad de la vida diaria en la realidad, pero tan solo los elementos fundamentales de interacciones sociales, jurídicas y económicas, que en mucho recuerdan la estructura de simples juegos.

Es sagaz Richard Posner (1998, p. 21) al señalar que, mientras los críticos de la teoría de la elección racional viven indicando defectos en los axiomas de la racionalidad instrumental,

[72] *Game Theory and the Law*. University of Chicago Press, 1994.

la teoría de los juegos va todavía más allá. En ella se asume que los individuos, en interacción estratégica, no solo son racionales, sino hiper-racionales, principalmente en juegos de información completa.

Incontables circunstancias de la vida real involucran situaciones estratégicas - básicamente siempre que actuamos teniendo en cuenta cómo actuarán terceros, estamos pensando estratégicamente. Cuando muchas de esas ocasiones están reguladas por la ley, como cuando implican consecuencias jurídicas, la relación entre la teoría de los juegos y el derecho positivo (así como la ciencia jurídica) surge indefectiblemente.

¿Cómo puede valerse el legislador de conceptos estratégicos de la teoría de los juegos para mejor incentivar la conducta humana? Principalmente por medio de una eficiente positivación de los *pay offs* ofrecidos en las interacciones subjetivas, es decir, de las sanciones provenientes de cada elección individual.

1.8.1. Dilema del prisionero y el equilibrio de Nash

Uno de los pilares de la teoría de los juegos es el célebre «dilema del prisionero», que implica un juego estático (o simultáneo) de información completa.

En ese clásico juego, dos acusados de ser cómplices en un delito son expuestos a aislamiento, sin ninguna posibilidad de comunicarse. Interrogados separadamente, al prisionero Antonio y la prisionera Beatriz le son ofrecidas las siguientes alternativas:

1) si ambos confiesan el delito, serán sentenciados a cinco años de prisión;
2) si ambos niegan el delito, serán sentenciados a un año de prisión (porque el promotor sólo logrará probar un delito de menor importancia);
3) si uno confiesa y el otro niega el delito, el acuerdo con el promotor es que aquél que haya confesado quedará libre y el que lo haya negado recibirá diez años de prisión.

Las opciones presentadas a cada uno de los «jugadores» son confesar o negar la autoría del crimen. Veamos ahora la matriz del juego:

		Beatriz	
		confiesa	niega
Antonio	confiesa	5, 5	0, 10
	niega	10,0	1, 1

Figura 3. Dilema del prisionero

En la matriz ut supra, típica forma de leer juegos estáticos, los posibles resultados aparecen de la siguiente manera (los *pay offs* de Antonio se encuentran a la izquierda, los de Beatriz, a la derecha):

Antonio debe decidir si confiesa o niega la autoría del delito. Como se trata de una situación estratégica, él elegirá teniendo en cuenta cómo elegiría Beatriz, dados los *pay offs* conocidos. Por lo tanto, si Beatriz confiesa, Antonio debe decidir cuál es la mejor opción para él. Mirando la matriz, el mejor *pay off* (menos años de prisión) es confesar también (cinco años). Por otro lado, si Beatriz niega, la mejor opción para Antonio continua siendo confesar (cero años = libertad), y «tomar un aventón» en el voto de silencio de Beatriz.

Beatriz, a su vez, enfrenta las mismas elecciones. Si Antonio confiesa, es mejor confesar (cinco años) que negar (diez años de prisión). De la misma forma, si Antonio niega, la mejor opción para Beatriz continúa siendo confesar (cero años = libertad).

Nótese que para ambos jugadores la opción más racional (por lo tanto maximizadora, dada la posible elección del otro) es siempre confesar. Nuevamente, se trata de la estrategia *dominante*, según lo expuesto en tema anterior. El resultado es que ambos terminarán confesando, recibiendo la pena de cinco años de prisión cada uno (según se observa en los *pay offs* sombreados en la matriz).

El lector atento advertirá una aparente inconsistencia aquí. ¿Cómo conciliar la racionalidad con el resultado de ese juego, en el cual los prisioneros acaban optando por la elección que no maximizó sus utilidades (cinco años de prisión en vez de un sólo año, o inclusive ninguno)?

Ocurre que no siempre la elección individual posiblemente maximizadora, en la evaluación del agente, dadas las circunstancias, acaba convirtiéndose en el mejor resultado para el grupo. Tal resultado es denominado «equilibrio de Nash», por cuenta del matemático norteamericano John Forbes Nash que lo formalizó en 1951. En el dilema del prisionero ilustrado ut supra, el equilibrio de Nash se encuentra en el cuadrado superior izquierdo (5,5), cuyo resultado es sub-óptimo si es comparado con el cuadrado inferior derecho (1,1). Entretanto, la elección de cada uno de los prisioneros fue la mejor elección posible, por lo tanto *plenamente racional*, teniendo en cuenta la elección probable (según el juicio de cada uno de ellos) del otro.[73]

Existen situaciones en las que hay más de un equilibrio de Nash, así como situaciones en que no hay ninguno. Sea como fuere, pasa a ser tarea del legislador construir estructuras de sanciones que incentiven a los individuos a elegir, de forma tal que, dicha elección atienda mejor a los objetivos jurídicos, del mismo modo que los jueces deben comprender cómo sus decisiones en casos concretos pueden igualmente establecer *pay offs* para las demás personas en una sociedad.

El dilema del prisionero es el clásico ejemplo de un juego estático, no cooperativo y de información completa. Estático porque se «juega» solo una vez; no cooperativo porque no hace posible a las partes acordar entre sí; y de información completa porque los jugadores conocen los *pay offs*. No obstante existen juegos dinámicos (o secuenciales) que se repiten, cooperativos, porque hay incentivos para el acuerdo entre las partes, y de información incompleta por el hecho de que los individuos frecuentemente no tienen conocimiento de los *pay offs* de los otros jugadores, *es decir*, no saben qué los motiva.

---

73 Debe tomarse en cuenta otras posibles salidas para el dilema. Por ejemplo, si fuera posible, de alguna forma, para los prisioneros comunicarse y si hubiera confianza entre ellos, el resultado podría haber sido el Óptimo de Pareto: un año de prisión para cada uno. Por otro lado, los códigos de conducta fuertes (normas sociales, por lo tanto) también pueden influir significativamente en el dilema. Suponiendo que los prisioneros fueran integrantes de una hermandad, por ejemplo, la mafia siciliana, probablemente no confesarían (la llamada «Ley de la Omerta») por miedo de sanciones infligidas por sus pares.

En el derecho tributario, así como en el dilema del prisionero, los individuos son constantemente tentados a «desertar» (otra jerga de los juegos), puesto que, como hemos advertido, los frenos morales al incumplimiento de las obligaciones tributarias son considerablemente más débiles que otras conductas pero fuertemente regidas por la moral y por las costumbres. El fenómeno del «aventón» (*free rider*) suele ocurrir entre los contribuyentes, sea por medio de la búsqueda de incentivos (mediante el *rent seeking* de los grupos de presión), sea por la elusión tributaria, sea por la propia ilicitud de la evasión de tributos. De ahí la necesidad aún mayor de una buena estructura de incentivos normativos que induzcan a los contribuyentes a cumplir con los objetivos del sistema jurídico tributario.

1.8.2. Otros juegos clásicos: Caza del Ciervo y el juego del cobarde

La posibilidad de modelar interacciones estratégicas a través de la teoría de los juegos es prácticamente infinita. No obstante, algunas situaciones aumentaron el *status* de juegos clásicos, como el dilema del prisionero tratado más arriba.

Otro ejemplo de juego clásico es la «Caza del Ciervo» Este juego ilustra un dilema de confianza: los cazadores saben que, uniendo esfuerzos, lograrán cazar un animal de gran porte - un ciervo -, sin embargo existe la tentación de desertar y acoplarse en el esfuerzo del otro. Sin embargo, los jugadores saben que, si abandonan, lo máximo que podrán lograr individualmente es cazar una liebre, sustancialmente inferior a un ciervo, en términos de recursos. Siendo así, hay incentivos tanto para desertar como para cooperar, lo que resulta en dos equilibrios de Nash.

En muchas situaciones, la Caza del Ciervo se confunde con el dilema del prisionero. La diferencia fundamental entre ellos es que, mientras en éste el mejor resultado es si yo desierto y tú no (y la recíproca es verdadera), en vista de los *pay offs*, en aquél el mejor resultado será que ninguno de nosotros abandonemos (Farsnworth, 2009, p. 117).

Aun así, sólo cazaré el ciervo si tú también cazas; si tú no cooperas, mi última opción, en el orden transitivo de preferencias racionales, será cazar el ciervo solo. Es también la elección más ineficiente, pues las oportunidades de éxito serán considerablemente menores y el esfuerzo mucho mayor, por lo tanto un desperdicio de recursos.

La matriz de ese juego es así:

		Cazador 2	
		Ciervo	Liebre
Cazador 1	Ciervo	5, 5	1, 2
	Liebre	2,1	2, 2

Figura 4. Caza del Ciervo

Las alternativas y los respectivos *pay offs* demuestran que el juego es estático (jugado simultáneamente y sin que los jugadores sepan lo que el otro hará), de información completa (los *pay offs* son conocidos) y, principalmente, cooperativo: hay incentivos para que los jugadores actúen en el sentido de maximizar conjuntamente sus utilidades, pues los *pay offs* orientan en esa dirección.

Por lo tanto, para el cazador 1 hay dos posibilidades: cazar solo la liebre o juntar fuerzas con el cazador 2 para cazar el ciervo (y, en vez de tener una liebre, tener medio ciervo). El jugador 1 debe evaluar las acciones del jugador 2: si éste caza el ciervo, el jugador 1 puede aliarse a él (*pay off* «5») o desertar (*pay off* «2»). Luego, es racional cazar el ciervo. Sin embargo, si el cazador 2 resuelve cazar la liebre, el mejor resultado para el cazador 1 es también cazar la liebre (*pay off* «2»).

Si observamos la matriz desde el punto de vista del jugador 2, el resultado será el mismo. Nótese que hay dos equilibrios de Nash (*pay offs* sombreados en la matriz): ambos cazan individualmente una liebre (*pay offs* «2» para ambos) o se unen para vencer al ciervo (*pay offs* «5» para ambos). Como los jugadores saben cuáles son sus recompensas, su búsqueda por la maximización los llevará a cooperar para obtener el resultado más eficiente, que es el óptimo de Pareto. Ambos salen beneficiados y nadie quedó en desventaja.

La Caza del Ciervo, primeramente idealizada por uno de los grandes contractualistas sociales, Jean Jacques Rousseau, es la base para la fundación de las civilizaciones. Si consideramos que no existe sociedad organizada sin tributación, la cooperación necesaria para el contrato social tiene como precio el cobro obligatorio de tributos.

Otro juego clásico es el del «cobarde».[74] En esa situación, dos jugadores deben enfrentarse, y, si llevan sus iniciativas a las últimas consecuencias, el resultado será el peor resultado posible, tanto para ambos como para la sociedad.

El ejemplo paradigmático es el desafío juvenil norteamericano, ilustrado en la película *Rebelde sin causa* (*Rebel without a cause*, de 1955, debutando el actor James Dean). En ella, dos sujetos se enfrentan con el objetivo de demostrar bravura frente a otros miembros de su grupo social, mostrando, por lo tanto, la importancia de la reputación. El juego consiste en que ambos manejan automóviles, en una ruta de mano única rodeada de barrancos; uno en dirección contraria al otro. Las alternativas son: 1) mantenerse en el trayecto, sin desistir, cuyo *pay off* es confirmar la valentía para los espectadores; o 2) desviar en dirección al barranco, cuyo *pay off* es preservar la integridad física a costa de manifestar la cobardía a los presentes.

La matriz, con los *pay offs* puestos semánticamente y no numéricamente, sigue a continuación:

		Jugador 2	
		Desviar	Avanzar
Jugador 1	Desviar	Empatar, Empatar	Perder, Ganar
	Avanzar	Ganar, Perder	Colisionar, Colisionar

Figura 5. Juego del cobarde

Analizando la situación, si el jugador 2 desvía, la elección maximizadora para el jugador 1 será seguir avanzando y vencer el

[74] «Chicken», en inglés.

desafío. Por otro lado, si el jugador 2 sigue avanzando, la elección racional para el jugador 1 será desviar, para salvarse. La recíproca es verdadera, conteniendo los mismos *pay offs*.

En ese juego no cooperativo hay (como en el de la Caza del Ciervo) dos equilibrios de Nash. La cooperación (desviar) es poco incentivadora, pues simboliza la cobardía de ambos. Peor todavía es la opción colisionar, pues llevará al peor resultado posible socialmente: ambos resultarán seriamente heridos, si no muertos. Los dos equilibrios de Nash están en los rincones superior derecho e inferior izquierdo de la matriz, es decir, cuando uno de los pilotos desvía y el otro sigue, y viceversa. Si ambos desviaran, el resultado sería el mismo, sin embargo, si ambos siguieran avanzando, la consecuencia será la peor posible desde el punto de vista del costo social.

La aplicación de ese juego se da directamente en situaciones de conflicto.[75] Las negociaciones en conflictos intersubjetivos implican invariablemente delimitaciones similares al juego del cobarde. Ambas partes quieren los mejores resultados posibles para sí, lo que implica amenazar (explícita o implícitamente), ceder, pactar, etc. Ejemplos clásicos son la carrera armamentista en la guerra fría y, todavía más específicamente, la crisis entre Cuba y Estados Unidos, por cuenta de los misiles instalados por la Unión Soviética en la referida isla caribeña, en 1962.[76]

Trasponiendo el juego al derecho tributario, se vislumbran diversas aplicaciones, desde tratados internacionales hasta transacciones entre fisco y contribuyente. Tomando a éste último, en transacciones previstas en ley, el fisco termina siempre teniendo ventaja en relación al contribuyente. Del mismo modo como en la referida película norteamericana, en que el protagonista no logra (aunque él quiera) saltar del vehículo, pues su vestimenta se encuentra engan-

---

75 La obra clásica sobre teoría de los juegos y estrategia de negociaciones en conflicto, con énfasis en el contexto de la guerra fría, se llama *The Strategy of Conflict* (Harvard University Press, 1981), de Thomas C. Shelling, ganador del Nobel de Economía en 2005.

76 Como el Presidente norteamericano John Kennedy no cedió en momento alguno, amenazando con medidas militares inmediatas, la Unión Soviética termina cediendo y retirando los misiles nucleares de la isla caribeña.

chada a éste (lo que señala, inadvertidamente, bravura inédita), negociaciones entre la Hacienda y el contribuyente siempre benefician a la primera.

Como el propio instituto de transacción fiscal debe estar estrictamente vinculado a la ley, el agente administrativo, representante del interés público, se encuentra restringido a pocas posibilidades. Los recursos públicos no son suyos, y sí de la colectividad que él representa y, por lo tanto, su margen de negociación es limitado. Siendo así, el contribuyente no visualiza muchas alternativas, salvo aquellas que les son ofertadas por el agente público: en lenguaje mundano, «tómalo o déjalo».

Por lo tanto, de modo semejante al de un abogado que negocia con la parte adversaria declarando que los sus límites para celebrar el acuerdo son solo los que su cliente autorizó, el agente público que por ventura se sienta para transar con el contribuyente está en una posición todavía más confortable. Solo puede ofertar aquello que le está estrictamente permitido por la ley, y, si el contribuyente acepta, mucho mejor.

1.8.3. Juegos dinámicos

En situaciones reales, es más plausible la ocurrencia de juegos secuenciales o dinámicos, que se repiten diversas veces. Mientras el dilema del prisionero estático es considerado un juego «no cooperativo», repetidas sesiones del dilema pueden generar cooperación, basada en el altruismo recíproco, en otras palabras, en la cooperación interesada en sí mismo o *tit for tat*, en la jerga de la teoría de los juegos. El *tit for tat* es, por lo tanto, la estrategia racional para juegos infinitamente repetidos (BAIRD, GERTNER, PICKER, 1994, p. 316), en que el jugador coopera si el otro jugador hubiera cooperado en el juego anterior, o desierta si el otro hubiera abandonado. Como la punición por la deserción es ser víctima de la misma conducta en el próximo juego, el equilibrio acaba siendo la cooperación.[77]

---

[77] El *tit for tat*es considerado una heurística (GIGERENZER, 2006, p. 19), es decir, estrategia simple y adaptativa cuando la información es incompleta y la capacidad cognitiva limitada. Creación de Robert Axelrod (*The Evolution of Cooperation*, Basic Books, 2006) como estrategia a ser utilizada por

En suma, si el jugador sabe que en una ocasión futura podrá depender del otro, tiene incentivos para colaborar con él - y no desertar. En esos casos, situaciones óptimas de Pareto son probables, basadas en el interés de ser retribuido, bien como con la delimitación social de reputación frente a los demás individuos.

¿Cómo se aplica eso al derecho tributario?

Las aplicaciones son las más diversas, desde la elusión y evasión fiscales, a la guerra fiscal entre los entes federativos y la reforma tributaria.

En el caso de la elusión y evasión fiscal, el contribuyente espera usufructuar de bienes públicos y de bienes privados. Los bienes públicos serán suplidos por el Estado, a cambio del pago de tributos. Los bienes privados serán usufructuados por medio de los rendimientos líquidos del contribuyente, *es decir*, después de la tributación.

En la lógica del dilema del prisionero, el interés en sí mismo racional incentiva al contribuyente a intentar, a través de medios lícitos (elusión) o ilícitos (evasión), evitar lo máximo que pueda la incidencia fiscal sobre su riqueza. El resultado óptimo[78] ocurriría si todos los contribuyentes cumpliesen con sus obligaciones tributarias, pues: 1) más bienes públicos serían producidos (seguridad, salud, educación, infraestructura, etc.); 2) la observancia general haría posible la disminución de la tributación *per cápita*, pues habría poca deserción y la recaudación aumentaría - sin que hubiera necesidad, por lo menos, de aumento de tributos (teóricamente, sería posible la disminución de la carga tributaria).

Si el resultado no es eficiente en el criterio de Pareto (pues los contribuyentes, en un primer momento, saldrían perjudicados individualmente en pro del bien común), sería al menos eficiente en el criterio Kaldor Hicks, pues la ganancia social superaría en mucho el

---

computadoras en torneos de ajedrez (donde las posibles jugadas son infinitas, por lo tanto incalculables en su completitud, inclusive por la supercomputadora más potente), el *tit fcr tat* fue aplicado en un torneo de 1979, habiendo obtenido la victoria sobre el oponente.

78 Para fines de simplificación, consideraremos que el Estado sea eficiente en la gestión de los recursos públicos y que el desperdicio - para no mencionar desvíos ilícitos de dinero público - sea mínimo.

costo individual - y los contribuyentes tendrían retorno superior, en bienes públicos, en relación a los costos individuales. Este es el mejor de los mundos, algo que roza la utopía. ¿Por qué ese escenario idílico no ocurre? Porque los individuos (en promedio) racionalmente buscan la situación que les traiga mejor recompensa, generando el equilibrio de Nash, que es inferior en términos de eficiencia, es decir, desertar.

En cuanto a la guerra fiscal, la ocurrencia es básicamente la misma. Si los entes federativos cooperaran entre sí, probablemente el resultado general sería mejor. Nuevamente, las tentaciones a la deserción ocurren - dados los incentivos advenidos de las recompensas - y el resultado es subóptimo: Provincias y Municipios peleando entre sí para obtener más recursos por medio de la concesión de beneficios a los contribuyentes.

Finalmente, la cuestión (aparentemente sin solución) de la reforma tributaria es idéntica en su lógica. Una reforma que simplificara radicalmente la estructura tributaria, incluidas las competencias federal, provincial y municipal, eliminaría beneficios fiscales y desestimularía la elusión y evasión fiscales. El resultado sería el mejor para todos, tanto para los entes federativos como para los contribuyentes. Aquellos probablemente incrementarían su recaudación (al menos a mediano o largo plazo), mientras estos tendrían menos costos de conformidad (los deberes instrumentales, en el léxico de Paulo de Barros Carvalho) y carga tributaria menos elevada.

Nuevamente, el resultado es ineficiente, tan es así, que hasta hoy la reforma no ha salido del papel (o de los papeles, dadas las incontables propuestas hasta hoy presentadas). Sin embargo, los entes federativos no admiten cualquier disminución, aunque inicial en su recaudación, así como cualquier aparente pérdida de poder en lo que se refiere al ejercicio de sus competencias legislativas - lo que incluye, naturalmente, la posibilidad de crear y aumentar tributos, y también de conceder beneficios. Los contribuyentes, a su vez, especialmente aquellos organizados en grupos de presión, representantes de sectores específicos de la economía, no pretenden perder beneficios fiscales que maximizan su utilidad, aunque a costa de todos los demás contribuyentes que no tienen influencia sobre los hacedores de políticas públicas.

La cooperación podría ocurrir revirtiendo los resultados ineficientes típicos de los dilemas del prisionero simultáneos, mediante adecuados *pay offs*. En el caso de la evasión fiscal,[79] por medio de normas jurídicas y sociales de naturaleza corporativa que fuercen a los contribuyentes a señalarle a la sociedad (y a los inversores reales y potenciales) la observancia de las obligaciones tributarias.

En la guerra fiscal, las medidas jurídicas (por ejemplo, leyes de responsabilidad fiscal; acuerdos entre entes federativos, los convenios y protocolos del Confaz (Consejo Nacional de Política de Hacienda de Brasil) - en que las deserciones generan sanciones - y la aplicación de reglas constitucionales y legales por los tribunales) pueden también aumentar el precio de la deserción a los entes federativos, volviéndolos prohibitivos.

Finalmente, la reforma tributaria es algo que difícilmente huirá de la trampa del dilema del prisionero. Aunque haya negociación entre los actores (y, consecuente información, lo que no existe en el dilema clásico), su ocurrencia es supuestamente única, llevada a cabo de una sola vez. De ese modo, no habría repetición del juego, imposibilitando el *tit for tat* entre los entes federativos. De ahí el eterno impase que atravesamos a casi dos décadas.

1.8.4. Forma extensiva

Los juegos dinámicos, también llamados secuenciales o repetitivos, son representados gráficamente en la manera extensiva.[80] De modo visualmente semejante a la del árbol decisorio, la teoría de los juegos presenta las jugadas unas después de las otras, con los respectivos *pay offs*. La razón de eso es que el jugador espera el movimiento del oponente para actuar, tal cual ocurre en un juego de mesa.

---

[79] En lo que se refiere a la elusión, es más difícil generar incentivos para reducirla. Por ser, en teoría, lícitas, las normas sociales que desaprueban la evasión no funcionan aquí. Está claro que los planeamientos tributarios más agresivos tienden a provocar respuestas también agresivas de las autoridades de hacienda, ocasionando contingencias para las empresas que, a su vez, simbolizan riesgo para inversores.

[80] Los juegos estáticos también pueden ser representados de forma extensiva, sin embargo, es costumbre representarlos en matrices.

Podemos demostrar la forma extensiva con tratados comerciales entre países, donde se aplican barreras tarifarias como formas de proteccionismo a industrias locales, al mismo tiempo en que se pretende que el otro país abra al máximo su mercado. El *tit for tat* opera por la repetición inherente de las relaciones comerciales entre los países, así como por la posibilidad de represalia bajo la forma de barreras tarifarias (*v.g.* tributos sobre la importación de determinados bienes) regulada por entidades internacionales, como la Organización Mundial del Comercio.

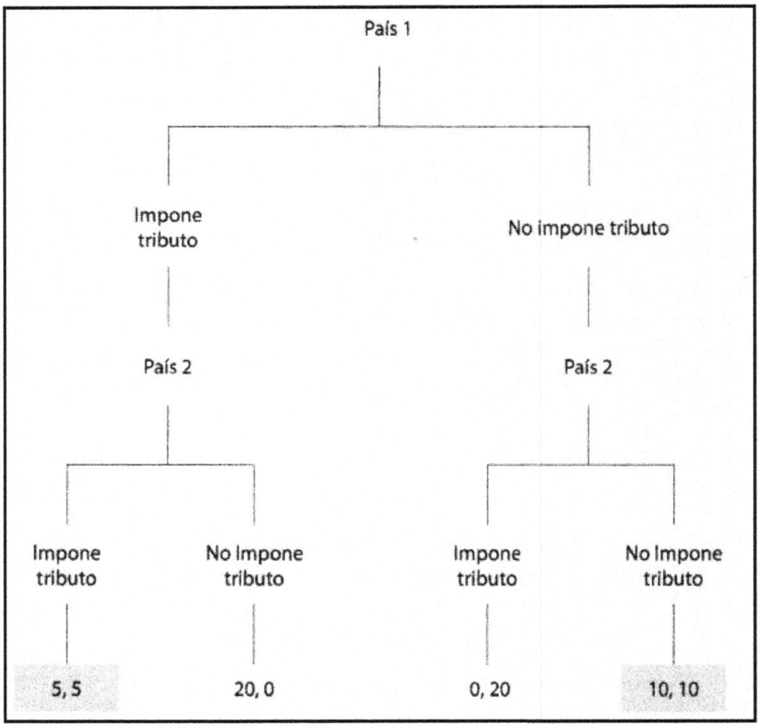

Figura 6. Forma extensiva de un juego dinámico

En formas extensivas se aplica la llamada inducción retroactiva, que significa leer el juego del fin al comienzo. En el árbol ut supra, se comienza por los *pay offs*; y los de la izquierda corresponden al «País 1» y los de la derecha, al «País 2».

En ese juego dinámico, se observa a través de los *pay offs* que el mejor resultado *individual* (*pay offs* de los centros, 20, 0 y 0, 20, respectivamente) es el del dilema del prisionero, que implica que un país tribute los bienes producidos por el otro, es decir, ser proteccionista (desertar) y el otro, no - la recíproca es verdadera.[81] El mejor resultado para ambos es no tributar (*pay offs* 10, 10), mientras que el peor resultado es que ambos tributen (*pay offs* 5,5).

Si ese fuera un juego estático, como el dilema clásico, la racionalidad individual impondría la deserción a ambos jugadores, siendo éste el equilibrio de Nash. Como se trata de un juego dinámico y repetido, en que uno observa la jugada del otro y las interacciones son reiteradas en el tiempo - como son las relaciones internacionales -, existe el incentivo de la cooperación, pues el comportamiento de uno de los países en el juego previo hará posible la revancha del otro en el futuro, así como la cooperación en el juego previo creará el incentivo para el mismo comportamiento futuro. Además de eso, los juegos repetidos crean la reputación entre los jugadores, norma social de gran fuerza en la motivación en las interacciones estratégicas.

81 Es importante destacar que, cuando digo «país», no me refiero a sus ciudadanos, sino a la negociación entre gobiernos - típicamente capturados, al menos en parte, por grupos de interés organizados. Siempre será mejor para ellos, en tanto consumidores, el libre mercado, pues el equilibrio entre oferta y demanda, característica de ese sistema posibilita que haya excedente del consumidor. En otras palabras, precios más bajos que en mercados cerrados o monopólicos.

CAPÍTULO II
DECISIÓN DEL LEGISLADOR

A partir de este punto, pasaremos a analizar la decisión del legislador, responsable de la construcción del sistema jurídico tributario. Cabe advertir, sin embargo, que por legislador debemos entender no solo a un individuo, sino a un cuerpo formado por diversas personas, cada cual dotada de voluntad e intereses propios. No obstante esa realidad, algunos aspectos decisorios normativos (por lo tanto, no positivos) pueden ser abordados, para resaltar ciertos puntos importantes en la elaboración de normas tributarias, pues, para fines analíticos, se puede considerar la voluntad del legislativo como unitaria, dado que, después de que el proceso de elaboración de leyes junto a todas sus inevitables negociaciones, discusiones y transacciones llegue a un producto final, se dispone de los diplomas legales que establecen tributos.

2.1. Construyendo el sistema

En sistemas jurídicos de matriz romano-germánica, su estructura es dictada primordialmente por el Poder Legislativo, cuyas leyes son el punto de partida del análisis positivo del ordenamiento, al contrario de los sistemas del *Common Law*, en los que las decisiones judiciales son el foco principal.

El legislativo tiene la función de crear, de ese modo, los principales vehículos de tributos en nuestro sistema, las *leyes tributarias*, compuestas por enunciados concernientes a los tributos propiamente dichos, así como también a los relativos a la fiscalización y recaudación de tributos. Nótese que todavía no estamos utilizando categorías como normas jurídicas, pues, en esa etapa de construcción del ordenamiento y desde el punto de vista del legislador, nos encontramos aún en el nivel de los enunciados normativos.

En ese sentido, categorías como normas, principios y reglas son fruto de la construcción hermenéutica del sistema, es decir, modelos de interpretación de la realidad jurídica desarrollados por la teoría jurídica. El legislador no anhela tanto, máxime teniendo en cuenta que en sistemas democráticos, los representantes populares elegidos por el voto popular, que integran el poder legislativo, no necesitan tener formación jurídica. En verdad, los concejales, diputados y senadores tienen las más diversas formaciones y profesiones, y esa diversidad, es justamente lo que permite representar los difusos intereses de sus representados.

Los subsistemas tributarios de varios ordenamientos particulares tienen el denominador común de ser altamente codificados, sin importar si los sistemas jurídicos a los cuales pertenecen sean del *Civil Law* o del *Common Law*. La razón de eso se debe a las finalidades que las normas tributarias tienen y, principalmente, a los medios para alcanzarlas.

La legislación civil, por ejemplo, regula temas de modo mucho menos denotativo que la tributaria. Las disposiciones sobre obligaciones contractuales son positivadas de manera más genérica e sucinta, atribuyendo a los particulares la inmensa mayoría de las especificaciones relativas a los derechos y deberes en las relaciones jurídicas.

En el Código Civil brasileño, aunque la autonomía privada esté relativizada por la función social del contrato (artículo 421), el diploma apenas establece determinaciones generales sobre derechos y obligaciones de las partes (*v.g.* artículo 427), requisitos generales de validez (artículo 104), reglas de interpretación (*v.g.*, artículo 423) y especies de contratos (artículos 481 la 853). La esencia de esas relaciones jurídicas, como la propia denominación «derecho privado», es atribuir justamente a los particulares, la celebración de deberes y obligaciones mutuas, hallándose éstas amparadas por el sistema jurídico. No obstante, se espera que el amparo, por ejemplo, por medio de la intervención del Poder Judicial para ejecución de las obligaciones, sea la excepción, no la regla.

El derecho penal, en cierto modo, es todavía menos intrusivo. La finalidad de la mayor parte de las reglas criminales es prohibir conductas consideradas ilícitas por el legislador, es decir, se exige la *inacción* por parte de los ciudadanos en relación a aquellas situaciones tipificadas como delitos o contravenciones. Aunque la dimensión expresa de sus imperativos categóricos normativos esté compuesta, a *grosso modo*, por sanciones punitivas, la disposición implícita de los imperativos determina la abstención de la conducta ilícita. Por ejemplo, el artículo 121 del Código Penal brasileño dispone así, objetiva y sucintamente: «matar a alguien: pena - reclusión, de seis a veinte años». Está claro que no se trata de una obligación, tampoco de un permiso destinado al ciudadano, puesto que establece la punición que consiste en la privación de la libertad, más, sí, de una prohibición implícita. La referida disposición podría ser enunciada así: «está prohibido cometer homicidio»,[82] lo que denota la exigencia de inacción por parte de los individuos, que cumplirán el imperativo categórico simplemente no realizando la conducta prohibida.

El derecho tributario, por otro lado, exige justamente la realización de innumerables conductas por parte de sus destinatarios (contribuyentes y responsables, personas físicas y jurídicas). Por lo tanto, es necesaria la intensa codificación de sus dispositivos, generando la complejidad que es casi universal en los sistemas tributarios particulares. Aún en países como los Estados Unidos, típico ejemplo del derecho consuetudinario, la legislación tributaria es difusa y extensa.

El legislador, aquí considerado de forma amplia, está obligado también por la restricción normativa, como será abordado de modo más extenso en el tema «decisión del juez». Desde ya podemos adelantar, que esa restricción significa el repertorio de procedimientos previstos por el ordenamiento para la creación de leyes, o, de forma más sustancial, de normas jurídicas. Analógicamente, es como la restricción presupuestaria que el consumidor posee al adquirir bienes y servicios, o, de manera fundamental, denota los recursos normativos escasos que el legislador detenta para ejercer su función, siendo también y más comúnmente denominados de competencia legislativa. En el derecho tributario, gran parte de esos recursos normativos se encuentra en la Constitución Federal.

---

82 O «matar» o «quitar la vida de una persona» etc.

2.2. De la estructura a la función del derecho

El estructuralismo es, en esencia, una teoría de la norma jurídica. El funcionalismo, a su vez, es una teoría que tiene como objetivo descubrir cómo el derecho puede alcanzar sus fines. Si el primero se preocupa con la estructura e integridad del sistema, el último se interesa por los medios y por los fines perseguidos por el Derecho, así como también por los efectos que éste origina en el orden social. La primera corriente podría ser resumida en una pregunta: ¿cómo es el Derecho? La última, a su vez, por la pregunta: ¿para qué sirve el Derecho?

Por ambos lados, el Derecho puede ser visto como un sistema, más precisamente un subsistema social, en el cual sus elementos son actos de comunicación o actos de habla directivos de conductas humanas (CARVALHO, 2008, p. 160.)

El enfoque comunicacional es rico e ilustrativo del fenómeno jurídico, pues hace posible la comprensión de la mecánica normativa y de la interacción entre los individuos, punto nuclear del análisis de cualquier fenómeno social. El sociólogo alemán Niklas Luhmann, para quien cabe al derecho estabilizar las expectativas normativas, es uno de los exponentes de la línea comunicacional.[83]

El análisis comunicacional también considera que el sistema jurídico debe ser visto como algo que va más allá de su mera estructura, teniendo una función a cumplir en el contexto que le sirve de ambiente, que es, la sociedad. En ese sentido, es posible hablar de una «función social» del derecho.

---

83 La referencia a Niklas Luhmann es solo ejemplificativa de las visiones sistémicas del Derecho. Sin embargo, no se adopta aquí su línea ontológica y epistemológica, pues para el sociólogo alemán los sistemas sociales no comprenden a los individuos, constituyéndose solo por comunicaciones. Ver el pasaje del libro *Law as a Social System* (2004, p. 142): «[...] empirically, people exist only as individuals and that general statements about humankind, consciousness, and person are difficult to test. In contrast, 'society' means here a concrete, even if highly complex, single system which exists through ongoing communications and which can be observed empirically». Si eso fuese apenas un corte epistemológico, un modelo para fines meramente analíticos, tal como la teoría de la acción social de Talcott Parsons, se podría aceptar sin problemas la referida aseveración. El problema -y grave- es que Luhmann sostiene que la sociedad «es» comunicación, como si ésta pudiese existir sin los respectivos comunicadores.

El enfoque estructuralista o formalista del Derecho prevaleció en la teoría jurídica, especialmente en la del Derecho Público, en gran parte del siglo anterior. Es importante advertir, como señala Bobbio (2007, p. 56), que la primacía del análisis estructuralista sobre el análisis funcionalista tuvo como objetivo depurar a la ciencia jurídica de influencias ideológicas de otros campos, algo bastante común, de paso sea dicho, al iusnaturalismo, tanto de derecha como de izquierda. La separación entre Derecho y Moral[84] y, por lo tanto, de las ideologías y juicios personales de sus intérpretes se convirtió en el eje del iuspositivismo, directamente responsable por el avance de los estudios estructuralistas del fenómeno jurídico. Así, la preocupación primordial era analizar cómo es el ordenamiento jurídico, y no para qué sirve el mismo[85], así como también cómo alejar la identificación del orden jurídico con la justicia. La justicia es un valor que puede o no ser perseguido por determinado orden jurídico, sin embargo no se confunde con ella.[86]

La visión positivista, con especial influencia kelseniana para la ciencia jurídica brasileña, cumplió la necesaria y saludable

---

[84] A pesar de que la separación sea previa a Kelsen, ya defendida por Jeremy Bentham y por John Austin, con cerca de un siglo de anticipación. La frase de Austin (2000, p. 184) es famosa: «the existence of law is one thing; its merit or demerit is another. Whether it be or be not is one enquiry; whether it be or be not comfortable to an assumed standard, is a different enquiry».

[85] Kelsen insiste en marcar esa posición desde las primeras páginas de su *Teoría pura*. En el capítulo 1 de su obra magna, dice: «[...] (la teoría pura) quiere única y exclusivamente conocer su propio objeto. Intenta responder a esta cuestión: ¿Qué es y cómo es el Derecho? Más ya no le importa la cuestión de saber cómo debe ser el Derecho, o cómo el mismo debe ser hecho. Es ciencia jurídica y no política del Derecho». Y, más adelante, al final del capítulo 2, refuerza: «en efecto, la ciencia jurídica no tiene que legitimar el Derecho, no tiene en forma alguna que justificar - ya sea através de una Moral absoluta, o a través de una Moral relativa - el orden normativo que le compete - tan solo - conocer y describir».
Kelsen relega a otras ciencias, como la Sociología y la Política, la preocupación por la función del Derecho. Es, *mutatis mutandis*, la posición de Hart, probablemente el más famoso iuspositivista (al menos en la lengua inglesa) del siglo pasado, al diferenciar los aspectos internos (estructuralista) y externos (funcionalista) del Derecho.

[86] Como advierte Bobbio (1996, p. 67), «el Derecho, tal como es, es la expresión de los más fuertes, no de los más justos. Tanto mejor, entonces, si los más fuertes fueren también los más justos.»

dignificación del Derecho en tanto campo autónomo del conocimiento, aunque su pretensión científica pueda ser cuestionable. Posner (2003, p. 252) advierte que la teoría pura es, en rigor, solo una definición de Derecho y, por lo tanto, no cumple con la prueba popperiana de la falseabilidad. Aun así, la demarcación del Derecho como norma jurídica tuvo y sigue teniendo innegable utilidad científica, pues hace posible al jurista identificar y analizar cualquier orden normativo - sea él mismo justo o injusto, bueno o malo, junto a sus concepciones axiológicas.

Reconociendo, en principio, que alejar del análisis jurídico juicios personales de valor sea saludable, pues la ciencia requiere el máximo grado de objetividad posible, es inevitable advertir que el Derecho - justamente por ser fruto del hombre, como quieren los positivistas - tiene intensa carga axiológica. Aunque no se quiera contaminar la teoría jurídica con ideologías y morales particulares, su propio objeto de conocimiento ya está permeabilizado de valores, no obstante, una vez internalizados, son valores jurídicos y no de carácter moral o de cualquier otra naturaleza. Nada impide, sin embargo, que se pueda analizar imparcialmente un objeto cuya ontología es subjetiva, por ser producto de la cultura humana.[87]

Esos valores, sin embargo, imponen finalidades al Derecho y hacen que él tenga funciones a cumplir, para alcanzar las pretendidas metas. Sea la finalidad solo imponer un orden coercitivo a la colectividad, como quiso Kelsen, sea hacer posible la consecución de innumerables objetivos nobles, tales como la redistribución de la renta, la preservación del medio ambiente, la prestación de servicios del Estado asistencialista o la disuasión de delitos y conductas antisociales, nadie sintetizó mejor la finalidad del Derecho hasta hoy que Ihering, en la apertura de la *Lucha por el derecho* (1782): «el fin del Derecho es la Paz. El medio para ese fines la guerra».

---

[87] Como sostiene Neil Maccormick (1978, p.239), «[...] there is nothing ant positivist about saying that law is not value free. If human beings did not value order in social life, they wouldn't have laws at all, and every legal system embodies not merely a form of social order, but that form of order which is specifically valued by those who have control of the legislative executive or adjucative process - or at least, it is a patchwork of the rival values favoured by the various groups taking part in such process».

En esencia, el Derecho tiene como objetivo la calibrar el orden social, esto es, al garantizar expectativas normativas y generar seguridad jurídica, es decir, la paz social, inevitablemente es necesario primeramente solucionar los incesantes litigios que sirven de combustible para la propia autogeneración del sistema jurídico, la «guerra».

Paradójicamente, las incesantes disputas de intereses que surgen a partir del marco institucional que el sistema jurídico ofrece - del esqueleto de principios y reglas que estructuran el Derecho - hacen surgir las estabilizaciones de sentidos normativos que, a su vez, propician las necesarias externalidades positivas. En otras palabras, la paz social surge a partir de los incesantes conflictos inherentes a la racionalidad humana, y esa paz nunca es un destino final que el Derecho alcanzará, sino un mero Estado provisorio, proveniente de un proceso permanente e incesante.

En rigor, no se pretende con la crítica funcionalista arriba mencionada minimizar el lado formalista del pensamiento doctrinario predominante, porque dicho análisis «formalista» es absolutamente imprescindible para la correcta comprensión del fenómeno jurídico, pues el aspecto formal del derecho es justamente el que lo distingue como tal (SCHAUER, 2009, p. 31). Por otro lado, no se puede olvidar que el Derecho es un campo de la razón práctica, *es decir*, un instrumento que debe servir para algo. No obstante, si la estructura del Derecho se considera compleja, todavía más compleja es la inmensa cantidad de particularidades funciones o finalidades que las innumerables normas del ordenamiento tienen.

2.2.1. ¿Son el estructuralismo y el funcionalismo irreconciliables?

Como hemos visto, mientras el estructuralismo se preocupa de la integridad del sistema, el funcionalismo se concentra en las finalidades y en los efectos de las normas jurídicas. ¿Más pueden tales concepciones coexistir o inclusive conciliarse, formando un cuerpo teórico consistente?

La doctrina tributaria brasileña es tradicionalmente estructuralista, de influencia nítidamente kelseniana, y se preocupa primordialmente con el aspecto formal del derecho tributario positivo. Las construcciones y contribuciones teóricas de esa naturaleza han venido dominando la producción académica en las últimas décadas y generando innumerables frutos, de los cuales se destacan la formación de una escuela de pensamiento, innumerables aplicaciones de los diferentes subtemas tributarios y la influencia institucional en los órganos de hacienda y en los tribunales. Como representantes de esa línea, sobresalen la Pontificia Universidad Católica de São Paulo y el Instituto Brasileño de Estudios Tributarios (IBET). La primera es representada por grandes autores como Geraldo Ataliba, Paulo de Barros Carvalho y Roque Antonio Carrazza. El último, fundado por Rubens Gomes de Souza, tiene al supra citado Paulo de Barros Carvalho como líder y exponente máximo.

No hay duda de que las contribuciones de esa corriente doctrinaria son inestimables y forman la base y la vanguardia de todo el pensamiento jurídico-tributario brasileño contemporáneo. Al lado de la visión estructuralista de esas escuelas, una manera diferente de enfocar el derecho es a través del funcionalismo, que, vale decir, no contrasta con el enfoque de los referidos pensadores, sino que lo complementa (y es por él complementado).

Las concepciones y definiciones precisas de categorías fundamentales como el principio, la norma, el hecho y la relación tributaria propician un punto de partida formidable para escuelas típicamente funcionalistas, por ejemplo, el *Law and Economics* estadounidense. La tradición iniciada con Bentham, y desarrollada por Austin, Kelsen y Hart, provee el cuadro referencial a partir del cual se pueden desarrollar análisis positivos y normativos del derecho.

En síntesis, una teoría jurídica completa debe ser capaz de: 1) analizar y mostrar la estructura sistémica del Derecho, lo que significa describir las relaciones verticales de jerarquía de los elementos del sistema, a saber, las normas, así como sus relaciones horizontales de coordinación; 2) comprender los valores y fines perseguidos por el orden jurídico, así como poder analizar y prever efectos sociales provenientes de las normas.

2.2.2. El inalienable funcionalismo de los objetos culturales

Muchas palabras pueden ser definidas tanto por su estructura cuanto por su función, siendo dos formas distintas de ver el objeto.

Por ejemplo, «automóvil» puede ser definido como «vehículo con ruedas» y también como «vehículo destinado al transporte de personas o cosas».[88] La función es característica propia de objetos que denotan intencionalidad, es decir, construidos por seres conscientes, a efectos de servir para algún intento.[89]

Sin embargo, si notamos atentamente, la primera definición de «automóvil» ya contiene la segunda, pues, al definirlo como «vehículo», inmediatamente se desprende, analíticamente, su función de transporte. Yendo más lejos, el propio término «carro» ya presupone su función de vehículo de transporte. Lo que se quiere afirmar con eso es que las palabras que denotan objetos culturales necesariamente son definidas por su función, aunque también puedan ser definidas, de forma auxiliar, por su estructura.[90]

---

88 *Diccionario Cándido Figueiredo,* voz «carro».

89 En ese sentido, un órgano del cuerpo humano o un astro no tienen «funciones», pues no tienen teleología. Se acostumbra decir que la función del corazón es bombear sangre al cuerpo humano y que la función del sol es iluminar y calentar a la Tierra. Se trata, con todo, de metáforas, pues ni el corazón ni el sol son seres conscientes, dotados de intencionalidad, que buscan determinados fines con sus acciones. Somos nosotros quienes les atribuimos esas funciones. Eso no quiere decir que la intencionalidad sea prerrogativa del ser humano, pudiendo ser encontrada también en especies de animales, aunque en nivel instintivo y heredado genéticamente. El pájaro conocido como hornero, al construir su casita en el árbol, lo hace porque tiene la innata habilidad para hacerlo, heredada genéticamente, no obstante, existe intencionalidad en eso y, por lo tanto, se puede decir que el artefacto tiene una función: proteger a la hembra y a la cría del ambiente potencialmente hostil.

90 Véase la palabra «*cadeira*» (silla), por ejemplo. El *Dicionário Cándido Figueiredo* la define, entre los diversos otros sentidos para el vocablo, como «asiento con espaldas para una persona», así como «caderas, nalgas». La segunda definición es anatómica, estructural, por lo tanto. Para que se pueda saber más, será necesario entonces definir qué es cadera, qué es nalga, qué es anatomía, qué es cuerpo humano, y así sucesivamente. Nótese que ninguna de esas palabras denota una función intrínseca en referencia a su sentido. No se puede decir que la función de las nalgas sea sentarse, al menos no de forma literal. Por otro lado, la definición de «*cadeira*» (silla) necesariamente considera su función, pues es un artefacto humano, construido para determinado propósito. De nada serviría una definición de *cadeira* (silla) del tipo «objeto de madera con cuatro pies», pues cualquier objeto natural, como un árbol, que estuviese tomado por accidente como una silla, podría ser llamado como tal.

Con el Derecho no podría ser diferente. Inclusive una definición supuestamente formalista, como la de Kelsen (1996, p. 48), para quien el Derecho es un «orden normativo de coacción», no escapa del funcionalismo. Si es orden normativo, es porque contiene normas, lo que, a su vez, también se define por la función, que es regular la conducta humana.

La concepción de Austin para el Derecho todavía es la más simple, elegante y establece: mandatos[91] apoyados por sanciones estatales (2000, p. 13-16). Las normas son esencialmente mandatos, vehiculizados por medio de actos de habla directivos de conductas y dependen, para su eficacia, de la aplicación coercitiva por parte del Estado, detentor del monopolio de la violencia. La coercibilidad del Derecho es, por lo tanto, la privación de libertad concreta del individuo, que puede darse tanto por la disminución de su riqueza como de su libertad física propiamente dicha.[92]

Si el Derecho es un orden normativo, cuyos elementos son órdenes coactivos, la función le es inherente: prescribir conductas. Obsérvese que esa función puede ser vista tanto por un enfoque interno como por un enfoque externo. El interno, típicamente positivista y encontrado tanto en Austin como en Kelsen y Hart, es, como vimos, regular el comportamiento de los individuos en sociedad. El

---

91 Hart (1980, p. 53) atacó la definición austiniana de Derecho como orden, con el argumento de que no siempre las reglas son imperativas, de tipo «haga aquello» o «no haga eso», siendo muchas veces facilitadoras de las acciones del ciudadano: «si usted desea hacer eso, ésta es la forma de hacerlo». En mi opinión, la crítica no procede e inclusive denota una comprensión superficial de la naturaleza del Derecho, aprendida por Austin, pero no por Hart. Si existen reglas que permiten determinadas acciones del individuo, no por eso dejan de ser órdenes. Si está permitido celebrar un contrato de compraventa, es porque también está prohibido celebrarlo más allá de los límites que el Derecho autoriza. De la misma forma, si me es permitido ser propietario de un terreno, es prohibido a todos los demás individuos que lo invadan. En esencia, toda regla es una orden, es más, la propia noción de regla y de norma se encuentra umbilicalmente ligada a la idea de orden.

92 Es importante destacar que la coercitividad del Estado se identifica, en la línea kelseniana, con el propio Derecho. El uso de la violencia institucional, como la propia adjetivación indica, ocurre siempre por medio del lenguaje, mientras que la violencia pura, no institucional, no necesita de mediación lingüística, como bien señala Friedrich Müller (1995, p. 41).

externo puede ser encontrado en Luhmann, que, como sociólogo que es, ve el Derecho externamente, por eso su «estabilización de expectativas normativas». Ahora bien, «expectativa» es algo que afecta al destinatario de los órdenes normativos, por eso una visión externa del fenómeno.

Tanto el enfoque interno como el externo son necesarios, concomitantemente, para la debida comprensión del fenómeno jurídico. Uno no puede prescindir del otro, so pena de visión miope, parcial. La Teoría de los Actos de Habla demuestra eso, al analizar tanto los actos ilocutivos (punto de vista del emisor) como los actos perlocutivos, que son los efectos psicológicos que los actos de habla causan en los oyentes (punto de vista del oyente). Siendo así, si la función ilocutiva de una norma es hacer que su destinatario la obedezca, el efecto perlocutivo pretendido es más amplio que la mera obediencia, por ejemplo, la sensación de seguridad jurídica, de justicia realizada, de paz social.

2.2.3. Estructura y dinámica en el orden complejo del Derecho

Cuando afirmamos que determinado grupo de objetos compone un sistema, tal aseveración es parte de un sistema clasificatorio que está inculcado en nuestro aparato cognitivo. De ese modo, vemos sistemas, patrones y orden por necesidad y adaptación evolutiva, mientras que la realidad simplemente existe, así como los objetos que a el pertenecen. Cuando vemos formas en constelaciones, formación en los planetas o teleología en objetos naturales, no hacemos otra cosa que buscar un orden en la naturaleza.

Aunque el orden y la teleología sean productos de nuestros cerebros en relación a objetos naturales, no lo son en relación a los objetos culturales. Por el hecho de que estos últimos, al contrario de los primeros, no tienen su ontología subjetiva, el orden y la teleología les son intrínsecos. Como el derecho es un objeto cultural (Barros Carvalho, 2008), la función y teleología le son inherentes, pues se trata del más perfecto ejemplo de razón práctica.

Adoptando una visión cibernética del derecho, que a mi criterio, todavía es la mejor teoría de los sistemas, se advierte que el sistema jurídico es de tipo *dinámico y complejo*.

La taxonomía de los sistemas se aplica tanto a los llamados sistemas naturales como a los sistemas artificiales, pues, si ambos son actos de clasificación, tienen en común ser sistemas proposicionales.

Los componentes universales de todo sistema son los elementos y la estructura. Entiendo que estos son los fundamentales, debiendo incorporarse a los sistemas que poseen intencionalidad del componente de la función. Donde haya elementos organizados en una determinada estructura, existirá un sistema. Tanto la forma como la estructura y los elementos son creados y su interacción con el ambiente es lo que permite la diferenciación entre sistemas estáticos, dinámicos, simples y complejos. En la clase de sistemas complejos se encuentran los sistemas sociales, en los que se verifica el atributo de la intencionalidad y solo entonces es posible encontrar el componente teleológico de la función.

Los sistemas estáticos tienen sus elementos organizados en una determinada estructura exógenamente. Por ejemplo, una pared de ladrillos es un sistema estático. Por más intrincado que pueda ser (*v.g.*, La Gran Muralla China), ese tipo de sistema no logra interactuar su ambiente, *es decir*, no posee mecanismos calibradores de *feedback*. Si un huracán derriba la pared, sus elementos no se reorganizarán ni ella será capaz de producir nuevos elementos para sustituir los averiados.

Los sistemas dinámicos poseen mecanismos de interacción, cuyo proceso es enviar y recibir mensajes, y cuyo producto es la información. Esa interacción con el ambiente permite que puedan autocalibrarse y mantener su *homeostasis* (equilibrio interno). Un ejemplo es un sistema de refrigeración artificial, controlado por un termostato. Este regula la temperatura en determinado grado, a través de compresores - cuando se alcanza la temperatura, los compresores detentan interacciones con el ambiente que pueden alterar ese equilibrio (*v.g.*, apertura por donde entre aire con temperatura más elevada), haciendo que el termostato procese ese *feedback* y accione nuevamente los compresores, retornando a la temperatura programada. A pesar de ser un sistema dinámico, nuevamente su estructura es dada de forma exógena, y el sistema no tiene la capacidad de autorrepararse. Si el termostato se quema, el refrigerador no logrará producir otro, siendo necesaria la intervención externa para ello. En suma, los sistemas dinámicos tienen autorregulación, sin embargo no poseen autogeneración de sus elementos.

Los sistemas complejos no solo se autorregulan, sino también se autogeneran, siendo su estructura dada endógenamente. El ejemplo más paradigmático son los organismos vivos. Por medio de sofisticados mecanismos calibradores de *feedback* mantienen su *homeostasis* en perfecto equilibrio. Cuando algún desvío ocurre, la calibración es prontamente accionada para promover *neguentropía* (entropía negativa o reorganización del sistema), como sucede cuando el organismo sufre una avería cualquiera (*v.g.*, una herida) o es invadido por organismos extraños (*v.g.*, virus o bacterias), o por el simple desgaste entrópico (*v.g.*, vejez). Para ello, será necesaria la constante producción de nuevos elementos para sustituir a los averiados, de ahí la con unión de la autorregulación y autogeneración que convierten un sistema en complejo.

Sin embargo, para que la autogeneración sea posible, es necesario que el sistema tenga en sí mismo las reglas para ello, pues, de lo contrario, su estructura sería dada exógenamente y no endógenamente. Por eso se dice que el sistema que habla sobre sí mismo, es autorreferencial. Al solo efecto de mantener la coherencia en los ejemplos, la autorreferencialidad de los organismos vivos reside en su código genético.

Expuestas las especies de sistema, ¿en cuál de ellas se encuadra el derecho? El sistema del derecho es un mecanismo regulador de conductas, por lo tanto, necesariamente intercambia mensajes con su ambiente. Envía actos de habla directivos a la sociedad, con dirección de ajuste mundo-palabra, es decir, las personas y sus acciones deben ajustarse a lo prescrito por la norma.

A su vez, el derecho observa cómo el ajuste es realizado o incumplido y a partir de ese *feedback* se autorregula. Si determinado tributo no es solventado por los contribuyentes, el sistema tributario deberá tener en cuenta ese comportamiento y tomar alguna medida, por ejemplo, aumentar la sanción negativa, crear algún incentivo o inclusive expurgar la norma de sí mismo.

Pero, ¿cómo realiza el sistema jurídico esa compleja autorregulación? ¿De modo interno o externo? ¿Es necesaria la intervención desde «afuera» del derecho, es decir, del legislador o del juez? Como estos son sujetos de carne y hueso, es decir, no son «normas» ambulantes, ¿sería el derecho un sistema estático?

Ocurre que los legisladores, jueces o inclusive agentes administrativos no son, como tales, sujetos de «carne y hueso». Son órganos con competencia atribuida por el Derecho para crear los elementos del sistema. De forma semejante la atribución de «roles» en la teoría sociológica, la competencia jurídica es conferida por normas del propio sistema.[93] Asimismo el legislador, el juez o el fiscal, son fuentes productoras de normas, y lo son porque otras normas les confirieron tal potestad.

Como se puede concluir fácilmente del expuesto ut supra, el Derecho es un sistema complejo, pues, además de autorregularse, también produce sus propios elementos: actos de habla directivos de conducta, o de forma más simple, normas.

Como es proveniente de la autogeneración, el sistema jurídico también posee autorreferencialidad, esto es, metanormas que informan la producción de otras normas. Esas metanormas son llamadas por varios nombres dependiendo del autor: norma de estructura (Bobbio); norma secundaria (Hart); norma de competencia (Ros). Usualmente dispuestas en la Constitución y en leyes procedimentales, por ejemplo, varios códigos procesales y legislación creciente.

2.2.4. Función del Sistema Jurídico: orientar conductas por medio de las sanciones jurídicas

La función de un sistema jurídico no debe ser confundida con los fines que él mismo anhela. La función es esencialmente regular comportamientos humanos y, por lo tanto, las sanciones cumplen un papel fundamental, pues hacen que el individuo procese los órdenes normativos de modo condicional, ya sea para ser castigado en caso de incumplimiento de conducta, o para ser recompensado al atender las órdenes que le son impartidas.

---

93 Para un abordaje profundo sobre la competencia tributaria por la óptica estructuralista, ver la obra de Tácio Lacerda Gama, *Competência tributária*. Fundamentos para una teoría de la nulidad. São Paulo: Noeses, 2009.

Como percibió Thomas Hobbes (2008, p. 143), «los pactos sin la espada no pasan de palabras, sin fuerza para dar seguridad a nadie.» Dicho de otra forma, las instituciones, contratos, acuerdos o cualquier relación intersubjetiva donde existan derechos y deberes requieren la amenaza de uso de la fuerza para su eficacia. Tal amenaza, como vimos, es la sanción, que puede ser tanto social como jurídica.

En situaciones donde hay relaciones personales, por ejemplo, entre familiares, amigos o vecinos, es posible verificar la informalidad en los intercambios económicos. Los costos de transacción se vuelven elevados cuando tales intercambios se dan de forma impersonal, correspondiendo entonces al sistema jurídico establecer instituciones que las posibiliten, haciéndolo por medio de reglas dispositivas y sancionadoras y de su efectiva aplicación.

La concepción clásica del derecho es la de mantener el orden social, y, una vez cumplida esa tarea, proporciona seguridad, paz social. Cuando se identifica con el Estado, el derecho «recibe» parte de la libertad de los individuos y, en cambio, protege el resto de esa libertad.

Con el advenimiento del *welfare state (estado de bienestar)*, el derecho pasa a no contentarse apenas con sancionar cambios y proteger libertades, pasando también a promover políticas públicas. En lugar de preservar el orden social a través de instituciones sólidas y sistemas aplicadoras de coerción, los sistemas jurídicos del siglo pasado pasaron a ser promotores de transformación social. De libertades negativas, que protegen a la esfera privada de la interferencia estatal, pasando a las libertades positivas, que requieren justamente tal interferencia, destinada a crear derechos y garantías, de conformidad con la clásica distinción emprendida por Isaiah Berlin (ver tema 2.12).

Como aclara Norberto Bobbio (2008, p. 23-32), el derecho pasa a valerse no solo de sanciones negativas, sino también de sanciones positivas o premiales, como recursos incentivadores de las conductas deseadas.

Aunque la pregonada transformación del individualismo hacia el solidarismo sea altamente cuestionable en términos de eficiencia y ganancia social, dado que en gran parte de los países que adoptaron un modelo *welfarista* (de protección o beneficio) más pronunciado se frustraron diversas expectativas sociales, generando *déficit* público, desempleo y altísima tributación, no hay duda de que el paradigma liberal clásico del siglo XIX fue sustituido en mayor o menor grado por el Estado del bienestar social.

Justamente por esa fuerza directiva limitadora de la libertad individual es que los órdenes jurídicos funcionan como incentivos potenciales. Retornando a la definición de derecho como sistema comunicacional, emisor de actos de habla directivos, los individuos (u oyentes, en el léxico de la Teoría de los Actos de Habla) los procesan transformándolos en información. Como sujetos racionales que son, evalúan las órdenes desde una perspectiva costo-beneficio *y, por lo tanto, las sanciones, justamente el aspecto incentivador por excelencia del derecho, son procesadas como precios.*

Asimismo, conforme a la teoría de la economía de la criminalidad de Gary Becker (1978, p. 39-86), los criminales son individuos racionales como cualquier otro sujeto cumplidor de las leyes, y responden a los incentivos de la misma forma. Trasponiendo eso a un nivel más general, los individuos suelen procesar las sanciones como precios y eso los incentiva a cumplir o no con las órdenes.

Es cierto que la moral tiene importancia en ese cálculo. Ciertos mandamientos arraigados en siglos de cultura alcanzan el rango de máximas o valores universales, y los sistemas jurídicos particulares terminan reproduciéndolos. El homicidio y el robo de la propiedad ajena son ejemplos de eso, y probablemente hayan sido esculpidos en nuestro sentido de moral por razones evolutivas, posteriormente más elaboradas por la cultura.

Sin embargo, el legislador no puede darse el lujo de confiar en la nobleza humana, tampoco de ser ingenuo en pensar que los órdenes y puniciones crearán o encerrarán conductas humanas, al estilo todo o nada. Como los órdenes normativos son tan solo incentivos, lo máximo que el legislador puede anhelar es incrementar comportamientos sociales. Principalmente, es necesario «pensar en los márgenes» (FARNSWORTH, 2009, p. 24-25), es decir, la sanción penal o tributaria no terminará con las conductas indeseadas, *pero podrá reducirlas en el margen.*[94]

Y así operan las normas jurídicas. Su función es orientar conductas mediante incentivos, punitivos o premiales, que actúan en los márgenes y no en la totalidad de los comportamientos. Y, principalmente, no tomar las sanciones como recursos meramente punitivos o compensadores de los sujetos inmediatamente implicados en los hechos jurídicos.

Desde Cesare Beccaria[95] sabemos que las sanciones no se limitan apenas a castigar a los infractores por algo que hicieron. Las sanciones (y, pensando como Bobbio, las recompensas igualmente) cumplen función educacional *ex ante*, es decir, deben disuadir en la medida de lo posible a todos los demás individuos de cometer las conductas ilícitas.

Como toda teoría innovadora, la aplicación de categorías económicas al fenómeno jurídico responde a diversas cuestiones, más descubre el velo de innumerables otros problemas. Por ejemplo, solo ser alardeado que la simple «legalización»[96] de las drogas resolvería gran parte de los problemas relacionados al asunto, puesto que acabaría con el mercado ilícito de esos productos. Las consecuencias serían no solo fulminar con la figura del «traficante», sino inclusive generar rentas al Estado, pues, siendo las drogas lícitas, diversos tributos pasarían a incidir sobre esa actividad, superando la prohibición del artículo 3º del Código Tributario Nacional.

---

94 «Margen» se refiere a la teoría marginal de la Economía, es decir, más un intercambio y no a todos los intercambios económicos. Originada de forma independiente en el siglo diecinueve por Alfred Marshall y Carl Menger, inglés y austríaco, respectivamente, la teoría marginal causó verdadera revolución en la concepción de valor económico.

95 En su obra clásica *Dei delliti y delle pene*, publicada originariamente en 1764, en Italia, y luego enseguida traducida a varios idiomas y publicada en diversos países, habiendo, inclusive, influenciado los *founding fathers* de los Estados Unidos de América.

96 Término no adecuado, ya que la producción y la comercialización de drogas son «legalizados» en el sentido de estar previsto por el Derecho, aunque sea de forma ilícita.

Desafortunadamente no es tan simple. Considerando que los incentivos actúan en los márgenes y que los criminales son tan racionales como cualquiera de nosotros, un incremento en las sanciones o la radical eliminación de un mercado ilícito tendrá el efecto de hacerlos cambiar su actividad por un sustituto próximo. En ese caso, puede ser otra indeseable área del crimen, como secuestros, asaltos a bancos, etc.

En el caso de la tributación, el impacto de los incentivos es relativamente más simple de analizar. No hay ningún freno moral tan fuerte que impida algún grado de incumplimiento de las obligaciones tributarias como aquél presente en las cuestiones reguladas por el derecho penal. Como los tributos cumplen el objetivo principal de hacer posible la producción de bienes públicos, el incentivo del efecto aventón es grande. Siendo así, cuanto mayor fuere la carga tributaria y, principalmente, cuanto menor el retorno marginal para cada unidad financiera despedida por el contribuyente, mayor será el incentivo al incumplimiento.

Ahora bien, si el propósito de los tributos es retirar riqueza de los individuos para devolverles a ellos bienes públicos, es evidente que para cada gasto real, el retorno en servicios públicos debe ser mayor, es decir, el beneficio debe ser mayor al costo. De lo contrario, y considerando el débil freno moral que el deber de pagar tributos ejerce, no hay motivo racional para cumplir con las obligaciones tributarias.

Es justamente en ese cómputo que las sanciones ingresan, como factores importantísimos para el análisis costo-beneficio inherente a todo individuo racional, según veremos en el tema «elección del contribuyente».

2.3. Sistema constitucional tributario

El sistema tributario brasileño es altamente verticalista. Eso significa la existencia de toda una estructura jerarquizada, en la cual las normas retuvieron su fundamento mediato de validez de normas inmediatamente superiores y su fundamento inmediato en la propia Constitución. Esta, a su vez, es probablemente una de las cartas más generosas en lo que se refiere a la cantidad de disposiciones concernientes a la tributación, conteniendo decenas de artículos, incisos, líneas y párrafos sobre tributos.[97]

Razones históricas, culturales e inclusive psicológicas podrían ser rescatadas para comprender la razón de tal difusión por parte del legislador constituyente. Probablemente se la podría vincular cuenta al fin de un período político autoritario en nuestro país, don-

---

[97] A título de ejemplo, la Constitución de los Estados Unidos de América contiene apenas cuatro disposiciones sobre tributos. La «section 8», que atribuye al Congreso la competencia de crear tributos, así como determinar la uniformización tributaria («The Congress shall have power to lay and collect taxes, duties, imposts and excises, to pay the debts and provide for the common defence and general welfare of the United States; but all duties, imposts and excises shall be uniform throughout the United States») ; la «section 9», que prohibe la tributación sobre migración de personas de un Estado a otro de la federación («The migration or importation of such persons as any of the States now existing shall think proper to admit, shall not be prohibited by the Congress prior to the year one thousand eight hundred and eight, but a tax or duty may be imposed on such Importation, not exceeding ten dollars for each Person»); la Enmienda 16, que atribuye competenciaal Congreso para tributar renta (The Congress shall have power to lay and collect taxes on incomes, from whatever source derived, without apportionment among the several States, and without regard to any census or enumeration); y la Enmienda 24, que prohibe el «poll tax», el tributo cobrado para tener el Derecho de votar enlas elecciones («The right of citizens of the United States to vote in any primary or other election for President or Vice President, for electors for President or Vice President, or for Senator or Representative in Congres, shall not be denied or abridged by the United States or any State by reason of failure to pay any poll tax or other tax»). La Constitución italiana, a pesar de ser una típica carta de sistema codificado, contiene poquísimos dispositivos tributarios. El artículo 23 dispone sobre la regla de la legalidad en la cobranza de prestación personal o patrimonial («Nessuna prestazione personale el patrimoniale può essere imposta se non in base alla legge»); el artículo 53 enuncia el principio de la capacidad contributiva y de la progresividad («Tutti sono tenuti a concorrere alle spese pubblille in ragione della loro capacità contributiva. Il sistema tributario è informato a criteneri di progresività»); y el artículo 117 sobre la competencia del Estado para legislar sobre materia tributaria («Lo Stato ha legislazione esclusiva nelle seguenti matenerie:...y moneta, tutela del risparmio y mercati finanziari; tutela della concorrenza; sistema valutario; sistema tributario y contabile dello Stato; perecuazione delle risorse finanziarie... Sono matenerie di legislazione concorrente quelle relative a: [...] armonizzazione dei bilanci pubblici y coordinamiento della finanza pubblica y del sistema tributario»).

de el contribuyente, así como cualquier individuo, no poseía la garantía efectiva de sus derechos fundamentales y, por consiguiente, se quiso «pecar de exceso», enunciando exhaustivamente derechos, garantías y limitaciones de toda suerte de competencias tributarias. O, de forma acumulativa, por un posible ánimo positivista burocrático de nuestros constituyentes, por el cual sería necesario o, más bien, fundamental intentar agotar, por medio de tinta y papel, todas las posibilidades existenciales y contingenciales de la tributación. Finalmente, por un sentido de inseguridad, tal vez por el período histórico en que se dio la Asamblea Constituyente, inmediatamente posterior al régimen autoritario que perduró cerca de veintiún años en Brasil. Eso explicaría, inclusive, la redundancia de la Constitución en repetir básicamente todas las garantías previstas en el artículo 5°, que incluyen a todos los individuos, en su subclase de «contribuyentes», en el capítulo del sistema tributario nacional.

Por otro lado, cabe advertir que, esencialmente las mismas garantías ya estaban dispuestas en la Constitución de 1946 y permanecieron básicamente inalteradas en las Constituciones de 1967 y de 1969 (Enmienda 01/1969), siendo posteriormente repetidas en la actual Carta Magna.

Sea cual fuere la razón o razones que llevaron al legislador constituyente a erigir un sistema constitucional tan extenso e inclusivo, el hecho es que tal estructura es más perjudicial que benéfica para la nación. Vale recordar que el sistema jurídico, por ser positivo, es también, por definición, artificial, pues intenta siempre acompañar el espontáneo orden social y sus innovaciones incesantes. En ese sentido, está siempre «viniendo de atrás» e invariablemente, perdiendo la carrera. Un ejemplo es la prohibición contenida en el artículo 150, VI, «d», que prohíbe la creación de impuestos sobre «libros, diarios periódicos y sobre el papel destinado a su impresión», limitación ésta ya instituida desde la Carta de 1967.[98] Por más noble que pueda haber sido la intención del constituyente, vale recordar que, veintidós años atrás, no existía (al menos de forma diseminada en el

98 Curiosamente, en la Constitución de 1948 la referida inmunidad era inversa a las que fueron instituidas por las Constituciones posteriores.

mercado) los medios electrónicos, sea en la versión en disco o en *internet*. Tal enunciado claramente lleva a la interpretación restrictiva de que solo los libros, diarios y periódicos impresos quedan exentos de la tributación, mientras que paulatinamente se advierte la sustitución por sus versiones electrónicas. La función fue perjudicada por la forma.

Las simplificaciones, racionalizaciones y, lo que es todavía más difícil, las verdaderas reformas son extremamente difíciles de implementar, pues inevitablemente rozan con algún dispositivo constitucional, que inviabilizará *ex ante* cualquier propuesta reformista o, siendo estas implantadas, las inviabilizará *ex post*, por medio de acciones de inconstitucionalidad. Recordando que el legislador es un individuo como cualquier otro, y, por lo tanto, condicionado por la racionalidad, suelen ocurrir trampas como el dilema del prisionero. Los intereses personales o inclusive partidarios acaban por frenar lo que posiblemente serían los mejores resultados para todos, en el caso, reformas de base, lo que también se demuestra por la ya referida Teoría de la Elección Pública y la «búsqueda de renta» que el sistema, de la forma que existe, hace posible.

2.4. ¿Por qué y para qué existen tributos?

2.4.1. El contrato social

Suele decirse que la prostitución es la profesión más antigua del mundo. Si eso es verdad, entonces probablemente la profesión de recaudador de tributos es la segunda profesión más antigua de la historia humana. Hallazgos arqueológicos de registros en escritura cuneiforme, fechados a más de cuatro mil años atrás y provenientes de la antigua civilización sumeria,[99] ya se referían a los recaudadores de impuestos («de las fronteras de Ningirsu hasta el mar, había recaudadores de impuestos»).[100]

Los tributos son tan antiguos como la propia civilización, constituyendo, inclusive, su condición necesaria, según dijo el Juez de la

99 Cf. Charles Adams (2001, p.2).

100 Cf. a Liberty Fund Foundation. Disponible en: <http://oll.libertyfund.org/?option=con_content&task=view&id=389&Itemid=250>.

Suprema Corte norteamericana, Oliver Wendell Holmes (1841-1935):[101] «los tributos es lo que pagamos por una sociedad civilizada».

Si los tributos son el precio que pagamos para vivir en sociedad, lógicamente se concluye que no es posible que exista civilización sin tributos. ¿Mas, por qué?

El gran jurista italiano Cesare Beccaria abre su obra magna *Dei delitti y delle penne* explicitando la razón de la existencia del Estado y de sus leyes:

> «Las leyes son las condiciones por las cuales los hombres independientes y aislados, cansados de vivir en un constante Estado de guerra y de usufructuar una libertad que se ha vuelto inútil por la incerteza de poder mantenerla, se unen en una sociedad. Ellos sacrifican una parte de esa libertad a fin de usufructuar la restante en seguridad y tranquilidad. La suma de todas esas porciones de libertades sacrificadas para el bien de todos constituye la soberanía de una nación, y la soberanía en su legítimo depositario y administrador. La mera formación de este depósito, sin embargo, no fue suficiente, pues tuvo que ser defendido de las usurpaciones privadas de cada individuo particular, pues todos siempre intentan retirar no solo su parte de libertad del depósito común, sino también expropiar las partes de los otros.»

Lo que el pasaje ilustra es la inevitable necesidad de renuncia a una parte de la libertad individual para que la libertad de todos sea posible, y eso requiere, por su parte, de la existencia de un «guardia-nocturno» para que nadie sea tentado de usurpar la libertad del prójimo.

En esa línea, los filósofos contractualistas clásicos, los ingleses Thomas Hobbes (2008) y John Locke (1994) y el francés Jean Jacques Rousseau (2000), explican el surgimiento de la sociedad (abstrayendo las diferencias entre sus teorías) a partir de un *contrato social*: el pacto realizado entre los individuos, por el cual, al renunciar a parte de su libertad individual, constituyen una entidad central, dotada de autoridad sobre todos.

---

[101] En el original: «taxes are what we pay for a civilized society». La frase se encuentra esculpida en la entrada del edificio de la Hacienda Federal estadounidense, en Washington, D.C.

Esta autoridad, usualmente denominada «Estado», tendrá la función de proteger y garantizar la libertad de los mismos individuos que abdicaron a una cuota de ella al pactar el contrato social. Por más paradójico que pueda parecer, es la renuncia parcial de la libertad la que hace posible la manutención de esa misma libertad, por el monopolio estatal del uso de la violencia, por ejemplo, la seguridad contra la violencia interna (policía), contra la violencia externa (fuerzas armadas) y árbitros para dirimir conflictos de intereses entre los individuos (jueces).

Toda la esencia de la paz social, por consiguiente, reposa en esa renuncia parcial de la libertad de cada uno. Hobbes (2008, p. 113) es la piedra angular de esa idea al erigir las dos leyes fundamentales de la naturaleza:

> [...] 1) «todo hombre debe esforzarse por la paz, en la medida en que tenga esperanza de lograrla, y en el caso de que no la consiga puede buscar y utilizar todas las ayudas y ventajas de la guerra»; 2) «que un hombre acuerde cuando otros también lo hagan, y en la medida en que lo considere necesario para la paz y para la defensa de sí mismo, en renunciar a su derecho sobre todas las cosas, contentándose, en relación a los otros hombres, con la misma libertad que a los otros hombres permite en relación a sí mismo».

En el Estado de la naturaleza hobbesiano, el hombre tiene naturalmente derecho a todas las cosas, inclusive a los cuerpos, los unos en relación a los otros. Es una libertad total que acaba por fulminar al propio hombre (de ahí la máxima latina *homo homini lupus:* el hombre es el lobo del propio hombre), por lo tanto es una regla general de la razón que él busque la paz, aunque por medio de la fuerza. La paz social y su manutención requieren, necesariamente, lar enuncia a aquella libertad absoluta: de esto resultan el contrato social y, consecuentemente, el Estado.

Sin embargo, algunos podrían pensar: ¿no sería posible abdicar al Estado y, por medio de contribuciones voluntarias, costear alguna forma tal vez más descentralizada y menos opresiva de organización social? Desafortunadamente la racionalidad humana prohíbe tal utopía, como veremos a continuación.

2.4.2. Externalidades y bienes públicos

Para Adam Smith,[102] filósofo y padre de la ciencia económica, el actuar racional y autointeresado (y, principalmente, libre de coerción estatal) de los individuos en un contexto intersubjetivo, es decir, en un mercado, es eficiente. Por lo tanto, la búsqueda de los objetivos e intereses propios por los individuos - o, en la máxima de la declaración de independencia de los Estados Unidos, la «búsqueda de la propia felicidad» - resulta en la obtención del bienestar colectivo, justamente por la intersubjetividad de los autointereses que acaban por generar equilibrio en el sistema social.

El mercado, en ese sentido, es el subsistema que permite esa interacción constante de los individuos y respectivas comunicaciones y, al mismo tiempo y justamente por esa libertad de intercambio (de bienes, servicios y, en nivel esencial, de comunicaciones) es que ningún interés prepondera excesivamente sobre los demás. La libertad de todos hace posible así la restricción de los abusos individuales, pues el actuar autointeresado de uno acaba siendo parcialmente limitado por el actuar autointeresado del otro.

Para toda regla general, sin embargo, hay siempre excepciones, como advierten Paul Krugman y Robin Wells (2007, p. 3): «a veces, la búsqueda del interés propio del individuo, en vez de promover el interés de la sociedad como un todo, puede, en realidad, causar un daño a la sociedad».

Cuando el actuar de un individuo genera daños a la colectividad, se dice que existen «fallas de mercado», es decir, aquellas situaciones donde la interacción racional e interesada en sí misma de los agentes económicos no lleva a resultados eficientes en términos de beneficio social. Por ser fallas de mercado, la intervención estatal se justifica, para corregir los desvíos en el sistema, como es el caso de las *negativas y positivas*.

---

102 «No es de la bondad del hombre de la tala, del cervecero o del panadero que podemos esperar nuestra cena, sino de la consideración que ellos tienen de su propio interés. Apelamos, no a su humanidad, sino a su egoísmo, y nunca les hablamos de nuestras necesidades, sino de las ventajas de ellos.» (1989, p. 95).

Las externalidades son efectos que trascienden la relación intersubjetiva y afectan a terceros. Las negativas son aquellas que generan costos para terceros ajenos a la relación jurídico-económica. Las positivas son aquellas externalidades que implican beneficios usufructuados por terceros ajenos a la relación jurídico-económica. Estas últimas están directamente relacionadas con los llamados bienes públicos, aquellos bienes y servicios que, a pesar de necesarios - muchas veces hasta imprescindibles para todos - no suelen ser producidos de forma eficiente por el mercado.

No se debe confundir «bien público» en el sentido que aquí queremos emplear con el concepto usual que la misma expresión tiene para el Derecho. Para este, un bienes público si pertenece a la colectividad, o, más simplemente, es de propiedad del Estado (en nuestro caso, de la Unión Federal, de los Estados, del Distrito Federal, de los municipios, o de las autarquías de estos entes federativos). Siendo así, el edificio de la Facultad de Derecho de la Universidad de São Paulo, por ejemplo, es un bien público, en términos estrictamente jurídicos.

El sentido que utilizaremos aquí, sin embargo, es el económico, y, en esa acepción, un bienes «público» cuando posee dos características concomitantes: *es de uso no rival y de uso no excluyente*. Uso no rival significa que el uso de un bien por un individuo no reduce su cantidad al ser utilizado por otros. Uso no excluyente quiere decir que no se puede impedir el uso del bien por las personas. Los ejemplos más comunes son la seguridad pública, la luz solar, la iluminación mediante postes de luz, la televisión abierta y la radio, entre otros innumerables.

Los bienes privados son exactamente lo opuesto, siendo, por lo tanto, de uso rival y excluyente. Por ejemplo, el pedazo de pan que yo coma es de uso rival, pues, cuando lo haya ingerido, no podrá ser consumido por otro. Y también puedo excluir otros de su uso. La facultad de derecho de la USP, aprovechando el ejemplo ut supra, es un bien privado desde el punto de vista económico. Hay un número limitado de vacantes, y el uso de ellos por los alumnos que allí cursan impide que otros individuos puedan también cursar. Sin embargo, la educación como un bien intangible es un bien público, pues toda la sociedad se beneficia de sus frutos.

Puede parecer, a primera vista, que una externalidad positiva es siempre algo deseable. No obstante, se trata de una falla de mercado, es decir, de un problema que debe ser corregido, pues si no se puede impedir el uso de un bien, se hace difícil cobrar por él. Consecuentemente, no hay incentivos suficientes para que el mercado lo produzca, restando entonces al Estado de proveer o fomentar la producción de estos bienes a la sociedad, y lo hace principalmente por medio de los recursos financieros generados por la tributación. En ese sentido, el tributo es el costo que tenemos para usufructuar de los bienes públicos que el mercado no nos provee adecuadamente.[103] Su función esencial, por lo tanto, es generar la partida de recursos necesaria para que el Estado pueda producir y proveer tales bienes.

En esos términos, la única justificación para la intervención estatal es la producción de bienes públicos, y todos los bienes privados deberían ser entonces dejados a cargo del mercado. Esta idea va al encuentro del liberalismo clásico y también tiene sentido desde el punto de vista del contractualismo, puesto que la renuncia parcial de la libertad individual solo se justifica a medida que el Estado actúe para proveer bienes y servicios que la iniciativa privada no produce adecuadamente: la seguridad interna, provista por la policía, la seguridad externa, provista por las fuerzas armadas, la educación, el sistema judicial, entre otros que producen externalidades positivas.[104]

---

[103] Vale decir que las llamadas «fallas de mercado» no deben ser utilizadas como pretexto para el excesivo intervencionismo estatal. Siempre que los bienes y servicios puedan ser producidos por el mercado, es decir, tengan características de bienes privados, tanto mejor, pues probablemente serán producidos con menor costo y ofrecidos a menor precio. Así, en un mercado libre los bienes acabarán siendo transferidos a aquellos que les atribuyen el mayor valor, como señala Coase (1960). Además, no es por el hecho de que los bienes sean no rivales y no excluyentes que el Estado será eficiente en proveerlos. Así como existen fallas de mercado, también existen fallas de gobierno que son las innumerables distorsiones causadas por la intervención estatal en el mercado. Tales fenómenos son objeto de estudio de la Teoría de la Elección Pública (*Public Choice*).

[104] Importante no confundir bienes intangibles, como la educación, con los medios para proveerla. La educación, entendida como el nivel cultural que un determinado pueblo alcanza, realmente es un bien público y todos se benefician de eso. Un país con alto nivel de escolaridad resulta en riqueza, innova-

Considerando las especies tributarias de que disponemos en el sistema constitucional tributario brasileño, se advierte que en algunas de ellas el constituyente consideró en la dicotomía bienes públicos/bienes privados. La especie «tasa» (artículo 145, I, de la CF), que se subdivide en dos subespecies - la tasa de servicios públicos y la tasa ejercicio del poder de la policía -, es paradigmática: mientras esta última es instituida como contrapartida una actuación estatal que genera externalidades positivas típicas de bien público,[105] la primera solo puede ser cobrada como contrapartida de servicios rivales y excluyentes, apenas otras palabras para «específicos y divisibles».[106]

Como forma de internalización de externalidades positivas, existe la contribución de mejoría cobrada cuando hay valorización de inmuebles privados proveniente de obras públicas, pues, si la obra fue costeada por los impuestos pagados generalmente por una fracción mayor de contribuyentes, algunos se beneficiaron más que los otros. Para ello, la contribución debe ser establecida teniendo

---

ciones científicas, tecnológicas y artísticas y en bienestar general. Con todo, las escuelas continúan siendo bienes privados, en el sentido económico de la expresión, según nota al pie ut *supra*. Aunque el mercado pueda producir instituciones de educación, necesita cobrar por ellas, so pena de inviabilizar esa prestación. Eso necesariamente impide que toda la populación tenga acceso a la prestación de educación, lo que impide la creación de esa externalidad positiva. La solución más eficiente no es que el Estado sea propietario de escuelas y universidades, tampoco que sea patrón de profesores, pero, sí, subsidiar a la educación. Becas, créditos y *vouchers* que sean distribuidos a estudiantes desfavorecidos para ser aplicados en instituciones particulares es una de las alternativas más viables, como proponen Milton Friedman y Rose Friedman (1980, p. 153-188).

105 La fiscalización necesaria para la concesión de una autorización a un establecimiento público (*v.g.*, restaurante) es algo que beneficia a toda la sociedad.

106 La tasa por la prestación de servicios públicos es un tributo cobrado como contraprestación de servicios que cada vez más son atribuidos a la iniciativa privada. La consecuencia es que las otroras tasas de servicios públicos vienen siendo sustituidas por tarifas, cobranza típica del régimen de concesión, y regidas por el Derecho privado. Ejemplos de eso son la tasa de «luz», por la provisión de energía eléctrica y la tasa por el uso de servicios de telefonía. Años atrás, diversos municipios intentaron cobrar tasa de iluminación pública. Felizmente, el Poder Judicial declaró inconstitucionales esas leyes municipales, por directa afrenta al artículo 145, § 2.°, de la Constitución Federal.

como límite general el costo total de la obra y como límite individual, el *quantum* de valorización que cada bien particular obtenga (artículo 81 del Código Tributario Nacional).

Las otras especies tributarias, como son los impuestos (artículo 145, I, de la CF), el préstamos obligatorio (148, I y I, de la CF) y las contribuciones (artículo 149, de la CF), no guardan esa distinción, sirviendo para fines generales o específicos (en el caso del préstamo obligatorio y de las contribuciones, que tienen destino específico de los recursos recaudados), generando partidas tanto para proveer bienes privados como públicos, dependiendo de las directrices presupuestarias de cada ente federativo.

En síntesis, es importante que la sociedad pueda usufructuar de importantes bienes públicos, tales como cultura, saludo infraestructura. Mas es fundamental también notar que, en la famosa frase atribuida a Milton Friedman, «no hay almuerzo gratis», y si los individuos no pagan directamente por esos bienes en un régimen contractual privado, inevitablemente pagarán por ellos indirectamente, por medio de tributos.

2.4.3. Coercitividad

En cualquier lugar o época el tributo siempre ha sido una prestación coercitiva, y puede decirse que el «tributo obligatorio o coercitivo» es expresión pleonástica. Económicamente hablando, el tributo debe ser coercitivo para que sea posible evitar una de las anomalías provenientes de los bienes públicos, que es el problema del «aventón» (*free rider*), es decir, aquél que usufructúa el bien sin haber pagado por él. Por ejemplo, el individuo que se rehúse a pagar por la seguridad pública aun así se beneficiaría de ella,[107] pues no es posible excluirlo del acceso a ese servicio. Si él puede usufructuar del mismo servicio público que otros costearon, ¿por qué debería entonces pagar por él?

Recordando que la racionalidad implica maximización de la propia utilidad, *ser oportunista en esas situaciones es la elección racional*

---

[107] Cf. Richard Posner (1998, p. 523).

que debe tomarse. Esa decisión, no obstante ser maximizadora desde el punto de vista individual, es mezquina en el ámbito colectivo, como demuestran el dilema del prisionero y el equilibrio de Nash (tema 1.8.1).

De ese modo, pretender fundar una sociedad mediante donaciones voluntarias no solo es utópica, sino también irracional. Aunque en otros segmentos del Derecho, especialmente en el derecho privado, sea posible inclusive dispensar al poder público en determinadas situaciones y contextos, en la esfera pública del derecho tributario siempre será necesario imponer los tributos coercitivamente, so pena de no tenerlos.

2.4.4. ¿Cómo transformar el dilema del prisionero en una Caza del Ciervo?

O, en otras palabras, ¿cómo transformar un juego no cooperativo en cooperativo?

Un clásico dilema del prisionero puede convertirse en juego cooperativo, como vimos, en que la cooperación funciona apenas por la expectativa de reciprocidad. Más no es ese tipo de cooperación que el que se pretende entre el sistema tributario y los ciudadanos. El dilema del prisionero repetido sigue la misma estructura de recompensas (*pay offs*), por la cual el resultado final es mejor para todos, sin embargo, peor para cada partícipe individualmente considerado - de ahí el incentivo a la deserción de la cooperación. El principal factor que lleva a la cooperación en el dilema repetido es el conocimiento de los jugadores respecto de la elección pasada de los otros, haciendo posible entonces la amenaza creíble de represalia en juegos futuros.

El juego de Caza del Ciervo es el modelo por excelencia del contrato social, pues hace posible ver el pasaje de una situación de equilibrio, el Estado de la naturaleza hobbesiano, a otra situación de equilibrio, la sociedad civilizada (Skyrms, 2001, p. 7). El razonamiento es el mismo para cualquier reforma social, en que el Estado presente que se quiere alterar se encuentra en determinado equilibrio, más el deseo transformación exige intensa confianza de todos los implicados en el proceso.

La tributación, a pesar de estar íntimamente ligada al contrato social (pues, como vimos, es el instrumento de financiamiento de la civilización), es un juego no cooperativo. Eso se debe a la estructura del juego y, principalmente, a los *pay offs* implicados. Estos son colocados de tal forma que empeoran la situación individual del partícipe y lo incentivan no solo a desertar, como también a engancharse en terceros que pagan el tributo.

Suena utópica la tentativa de transformar la tributación en una situación de cooperación, más, al menos en tesis, eso sería posible si los *pay offs* fueran alterados, de forma que indujeran a los contribuyentes a buscar un equilibrio que fuera nítidamente compensador para todos. En términos de eficiencia, sería un pasaje de una situación en que no pagar (o cazar la liebre) es paretiana para una situación en la cual pagar es Kaldor-Hicks (o cazar el ciervo).

	Pagar	No pagar
Pagar	1,1	0,3
No pagar	3,0	2,2

Figura 7. Dilema del prisionero en la tributación

En la figura ut supra, tenemos el dilema del prisionero, en que la elección racional individual lleva al equilibrio de Nash, dispuesto en el cuadrante inferior derecho. Los *pay offs* para la deserción compensan la elección, pues la recompensa para el cumplidor es baja. La mejor opción individual, inclusive, no es la que resulta en el equilibrio, más sí aquella en que no pagó y todavía tomó un aventón o me engancho en el pago del otro. De ese modo, dado que es probable que el otro deserte, es mejor para mí que yo deserte también, de ahí el equilibrio (*pay offs* sombreados) que resulta en un final infeliz, dada la falta de confianza en los participantes.

Para que se pudiera entonces incentivar la cooperación, la matriz tendría que ser así:

	Pagar	No pagar
Pagar	3,3	0,2
No pagar	2,0	1, 1

Figura 8. Caza del Ciervo en la tributación

Se advierte que hay dos equilibrios ahora (*pay offs* sombreados). Si nadie paga, el *pay off* permanece igual y, el que denota el equilibrio, superior al cero. Traduciendo, la situación general será nítidamente peor para todos, puesto que sin tributos no habrá servicios públicos esenciales. Aun así, cada jugador mantendrá el mínimo de recursos para sí (la liebre), sin desviarlos al Estado. Si hubiera cooperación, sin embargo, el resultado general sería nítidamente superior al individual, pues el pago de tributos por todos hará posible entonces los recursos necesarios a la producción de servicios públicos.

La solución parece simple, sin embargo nada fácil. ¿Cómo implementar los medios para alcanzarla? Algunas sugerencias son posibles.

1) La Caza del Ciervo necesita de confianza considerable entre los jugadores (por eso, uno de sus nombres es el «juego de la confianza»). Solo si existen fuertes indicios de que los otros cooperarán es que me sujetaré al mismo. De lo contrario, será mejor lo «cierto que lo dudoso». Argumentando normativamente, los recursos que incentivarán la exigencia de confianza recíproca deberían ser aplicados, lo que ya denota la dificultad en el proyecto. Es importante advertir que solo instituir sanciones punitivas para el incumplimiento de conductas no es suficiente, siendo absolutamente imprescindible la creación de mecanismos que aseguren la confianza entre los individuos. Un ejemplo de ese mecanismo es la garantía, hasta determinado valor, que algunos gobiernos conceden a las cuentas corrientes en instituciones financieras. Considerando que la «carrera al banco», fenómeno por el cual un mero rumor sobre la situación de solvencia de una institución financiera puede disparar una reacción en cadena y cuyo efecto es el retiro de los depósitos por parte de los titulares de cuentas corrientes, es un juego de Caza del Ciervo, en el que sancionar a los titulares de las cuentas corrientes ten-

drá poco efecto. El instrumento más eficiente para evitar esa profecía «autorrealizable» es proveer la confianza en los titulares de las referidas cuentas bancarias, desestimulándolos a la carrera, debido a que sus valores están garantizados por el gobierno.[108]

En lo que se refiere a la tributación, podrían surtir como efectos positivos los mecanismos de transparencia pública, relativos a los gastos gubernamentales, así como mecanismos de pronta devolución de débitos tributarios, como la compensación prevista en el artículo 170 del Código Tributario Nacional[109] - siempre y cuando sea instituida por los Estados y Municipios y no solo por la Unión Federal, haciéndolos abandonar el recurso ineficiente e injusto de los *precatórios*[110].

Otra forma de incentivar esta confianza recíproca entre los contribuyentes sería polémica, por no decir inconstitucional, desde el inicio, pues requeriría transparencia en relación a la conformidad de aquellos en lo pertinente a sus débitos fiscales, lo que violaría el secreto fiscal.

Eso ya existe parcialmente, aunque por vía transversal. Si un establecimiento se encuentra clausurado por falta de habilitación, por ejemplo, una de las razones es la falta del pago de la tasa respectiva. De cualquier forma, la búsqueda de la eficiencia total en

---

108 Por otro lado, la medida también atiende al costo-beneficio, garantizando los depósitos hasta determinado valor, resultando inviable garantizarlos totalmente, dada la diversidad de riquezas individuales. Siendo así, el valor es estipulado hasta por encima del promedio de las cuentas individuales, reforzando todavía más la confianza en el sistema financiero.

109 Art. 170. La ley puede, en las condiciones y bajo las garantías que estipule, o cuya estipulación en cada caso atribuya a la autoridad administrativa, autorizar la compensación de créditos tributarios con créditos líquidos y ciertos, vencidos o por vencer, del sujeto pasivo contra la Hacienda Pública.

110 En Brasil, el contribuyente que haya pagado impuestos municipales y estatales de forma indebida, y que haya interpuesto una demanda judicial para recuperar esos importes, no podra compensar sus creditos con sus debitos fiscales, y ni siquiera recibira el pago de forma inmediata por parte de la hacienda publica. Por el contrario, se emitira a su favor un titulo ejecutivo judicial (rogatorio), que entrara a una fila por orden cronologico, cuyo valor debera ser incluido en el presupuesto anual del municipio o del estado, para que se restituya debidamente dicho impuesto.

esa imposición de transparencia generaría otras consecuencias indeseadas, como la ruptura de derechos individuales necesarios para el mantenimiento de la paz social y para la propia manutención de la sociedad.

Una alternativa más viable es la institución de sanciones premiales que estimulen el surgimiento de normas sociales de cooperación y, más importante, de reprobación de aquellos que no cumplen con sus obligaciones tributarias. Un ejemplo es la Ley Paulista Nº 12.685/2007, que creó la «factura paulista», instrumento que concede retorno en dinero a los consumidores que la exigen de los comerciantes.

2) Estructurar la relación de modo que el oportunismo sea improbable. Ahora bien, el efecto enganche es incentivado por los *pay offs* y, por lo tanto, alterarlos puede incentivar o no esa conducta. Si el tributo es costoso, inevitablemente incentivará su deserción, visando al (consciente o inconsciente) oportunismo.

Para neutralizar *pay offs* que incentiven el efecto aventón o enganche sería necesario hacer transparentes los gastos públicos de los gobiernos federal, provincial y municipales, así como también informar a los consumidores sobre los tributos incidentes en cada mercadería y servicio, en el momento de la adquisición de estos.

De la misma forma, racionalizar el sistema tributario haciéndolo más simple y objetivo, por lo tanto más fácil de entender, y, consecuentemente, de obedecer, disminuiría los costos de transacción actualmente existentes, incentivando el cumplimiento de las obligaciones tributarias.

Además de eso, evitar la creación de moratorias, remisiones y amnistías tributarias periódicas, tales como los recurrentes «*refis*»[111] instituidos en los últimos años. Siempre que «perdones» de esa naturaleza sean repetidamente insertados en el ordenamiento, hay incentivos para el no cumplimiento de las obligaciones tributarias. De ese modo, pasa a ser irracional cumplir con los deberes tributarios, cuando los contribuyentes que no lo hacen se encontrarán en posición ventajosa en relación a los contribuyentes cumplidores.

---

111 Grandes amnistias fiscales para tributos federales, donde se puede fraccionar el pago de los impuestos que se adeudan y reducir hasta las multas.

En suma, aumentar el *pay off* de pagar los tributos (o cazar el ciervo) mediante delimitaciones por parte del Estado que señalen hacia el retorno institucional y social de esa conducta.

Sin adentrarnos en cuestiones sociológicas y antropológicas, puesto que no es el tema ni el método de este trabajo, seguramente otros factores además de la estructura del sistema tributario y financiero son relevantes. La cultura y la tradición de un pueblo, causa y efecto de respectivas normas sociales, también son importantísimas. Los países europeos con altas alícuotas de impuesto sobre la renta, por ejemplo, Suecia (58,2%),[112] no necesariamente tienen incumplimiento o sentido de oportunismo. Sin embargo, se podría arriesgar a afirmar que cuestiones como la hegemonía cultural y económica, influyen en el comportamiento colectivo de los contribuyentes, así como la transparencia del gobierno en cuanto a los gastos públicos y consecuente retorno en servicios públicos.

2.5. Justicia redistributiva

Además de generar recursos para la producción de bienes públicos, que el mercado generalmente no tiene incentivos para proveer, la tributación cumple otra función: la redistribución de renta.

Es tema controversial y no pacificado de si la redistribución de renta es algo deseable desde el punto de vista tanto de justicia como de eficiencia distributiva. Las personas más inclinadas por la redistribución hecha por una autoridad central entienden que esa es la función del gobierno o del Estado: promover la igualdad material o, por lo menos, reducirlas desigualdades. Los individuos que desconfían de la eficiencia de esa autoridad preferirán no una redistribución, sino una mera distribución espontánea de los recursos en la sociedad, realizada por medio de los intercambios voluntarios en el mercado.

Sobran argumentos de ambos lados. Si, por un lado, la democracia social típica de diversos países continentales-europeos es comparativamente ineficiente en la asignación de recursos, garantizó di-

[112] Aun así, la carga tributaria brasileña general sobre las rentas, según el Informe «Doing Business», 2012, del Banco Mundial es de 67,1%, al frente de la propia Suecia, que tributa 54,5%.

versos servicios públicos a sus ciudadanos. Por otro lado, los países más afectos al libre mercado tuvieron una asignación de recursos mucho más productiva, generando más riqueza. La desventaja comparativa es una menor prestación de servicios públicos.[113]

Por lo menos en un punto parece haber un consenso razonable, sino unánime, al menos, entre economistas. Si la intención fuera redistribuir renta y disminuir desigualdad social, la mejor solución (o la menos mala) que involucre la intervención estatal no es la interferencia, *v.g.*, en contratos firmados entre empresas y consumidores, mas, sí, por medio de la tributación. Una forma clásica de utilizar la tributación para tal fin es el impuesto progresivo sobre la renta.[114]

¿Por qué sería la progresividad una forma plausible de generar justicia social? La respuesta dependerá, seguramente, del concepto de justicia que queremos adoptar. Para iluminar la cuestión, pensemos en la «Teoría de la Justicia» de John Rawls.

---

113 La misma obsesión contemporánea por reducir las desigualdades es también objeto de duda. Hay economistas que defienden la importancia de la movilidad social como motriz del bienestar, y no la igualdad de la renta. Entre ellos, Milton Friedman y Rose Friedman (1980, p. 152):
«Una sociedad que coloca la igualdad - en el sentido de igualdad de renta - al frente de la libertad terminará sin igualdad y sin libertad. El empleo de la fuerza para implantar a la igualdad destruirá la libertad, y la fuerza, adoptada para buenas finalidades, acabará en manos de otras personas que la usarán para promover sus propios intereses. Por otro lado, la sociedad que coloca la libertad en primer lugar termina, como un feliz subproducto, con mayor libertad y mayor igualdad. Aunque sea un subproducto de la libertad, la mayor igualdad no constituye obra de la casualidad. La sociedad libre libera energías y capacidades con las que las personas persiguen sus objetivos. No impide a algunos alcanzar posiciones de privilegio, pero, mientras la libertad se mantenga, impedirá que esas situaciones se vuelvan institucionalizadas, porque quedarán sujetas al ataque incesante de otras personas capaces y ambiciosas. La libertad significa diversidad, es cierto, pero también movilidad. Preserva las oportunidades para que los menos privilegiados de hoy se conviertan en los favorecidos del mañana y, en el proceso, da medios a casi todos, del topo a la base, de disfrutar una vida más plena y más rica».

114 En su famoso artículo, Louis Kaplow y Steven Shavell (2000) sostienen que la redistribución de renta por medio del impuesto de renta progresivo es menos ineficiente que la intervención en contratos. Nicholas Georgakopoulos (2005, pp. 79-89), por otro lado, defiende la no redistribución, pues, según él, tal disposición forzada de recursos incentiva el consumo cuando podría (o debería) estimular las inversiones en la producción.

Rawls, filósofo contractualista por excelencia, sugiere la siguiente situación. Imaginemos que todos nosotros deseamos una sociedad justa. ¿Cómo hacer para volverla justa de una forma objetiva que no resbale en nociones subjetivas e individuales de justicia, puesto que cada cual es diferente, tenemos nuestras peculiaridades, somos más o menos inteligentes, más no menos trabajadores, nacemos o no en familia rica? ¿Podría haber un criterio objetivo que fuera justo?

La solución rawlsiana es proponer un punto «cero» de partida. Al establecer un contrato social, debemos suspender lo que somos y la posición que ocupamos. En esa «posición original» no sabemos qué *status* ocuparemos eventualmente en la sociedad. Todo es posible: algunos de nosotros pueden ser exitosos, alcanzando riqueza y bienestar y otros, no. Como estamos bajo el «velo de la ignorancia», no habrá cualquier interés o egoísmo personal, en el sentido de mantener *status quo* o de maximizar los propios objetivos.

A partir de ese punto ideal, se llega a dos principios de justicia (1996, p. 333-334):

Primer principio: cada persona debe tener un derecho igual al sistema completo de libertades básicas que sea compatible con un sistema semejante de libertades para las otras.

Segundo principio: las desigualdades sociales y económicas deben ser ordenadas de tal modo que, al mismo tiempo traigan el mayor beneficio posible para los miembros de la sociedad menos favorecidos (principio de la diferencia) y (b) sean vinculadas a posiciones y cargos en condiciones de igualdad de oportunidades.

Para el primer principio, todos tienen derechos a las libertades básicas con prioridad «lexical», *es decir*, la restricción de libertades individuales solo puede disponerse para preservar la libertad general. El primer principio tiene preponderancia sobre el segundo.

El segundo principio se refiere a la redistribución, siendo la igualdad de oportunidades priorizada en relación al principio de la diferencia. Asimismo, la igualdad de oportunidades debe ser puesta a disposición de todos y los recursos deben ser asignados priorizando siempre a aquellos menos beneficiados. Ese es el criterio *maximin*, derivado de la Teoría de los Juegos, que tiene como objetivo mejorar la recompensa (*pay off*) más baja, constituyendo, así, una especie de seguro.

Si partimos de una posición inicial, bajo un velo de ignorancia, no sabremos si seremos exitosos o no. Si somos reacios al riesgo, el *maximin* hará posible que la sociedad garantice siempre el mínimo de recursos para los más desafortunados, transfiriendo riqueza de los ricos a los más pobres.[115]

La Teoría de la Justicia de Rawls es tan influyente como cuestionada, mas, considerando que prácticamente ningún Estado adopta el modelo libertario o *laissez-faire* de distribución espontánea por el mercado, al menos el modelo permite una determinada conciliación entre libertades individuales, igualdad de oportunidades y reducción de desigualdades.

¿Cómo hacer posible en la práctica los medios necesarios para alcanzar los principios de justicia ut supra referidos? Mediante la tributación progresiva que retira más de quien obtiene más, a medida que aumenta la renta y transfiere (de forma indirecta) los recursos para los menos favorecidos. Es la forma de criterio redistributivo que podría atender la justicia rawlsiana.

Sin embargo, cabe cuestionar: ¿debe la redistribución realizada, sea por el Estado, sea por un contrato social (o Constitución), ser considerada un valor primordial?

Robert Nozick, así como Rawls, filósofo de la Universidad de Harvard, en su obra más conocida, *Anarquía, Estado y utopía* (publicada por primera vez en 1974), ataca directamente la Teoría de la Justicia, por el punto de vista libertario. Según la visión de Nozick, no es atributo de una autoridad central, sea ella el gobierno o un contrato social, disponer de cómo los recursos deben ser divididos.[116]

---

115 *La teoría de la justicia* de John Rawls es una de las obras más influyentes del siglo veinte sobre el tema, siendo considerada responsable por reavivar la filosofía política. Sin embargo, se encuentra lejos de no ser nombrada como controversial, habiendo sido atacada por pensadores localizados en todo el prisma político-ideológico. Por ejemplo, la crítica libertaria de Robert Nozick, en su *Estado, anarquía y utopía* (1994) y la crítica comunitaria de Michael Sandel, en su *Liberalism and the limits of justice* (1998).

116 En sentido similar, Friedrich Hayek siempre insistió en que el conocimiento es disperso en la sociedad, no habiendo individuo o gobierno con conocimiento omnisciente capaz de distribuir recursos de forma centralizada. Ver, por ejemplo, las obras *Individualism and economic order* (1984) y *The fatal concept.* The errors of socialism (1991).

En una sociedad libre, los recursos son controlados por diferentes personas, que transan entre sí, generando nuevos recursos que serán reasignados por la misma dinámica, incesantemente. Cabe al Estado, por lo tanto, tan solo cuidar para que los intercambios efectuadas entre los individuos sean voluntarios, lo que significa decir, que no haya robo o coerción. Solo cuando eso ocurre es que existe distribución «injusta» de los recursos.

En suma, mientras Rawls cuestiona «cómo» deben ser repartidos los recursos en una sociedad y «cuan» desigual debe ser una sociedad, Nozick ni siquiera considera como válidas tales cuestiones. No son los resultados los que deben ser tenidos en cuenta en un contrato social, sino *el proceso que generará los resultados*.[117]

En otras palabras, la justicia se encuentra en el proceso y no en el resultado, en las reglas del juego, y no en el marcador del partido. Por más desiguales que sean los resultados, si estos fueron originados por reglas justas, provenientes de instituciones sólidas y estables que garanticen la isonomía a todos los participantes del juego, ellos son necesariamente justos, por más desiguales que sean.

La analogía con un juego competitivo es ilustrativa: el jugador más capaz y que sepa aprovechar las oportunidades terminará ganando el partido. ¿Se puede considerar que el resultado fue «injusto»? Siempre y cuando las reglas sean pre-firmadas, conocidas por ambos jugadores y aplicadas imparcialmente, no importa quien venza o pierda. De lo contrario, sería considerablemente injusto redistribuir victorias y puntos entre jugadores o equipos, de modo que todos se equiparasen. Tal medida no solo ayudaría en nada a los equipos que perdieron, puesto que no los convertirá en mejores competidores, sino que además generaría fuertes incentivos negativos a los equipos que se esforzaron en vencer. ¿Para qué el empeño sino se pueden cosechar los frutos?

Nótese que el énfasis pasa a estar en las reglas del juego (o instituciones, según hemos visto). Para que el proceso sea justo, es necesario que sean sólidas, estables, conocidas e imparciales. Eso requiere una renta que permita al Estado mantener tales instituciones en orden, por

[117] Esa concepción ya se encuentra en Hobbes (2008, p. 124), para quien la naturaleza de la justicia reside en que los «hombres cumplan los pactos que celebren».

medio de organizaciones públicas y oficiales que apliquen sus reglas de modo imparcial (por ejemplo, el Poder Judicial y la Policía).

Finalmente, para que los jugadores puedan conocer las reglas y así ingresar en el juego competitivo de la vida social, son necesarias condiciones iniciales básicas que les permitan tener oportunidades iguales - para ello, los servicios públicos como salud y educación atienden a ese propósito.

Es interesante advertir que, mediante esa otra concepción de justicia, la tributación progresiva pierde importancia. Si el orden espontáneo del mercado, entendido éste como el ambiente en el cual los individuos libre y voluntariamente realizan intercambios, hace posible la mejor y más justa distribución de recursos, no hay que buscar disminuir desigualdades. Estas forman parte del juego.

2.6. ¿Igualdad o eficiencia?

Uno de los dilemas más presentes en la estructuración de un sistema tributario es la elección entre igualdad o eficiencia. En la medida en que los juristas se preocupan primordialmente con la justicia e igualdad en sistema tributario, a los economistas, por otro lado, les importa la eficiencia.

El conflicto se suscita por el hecho de que la tributación causa distorsiones en el sistema de precios del mercado, generando ineficiencias en la distribución y, consecuentemente, costo social. La distorsión ocasionada por la tributación (así como también por el control de precios o por los incentivos fiscales) es llamada de «peso muerto»,[118] en otras palabras, pérdida del llamado excedente social - de forma más simple, desperdicio de recursos de la sociedad.

La forma ideal para evitar esas distorsiones que es la institución de tributos fijos y regresivos, choca con los principios de igualdad y capacidad contributiva.

En el gráfico inferior pueden visualizarse dos situaciones. La primera demuestra una situación de equilibrio entre oferta (s) y demanda (d), relativamente a determinado bien de consumo. El eje

[118] Contribución del economista Frank Ramsey, en su artículo A Contribution to the Theory of Taxation, *The Economic Journal*, 37, n. 145, 1927.

vertical se refiere al precio del bien, mientras el eje horizontal concierne a la cantidad producida de ese bien. Se trata de un mercado competitivo, en equilibrio, pues no se produce más de lo que la demanda exige. El equilibrio se da en la intersección de las rentas, en q^0 (cantidad del bien producido) y p^0 (precio del bien).

Cuando el Estado instituye algún tributo incidental sobre los intercambios económicos, el sistema de precios del mercado sufre un impacto, ocasionando desequilibrio entre la oferta y la demanda. La segunda situación se ilustra en el gráfico, después de la institución del tributo: el productor es obligado a traspasar el costo de la tributación al precio del bien (p^c), lo que causa la disminución de la cantidad demandada de bienes.[119]

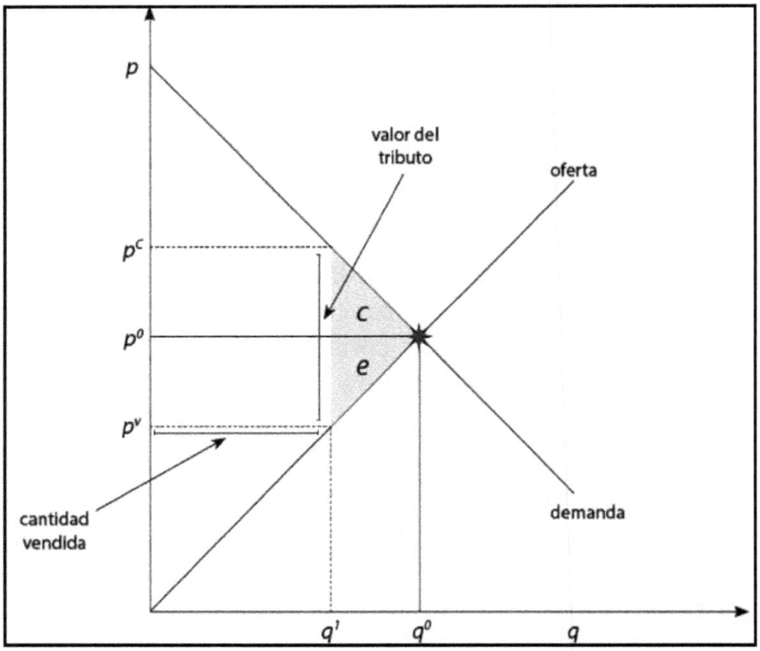

Figura 9: El «peso-muerto» de la tributación

[119] No estamos considerando situaciones de demanda inelástica (y elasticidad cruzada de la demanda), cuando no existe el efecto-sustitución, es decir, cuando el aumento del precio no afecta la demanda por el bien y los consumidores continúan adquiriéndolo, aunque por un precio mayor.

Antes de la tributación, el excedente del consumidor (el monto que él está dispuesto a pagar por un bien menos de lo que efectivamente paga) es representado por la suma de las partes *a, b, c.* A su vez, el excedente del productor (el monto que los productores reciben por su bien, menos los costos) es representado por la suma de las partes *d, y, f.*

Después de la tributación (*v.g.*, impuesto sobre el consumo, como ICMS sobre venta de mercaderías), existe una reducción en la cantidad producida/ofrecida, en razón, básicamente, del aumento de precio. En el gráfico, pasamos de q^0 a q^1. Así, el consumidor pierde (desplazándose hacia p^c, que es la cantidad que pasa a poder consumir, dada su restricción presupuestaria), y el productor también (desplazándose hacia p^v, que es el lucro contable que recibe, después de deducir el costo del impuesto).

El impuesto reduce el excedente del consumidor en (b+c) y el del productor en (d+e). La partida presupuestaria tributaria queda en (b+d) y el peso muerto (pérdida de bienestar total), en área (c+e). Económicamente hablando, la variación del excedente del consumidor es $\Delta EC = -b-c$, y la variación del excedente del productor es $\Delta EP = -d-e$, siendo la variación total $\Delta E = -c-e$.[120]

Esa variación del excedente total, como se expuso ut supra, es el peso muerto, es decir, *el costo que implica la reducción del bienestar social.* Menos producción y menos consumo, resultando en menos riqueza para la sociedad.[121]

---

120 La elasticidad cruzada de la demanda tiene total importancia en esa cuestión. Cuando la demanda es inelástica, el precio puede ser trasladado al consumidor, pues él podrá preferir pagar más y continuar adquiriendo el producto, pois não há bem substituto.Cuando la demanda es elástica, el costomuitas vezes é asumidopor el productor, sob pena do consumidor deixar de adquirir os seus productos. En ese ejemplo, el tributo no es neutro justamente porque el bien tiene demanda elástica, es decir, impacta directamente en su consumo. Como el impuesto es trasladado al precio y existen bienes sustitutos, el consumidor opta por dejar de consumirlo y pasa a adquirir productos alternativos, más baratos.

121 Otro punto interesante es que pudimos ver, por medio de ese análisis, el volumen de la recaudación tributaria, representada por T X Q, *es decir*, el valor del impuesto (T) multiplicado por la cantidad de bienes vendidos (Q).

Como se puede verificar a partir del gráfico, la tributación frecuentemente genera distorsiones. En los sistemas tributarios existentes en el mundo, difícilmente se verificará alguno que no contenga distorsiones, pesos-muertos e ineficiencias, trátese de países económicamente desarrollados o no.

Eso no implica que se desee eliminar la tributación, pues el Estado no es posible sin ella, y, así como éste es necesario para proteger los derechos individuales, también lo es la tributación (MURPHY y NAGEL, 2002, p. 34). Es el precio de la libertad, como enseña Ricardo Lobo Torres (1991, p. 3). Lo que se desea, desde el punto de vista de eficiencia económica, es la limitación de la tributación en un punto que no inhiba la actividad privada, única generadora de riqueza para la sociedad.

2.7. Neutralidad fiscal

Siendo la tributación normalmente distorsiva, uno de los predicados más deseables en ella y también más difíciles de obtener es la neutralidad. Por neutralidad debe entenderse el tributo que no altera el comportamiento de los consumidores, es decir, no genera el efecto sustitución, que ocurre cuando el individuo pasa a consumir otro bien o servicio sustituto de aquél que dejó de adquirir en razón del aumento en el precio.

Una forma posible de evitar el efecto-sustitución es el llamado tributo fijo (*lump-sum tax*) o regresivo. Este tributo incide siempre con el mismo valor, sin que importen aspectos personales y subjetivos del contribuyente o peculiaridades de la situación tributada. Termina siendo también regresivo porque alcanza a aquellos con menor capacidad económica, por no ser siquiera proporcional.

La posible ventaja del tributo fijo es distorsionar menos el sistema de precios, aproximándose de la neutralidad fiscal, o sea, del sistema tributario que cause el mínimo de distorsiones y pérdidas de eficiencia en el mercado. Es neutro porque incide de forma igual para todos, y, principalmente, incide sobre bienes y servicios de demanda inelástica (o poco elástica), no generando incentivos que afecten la oferta y la demanda en el mercado.

Nuevamente tenemos una colisión entre diferentes concepciones de justicia. La concepción de justicia que priorice solo el proceso, y no los resultados, preferirá preservar al máximo el ambiente homeostático del mercado, *es decir*, frenar los impactos que puedan generar desvíos en su equilibrio. Los tributos son los responsables por esas distorsiones, según hemos visto. Por lo tanto, cuanto más neutros, menos impactos causarán, y el resultado será más excedente social. El precio a pagar es menos isonomía, una vez que los más pobres paguen proporcionalmente más tributos que los más ricos.[122]

La otra concepción de justicia tiene en cuenta otro valor de importancia enorme, que es la igualdad. Ofende al sentido común admitir que el sujeto más desprovisto de riqueza deba pagar proporcionalmente más que el sujeto relativamente más favorecido.

Nótese que desplazamos el foco de la progresividad hacia el de la proporcionalidad tributaria. De ese modo, la proporcionalidad tributaria cumple la función de atender la igualdad de tratamiento entre los individuos, sin embargo al costo de incrementar la onerosidad sobre toda la sociedad.

En suma, ocurre lo que los economistas llaman *trade off*: la sociedad debe optar por lo que considere más adecuado a sus intereses: una tributación neutra, que no distorsione la asignación óptima de recursos, haciendo posible mayor generación de excedente social (riqueza) o la tributación que sea equitativa y atienda a valores como igualdad y capacidad contributiva.

No se trata, como podrían apresuradamente pensar algunos, de una decisión obvia o fácil. Existen costos y beneficios en ambas posibilidades, que deben ser racionalmente medidos.

---

122 Se podría considerar en esa situación un cambio de eficiencia «Kaldor-Hicks». Aunque la situación no es «pareto óptima», puesto que el tributo regresivo provoca que el más pobre resulte en una situación peor en relación al más rico. Considerando, sin embargo, que la tributación tiende a la neutralidad, el excedente social es mayor (la torta crece), siendo entonces teóricamente posible que el más pobre sea compensado por medio de mayor circulación de recursos en el sector privado.

2.8. Intervención estatal y extrafiscalidad

2.8.1. Estado y economía

La separación total entre Estado y sector económico es, ante todo, una abstracción. No hay ni nunca hubo una escisión absoluta, puesto que la propia lógica del contrato social la impediría. Algún grado de intervención es inherente al propio mercado, sea esta interferencia *ex ante*, en el sentido regulatorio, o *ex post*, como resolución de conflictos entre los agentes por un árbitro imparcial.

Es importante advertir que solo puede haber intervencionismo donde exista algún grado de libertad económica, sin confundirse con el control estatal de los medios de producción. De ese modo, es distinta la situación del Estado que nacionaliza los medios de producción de aquel que interviene a través de normas jurídicas (Carvalho, 2005, p. 263).

La presencia del Estado en el sector económico se manifiesta, en tres formas diferentes:

1) El Estado como dirigente, cuando los intercambios económicos son totalmente controladas por él, determinando quién, cuánto y qué se produce, y quién, cuánto y qué se consume. En ese régimen totalizante, donde el Estado y el sector económico se funden en un solo orden, la producción de bienes y servicios es monopolizada por el Estado. Ejemplos de ello son la antigua Unión Soviética, y, hasta hoy, Cuba y Corea del Norte;

2) El Estado como agente económico, compitiendo con agentes privados en el mercado. Son situaciones donde empresas estatales o de economía mixta actúan en determinados sectores, en conjunto con empresas privadas. Ejemplos de ello son empresas públicas de producción y distribución de energía o bancos de minoristas, como ocurre en el Brasil;

3) El Estado como regulador del sector económico, por medio de normas jurídicas. La regulación ocurre de forma directa (reglas que obligan o prohíben comportamientos), o de forma indirecta (reglas que facultan comportamientos).

En las dos últimas situaciones es que aparece el fenómeno de la intervención, que significa acción del Estado *en* y *sobre* el proceso económico, según lección de Eros Roberto Grau (1982, p. 62).[123] Intervención en el mercado significa la participación, en mayor o menor grado, del Estado como agente económico e intervención sobre el mercado significa regulación, directa o indirecta. Las normas tributarias con función extrafiscal tienen enorme relevancia para esa última especie de regulación.

El intervencionismo es la marca de toda economía de mercado, que es su presupuesto: solo puede haber intervención donde haya mercado. Aunque puedan existir mercados donde el Estado no interviene, operando exclusivamente por medio de normas sociales[124], estas son excepciones que confirman la regla. Es empíricamente difícil encontrar intercambios económicos que no se hallen a su vez revestidos de sustento jurídico, pues en un mundo donde los costos de transacción no son nulos, son justamente las instituciones formales del Derecho las que proveen las balizas necesarias para la seguridad jurídica, esencial para el funcionamiento del mercado.

---

[123] Segundo Grau, la intervención del Estado «en la» economía puede darse de dos formas: 1) por absorción, cuando el Estado detenta todos los medios de producción, lo que equivale a nuestra primera forma de presencia estatal en el sector económico; o 2) por participación, cuando el Estado controla parte de los medios de producción, lo que equivale a nuestra segunda forma de presencia. No obstante, la clasificación del jurista paulista contiene un problema lógico. Intervención, como fue visto arriba, lógicamente presupone un mercado que será intervenido por el Estado, lo que no ocurre en el modelo de «absorción» - si el Estado detenta todos los medios de producción, no habrá mercado, al menos no de forma lícita - restando el mercado negro, o paralelo, visto que la acción económica de los agentes racionales nunca cesa (CARVALHO, 2005, p. 263). Salvo que la intervención fuera apenas una, extrema, cuya consecuencia es la apropiación de todos los medios de producción, la clasificación peca por la inconsistencia lógica.

[124] Como es el caso del mercado de diamantes, en el célebre artículo de Lisa Bernstein, *Opting out of the legal system: extralegal contractual relations in the diamond industry* (The Journal of Legal Studies, vol. 21, n. 1, Chicago: University of Chicago Press, 1992, p. 115-157). En sentido análogo, Robert C. Ellickson (1991), demuestra cómo en diversas situaciones los individuos prescinden de reglas formales de Derecho para dirimir conflictos intersubjetivos, como suele suceder en disputas envolviendo a vecinos en áreas rurales de los Estados Unidos

2.8.2. La función extrafiscal de la tributación

Además de la función fiscal de los tributos, sumamente recaudatoria, otra menos frecuente, más de gran importancia para el Estado, es la utilización de tributos con el fin de alterar la distribución de los recursos. Tal función es la *extrafiscal*, que significa utilizar normas tributarias con el objetivo de generar incentivos para que los contribuyentes actúen de determinada forma, por ejemplo, consumir más o menos determinado producto. Como enseña José Souto Maior Borges (1998, p. 60), mientras la fiscalidad cumple función indirecta, mediata del Estado -generar partidas presupuestarias para costear servicios públicos-, la extrafiscalidad, al contrario, es instrumento directo, inmediato para cumplir los fines públicos.

Manipular incentivos es una tarea profundamente compleja y muchas veces los resultados son nulos o inclusive opuestos a los que el legislador pretendía obtener. Aun así, al imponer costos o beneficios por medio de la tributación, el Estado puede tener razonables chances de alcanzar los fines pretendidos, siempre y cuando los planeadores de políticas públicas comprendan cómo los individuos reaccionan ante incentivos. Por eso, la feliz denominación de «normas inductoras» que Luís Eduardo Schoeuri (2005, p. 59) emplea para el reglamento extrafiscal, cuyo método es, al contrario de la regla tributaria *stricto sensu*, siempre obligatorio, generar *estímulos* y *desestímulos* para que el contribuyente, en el ejercicio de su libertad de elección, actúe en la dirección pretendida por el legislador.

Un aumento de alícuota en un determinado producto puede influenciar a los consumidores a no adquirir aquél bien o a sustituirlo por otro. En esos casos, se dice que la demanda de ese bien es elástica, lo que significa que, si el costo del producto aumenta, la demanda por él, es decir, la intención de los consumidores en adquirirlo, disminuye.

En esos tipos de producto, el aumento de alícuota con fines extrafiscales es eficaz, pues el productor tendrá dificultad en trasladar el costo del tributo para la mercadería, so pena de ver la demanda reducida. Por ejemplo, si el precio de la carne de ganado aumenta, el consumidor puede sustituirla por pollo (el pollo es sustituto de la carne de ganado).

Existen bienes, sin embargo, que tienen demanda inelástica. En esos casos, el costo del tributo puede ser trasladado sin que se produzca una caída en el consumo. Un ejemplo son los bienes o servicios de primera necesidad, por ejemplo, consultas médicas (no hay sustituto para esa especie de servicio).[125]

Nótese que el criterio de esencialidad del Impuesto sobre Productos Industrializados (IPI) y del Impuesto sobre Circulación de Mercaderías y Servicios (ICMS) previsto por la Constitución Federal (artículos 153, § 3°, I, y 155, § 2°, II, respectivamente) fue previsto para cumplir la función extrafiscal. En ese sentido, la elasticidad de la demanda debería obviamente ser considerada al momento de la efectiva institución de alícuotas variables, pues, de lo contrario, la extrafiscalidad es anulada y el tributo pasa a ser meramente recaudatorio.

La alícuota del ICMS sobre la energía eléctrica en São Paulo, por ejemplo, varía de 12% (consumo residencial hasta 200 kWh) a 25% (arriba de 200 kWh). Se advierte que la extrafiscalidad aplicada sobre ese bien no tiene la finalidad de inducir a su sustitución por otro, considerando además que no hay bien sustituto: la intención es incentivar la economía de energía por los consumidores. Resta saber, sin embargo, si el efecto pretendido es alcanzado o no.[126]

En rigor, los tributos generan incentivos, ya sean fiscales o extrafiscales. La diferencia es la intención del creador de la sobretasa, lo que significa decir, el objetivo que pretende alcanzar. Considerando que el derecho es un sistema comunicacional, formado por actos de habla directivos de conducta, es imprescindible que tales comunicaciones sean exitosas, *es decir*, que despierten en sus desti-

[125] Siempre recordando que la atribución de utilidades subjetiva y varía de individuo a individuo. Un sujeto que sea aficionado por pasear en velero y no tenga preocupación con la salud, puede considerar una consulta médica como un bien de lujo y barcos a vela como bienes de primera necesidad. Sin embargo, *en promedio*, no es así como se verifican las demandas en el mercado, y las consultas médicas, apenas para mantener el ejemplo, son, de hecho, consideradas más importantes que los veleros.

[126] Todo indica que la respuesta es negativa. Los continuos «apagones» y déficits de energía demuestran que la alícuota elevada no produce el efecto extrafiscal deseado.

natarios la comprensión que la norma pretende. En otras palabras, es fundamental que los individuos comprendan los incentivos que les son dirigidos.

Asimismo, si los bienes o servicios que son tributados para fines extrafiscales informan correctamente esa finalidad, el objetivo será alcanzado eficientemente. De lo contrario, el incentivo será ineficiente, pudiendo no generar las conductas pretendidas o, en la mejor de las hipótesis, generarlas en menor proporción de lo pretendido. Eso ocurre la teleología fiscal no se especifica en debida forma.

Si los contribuyentes no tienen la información del monto que les está siendo impuesto a título de extrafiscalidad, muy probablemente tal intención pasará desapercibida o quizás enmascarada en el precio del bien o servicio. Una alícuota alta sobre productos nocivos para la salud, como el cigarro, que no sea debidamente informada a los consumidores simplemente, será encubierta en el precio final del atado y no generará ningún efecto - supuestamente el efecto de no incentivar el hábito de fumar y sus respectivas consecuencias de costo social para la salud pública. Pensando económicamente, el fumador tendría que advertir que el costo marginal de comprar el cigarro supera el beneficio, causando una *desutilidad* - lo que, generaría el incentivo.[127]

En esos casos, la extrafiscalidad ni siquiera llega a existir, y la tributación tan solamente será fiscal, puramente recaudatoria. En el ejemplo del cigarro, todo indica que es exactamente eso lo que ocurre.

---

[127] Está claro que el ejemplo es simplista. Es necesario considerar a la elasticidad de la demanda por ese producto. Determinados bienes tienen mucha o poca elasticidad, lo que significa decir que el aumento o la disminución en los precios podrá generar fuertes o débiles variaciones en la demanda. Para un sujeto que sea un fumador empedernido, probablemente un aumento, aunque sustancial, generará poco efecto en relación a su hábito de consumir cigarros. Para otras personas que tengan hábitos más moderados, el aumento del precio puede incentivarlas a fumar menos, en vista de sus restricciones presupuestarias. En ese sentido, el legislador necesita evaluar el promedio de los fumantes en la populación, y ese análisis es empírico y necesario para la creación eficiente de la norma jurídica.

2.9. Beneficios y subsidios fiscales

La misma mano que cobra el tributo concede el beneficio. Una de las causas para que eso ocurra, junto a la Elección Racional y a su aplicación en la Política, la Elección Pública, es semejante la parábola del «macho cabrío en la sala». La historia tiene muchas versiones, más esta tal vez sea la más conocida: se dice que un indio, padre de familia y pasando por serias dificultades, viviendo en una choza muy pequeña y con muchos hijos, fue a pedir ayuda al cacique de la tribu. Cuando llegó, relató su drama y el cacique le dio un macho cabrío con la recomendación de que, durante una semana, él mantuviese al macho cabrío en la sala y después de eso volviese para contar en qué había variado su situación. Retornando, después del transcurso de la semana, el indio contó que no solo nada había mejorado, sino que, por el contrario, había empeorado mucho. Su pequeña choza estaba aún más apretada, además de apestada por el mal olor del animal. En definitiva, su vida estaba mucho más difícil que antes. El cacique mandó entonces que el indio devolviese el macho cabrío y nuevamente volviera en una semana. Transcurrido el plazo, el padre de familia indígena retornó a la cabaña del cacique, que le preguntó entonces como estaba ahora su situación. El indio, muy feliz, le dijo que su vida y la de sus familiares habían mejorado mucho, pues ahora tenían espacio en la choza y se habían liberado del mal olor.

La parábola ilustra que «favores» o beneficios de parte del Estado, principalmente en lo que se refiere a tributos, difícilmente pueden ser considerados como tales. El mismo Leviatán que crea un complejo y costoso sistema tributario, eventualmente desgrava algunos sectores alcanzados por la tributación, ocasionado así una redistribución de la carga tributaria. Es decir, quien carga con el costo de los beneficios fiscales obviamente no es el Estado que los concede, sino la propia sociedad.

En lo que se refiere a los subsidios, entendidos como toda forma de «ayuda» concedida por el Estado a alguna clase de contribuyentes, la parábola del macho cabrío se aplica, pues, aunque él pueda tener ventajas inmediatas con la desgravación, los beneficios y subsidios pueden perjudicar a toda la sociedad, por medio de la misma ineficiencia distributiva que la tributación genera en el sistema de precios - el peso muerto, conforme al gráfico que se expresa a continuación.

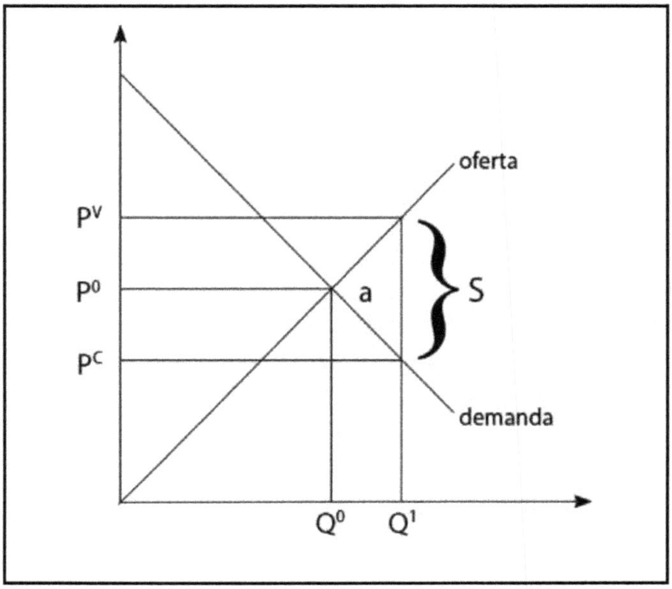

Figura 10. El peso muerto del subsidio.

La figura muestra una situación semejante, sin embargo inversa al gráfico del peso muerto de la tributación. Cuando los subsidios concedidos al productor permiten que el precio al consumidor (P^c) sea menor que el precio que reflejaría el equilibrio en un mercado competitivo (P^0), y la cantidad demandada (Q^1) sea mayor a aquella que sería en el equilibrio (Q^0), se advierte que son los subsidios («S» en el gráfico) - léase dinero público - los que están costeando ese desequilibrio. El costo social es cargado por la sociedad y es ilustrado por el triángulo «a» en el gráfico.

La ponderación racional que debe ser hecha no debería tener en cuenta intereses de grupos de presión, los llamados *rent-seekers*, más, sí, el interés de toda la colectividad. En ese sentido, el análisis que debe ser empleado es si el retorno posible del subsidio es mayor a su costo social, o, en otras palabras, si hay la eficiencia Kaldor Hicks en el caso específico. El ejemplo de subsidio que puede alcanzar ese criterio de eficiencia es el empleado en la educación o en la investigación científica, pues eventualmente toda la sociedad podrá beneficiarse de las externalidades positivas creadas por la escolaridad, cultura e innovaciones científicas propiciadas por el dinero público.

2.10. Valores de la tributación: interés público e intereses privados

Como vimos, no es posible contrato social sin renuncia de libertad. Tampoco es posible Estado sin tributos. Al mismo tiempo, pocas reglas afectan tanto la libertad individual como las tributarias. ¿Cómo conciliar el interés colectivo con los intereses privados?

Desde que el Marqués de Condorcet presentó la famosa y homónima paradoja[128] en el siglo XVII sabemos que es imposible agregar escalas de preferencias individuales transitivas en una escala colectiva que no sea cíclica.

Ilustrando la paradoja, supongamos que determinado gobernante resuelva consultar a la población para que esta decida, en plebiscito, qué tipo de tributación aceptaría, en vista de los servicios públicos que desea. Cuanto más tributación, más servicios públicos, siendo verdadera la razón inversa. Así, por el criterio de la mayoría, los ciudadanos podrían elegir el nivel de tributación que desean solventar, en vista de los servicios públicos que quisieran recibir. Se trata, de ese modo, de una elección perfectamente democrática, razonable y racional.

Siendo así, las opciones son: A) tributación baja, pocos servicios; B) tributación media, servicios medios; y C) tributación alta, sin embargo con alto retorno en servicios públicos. Para simplificar el esquema, utilizaremos apenas tres individuos: Sr. 1, Sr. 2 y Sr.3.

Sr. 1	Sr. 2	Sr. 3
A	B	C
B	C	A
C	A	B

Figura 11. Paradoja de la elección colectiva.

128 También llamado «paradoja de la votación».

Supongamos que el gobernante pregunte si los ciudadanos prefieren una tributación baja (A) que una tributación Media (B). Por el criterio de la mayoría simple, podemos verificar que A gana por dos votos (del Sr. 1 y del Sr. 3). No obstante, el gobernante reformula la pregunta, haciendo que el grupo elija entre B (tributación media) y C (tributación alta, obteniendo a cambio más servicios públicos) - nuevamente hay dos votos para B (del Sr. 1 y del Sr. 2). Finalmente, el gobernante determina que los ciudadanos elijan entre A (tributación baja) y C (tributación alta). Por la regla de la transitividad, debería ganar A. Sin embargo, el resultado es intransitivo y cíclico, ganando C por dos votos (del Sr. 2 y del Sr. 3).

Por lo tanto, la preferencia colectiva no es transitiva, luego, no es racional. La población prefiere A que B, B que C y C que A. Traduciendo, el resultado de las elecciones colectivas sería que los ciudadanos prefieren la tributación baja antes que la media, la media a la alta, y alta a la baja.

El mismo problema es demostrado por el Teorema de la Imposibilidad, planteado por el Nobel de Economía Kenneth Arrow, en 1972. El teorema fue primeramente propuesto en su tesis de doctorado y posteriormente publicado en la clásica obra *Social Choice and Individual Values*, en 1951.

El teorema de la imposibilidad demuestra, de forma irrefutable, que es imposible agregar preferencias individuales en preferencias colectivas, sin con eso violar algunos postulados considerados razonables en un sistema electoral democrático.[129] Se trata de una prueba matemática de la imposibilidad (de ahí el nombre del teorema) de producir elección social consistente a partir de elecciones consistentes de individuos pertenecientes a aquél grupo, a no ser que se viole el postulado de la no dictadura, dado que la única forma de obtener una elección colectiva consistente (transitiva) es por medio de la decisión de un individuo (dictador).

La paradoja de Condorcet y el teorema de la imposibilidad obviamente no inviabilizan la idea de sistema democrático, sin embar-

---

129 Los postulados son: no dictadura, dominio irrestricto, independencia de alternativas irrelevantes y unanimidad.

go demuestran cuán difícil es conciliar colectivamente los intereses particulares.

Cuando se trata de tributación, tal conciliación parece todavía más difícil. Los ciudadanos no siempre establecen la relación necesaria entre tributo y actuación estatal, lo que lleva frecuentemente al contradictorio anhelo simultáneo de más servicios públicos y menos tributos. Aunque la gestión estatal siempre se pueda volver más eficiente y, consecuentemente, pueda emplear mejor los recursos públicos haciendo posible más y mejores servicios a los ciudadanos, la tributación guarda íntima relación con el tamaño del Estado. De forma más simple, cuanto más Estado, más tributación será necesaria.[130]

Asimismo, hay una perenne tensión entre el interés público y el interés privado. Aunque la Constitución Federal contenga diversos dispositivos que tienen como objetivo resguardar derechos individuales del contribuyente frente a la hacienda pública, la necesidad de generar rentas para bancar gastos públicos obliga al Estado, sea por medio de la esfera municipal, provincial o federal, a invadir más y más la esfera privada.

Considerando que el Poder Legislativo crea los tributos y el Ejecutivo los recauda, resta al Poder Judicial estabilizar el sistema, sedimentando los sentidos normativos y mantener los derechos y garantías del contribuyente.

2.11. Normas, principios y reglas, o ¿solo enunciados normativos?

Las categorías construidas por la teoría jurídica a lo largo de siglos continúan siendo lo que siempre fueron: pertenecientes al terreno de la teoría. En otras palabras, las construcciones referidas son modelos desarrollados por los teóricos del Derecho, no objetiva o epistémicamente verificados, es decir, el objeto no es encontrado en el mundo real, no pudiendo ser observado o replicado en laboratorio.

---

130 Los primeros datos sobre la carga tributaria datan de 1947. El porcentaje de la carga tributaria sobre el producto interno bruto brasileño era entonces de apenas 13,8%. En 2008 alcanzó el rango de 37,5%. Datos de la Agencia Brasil. Disponible en: <www.agenciabrasil.gov.br>.Accesoen: 1.° febrero, 2010.

Aquello que existe objetivamente, independientemente de opiniones, son las manifestaciones lingüísticas del legislador (en sentido amplio), sus actos de habla revelados en las constituciones, leyes y otras disposiciones legales. Está claro que el sentido prescriptivo de esos actos es inherente al propio reconocimiento del ordenamiento jurídico por los ciudadanos, y palabras como normas y reglas tienen ese significado vulgar de órdenes emanadas de autoridades competentes.

Sin embargo, la sofisticación y pormenorización de las clasificaciones teoréticas, que son - dígase de paso - innumerables, cuyos grados y detalles varían casi que entre autor y autor, como ocurre con una obra artística, no son comprendidas ni mucho menos forman parte del sentido común de quien produce las leyes y de quien las recibe.

Aunque el legislador - e inclusive el constituyente - haga uso de vocablos tales como «principios», «normas» y «reglas», no los emplea en el sentido técnico de la doctrina. Las normas y reglas son utilizadas como sinónimos (*v.g.*, artículo 27, § 1°, y el artículo 38, II) y los principios, aunque referidos como mandamientos de mayor importancia, son empleados más en el sentido de fundamentos estructurales del sistema constitucional que propiamente de derechos fundamentales, como comúnmente hace la doctrina.[131]

Lo que importa al legislador, debe reconocerse, es establecer derechos y deberes con el objetivo de alcanzar determinados fines. Es imponer restricciones a la libertad de unos para proteger la de otros, sea mediante puniciones, sea por medio de premiaciones. La esencia de las consignas legales es incentivar comportamientos humanos, en las direcciones que el legislador anhela para la consecución de sus objetivos. Por una falta endémica de conocimiento de cómo opera la racionalidad humana, desafortunadamente no es poco común verificar que esos objetivos no sean alcanzados de la forma planeada.

---

131 Vale decir que las menciones a los principios, por ejemplo, en los artículos: 4.°e incisos, 21, XXI y XXIII, y concordantes; 29; 32; 37; 93; 125; 127 y §1.°; 173 y §1.°, punto III; 178, 207; 221; 223; 238 y 242, se refieren a la estructura del sistema constitucional, y la minoría de las menciones concierne a los derechos fundamentales (artículos 5.°, §2.°; 34, VII, «b»; 35, IV; 170; 206 y 226, §7.°).

Sea como fuere, el legislador manifiesta sus órdenes por medio de enunciados vehiculizados por las diversas especies de disposiciones. A veces los enuncia de forma clara, otras de forma sombría, ya sea de forma simple y económica, o de modo difuso. Su lectura y clasificación en «especies» normativas son frutos de la creatividad de los juristas, no encontrando correspondencia en el mundo empírico. No obstante, como suele ocurrir en las más diversas ciencias, naturales y sociales, tales modelos pueden ser de gran utilidad para la comprensión del fenómeno en observación.

A los fines de analizar la decisión del legislador, no cabe aquí traer esas categorías teoréticas, pues son extrañas al objeto. Ellas estarán reservadas a los tomadores de decisión que las comprenden y las utilizan, aunque en variado grado, como son los agentes administrativos, contribuyentes y jueces.

2.12. Libertades negativas, libertades positivas y los derechos individuales y sociales

En el contexto de conflicto entre interés público y privado, resta saber cómo el sistema jurídico lidia con tales valores, especialmente en lo que se refiere a la tributación.

Isaiah Berlin, filósofo nacido en Latvia y naturalizado inglés, es autor del texto[132], probablemente el más importante escrito sobre el tema libertad en el siglo pasado. El artículo titulado Two Concepts of Liberty estableció la separación fundamental conceptual y analítica entre *libertad negativa* y *libertad positiva*.

La libertad negativa se refiere a la esfera de autonomía del individuo, libre de coerción inflingida por terceros (según Berlin, «liberty form»), de forma que pueda aquél buscar sus intereses sin restricciones ni inhibiciones. Esa concepción es heredera de los contractualistas clásicos - principalmente Hobbes - para quien la libertad es «ausencia de impedimentos externos».[133]

La libertad positiva se refiere a la participación activa y ecuánime del individuo en la colectividad, para alcanzar valores comunes a

[132] Originariamente presentado en conferencia en la Universidad de Oxford, en 1958.
[133] Leviatán, cap. XIV, p. 112.

todos en el contexto del ejercicio de una ciudadanía. Esa idea, a su vez, es heredera del pensamiento aristotélico.[134]

Ambas libertades son igualmente importantes y satisfacen el verdadero espíritu de la democracia. Sin embargo, muchas veces chocan, principalmente por el uso erróneo del concepto de libertad positiva, como advirtió Berlín. Tal uso acarreó, en el plano de las ideas en el siglo XIX y en el plano de la práctica en el siglo XX, los movimientos totalitarios como el comunismo, nazismo y fascismo.

¿Cuál es la relación del derecho con esa dicotomía en el concepto de libertad? Y, por otra parte, ¿cuál es la relación específica con la tributación?

En la idea de contrato social, la libertad como ausencia de coerción no subsiste en el Estado de la naturaleza hobbesiana. En otras palabras, sin una autoridad central, usualmente denominada de Estado, no hay forma de mantener las libertades de todos los individuos, pues más temprano que tarde los más fuertes prevalecerían sobre los más débiles, y la idea de ausencia de coerción pura y simple aparecería como autocontradictoria.

Siendo así, libertades negativas requieren limitación en su radio de fruición, por más paradójico que eso pueda parecer. Esa limitación intenta justamente preservar la libertad negativa del individuo, y es usualmente impuesta por la autoridad estatal. En Estados modernos, frutos de la Ilustración, esa autoridad es ejercida por un poder tripartito: Poder Ejecutivo, Poder Legislativo y Poder Judicial.

134 Para Aristóteles, en la democracia la libertad se manifiesta en la igual participación de todos los ciudadanos en la «polis». Es importante resaltar que Aristóteles no desconocía lo que comúnmente denominaríamos como libertad negativa, como se puede constatar en el pasaje de su *Política*: «Otro (marca característica de libertad) es el hombre que vive como él quiere, pues dicen que ésta es la función de la libertad, porque la característica del esclavo, al contrario, es no vivir como él quiere» (1985, libro VI, «1317 b», p. 204). El filósofo de Esta gira anticipó en más de veinte siglos la importancia de ambas libertades, pues las dos constituían la verdadera democracia. Advierte también sobre el peligro de tomar el numérico (decisión por parte de la mayoría) de la democracia como absoluto, lo que conllevaría a la injusticia, permitiendo, por ejemplo, que los pobres (que son la mayoría) confisquen los bienes de los ricos (que son la minoría). Por otro lado, si se permite que apenas los detentores de riquezas sean tomadores de decisiones políticas (oligarquía), habrá tiranía, ya que pocos o inclusive solo uno gobernaría.

Los derechos individuales son, en ese contexto, positivaciones constitucionales de libertad negativas. Ya sea que estén los mismos dispuestos en el *Bill of Rights* norteamericano, o en el artículo 5º de la Constitución Federal brasileña, y en tantas otras constituciones democráticas existentes en el mundo, y su denominador común es obligar al Estado a proteger al individuo del propio Estado y de otros individuos.

Las libertades tales como la libre expresión del pensamiento, la libre asociación, el derecho de propiedad, la libertad de culto y tantas otras, garantizan al individuo - ciudadano de la moderna *polis* encarnada en el Estado-Nación - a actuar dentro de su esfera de autonomía privada libre de la interferencia tanto del Estado como de otros individuos.

Como la protección estatal ejercida por medio de la policía (contra agresión interna), de las fuerzas armadas (contra agresión externa), del Poder Judicial (como solucionador de conflictos intersubjetivos entre ciudadanos y entre ciudadano-Estado) y del Poder Legislativo (como creador de reglas institucionales formales para la convivencia común) acarrea costos, necesarios e imprescindibles son los tributos. Como advirtieron Sunstein y Holmes (1999), aun las libertades negativas no son gratuitas, puesto que dependen primordialmente de los tributos pagados por los ciudadanos.

Las libertades positivas, a su vez, no se limitan a la mera posibilidad de la participación cívica en las elecciones de representantes populares para el Legislativo. En el Estado del bienestar social o *welfare state*, las libertades positivas se concretizan en derechos denominados «sociales», siendo aquellos que demandan más acción por parte del gobierno. En la Constitución brasileña, tales derechos se encuentran enunciados principalmente en los artículos 6.º a 9.º y sus respectivos incisos.

Es importante resaltar una crucial diferencia. Los derechos de naturaleza negativa, o, más comúnmente llamados, derechos individuales, requieren básicamente una inacción del Estado o de otros ciudadanos, esto es: no interferir en la libertad del individuo. Aunque eso requiera la existencia y la presencia de un Estado, esta se da apenas en la medida necesaria para la protección de aquella libertad. Por ejemplo, si la autoridad fiscal actúa con abuso, puedo acudir al Poder

Judicial para obtener la protección de los derechos y garantías constitucionales que poseo en calidad de ciudadano y de contribuyente.

Los derechos de naturaleza positiva, o, más comúnmente llamados, derechos sociales, requieren lo contrario: una efectiva acción (e intervención) del Estado en la esfera privada.

La justificación común para su consecución es volver a los individuos aptos para ejercer plenamente su autonomía, y eso solo puede hacerse por medio de mecanismos que garanticen un punto de partida razonablemente igualitario a todos. De ahí la importancia atribuida a la educación y a la salud prestadas por el Estado, así como a los derechos del trabajo y de previsión social.[135]

Aunque tanto los derechos individuales como los derechos sociales requieran del Estado y, por consiguiente, necesiten de la partida presupuestaria para su manutención, los primeros tienen bajo costo comparados con los últimos. En una democracia, cabe a los procesos de elección social la opción de garantizar derechos sociales a todos, más es importante tener conciencia de que éstos cuestan incomparablemente más que solo los mecanismos necesarios para la preservación de la libertad individual. Y ese costo solo puede ser solventado por la partida originaria de los tributos.

Siendo así, el conflicto entre derechos individuales y derechos sociales genera una tensión permanente en la tributación. Al mismo tiempo en que el orden constitucional protege al individuo del abuso estatal, obliga al Estado a proveer servicios públicos que sobrepasan su propia esencia (al menos la contractualista clásica) y la justificación de su existencia. En ese sentido, conciliar intereses individuales y colectivos se convierte en una tarea generadora de la eterna insatisfacción típica del *welfare state*. Las personas no quieren pagar demasiados tributos, más al mismo tiempo exigen que el Estado les provea toda una serie de servicios.

En situación de normalidad democrática, cabrá al Poder Legislativo forzar la cuerda hacia el lado de la prestación de servicios públi-

[135] Un mínimo de noción de Economía es suficiente para advertir que gran parte de los derechos laborales y relativos a la seguridad social inhiben la oferta de empleos formales, como también generando gigantescos déficits públicos, solventados justamente por el contribuyente.

cos, mediante la creación de leyes a tal efecto. A su vez, el Poder Judicial tendrá que forzar la cuerda para el otro lado, que es el de la preservación de libertades individuales contra la voracidad estatal.

En situaciones excepcionales, sin embargo, el juez aplicador del derecho se verá frente a decisiones difíciles que sobrepasan la mera esfera de una de las partes y que alcanzan a terceros. En esos casos, las consideraciones consecuenciales pasan a tener gran relieve y la dificultad en la conciliación entre los intereses individuales y los colectivos se vuelve todavía más grave. La utilización de herramientas decisorias se muestra de gran valía, dada su (mayor) objetividad y menor retórica al abordar justamente las consecuencias posibles de cada elección del tomador de decisiones jurídicas.

2.12.1 La lógica de la libertad

El derecho, identificado en la modernidad con el Estado-Nación, opera limitando la libertad individual, y su forma de operar es por medio de reglas que obligan, prohíben y permiten. El cuadrado de la oposición lógica ilustra cómo las relaciones de obligación, prohibición y permiso se relacionan:

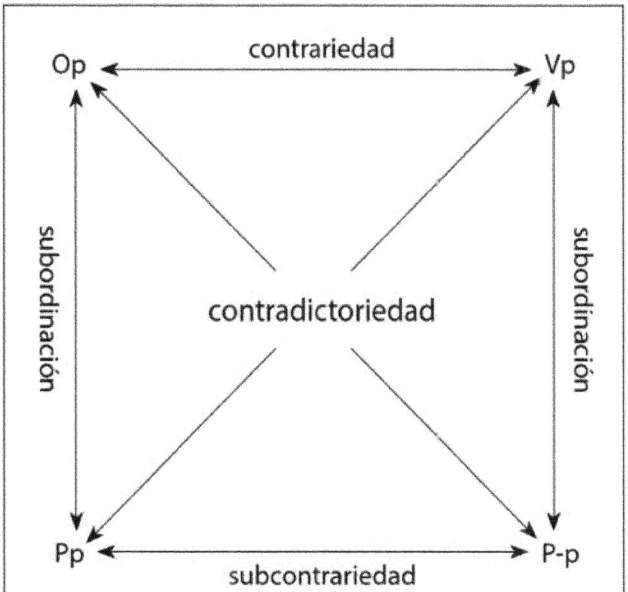

Figura 12. Cuadrado lógico

En el cuadrado se encuentran los modales deónticos relativos a las conductas (p): (O) obligatorio, (V) prohibido y (P) permitido. Las relaciones se dan en la siguiente forma:

La contrariedad, en el vértice horizontal superior, significa que no pueden coexistir una obligación y prohibición simultáneas en relación a una misma conducta. Sin embargo, aunque una conducta no sea obligatoria y prohibida al mismo tiempo, puede haber situaciones en que no existan ni la obligación ni la prohibición.

La subcontrariedad, en el vértice horizontal inferior, significa que los permisos de hacer (Pp) y de no hacer (P-p) coexisten. Si yo puedo hacer algo, consecuentemente debo tener la facultad de no hacer ese algo.

La subordinación, en los vértices verticales, significa que si es obligatoria o prohibida determinada conducta, respectivamente debe ser permitido hacer aquello que es obligatorio y permitido no hacer aquello que es prohibido.

Finalmente, los vértices diagonales significan relaciones de contradictoriedad. Si una conducta es obligatoria, no puede existir el permiso de no hacerla; si una conducta es prohibida, no puede haber permiso de hacerla.

¿Y dónde se encuentran las libertades negativas o derechos individuales en esas relaciones lógico-deónticas?

Como enseña Robert Cooter (2000, p. 245), las libertades negativas están en los permisos de hacer y de no hacer algo, más simplemente, en la facultad de actuar del individuo. En primer lugar, el individuo que posee alguna de esas libertades no está obligado a ejercerla ni prohibido de hacerlo. En segundo lugar, los terceros no pueden interferir en el ejercicio de esa libertad.

Es fácil verificar esas afirmaciones en el cuadrado ut supra. Cuando se tiene el permiso de hacer (Pp) o de no hacer (P-p) algo, respectivamente no se está prohibido ni obligado a ello. *La libertad puede ser definida, por lo tanto, como un permiso protegido* (ídem, ibídem).

Los derechos individuales hacen posible, en ese sentido, la estructura jurídica para el ejercicio de la autonomía del individuo. Su destinatario inmediato es el propio sistema jurídico (dirección de ajuste norma-sistema), a efectos de que no sean producidas normas inhibidoras de aquellas libertades.

El permiso protegido hace posible la autonomía individual que no es otra cosa que la libertad de elección. Traduciendo el cuadrado de oposición lógica en términos semánticos, se advierte de forma todavía más clara la relación entre autonomía y coerción, como se expresa a continuación:

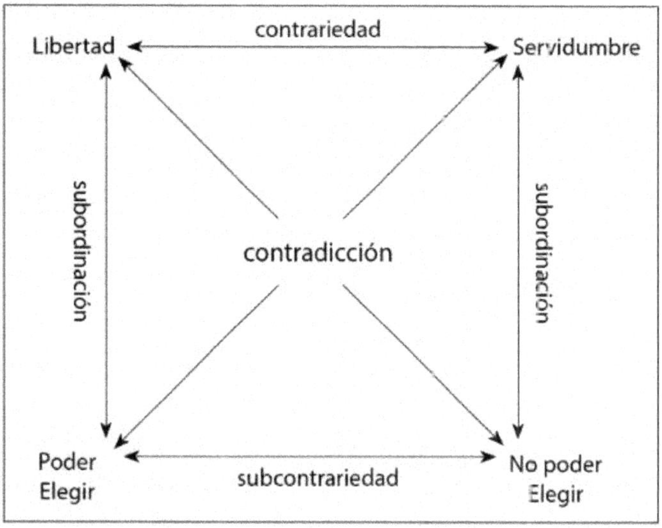

Figura 13. Cuadrado lógico de la libertad.

En el cuadrado ut supra, las situaciones de libertad y de servidumbre son contrarias, lo que muestra que es imposible que ambas coexistan en su total manifestación, más es posible una situación en la que haya determinado grado de cada una. Es lo que sucede en gran parte de los países cuyo sistema político-económico es la socialdemocracia, donde existen grados variables de limitación de libertad en la esfera privada, por medio de intervencionismo estatal.

Las relaciones de subordinación, a su vez, demuestran consecuencias lógicas de las situaciones de libertad y servidumbre. La libertad implica la posibilidad de elección por parte del agente racional. Por otro lado, la servidumbre implica la imposibilidad de elección.

Las relaciones de contradicción ocurren entre las negaciones de cada situación. Si libertad y servidumbre son contrarias es justamente porque es posible existir una situación intermedia (intervencionismo estatal), la contradicción de la libertad es su negación, lo que significa la imposibilidad de la elección. Por otra parte, la negación de la servidumbre es la posibilidad de elección por parte del agente racional.

Finalmente, la relación de subcontrariedad significa que es posible que coexistan las dos situaciones (poder elegir y no poder elegir), siendo que es imposible que ambas sean falsas simultáneamente. O yo puedo elegir, o no puedo hacerlo. No existe tercera posibilidad.

Es importante advertir que los derechos individuales se presentan mediante enunciados normativos, más no existe una necesaria relación de identidad con los principios jurídicos. Aunque los derechos individuales se relacionen con los importantes valores que enarbolan el Estado Democrático de Derecho, su consecución se da, tanto por medio de principios como de reglas.

2.12.2. ¿Igualdad o libertad?

Entre los valores que traducen la civilización moderna se encuentran la igualdad y la libertad, constando inclusive en el lema de la revolución francesa: *liberté, égalité, fraternité.*

En vista de la historia de las civilizaciones, la libertad es un valor universal y atemporal, mencionada[136] ya en la civilización sumeria, aproximadamente en el año 2.350 a.C. Urukagina, el gobernante de la ciudad-estado Lagash, implementó diversas reformas políticas que aseguraron derechos de propiedad y garantías jurídicas a los individuos contra los abusos de las autoridades estatales. Muchas de esas reformas tuvieron como objetivo principalmente abolir arbitrariedades provenientes de los recaudadores de impuestos, lo que demuestra la conexión umbilical entre libertad y tributación, desde tiempos remotos. Sea como fuere, el núcleo de significación del concepto de libertad es claro, pudiendo definirse mejor aún por la negativa: ausencia de coerción.

---

[136] La primera denominación para «libertad» data de esa época, siendo «amagi» la palabra acuñada para referirla. Literalmente significaba «retorno a la madre», indicando que la liberación de la condición de esclavo haría que el liberado volviera a casa. La deuda tributaria obligaba al individuo a trabajar para el rey y, siendo así, la palabra referida denotaba el fin de esa servidumbre obligatoria por débito tributario. Cf. Postgate, 1992, p. 243.

El concepto de igualdad, por otro lado, sufrió innumerables concepciones e interpretaciones a lo largo de los tiempos, encontrando tantas definiciones como pensadores que sobre ellas e apoyaron. Fundamentalmente, igualdad es un concepto lógico matemático, del cual proviene la palabra «ecuación», y traduce una relación de equivalencia entre términos: 2+2=4. La equivalencia representada por «=» significa que las expresiones de cada lado del símbolo pueden ser sustituidas una por la otra, dando el mismo resultado.

Se podría considerar que, por el hecho de que la significación de base de la palabra igualdad sea la misma tanto para las ciencias formales como para las sociales, es decir, si dos individuos (o términos y expresiones aritméticas) son iguales en determinado contexto, son sustituibles el uno por el otro sin que el propio contexto sea alterado (en un sistema jurídico democrático, por ejemplo, diversos individuos que cometieron el mismo acto ilícito se encuadran igualmente bajo la misma norma punitiva), su aplicación sería destituida de dificultades en el campo de la razón práctica. Engaño feliz.

En el terreno de la filosofía política, impregnado de valores, el concepto de igualdad está íntimamente vinculado con el de justicia y enfrenta grandes dificultades de consenso en cuanto a su definición e implementación.

Para Aristóteles (1985, p. 92), en el contexto democrático, justicia *es* igualdad y depende de que los sujetos sean iguales en sus aspectos relevantes, lo que lleva a la concepción de igualdad entre iguales y desigualdad entre desiguales.[137]

Hobbes, a su vez, ve a la igualdad en la sumisión de todos a la autoridad central del Estado, mientras Rousseau, otro contractualista

---

[137] En el libro III de la *Política*, el filósofo estagirita sostiene, al mencionar los principios de justicia y su relación con los sistemas de gobierno oligárquico (igualdad proporcional a la participación de cada uno en la riqueza de una sociedad) y democrático (igualdad numérica, es decir, criterio de la mayoría): «se piensa, por ejemplo, que justicia es igualdad - de hecho lo es, aunque no lo sea para todos, sino solamente para aquellos que son iguales entre sí; también se piensa que la desigualdad puede ser justa, y de hecho puede, aunque no para todos, sino solamente para aquellos que son desiguales entre sí». Advierte, sin embargo, sobre la dificultad de saber cuándo las personas son iguales o desiguales, acarreando la dificultad de aplicación práctica de la justicia.

clásico, considera la igualdad como condición de la propia libertad. Para el jacobino, la propiedad privada es el «principio del mal», una vez que instituye desigualdades entre los hombres y es incompatible con cualquier sistema social y político que se pretenda justo.

Los pensadores socialistas y comunistas de los siglos XIX y XX defendieron la idea de abolición de la propiedad y del igualitarismo socio económico. El obvio y costoso fracaso de tales ideas reside, como vimos, en la errónea concepción de la naturaleza humana como altruista, más que en la realidad lleva al individuo a tratar siempre de maximizar su bienestar. Este bienestar, a su vez, requiere simultáneamente de grados de libertad y de igualdad que muchas veces entran en *trade off:* para tener uno, es necesario renunciar al otro. Es importante resaltar que la elección por uno y la consecuente renuncia por el otro es marginal y no absoluta.

Si la igualdad fuera objetivada como redistribución de renta y aumento de la capacidad económica del individuo, la elección entre ésta y la libertad puede ser verificada gráficamente, conforme lo establece el gráfico de la Figura 14:

Curvas de Indiferencia

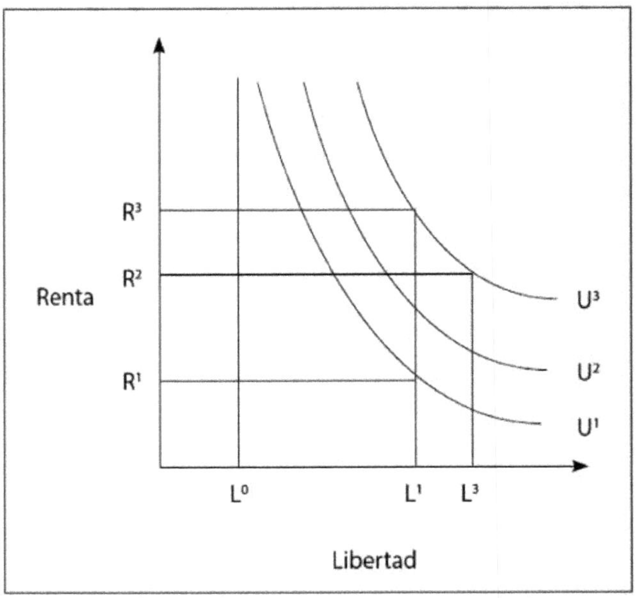

Figura 14. Libertad como *commodity*

Para la filosofía política tradicional, así como para la teoría jurídica, suena absurdo colocarle un precio aun derecho «inalienable» como la libertad. No obstante, si la libertad es un valor, es porque necesariamente vale para alguien. Y si vale para alguien, a ella puede atribuírsele un precio - no necesariamente en moneda, más sí en algo que el individuo esté dispuesto a cambiar por ella.

En la Figura 14,[138] el eje vertical representa el nivel de renta y el eje horizontal, el grado de libertad (*v.g.*, libre expresión). Cada curva de indiferencia (o curva de utilidad) representa la tasa por la cual el individuo cambiará renta por libertad mientras permanece indiferente. El punto (L^1, R^3) se encuentra en la misma curva de indiferencia del punto (L^2, R^2), lo que quiere decir que el individuo pasaría de R^3 por R^2 a cambio de aumentar su libertad de L^2 para L^3. El espacio entre R^3 y R^2 indica el precio que el sujeto pagaría por más libertad. Inversamente, el aumento del nivel de riqueza de R^2 a R^3 compensaría la pérdida de libertad de L^2 a L^1.

La curva U^1 reposa en el punto R^1, que demuestra lo máximo que el individuo, en su nivel de riqueza, puede pagar por la libertad L^1. Si tuviera más renta, podría pagar más por la libertad (como demuestra la curva U^2), lo que hace que la curva de indiferencia sea una curva de demanda.

Otros intercambios serían plenamente subsumibles en la misma lógica expuesta precedentemente. Por ejemplo, cambiar la libertad por seguridad y viceversa, que es la propia esencia del contrato social, conforme hemos visto.

Fundamentalmente, lo que se pretende argumentar aquí es que las libertades son bienes como cualquier otro. Su supuesta inalienabilidad es una imposición prescriptiva, tanto ética como jurídica, frecuente en sistemas constitucionales, pero que no corresponde a la naturaleza del bien. Seguramente habrá sujetos que aceptarían, de buen grado, cambiar su libertad por renta o por seguridad, y, en grados distintos, es exactamente eso lo que ocurre en cualquier sociedad civilizada. La cuestión que se expone no es de esencia sino de grado: si no puedo vender toda mi libertad, volviéndome

---

[138] Gráfico y ejemplo tomado de COOTER, 2000, p. 247.

esclavo de alguien a cambio de dinero, no significa que no pueda abdicar a ella *marginalmente* a cambio de otro bien que considere valioso, por ejemplo, la seguridad.

2.13. Interés público y externalidades

Los sistemas sociales modernos son complejos. Eso significa que son órdenes espontáneos (Hayek, 1995) formados por la interacción entre los individuos dotados de intencionalidad y capaces de una comunicación altamente sofisticada. Por ser complejos, son también sistemas adaptativos (Gintis, 2009), justamente porque reciben información continua e incesante de otros sistemas sociales.

No es necesario mucho esfuerzo para advertir que la libertad individual es condición necesaria para que los sistemas sean evolutivamente eficaces, o, en otras palabras, tengan alta capacidad homeostática: puedan resistir a impactos y desvíos en su equilibrio interno y sean aptos para mantener su identidad o, dependiendo de la intensidad de las perturbaciones, evolucionar hacia órdenes todavía más complejos (Carvalho, 2005, p. 83-88).[139]

[139] «Homeostasis» es el equilibrio interno de un sistema dinámico o complejo. Puede ser avalado por ruidos ocasionados por perturbaciones externas, dependiendo de los mecanismos calibradores del sistema para retornar al rango normal. Los mecanismos operan por *feedback*, es decir, procesos de retroalimentación. Por ejemplo, en un sistema dinámico, sin embargo, no complejo (lo que significa poder autorregularse, aunque no se autogenera), como es el caso de un mecanismo de piloto automático en un avión, cualquier perturbación externa (*v.g.*, vientos fuertes) que pueda desviar el camino será corregida. La capacidad de corrección y retorno al equilibrio es, naturalmente, limitada. En sistemas complejos (autorreguladores y autogeneradores) la homeostasis es más sofisticada, pues no está apenas limitada a un programa previo en el sistema, permitiendo la evolución en situaciones extremas. En sistemas biológicamente vivos, la evolución es una condición de sobrevivencia y se da a medida que es necesario pasar de un equilibrio homeostático a otro, so pena de ruptura. Ese pasaje lleva las órdenes más complejas. En sistemas comunicacionales, como es el caso de los órdenes sociales, la capacidad de evolución requiere que sean abiertos comunicativamente y que puedan procesar informaciones nuevas continuamente. Órdenes sociales abiertas - en otras palabras, sistemas democráticos que permiten el libre intercambio de ideas - son naturalmente más aptos para sobrevivir. En ciertas situaciones sus mecanismos reguladores (*feedback* negativo, que hacen que retorne al equilibrio usual) no soportan el desvío autoalimentado (*feedback* positivo, que ocurre en fenómenos de reacción en cadena, por ejemplo, la profecía

Para que el necesario y deseable nivel de complejidad ocurra, la libertad fáctica en la comunicación es imprescindible, lo que presupone la libertad jurídica de expresión y, a su vez, libertad de elección. De ese modo, cuanto más actos comunicativos entre los individuos, más dinámico será el orden social, lo que significa más probabilidad de innovación en las ciencias, en la arte y en todas las manifestaciones de la cultura humana.

La libertad jurídica, por así decirlo, es una expresión más simple para denotar toda la estructura institucional que implica *status* deónticos para los individuos, *es decir*, la intrincada red de derechos y deberes correlativos que hacen posible el pleno ejercicio de la autonomía individual.

Como ápice de esa estructura, o visto desde otro ángulo, el núcleo fundamental, se encuentra naturalmente, en la Constitución y en todos los sus principios y reglas que tienen como objetivo garantizar el buen funcionamiento del sistema. Sin embargo, cabe la pregunta: ¿tales libertades individuales son absolutas?

Usualmente la doctrina suele defender que los principios constitucionales no son «absolutos» o que los derechos fundamentales no lo son. Lo que debe ser indagado es algo más fundamental: ¿el ejercicio de la libertad individual debe ser absoluto o no? Sino, ¿cuándo, por qué y hasta qué punto debe ser limitado? Como mensurar tal cosa?

Si consideramos que la protección, preservación y necesaria limitación de la libertad individual proviene del contrato social y pen-

---

autorrealizada. La carrera bancaria, *v.g.*, es fenómeno social típico de *feedback* positivo. El rumor, fundado hace que los titulares de cuentas corrientes retiren el dinero de sus cuentas, y, cuanto más clientes lo hagan, más cuentacorrientistas saldrán corriendo al banco para hacer lo mismo) y alcanzan el punto de bifurcación: o se rompen o evolucionan hacia un equilibrio superior. En sistemas y subsistemas sociales, las rupturas usualmente son denominadas «revoluciones», sin embargo, lo que en rigor ocurre, son saltos evolutivos. En la ciencia, las rupturas de paradigmas de Thomas Kuhn (1997); en la economía, as destrucciones creadoras, de Joseph Schumpeter (1998); y, en el Derecho, las revoluciones sociales propiamente dichas, que, en nivel jurídico, significan la sustitución de un sistema jurídico por otro. Ver los capítulos 1 y 2 de *Teoriadosistema jurídico.* Direito, economia, tributação (CARVALHO, 2005).

samos en el criterio utilitarista de Mill, para quien la libertad solo puede ser limitada cuando perjudique a terceros, se hace fundamental considerar el problema de las externalidades.

Cuando el ejercicio de una libertad, que en el contexto jurídico institucional de cualquier sociedad contemporánea significa el ejercicio de algún derecho emanado por el ordenamiento jurídico, afecte la libertad de otros, estaremos frente a una externalidad. En otras palabras, el uso de ese derecho por un individuo genera efectos que sobrepasan su radio de autonomía y afecta la libertad de terceros.

Cuando las externalidades generan perjuicio o costos a terceros, se dice que son negativas. *Siendo así, son en esas situaciones las que el Estado debe intervenir para limitar el uso del derecho que genere externalidades negativas, y es tan solamente en esa medida que las libertades negativas deben ser relativizadas.*

El abuso de derecho o abuso de formas jurídicas, doctrina creada por el derecho privado, debe ser entonces visto a la luz de la teoría económica de las externalidades. El uso de un derecho pasa a ser abusivo justamente cuando genera costos a terceros, costos esos que extrapolan la relación jurídica planeada por el legislador que creó la norma instituidora del derecho. Por ejemplo, al ejercer mi derecho de propiedad construyendo una edificación en mi terreno que impida que la luz del sol ilumine el terreno de mi vecino, estaré generando una externalidad que afectará el derecho de propiedad de terceros. O, si fumo en lugares cerrados, el humo del mi cigarrillo será inadvertidamente inalado por terceros, los llamados fumantes pasivos, lo que denota otra externalidad negativa.

En algunas situaciones es más eficiente, lo que significa más provechoso en un análisis costo-beneficio, que el Estado regule *ex ante* el ejercicio de derechos con el objeto de evitar externalidades negativas. En esos casos, se crean normas que regulan el uso de aquellos derechos con el objetivo de evitar o minimizar abusos. Otras veces, sin embargo, es más eficiente intervenir *ex post*, como es el caso de las indemnizaciones en acciones por daños materiales o personales.

La tributación también cumple un rol importante en el control de externalidades. La propuesta pionera en el control de externalidades por medio de tributos es la del economista Arthur

Pigou, y tiene el objetivo de internalizar la externalidad, es decir, por medio de la tributación incentivar al individuo a incorporar en el costo de su actividad el perjuicio causado a terceros. La función extrafiscal se irradia por excelencia en el impuesto pigouviano.

Las externalidades positivas, típicamente emanadas por los bienes públicos, y, por lo tanto, una de las fallas de mercado, también justifican intervención del Estado sobre la esfera particular. Como hemos observado, la propia protección a los derechos individuales es una externalidad positiva que el mercado no tiene incentivos para producir, es decir, el Estado - al menos conceptualmente - es un bien público en sí mismo. Cabe aquí la diferenciación de Douglas North entre instituciones y organizaciones, siendo las primeras «reglas del juego» y las últimas, los jugadores que actúan de acuerdo con esas reglas.[140]

Siendo así, en términos concretos, las organizaciones que actúan dentro de la institución Estado, a saber, Poder Ejecutivo, Poder Legislativo y Poder Judicial, tienen como función principal, la de intentar corregir externalidades negativas y producir externalidades positivas que el ambiente de interacción denominado mercado no tiene incentivos para ofertar.

En lo que se refiere al conflicto entre intereses privados e interés público, el criterio de las externalidades, si no es infalible y libre de controversias, es, al menos razonablemente objetivo y, principalmente, mensurable. Por otro lado, la tradicional teoría jurídica suele afirmar la importancia de los derechos individuales y, simultáneamen-

---

[140] Maurice Hariou (2009, p. 20-21) proponea distinción entre instituciones-persona e instituciones-cosa siendo las primeras aquellas que se personifican en organizaciones (Estado, Asociaciones, Sindicatos, etc.) y las últimas se manifiestan como ideas que existen en el medio social, pero no se unifican en una corporación. La norma jurídica es una institución de ese tipo, pero no engendra una corporación porque ella no es un principio de acción o de empresa, sino al contrario, un principio de limitación». Así, la institución-persona es una idea de obra o de empresa que se realiza y dura jurídicamente en un medio social, posibilitando una comunión entre sujetos interesados en la realización de aquella idea, y esa unión ocurre a través de la estructura del órgano, sus atribuciones de competencia y sus regulaciones de procedimientos. Es en esa especie que Hariou concentra su obra *La teoría de la institución y de la fundaçào.*

te, aseverar que éstos deben ceder al interés público o colectivo. Pocas veces se proveen criterios razonablemente objetivos, a raíz de lo cual, no queda claro si el interés público es aquél cuyo titular es el Estado o una entidad amorfa denominada «colectividad».

El criterio de las externalidades limita de sobremanera la posibilidad de intervención del Estado, en nombre del interés público, en la esfera privada del individuo. La intervención en la libertad individual solo tendrá legitimidad cuando el ejercicio de esta afecte la libertad de terceros, para evitar su violación por externalidades negativas, así como para garantizarlas e inclusive incrementarlas por medio de externalidades positivas de los bienes públicos. En todos los otros casos, la supremacía corresponde siempre al interés individual sobre el colectivo, y no al contrario.

2.14. Tributación y libertad

Como vimos, los tributos son el precio para que vivamos en una sociedad civilizada. De ellos advienen los recursos financieros necesarios para la manutención del Estado, autoridad detentora del monopolio de la violencia y garantizadora de los derechos individuales.

El mismo Estado protector de estos derechos puede tornarse, sin embargo, su usurpador. Ese cambio de identidad, pasando de Estado democrático a Estado autoritario, puede darse gradualmente, a medida que la tributación deja de ser instrumento de garantía de libertades para ser instrumento de su violación. De ahí la famosa frase del Juez de la Suprema Corte norteamericana, John Marshall:[141] «the power to tax involves the power to destroy».

[141] McCulloch v. Maryland, juzgado en 1819. En el caso, el Estado de Maryland pretendió tributar al banco federal (*Second Bank of the United States*). James McCulloch, presidente de la filial del banco en Maryland, se rehusó a pagar el tributo, alegando su inconstitucionalidad, siendo que el Estado lo procesó, argumentando que la Constitución en nada mencionaba bancos. El banco fue condenado en primera instancia, y, en segunda instancia, a *Court of Appeals* de Maryland mantuvo la condena. El caso fue entonces a la Suprema Corte, con el voto paradigmático de Marshall, que declaró inconstitucional la tributación y estableció, de forma pionera, el equilibrio federativo entre Provincias y Gobierno federal, así como también la inmunidad tributaria recíproca.

La Historia muestra que gran parte de las reformas, rebeliones y revoluciones populares a lo largo de los tiempos tuvo como causa la insatisfacción con tributos excesivos o ilegítimos. Desde la civilización Sumeria con las reformas tributarias de Urukagina, pasando por la independencia norteamericana, cuyo embrión fueron los impuestos sobre el té cobrados por la Corona Británica de los colonos americanos, que pagaban sin siquiera tener derecho a contar con representantes en el parlamento inglés (de ahí la famosa frase «notaxation without representation»), hasta el exorbitante impuesto sobre el oro cobrado por la Corona portuguesa, que resultó en la Inconfidência Mineira (Conspiración Minera), el tributo es el estopín de artillería de la rebelión. Como dice Alcides Jorge Costa (2008, p. 60), «no conozco ninguna revolución hecha por medio de impuestos, aunque varias hayan surgido por causa del impuesto».

En efecto, la tributación, entre todos los demás, es el tema jurídico más ligado a la cuestión de la libertad. Sustantivamente, la tributación no es libertaria ni autoritaria, una vez que denota apenas un instrumento empleado por los gobiernos. De ese razonamiento parte un importante argumento para demostrar que, por ejemplo, inmunidades tributarias no son derechos fundamentales, ni tampoco cláusulas pétreas en la Constitución brasileña, una vez que el simple hecho de ser tributado no ofende ninguna garantía fundamental. No es la naturaleza del tributo lo que viola derechos fundamentales, pero sí el grado en que él es impuesto al individuo. Por eso la importancia y la necesidad de establecer, preservar y aplicar los derechos fundamentales del individuo (y de una de sus especies, el contribuyente) dispuestos por la Carta Magna.

2.14.1. Libertad económica, derechos sociales y tributación

El contrato social inevitablemente enfrenta dos valores: la libertad económica del individuo y los derechos sociales. De un lado, libertades negativas, del otro, libertades positivas.

Cuando la doctrina jurídica tradicional refiere a los derechos individuales, usualmente da primacía a las llamadas libertades civiles permaneciendo las libertades relativas a la riqueza del individuo, en segundo plano. Los economistas, por otro lado, advierten que libertades civiles, tales como libre expresión, libre culto y libre asociación se vuelven posibles lógicamente gracias a una libertad que les es condición necesaria (aunque no suficiente): la libertad económica.

No tendría sentido erigir libertades civiles como la libre asociación y la libre expresión si los medios para expresarlas fueran monopolio del Estado. ¿De qué valdría un enunciado constitucional manifestando la libertad de expresión sin diarios y emisoras de radio y televisión privadas? Absolutamente de nada, pues, siendo ellas de titularidad del Estado, tal libertad sería inocua y sin sentido, como ocurría en la extinta Unión Soviética y todavía sucede en regímenes totalitarios como el de Cuba.

Nótese que las propias limitaciones al poder de tributar son básicamente protecciones a la libertad económica del individuo: capacidad contributiva, no-confiscación e inclusive las que preservan la seguridad jurídica, como la estricta legalidad, la irretroactividad y la anterioridad.

Por otra parte, la demanda por derechos sociales exige incremento en la recaudación de tributos. Como el sistema tributario es casi siempre mal diseñado, las lagunas y fallas normativas hacen posible deserciones (aunque lícitas) en el cumplimiento de las obligaciones tributarias, así como la evasión pura y simple.

La libertad de elección como género y la libertad de actuar en el mercado como especie, son resultantes de una estructura institucional que provee seguridad y certeza del derecho a los individuos. A partir de esa estructura, el individuo sabe lo que puede y lo que no puede hacer y las consecuencias jurídicas de sus actos, así como también sabe que el Estado hará valer las reglas a las que se encuentra sometido en relación a los demás individuos, sin distinciones o privilegios.

La relación entre sistema jurídico y sistema económico (o mercado) es íntima, aunque no exista relación de identidad entre ellos. Pero es justamente lo jurídico lo que hace posible la necesaria seguridad institucional para que el mercado pueda funcionar adecuadamente - así como muchas veces es el sistema jurídico el que causa impacto y entorpece el funcionamiento satisfactorio del mercado.

2.15. Seguridad jurídica

La doctrina[142] suele hablar del principio de la seguridad jurídica, inclusive elevándolo al *status* de «sobre principio» (BARROS CARVALHO, 1991 y 2008, p. 263). Tal principio no está enunciado de forma expresa en nuestra carta constitucional, consustanciándose en una idea, un valor formado por la unión de diversos otros mandamientos.

El principio de la seguridad jurídica orienta el sistema jurídico a estabilizarse en relación a su ambiente. Es una directriz que tiene como objetivo alcanzar una situación fáctica, un Estado de cosas en el cual una comunicación estable entre orden normativa y sistema social.

Cuando alguien dice que la seguridad jurídica fue vulnerada, normalmente quiere referir a un Estado de cosas relativas a un determinado ordenamiento jurídico, que fueron afectadas directamente por alguna alteración súbita o por una constante inestabilidad en éste, en otras palabras, cuando la garantía de expectativas normativas que los individuos tienen en el ordenamiento es abruptamente perturbada y la certeza de las consecuencias jurídicas para las conductas es quebrada.

Max Weber (2004, p.227) enfatiza la necesidad de un Derecho racional en el sentido de pasible de cálculo por parte del agente tomador de decisiones. Cuando el Derecho deja de ser racional, es decir, pierde su previsibilidad, el cálculo costo beneficio se ve perjudicado y los individuos se sienten desorientados sin saber cómo actuar, pues el sistema de precios normativo - *es decir,* cuánto cuesta actuar de conformidad o en desconformidad con el ordenamiento jurídico-sufre un impacto y deja de comunicar eficientemente.

Es importante advertir que la seguridad jurídica es un valor instrumental, sin contenido sustantivo. Es un valor *y* un Estado de cosas; valor por ser un objetivo que debe alcanzarse y mantenerse, no

---

142 Para un estudio profundo sobre el tema, ver dos recientes obras en la doctrina brasileña:
TORRES, Heleno Taveira. *Direito constitucional tributário esegurança jurídica.* Metódica dasegurança jurídica do sistema constitucional tributário. *São Paulo: RT, 2011,* y ÁVILA, Humberto. *Segurança jurídica.* Entre permanência, mudança e realizaçãonodireito tributário. São Paulo. Malheiros, 2011.

obstante, como instrumento que hace posible la interacción humana. De esto, deviene el Estado de cosas anhelado: el sistema jurídico se encuentra en equilibrio y los sus destinatarios saben cómo actuar y cuáles son los precios de sus conductas.

Sin embargo, no tiene contenido sustantivo por el hecho de ser un valor promedio, por el cual otros valores encuentran el marco para ser concretizados. Aunque usualmente los Estados Democráticos de Derecho sean identificados con la seguridad jurídica, no hay obstáculo lógico para que un Estado totalitario tenga también el mismo tipo de estabilidad normativa.

El hecho de que frecuentemente los regímenes autoritarios sean prolijos y pródigos en normativizaciones *ad hoc* no impide que pueda existir un sistema en que total o parcialmente las imposiciones sean anti-libertarias, sin embargo estables. Y, en esos casos, habrá seguridad jurídica, aunque no exista libertad.

Tal seguridad, sin embargo, no será garantía de la preservación de derechos individuales, sino apenas certeza de opresión. Aun así, se trata de algo menos ruin que un sistema de inseguridad total, dado que en esa hipótesis, no hay siquiera cómo decidir y actuar asumiendo el riesgo de la elección, pues no es posible prever las consecuencias de las conductas. No hay más elección bajo riesgo, pero sí *elección bajo incerteza*, de sobremanera más perjudicial para las libertades individuales. La racionalidad del agente se congela, pues ya no es posible efectuar cualquier tipo de cálculo sobre las oportunidades de suceso o fracaso de cualquier acción.

La neutralidad sustantiva de la seguridad jurídica puede ser más fácilmente constatada cuando hay normas contrarias a intereses individuales, sin embargo estables y continuas en el tiempo. Considerando que el derecho es un sistema comunicacional cuya función es dirigir conductas intersubjetivas en dirección a valores determinados, tanto mejor es para su estabilidad y manutención si los sus destinatarios saben cómo deben actuar, pues así será más fácil lograr la obediencia a las órdenes.

Se podría argumentar que la propia libertad de elección, inherente a los estados democráticos, también es destituida de su contenido sustantivo. Eso es verdad, pues conceder libertad de elección la los individuos no garantiza sus elecciones serán virtuosas, sino que elegirán. Esa libertad, sin embargo, permite que el sistema social se vuelva complejo por la multiplicidad de acciones e interacciones entre los agentes sociales, y tal complejidad lo torna más adaptativo y evolutivo. No cabe olvidar que la libertad de elección y de actuar acarrea también la innovación, fundamental para la evolución de la civilización humana. Aunque la libertad de elección no tenga, en sí misma, carácter sustantivo, pues puede ser utilizada tanto para virtudes como para vicios, es igualmente beneficiosa- siempre y cuando existan instituciones sólidas para incentivar conductas virtuosas y para punir conductas deshonestas.

Seguridad jurídica es sinónimo de estabilidad normativa. Y, como las normas son órdenes *ex ante* a las conductas humanas, instituyendo reglas del juego, instituyen precios que deberán ser calculados por los individuos en su proceso de elección. Por eso, para que podamos planear nuestra vida es mejor que tengamos reglas contrarias nuestros intereses, sin embargo establecen el contenido, en la vigencia y en la aplicación, que tener reglas a veces favorables, otras desfavorables, a veces vigentes, otras derogadas, a veces aplicables, otras incumplidas por las propias autoridades que deberían aplicarlas. Ese escenario de total inseguridad e inestabilidad imposibilita el desarrollo de cualquier sociedad.

La seguridad jurídica, en sistemas democráticos y de economía de mercado, se genera por las mismas instituciones que dependen de ella para seguir sobreviviendo. Una estructura institucional desarrollada se origina por la unión de diversos derechos individuales objetivos y, principalmente, aplicados por las autoridades competentes. Esa combinación hace posible un ambiente de estabilidad institucional, propicio para el desarrollo social. Cualquier sistema social desarrollado tiene como condición necesaria (no suficiente) la seguridad jurídica generada por ese marco institucional. No es suficiente porque otros factores, tales como la iniciativa individual, la educación y condiciones mínimas de vida de los ciudadanos, contribuyen también para el desarrollo.

De acuerdo con Canotilho (1996, p. 381),[143] para que la seguridad jurídica se efectivice plenamente, su eficacia debe darse tanto *ex ante* como *ex post*.

La seguridad jurídica *ex ante* remite a la posibilidad de cálculo del individuo en relación a los efectos jurídicos incidentes sobre su conducta. Cuanto más claros y objetivos sean los enunciados normativos, así como también la necesaria relación entre ellos, para la construcción interpretativa de las reglas, más calculables serán las consecuencias de las acciones emprendidas por la persona. Cláusulas generales y conceptos indeterminados pueden disminuir e inclusive inviabilizar esa calculabilidad, causando, por lo tanto, inseguridad jurídica. También es necesario que las leyes no sean alteradas excesivamente, permaneciendo por tiempo razonable en el ordenamiento, de modo que los individuos puedan procesarlas e internalizarlas satisfactoriamente como precios a sus elecciones frente al Derecho.

En el derecho tributario, la eficacia *ex ante* de la seguridad jurídica no siempre se efectiviza pues no hay reglas prohibitivas suficientes para impedir los cambios en la legislación. Como se trata de una materia de competencia legislativa y administrativa, respectivamente para crear leyes y reglamentos, no hay como frenar todos los impulsos legislativos del Estado fiscal. Algunas reglas, inclusive de naturaleza constitucional, son importantes resguardos al encono normativo, especialmente la estricta legalidad, la irretroactividad y la anterioridad. Sin embargo, se limitan a la institución y al incremento de tributos, sobrando largo espacio para la fabricación de reglas tributarias en sentido amplio, tales como los deberes

143 «Las ideas centrales de la seguridad jurídica se desarrollaron alrededor de dos conceptos:
1) estabilidad o eficacia *ex post* de la seguridad jurídica: una vez adoptadas, en la forma y procedimiento legalmente exigidos, las decisiones estatales no deben poder ser modificadas arbitrariamente siendo apenas razonable la alteración de las mismas cuando ocurran presupuestos materiales particularmente relevantes.
2) previsibilidad o eficacia *ex ante* del principio de la seguridad jurídica que, fundamentalmente, se reconduce a la exigencia de certeza y calculabilidad, por parte de los ciudadanos, en relación a los efectos jurídicos de los actos normativos.»

instrumentales, tornando el ordenamiento jurídico brasileño un verdadero carnaval tributario, en la famosa expresión de Alfredo Augusto Becker.

En cuanto a la eficacia *ex post* de la seguridad jurídica, es fundamental la estabilidad de las relaciones jurídicas en andamiento o consolidadas. Si la seguridad jurídica *ex ante* garantiza que las reglas del juego no cambiarán abruptamente - antes que el juego comience -, la seguridad jurídica *ex post* garantiza que los resultados no serán alterados o desconsiderados por el árbitro del juego o por sus propios jugadores. De hecho, nada suena más injusto que alterar *ad hoc* resultados e inclusive las justas expectativas de resultados. El sentido común de todos nosotros es claro en cuanto a eso, y aun en nuestras actividades domésticas y cotidianas, por ejemplo, un partido de un juego cualquiera entre amigos, nuestro sentido de justicia grita indignado si después de que nosotros hayamos vencido, el adversario, inconformado, intenta revertir el resultado a su favor. Imagínese eso en el Derecho, cuando las consecuencias de un litigio son mucho más graves y definitivas.

En el derecho brasileño, y en su segmento de la tributación, la seguridad *ex post* se garantiza mediante las reglas constitucionales del derecho adquirido, de la cosa juzgada material y formal, del acto jurídico perfecto y de la irretroactividad.[144]

2.15.1. Seguridad jurídica ex ante: la estricta legalidad

La estricta legalidad (artículo 150, I), regla que impone la ley formal como vehículo introductor de tributos en el sistema, tiene por función limitar la creación de nuevas imposiciones al proceso legislativo. El hecho de que un tributo sea creado por ley tiene una razón muy pragmática: evitar que esa intervención en el patrimonio individual sea fruto de una voluntad individual, colocándola en manos de un colegio donde la cuestión será discutida y votada antes de convertirse en realidad.

Por lo tanto, el primero valor que la estricta legalidad garantiza es la democracia, pues remite la creación de tributos al monopolio

---

144 Ver el excelente estudio de Leandro Paulsen sobre el tema: *Seguridad jurídica, certeza del Derecho y tributación*. Porto Alegre: Libreríadel Abogado, 2006.

del Poder Legislativo. [145] El segundo valor que se garantiza es la seguridad jurídica, pues el proceso de crear un tributo en órgano colegiado es más penoso y difícil que, por ejemplo, por el jefe del Poder Ejecutivo.

Finalmente, protege además el derecho de propiedad de arbitrariedades. Una de las formas más comunes de apropiación abusiva del patrimonio privado se da por medio de sistemas autoritarios de gobierno, a discreción del dictador.

Se trata también de una cláusula pétrea por ser una redundancia de la legalidad general dispuesta en el artículo 5.º, I. En otras palabras, si fuera revocado el artículo 150, I, de la Constitución, no estaría menos protegido el contribuyente, puesto que seguiría bajo guarida del artículo 5⁰, I de la excelsa Carta.[146]

2.15.2. Seguridad jurídica ex ante: la anterioridad

Las llamadas limitaciones al poder de tributar, compuestas por principios y reglas, son casi siempre repeticiones, o, en los términos de la teoría de la comunicación, «redundancias» de los derechos individuales agrupados en el artículo 5.º de la Constitución. Son redundancias en el sentido de refuerzo del mensaje.

Cabe decir que reglas como la estricta legalidad y la irretroactividad ya están subsumidas en el rol de los derechos indi-

---

[145] Algo relativizado, como tantos otros derechos y garantías en la Constitución, por la medida provisoria, prevista en el artículo 62.

[146] Para Luís Eduardo Schoueri (2011, p. 277), sin embargo, solo el lector «desatento» podría llegar a conclusión arriba referida, pues «al comparar el texto del artículo 5°, con el del artículo 150, se advierte que el constituyente no fue redundante cuando trató la materia tributaria: si en general un comportamiento será exigido 'en virtud de una ley, en las cuestiones tributarias, impera la exigencia de que la obligación esté prevista en la propia ley. No hay espacio para la delegación». A pesar de la posición de este afamado tributarista y aunque que el texto de los dispositivos sea ligeramente diferente, no existe cualquier diferencia entre el *sentido* de los dispositivos constitucionales. En ambas locuciones la presencia del vehículo legal es imprescindible para la inauguración en el sistema de cualquier Derecho o deber subjetivo. Lo que, para parte de la doctrina, diferencia la estricta legalidad de la legalidad general, no son los referidos dispositivos constitucionales, sino la existencia del artículo 97 del Código Tributario, que determina la reserva de ley para estipulación del hecho generador, base de cálculo y alícuota de los tributos.

viduales. Creación de nuevos derechos y deberes no pueden ser instituidos por decreto ni tampoco sobre hechos pretéritos a su institución. Siendo así, en el caso de que alguna enmienda constitucional revocase los incisos I y II, «la», del artículo 150, eso no implicaría que el contribuyente se vería destituido de esas garantías, pues ellas permanecerían válidas e vigentes en el artículo 5.° de la Constitución. Quiso el constituyente reforzar el mensaje vehiculizado en aquél artículo en capítulo específico de la tributación, pero no debe olvidarse que los contribuyentes son una subclase de un género mayor, como son los individuos.

La regla de la anterioridad, sin embargo, es algo lamás.

Normalmente no hay impedimento para que una regla prohíba determinado comportamiento de la noche a la mañana por ejemplo, los nuevos límites de consumo de alcohol permitidos al manejar un automóvil. Es de buena técnica legislativa, Sin embargo, estipular la *vacatio legis*, interregno de vigencia de la ley que hace posible a las personas internalizar psicológicamente las nuevas imposiciones a sus conductas. De la norma tributaria es exigido, sin embargo, todavía más tiempo de adaptación para el contribuyente.

Esa regla determina que los entes federativos no pueden instituir o tributos en el mismo ejercicio financiero en que haya sido creada la ley que los instituyó o aumentó y, además de eso, impone también el lapso mínimo de noventa días contados desde la publicación de la ley.[147]

Se trata de una regla que tiene como objetivo la seguridad jurídica y la preservación de la libertad económica del contribuyente. Es regla y no principio, por establecer un preciso marco temporal, no sujeto a interpretaciones extensivas de su contenido semántico.

---

[147] Art. 150. Sin perjuicio de otras garantías aseguradas al contribuyente, le está vedado a la Unión, a los Estados, al Distrito Federal y a los Municipios:
[...]
III - cobrar tributos:
b) en el mismo ejercicio financiero en que haya sido publicada la ley que los instituyó o aumentó;
c) antes de transcurridos noventa días de la fecha en que haya sido publicada la ley que los instituyó o aumentó, observado lo dispuesto en el punto *b*.

Ese marco es objetivo y, por lo tanto, seguro, pero no por eso conlleva infaliblemente a la seguridad jurídica.[148]

2.15.3. Seguridad jurídica ex post: la irretroactividad tributaria

Como el tributo sustituye la propiedad privada, es necesario que el contribuyente sepa de antemano cuáles de sus elecciones resultarán en costos. Igualmente, instituir tributo sobre alguna conducta pasada que hasta entonces no sufría ninguna exacción imposibilita cualquier tipo de planeamiento previo, rompiendo con la seguridad jurídica.

La Constitución prohibición la imposición de tributos que alcancen hechos pretéritos a su institución o ampliación (artículo 150, II, «la»).[149]

Esa limitación visa claramente a proteger la propiedad privada, por medio de la preservación de la seguridad jurídica, pues sería imposible evitar incurrir en actividades tributadas si ya las hubiera realizado antes de la creación de la exacción.

2.15.4. Seguridad jurídica ex post: derecho adquirido, acto jurídico perfecto y cosa juzgada en materia tributaria

No es casualidad que las tres garantías ut supra son enunciadas conjuntamente en la Constitución. El acto jurídico perfecto, en-

---

[148] Lo que termina, frente a las diversas excepciones del § 1.º del mismo dispositivo (que retiran de esa limitación el empréstito compulsivo, el impuesto de importación, exportación, impuesto sobre productos industrializados, impuesto sobre operaciones de crédito, cambio, seguro y valores mobiliarios, impuestos extraordinarios de guerra, impuesto sobre vehículos automotores e impuesto sobre propiedad predial y territorial urbana), siendo un efecto bastante limitado. Si el legislador federal quiere, por ejemplo, aumentar la alícuota del impuesto sobre la renta el día 31 de diciembre, tal aumento tendrá vigencia ya el día siguiente a la su institución - 1.º de Enero - nuevo ejercicio financiero. Aunque la regla haya sido obedecida, los valores por ella pretendidos no fueron alcanzados, que son la seguridad jurídica y la libertad económica de los contribuyentes.

[149] Art. 150. Sin perjuicio de otras garantías aseguradas al contribuyente, le está vedado a la Unión, a las Provincias, al Distrito Federal y a los Municipios:
[...]
III - cobrar tributos:
a) en relación a hechos generadores ocurridos antes del inicio de la vigencia de la ley que los haya instituido o aumentado.

tendido como la consecución de todos los requisitos formales necesarios para que derechos y deberes sean debidamente constituidos en el mundo jurídico. Por ejemplo, un contrato celebrado de acuerdo con las disposiciones legales, una ejecución tributaria labrada de conformidad con las exigencias procedimentales, o una sentencia dictada de acuerdo con las reglas procesales. El acto jurídico perfecto es condición necesaria (sin embargo no suficiente) para la existencia de derecho adquirido.

La cosa juzgada material, a su vez, es una especie del acto jurídico perfecto, consustanciándose en decisión final, irrecurrible, que sedimenta derechos y deberes, cuyo contenido podrá hacer surgir derecho adquirido. Si, por ejemplo, el contribuyente tiene una causa ganada contra el fisco, en acción declaratoria de inexistencia de relación jurídica tributaria, obtendrá el derecho adquirido de no sufrir más la incidencia de aquél tributo que impugnó judicialmente.

La garantía del derecho adquirido refiere en ese sentido, a la inmutabilidad de situaciones en las cuales los individuos obtuvieron determinado derecho subjetivo en relación al cual alguien (otros sujetos, el Estado o la sociedad) tiene el respectivo deber de no violar.

Algunas veces esos derechos subjetivos son relacionados a alguna especie de privilegio conquistado por el ciudadano.

En el ámbito tributario, el relativo derecho adquirido a veces está relacionado a beneficios tributarios, estando de sobremanera limitados por la legislación y por la jurisprudencia[150], especialmente cuando estos beneficios están condicionados al cumplimiento de determinados requisitos y obligaciones. Es el caso de las exenciones, remisiones y amnistías (arts. 172, párrafo único, 179, § 2°, 182, pá-

[150] A modo de ejemplo, el Recurso Extraordinario 344.944, juzgado por el plenario del STF, en 25/03/09: «Impuesto de renta Deducción de perjuicios fiscales. Limitaciones. Arts. 42 y 58 de la Ley 8.981/1995. Constitucionalidad. Ausencia de violación de lo dispuesto en los arts. 150, III, *a* y *b*, y 5°, XXXVI, de la CB. El Derecho al resarcimiento de los perjuicios fiscales acumulados en ejercicios anteriores es expresivo de beneficio fiscal en favor del contribuyente. Instrumento de política tributaria que puede ser revisada por el Estado. Ausencia de Derecho adquirido. La Ley 8.981/1995 no incide sobre hechos generadores ocurridos antes del inicio de su vigencia. Perjuicios ocurridos en ejercicios anteriores no afectan ningún hecho generador.»

rrafo único, del CTN). Inclusive algunas inmunidades, como la que prohíbe la tributación sobre renta, el patrimonio y los servicios de entidades de educación y de asistencia social sin fines lucrativos (art. 150, VI, c, de la CF) requieren el cumplimiento de deberes instrumentales por parte de los contribuyentes por ella agraciados (art. 14 del CTN).

Por otro lado, habrá igualmente derecho adquirido cuando, por ejemplo, el contribuyente cancele la deuda que tiene con el fisco, siendo que éste ya no podrá cobrarle al contribuyente el mismo débito. En rigor, siempre que haya derecho subjetivo que no puede ser alterado o anulado, estaremos frente a un derecho adquirido.

La cosa juzgada está prevista en el art. 467 del Código de Proceso Civil: «Se denomina cosa juzgada material a la eficacia, que torna inmutable e indiscutible la sentencia, que ya no estará sujeta a recurso ordinario o extraordinario.»

La estabilidad de las relaciones jurídicas requiere su inmutabilidad, una vez cumplido el contradictorio. Siendo así, no podrá el Estado - sea a través del poder ejecutivo, legislativo o judicial, alterar o desarmar situaciones que hayan sido consolidadas por decisión final en proceso judicial, incluyendo materia tributaria.

La excepción, no obstante, es la acción rescisoria, prevista en el art. 485 del mismo cuerpo legal, remedio jurídico excepcionalísimo, que tiene como objetivo desarmar situaciones entonces sedimentadas por decisión final, siempre que ocurran las hipótesis descriptas en el dispositivo.[151]

---

[151] Art. 485. La sentencia de mérito, transitada en juzgado, puede ser rescindida cuando:
I - se verifique que fue dada por prevaricato, cohecho o corrupción del juez;
II - proferida por juez impedido o absolutamente incompetente;
III - resulte de dolo de la parte vencedora en detrimento de la parte vencida, o de colisión entre las partes, en fraude a la ley;
IV - ofende la cosa juzgada;
V - viola literal disposición de ley;
VI - se basa en prueba, cuya falsedad haya sido verificada en proceso criminal es decir probada en la propia acción rescisoria;
VII - después de la sentencia, el autor obtenga documento nuevo, cuya existencia ignoraba, o del que no pudo hacer uso, capaz, por sí mismo, de asegurarle un pronunciamiento favorable;

Cabe mencionar que no hay cosa juzgada en proceso administrativo[152] - aunque el efecto sea similar, en los casos de decisión favorable al contribuyente. Es que en esas situaciones, sería contradictorio que la procuraduría de la hacienda pudiera litigar contra posicionamiento del propio órgano de hacienda al que pertenece. Si eso fuera permitido, habría un contrasentido en el sistema jurídico, siendo entonces posible las llamadas relaciones jurídicas reflexivas, en las cuales el sujeto puede litigar contra sí mismo (ver introducción al capítulo V).

Por lo tanto, aunque no exista propiamente cosa juzgada material en el proceso administrativo, la hacienda no podrá revertirla decisión proferida en favor del contribuyente, puesto que se trata de una decisión emanada de un órgano suyo - tribunal administrativo.

2.16. Libertad económica y libre-iniciativa

La libertad económica se manifiesta, analíticamente, de dos maneras: por la libre-iniciativa y por el derecho de propiedad.

La libre-iniciativa significa el permiso de entrar, permanecer y salir de un mercado. El derecho de propiedad significa el permiso de apropiarse, usufructuar y disponer de los frutos de la libre-iniciativa.

Cabe al Estado, por la lógica del contrato social, proteger esas libertades. Asimismo, le cabe también producir bienes públicos y corregir fallas de mercado. Hacer más que eso, llevará a la ineficiencia de la asignación de los recursos, esencialmente escasos, y reducirá el bienestar social. En otras palabras, desviando recursos que serían mejor administrados por el sector privado, capaz de multiplicarlos en lugar de simplemente consumirlos, como hace el gobierno.

VIII - haya fundamento para invalidar la confesión, el desistimiento o la transacción, en que se basó la sentencia;

IX - fundada en error de hecho, resultante de actoso de documentos de la causa;

[152] «La cosa juzgada la que se refiere el art. 5º, XXXVI, de la Carta Magna es, como conceptúa el § 3º del art. 6º de la Ley de Introducción del Código Civil, la decisión judicial contra la que ya no quepa recurso, y no la denominada cosa juzgada administrativa.» (RE 144.996, Rel. Min. Morera Alves, juzgamiento en 29-4-1997, Primera Turma, *DJ* de 12-9-1997.)

La entrada en el mercado se da por medio de la protección de la libre competencia fundamental para la preservación de un mercado libre. El Estado debe intervenir, entonces, para inhibir y para punir una de las fallas de mercado, que son los monopolios y los carteles. Si la intención es realmente proteger la libertad económica, la única función del Estado es corregir fallas de mercado. Sin embargo, al imponer tarifas externas y beneficios fiscales para productores internos, el Estado termina aumentando las fallas de mercado, generando monopolios institucionalizados y frenando a los consumidores en la adquisición de productos muchas veces mejores y/o más baratos del exterior - en suma, no haciendo posible la libre-iniciativa.

De la misma forma, los costos de transacción inhiben la entrada en el mercado. El sistema jurídico debe disminuir los costos de transacción, por medio de instituciones sólidas, que se manifiestan mediante reglas lo más objetivas y estables posible, y que puedan «lubricar» las relaciones económicas.

La permanencia en un mercado se da por medio de una libertad proveniente de la libre-iniciativa, que es el libre ejercicio de la actividad económica (art. 170, párrafo único, de la CF). La libre competencia también opera en ese ámbito, hallándose reprimidos los actos de concentración de mercado, como es el caso de los oligopolios y los carteles. A pesar de que esos valores están umbilicalmente ligados, es posible que entren en colisión en casos concretos. Tal puede ocurrir por el hecho de que el libre ejercicio de la actividad económica y el de la libre competencia no sean valores idénticos, que tienen apenas denominación distinta. Son conceptualmente distintos.

La permanencia en un mercado puede ser afectada por la tributación. Además de la carga tributaria propiamente dicha, el sistema tributario, por su difusión, generalmente aumenta los costos de transacción, lo que puede advertirse por la cantidad de obligaciones accesorias que los contribuyentes deben cumplir.

Finalmente, la salida de un mercado es importante porque hace posible el dinamismo en el sistema económico, en que productores entran y salen de determinados sectores, haciendo con que los recursos sean espontáneamente ubicados en posiciones donde sean más valorados. Por ejemplo, cuando una industria cierra sus puertas, eso no implica, en sí mismo, algo necesariamente malo. En cambio, denota apenas que aquél productor, en aquella actividad específica, no estaba produciendo de acuerdo con el equilibrio de oferta y demanda, *es decir*, estaba utilizando recursos ineficientemente. Por lo tanto, la eterna tendencia al equilibrio de un orden espontáneo hace que esa industria se retire del mercado, y los recursos sean nuevamente reasignados donde son más valorados.

Nuevamente, el sistema tributario, el nuestro en particular, inhibe la salida de productores del mercado. Al conceder beneficios e incentivos a empresas ineficientes, distorsiona el sistema económico, evitando que el orden espontáneo naturalmente oriente los recursos eficientemente. Al producir incontables reglas tributarias, imprecisas y numerosas, retarda de sobre manera la salida del mercado, o al menos, una retirada sin costos excesivos. La enorme cantidad de deberes instrumentales para dar la baja a una empresa es prueba cabal de eso, acarreando meses, cuando no, años, para que sea posible cerrar definitivamente una persona jurídica.

2.17. Libertad económica y derecho de propiedad

Uno de los principales factores para el desarrollo económico en cualquier sociedad es el derecho de propiedad. Se trata de una institución social que ultrapasa su aspecto jurídico-formal, albergando toda una dimensión moral que la identifica con la propia idea de régimen libre y democrático.

La «Propiedad», por así decir, significa un «paquete» de derechos (COOTERY ULEN, 1992, p. 72) incluyendo permiso para adquirir, transar, enajenar, donar y legar bienes y derechos relativos. Se trata, por un lado, de una permisión protegida y, lógicamente por otro, de una prohibición la todos - Estado y terceros - de violar en esta libertad negativa.

El (los) derecho (s) de propiedades (son) fundamental (es) para la consecución y manutención de un orden social libre, por implantar incentivos correctos para la creación de riqueza y, por lo tanto, de bienestar para la sociedad. Si los individuos racionales supieran que podrán apropiarse de los frutos de su labor, tendrían estímulos para producir al máximo de sus capacidades, lo que genera la producción de riqueza. Por otro lado, habiendo alguna imposición normativa que les vede tal apropiación, dirigiendo la apropiación y asignación de bienes de forma igualitaria, sin importar la capacidad y contribución de cada uno para la formación de «la torta», los incentivos serán negativos: no producir y/o engancharse en el trabajo del próximo. En ese sentido, es lapidaria la lección de Rachel Sztajn (2005, p. 256):

> «cuanto más seguro fuere el derecho de propiedad, mayor será la facilidad para su regular circulación; inversamente, cuanto menos seguro fuere, cuanto más sujeto a la apropiación, menor el incentivo para esforzarse en obtenerlo. Por lo tanto, no basta el título de propiedad, es necesario que las normas garanticen su manutención.»

El renombrado economista e intelectual peruano Hernando de Soto en su aclamada obra «The Mistery of Capital» (2000, p. 59) resalta que la más importante contribución que la institución formal de la propiedad concedió a la humanidad no fue solo la protección de los bienes privados, pues detentores de la posesión, condominios, mafias y aun tribus primitivas protegen sus bienes de forma bastante eficiente. La gran innovación de los derechos formales de propiedad, garantizados por el Estado, es el progreso radical en la comunicación de los bienes y de su potencial como generadores de capital. Los derechos de propiedad son, en ese sentido, abstracciones que elevan la capacidad de conexión entre los individuos y consecuentemente de generación de riqueza y bienestar, desplazando los bienes de sus meras características y limitaciones físicas. Un bien tradicionalmente físico, *v.g.* un terreno, pasa a ser pasible de generar crédito para su propietario, sirviendo como garantía para otros negocios y multiplicando su capacidad económica. Los bienes intangibles ilustran de forma todavía más clara las posibilidades de desarrollo del mercado que los derechos de propiedad permiten.

El gran avance que la institución propiedad acarreó, en ese sentido, se traduce en un fenómeno comunicacional. Por proveer derechos objetivos y fungibles a cuales quiera bienes pasibles de valor económico, la propiedad sirvió de sus tentáculo institucional para el desarrollo de mercados impersonales, mucho más allá de las relaciones personales de confianza entre vecinos o familiares, típicas de sociedad tribales.

La propiedad privada y la tributación sobre ella son inherentes a los órdenes democráticos. Donde no hay propiedad no tiene sentido hablar de tributación, a no ser que se amplíe el concepto de esta para incluir también el trabajo forzado del individuo al Estado. Siendo así, la tributación afecta directamente la propiedad y, para que se mantenga el núcleo fundamental del contrato social, son necesarias protecciones jurídicas para preservarla.

La ironía es que cabe al Estado proteger la propiedad (y demás derechos individuales) del propio Estado. De ahí la importancia de la tripartición de los poderes idealizada por Montesquieu, que, como recuerda João Féder (1997, p.39), dividió el poder, pero no lo domesticó. De la misma forma, esa situación paradójica lleva a algunos pensadores al escepticismo en cuanto a la naturaleza de la propiedad privada, llegando al punto de considerarla un «mito» (MURPHY Y NAGEL, 2002).

1. A efectos de preservar la propiedad individual, el legislador constituyente alzó este derecho al rango de cláusula pétrea, que no puede ser abolida, revocada o modificada ni siquiera por enmienda a la Constitución. Ese enclave no se forma apenas por el dispositivo específico del artículo 5.°, XXI («está garantizado el derecho de propiedad»), sino también por otros que componen su núcleo duro. El inciso siguiente del mismo artículo («la propiedad atenderá a su función social»), a su vez, relativiza la garantía objetiva supra citada con la referida cláusula general (ver ítem 5.3.6.1). La cláusula general, con el afán de generar justicia redistributiva, afectó ese auténtico pilar de cualquier orden libre y democrático, tal cual el salitre que corroe el más duro cimiento.

Las limitaciones constitucionales al poder de tributar, especialmente aquellas que son redundancias de los derechos individuales, son lógicamente derivadas del derecho de propiedad. Las llamadas «limitaciones» se refieren mediata o inmediatamente al derecho de propiedad según veremos.

2.17.1. Capacidad contributiva

La capacidad contributiva se manifiesta por medio de la enunciación de diversas disposiciones constitucionales y es corolario del derecho de propiedad, pues prohibición la tributación que ultrapase las condiciones patrimoniales del individuo. Es también derivada de la isonomía, como enseña Roque Antonio Carraza (2010, p. 97), pues impone equidad a los tributos.

Puede ser aplicada por medio de dos técnicas: la proporcionalidad y la progresividad.

La proporcionalidad intenta cobrar en la medida económica del soporte fáctico del tributo. Por ejemplo, una alícuota de 1% de IPTU incidente sobre un inmueble que valga R$ 10.000,00 y sobre otro que valga R$ 1.000.000,00, atiende la proporcionalidad (y consecuentemente a la capacidad contributiva), una vez que, a pesar de que la alícuota sea la misma, la base tributable es diferente. De ese modo, no importa el tamaño de la base, pues proporcional será la tributación sobre ella.

La progresividad, como vimos, es una técnica que tiene como objetivo la redistribución de renta. Impone exacciones mayores a medida del incremento marginal de la renta. En otras palabras, para cada riqueza marginalmente adquirida, incide una alícuota marginal. Por ejemplo, el impuesto sobre la renta puede ser estructurado en franjas de renta, y siempre que el contribuyente alcance una franja superior, una alícuota más elevada le será aplicada. De ahí el adjetivo «progresivo» atribuido al impuesto.

Por tener esa función, no se encuadra como una libertad negativa o una garantía de justicia fiscal individual.

Algunos autores, como Roque Carrazza (2010, p. 95, nota al pie nro. 46), ven en el párrafo único del artículo 145[153] de la Constitución una autorización para que el legislador instituya la

[153] Art. 145. [...]
[...]
§ 1.º Siempre que sea posible, los impuestos tendrán carácter personal y serán graduados según la capacidad económica del contribuyente, facultado a la administración tributaria, especialmente para conferir efectividad a esos objetivos, identificar, respetados los derechos individuales y en los términos de la ley, el patrimonio, los rendimientos y las actividades económicas del contribuyente.

progresividad en todos los tributos (con excepción de los impuestos indirectos, como el IPI yel ICMS). Pese a la autoridad científica del citado tributarista, no lo entendemos así. La locución «siempre que sea posible los impuestos tendrán carácter personal y serán graduados según la capacidad económica del contribuyente, facultado a la administración tributaria, especialmente para conferir efectividad a esos objetivos, identificar, respetados los derechos individuales y en los términos de la ley, el patrimonio, los rendimientos y las actividades económicas del contribuyente» no lleva a tal autorización. El objetivo pretendido por el constituyente es forzar al legislador a diseñar la tributación teniendo en cuenta la justicia y la igualdad, es decir, evitar tributos indiferentes a las condiciones personales del contribuyente y, para ello, permite a la autoridad fiscal analizar la realidad financiera del individuo pagador de impuestos.

Además, el constituyente expresamente autorizó que solamente tres impuestos sean progresivos: el impuesto sobre la renta (153, § 2.°, I), impuesto territorial rural (153, § 4.°, I) y el impuesto predial y territorial urbano (156, § 1.°, I, y 182, § 4.°, I). Habiendo autorizado expresamente la institución de progresividad para esos impuestos, lógicamente no la autorizó para los demás.

La necesidad de autorización expresa para instituir exacciones es una forma de preservar la libertad económica del contribuyente, manifestada por su derecho de propiedad.

2.17.2. La prohibición del efecto confiscatorio

El enunciado constitucional que prohíbe que los entes federativos utilicen tributo en efecto de confiscación (artículo 150, IV) es proveniente obvio del derecho de propiedad.

El acto de confiscar el bien del particular denota el ejercicio del poder de policía del Estado, *es decir,* su prerrogativa de «limitar o disciplinar derecho, interés o libertad» (artículo 78 del Código Tributario Nacional)[154] en pro del interés público. Tal acto administrati-

[154] Art. 78. Se considera poder de policía la actividad de la administración pública que, limitando o disciplinando el derecho, interés o libertad, regula la práctica de acto o abstención de hecho, en razón del interés público concerniente a la seguridad, a la higiene, al orden, a las costumbres, a la disciplina

vo debe tener supedáneo legal, so pena de incurrir en abuso de autoridad. La ley, a su vez, necesariamente tiene que estar de acuerdo con la Constitución, es decir, respetar los derechos individuales. «Confiscar» denota, por lo tanto, el acto ejercido por el poder público que expropia el bien del particular, con el objetivo de proteger el interés público. No se confunde con la retención de un bien del particular por el poder público, pues ahí el carácter es provisorio y revocable, dependiendo del atendimiento a determinadas condiciones impuestas por la ley.

¿Qué es «efecto de confiscación»?

Si el costo del tributo es tan alto a punto de no compensar mantener el bien bajo su propiedad, se podría considerar que la tributación es «confiscatoria». Sin embargo, cuando se alcanzaría ese «punto sin vuelta» de la tributación?

En vista del derecho individual de propiedad, la confiscación sería el punto a partir del cual el costo impuesto por el Estado ultrapasa no solo el beneficio de tener el bien, sino también inviabiliza su manutención. El problema inmanente a esa concepción es que el método para verificarla sería inevitablemente el de las curvas de indiferencia de la elección del consumidor.

Los casos más evidentes son aquellos en que la tributación alcanza el valor integral del bien. Por ejemplo, una alícuota de 100% sobre un bien mueble o inmueble tendría ese efecto confiscatorio, pues, aunque el contribuyente lo mantuviera bajo su propiedad pagando el tributo, económicamente es como si hubiese sido privado de él. Sin embargo, ¿qué podemos decir de alícuotas menores que cien por ciento, pero todavía elevadas o de alícuotas superiores a cien por ciento? ¿Habría confiscación en esas últimas y no en las primeras?

---

de la producción y del mercado, al ejercicio de actividades económicas dependientes de la concesión o autorización del Poder Público, a la tranquilidad pública o al respeto a la propiedad ya los derechos individuales o colectivos.
Párrafo único. Se considera regular el ejercicio del poder de policía cuando desempeñado por el órgano competente en los límites de la ley aplicable, con observancia del proceso legal y, tratándose de actividad que la ley tenga como discrecional, sin abuso o desvío de poder.

Ilustrando mejor:

1) 20% sobre el valor de un inmueble, pagado anualmente, a título de impuesto territorial rural (ITR), es confiscatorio?

2) 35% (impuesto de importación) + 25% (IPI importación) + 18% (ICMS importación en São Paulo) + 9,2% (PIS + Con fines de importación) + 0,38% (IOF sobre cambio) sobre automóvil importado, totalizando aproximadamente 90% del valor del bien, ¿es confiscatorio?[155]

Cabe advertir que la extrafiscalidad es el factor que excepciona el tradicional razonamiento sobre el efecto de confiscación tributaria, es decir, aquél que lo identifica a partir, principalmente, de la alícuota. En ese marco, Renato Lopes Bello (2009, p. 472) advierte que la mera alícuota elevada no es suficiente para identificar confiscación, por ejemplo con la alícuota de 330% del IPI sobre cigarros. Es que el legislador muchas veces instituye exacciones altísimas que, no por ello, pueden ser consideradas confiscatorias, considerando que la principal intención no es tomar el bien del particular, sino desestimularlo en la adquisición o consumo de acuerdo con la finalidad legal.

En la primera situación del ejemplo arriba mencionado la alícuota de veinte por ciento es extrafiscal. Su función es estipular un precio alto para la baja productividad de una propiedad rural, a efectos de inducir el comportamiento en la dirección contraria. De acuerdo con la tabla constante de la Ley n.° 9.393/1996, propiedades con más de 5.000 hectáreas con el menor grado de productividad serán tributadas con la alícuota máxima de 20% al año.

¿Se podría argumentar que tal exacción sobre una propiedad improductiva es confiscatoria, ya que ella no produce recursos para solventar el impuesto? ¿O que, igualmente, no posee capacidad contributiva?

Como la propiedad debe cumplir su función social - que puede ser interpretada de varias formas, pero en el contexto del ITR toma

155 El valor es aproximado, para fines meramente ilustrativos, sin considerar tasas aduaneras, tampoco criterios de cálculo de la base tributable.

el sentido de producción rural –, la tributación anual sobre grandes propiedades improductivas a razón de la referida alícuota es razonable y eficiente como incentivadora de conductas.

En el caso de la importación, no está implicada apenas la extrafiscalidad pues el objetivo es también recaudatorio. Aunque la real eficiencia e inclusive la deseabilidad de la tributación sobre importación de bienes y servicios en una economía que si pretenda «de mercado» sea altamente discutible, al menos el propósito extrafiscal se justificaría como inductor de la economía. Sin embargo, solo un impuesto sería suficiente para ello, especialmente el propio impuesto sobre la importación y no todos los arriba relacionados y, lo más importante, debería haber una justificación plausiblemente extrafiscal para tributar elevadamente algún bien o servicio.

Asimismo, la tributación sobre importación que no se justifique por el interés público - usualmente como forma de regulación del mercado - y cuya carga sea próxima o igual al valor del bien en sí mismo (sumados todos los tributos, aunque de entes federativos distintos), tendría efecto de confiscación.

Queda, sin embargo, la pregunta: ¿en qué nivel la tributación pasa a ser confiscatoria? La respuesta dependerá del nivel personal de utilidad (o desutilidad) en relación a la tributación. A partir del momento en que la tributación sobre determinada actividad (*v.g.*, ser propietario, prestar servicios, vender mercaderías) se torne tan costosa a punto de superar los beneficios, habrá efecto de confiscación. Hugo de Brito Machado (2010, p. 243-244) propone una definición de efecto de confiscación que se aproxima de la noción de utilidad subjetiva, al decir que en esos casos el tributo es «sentido como penalidad».

Sin embargo, esa medida personal de utilidad no puede ser medida objetivamente, tornando difícil el análisis.

Una forma de convertir el principio de no confiscatoriedad en regla sería establecer un porcentaje fijo como límite para la tributación, siendo que, su superación implicaría efecto confiscatorio. Estevão Horvath (2002, p. 120) pondera que la fijación previa y abstracta de los límites de la confiscatoriedad no es la mejor solución, dada las innumerables peculiaridades de cada tributo. Como hemos advertido, realmente hay situaciones en que un alto porcentaje no significa, necesariamente, confiscación, lo que lleva a creer que, estableciendo meramente ese límite no se resolvería el problema. Por otro lado, como resalta el supra citado jurista, eficiente o no, la fijación objetiva - siempre que sea establecida por el Poder Judicial - al menos establecería un marco que el legislador tendría que tomar como pauta. Hasta el presente momento, sin embargo, estimar el carácter confiscatorio o no de la tributación no pasa de una «rule of thumb», heurística sin márgenes de definición seguros.

2.17.2.1. Carga tributaria,costos de conformidad y efecto de confiscación

La doctrina y la jurisprudencia suelen analizar el efecto confiscatorio de tributo en tributo, sin advertir que la carga tributaria general puede tener efecto confiscatorio. Los brasileños trabajan casi seis meses por año apenas para pagar tributos, lo que convierte al sistema tributario en un auténtico régimen de servidumbre.[156] El Tribunal Federal Supremo, sin embargo, ya se ha manifestado en el sentido de atribuir efecto de confiscación al total de la carga tributaria, al juzgarla ADIn 2010, cuyo relator fue el Ministro Celso de Mello, en 2002, en cuyo sumario se lee:

> La identificación del efecto confiscatorio debe hacerse en función de la totalidad de la carga tributaria, mediante verificación de la capacidad de que dispone el contribuyente - considerado el monto de su riqueza (renta y capital) - para soportar y sufrir la incidencia de todos los tributos que él deberá pagar, dentro de determinado período, a la misma persona política que los haya instituido (la Unión Federal, en el caso), condicionándose, aun, la verificación del grado de insoportabilidad económico-financiera, a la observancia, por el legislador, de patrones de razonabilidad destinados a neutralizar excesos de orden fiscal eventualmente practicados por el Poder Público. Resulta configurado el carácter confiscatorio de determinado tributo, siempre que el efecto acumulativo - resultante de las múltiples inci-

---

156 Dato obtenido en la organización no gubernamental Instituto Millenium (www.imil.org.br).

dencias tributarias establecidas por la misma entidad estatal - afecte, sustancialmente, de manera irrazonable, el patrimonio y/o los rendimientos del contribuyente.»

Además de la carga tributaria propiamente dicha, que significa la suma de todos los tributos en relación al producto bruto interno, los costos de conformidad también deben ser tenidos en cuenta. Estos significan no solo los costos financieros del tributo, sino también el costo necesario en que el contribuyente incurre para cumplir con la legislación tributaria.

Los costos de conformidad reúnen los costos de información necesarios para que el contribuyente pueda comprender las imposiciones que le son dirigidas por el Estado y los costos de cumplimiento propiamente dichos de las obligaciones tributarias. La alícuota alta de un impuesto, por ejemplo, no es el único factor que debe ser considerado en lo que se refiere a los costos de conformidad, sino también - muchas veces principalmente - las dificultades en cumplir las obligaciones fiscales en vista de la irracionalidad del sistema tributario. Brasil es señalado a varios años consecutivos, por el Banco Mundial[157], como el país más difícil del mundo para pagar tributos, siendo este cómputo medido a partir del promedio de las horas anuales necesarias para que las empresas puedan cumplir con todas las exigencias fiscales.

A pesar de que esos factores difícilmente sirvan de argumento para acciones judiciales movidas por los contribuyentes, pueden servir para influenciar reformas tributarias que al menos minimicen esos problemas.

2.18. Información, riesgo moral y derecho a la privacidad: la cuestión del secreto bancario

Uno de los derechos individuales que más se encuentran en riesgo de extinción en razón de la era de la información en que vivimos es

[157] El informe *Doing Business 2012*, del *World Bank*, coloca a Brasil como primero en el podio a diversos años, con 2.600 horas anuales necesarias en promedio por empresa para el cumplimiento de las obligaciones tributarias. En el ranking, le sigue Bolívia, Vietnam, Nigeria, y Venezuela, países del Latinoamerica y de oriente, lejos de ser ejemplos de naciones institucional y económicamente desarrolladas. Informe disponible en <http://www.doingbusines.org>

el derecho a la privacidad. Pero, en el ámbito económico y financiero ¿tiene sentido sostener ese derecho frente a la tributación?

Considerando que el Estado existe a consecuencia de un contrato social y que su función es garantizar las libertades por medio del monopolio de la violencia, así como proveer bienes públicos que la esfera privada no tiene incentivos para producir, la tributación es el medio por excelencia para que ello sea posible. Siendo así, ¿cuál sería la justificación de reservar información sobre datos financieros particulares del Estado?

El dilema del prisionero nos muestra que es racional «desertar» en situaciones en que los individuos advierten que enfrentarán minimizaciones de su bienestar. De la misma forma, cuando existe *asimetría de información, es decir,* una de las partes guarda para sí datos a los que la otra parte no tiene acceso, es probable que ocurra el llamado «riesgo moral» (*moral hazard*).[158]

En el derecho tributario, por lo tanto, es racional que los contribuyentes deseen que la «otra parte», que es el fisco, no tenga acceso a la información sobre su realidad financiera. Este fenómeno se amplía cuando existen tributaciones progresivas *ad valoren* (de sutilidad marginal en cumplir con la obligación tributaria a medida que la tributación aumenta) o sobre grandes fortunas, que sufren mayor incidencia de tributos a medida que el contribuyente maximiza la riqueza. El incentivo plausible, considerando que esos contribuyentes sean racionales, es desertar de la tributación, en el sentido de evitar compartir datos con la autoridad hacendaria.

De un punto de vista estrictamente estratégico (sin entrar en consideraciones sobre los derechos de los individuos), permitir que haya determinadas privacidades, por ejemplo, el secreto bancario, es incentivar a los contribuyentes a no informar toda la verdad sobre los sus ganancias y rendimientos al Estado - de ahí la ocurrencia del riesgo moral ut supra referido.

---

[158] Cf. Krugman y Wells (2007, p. 807), riesgo moral es la «situación que puede ocurrir cuando un individuo sabe más sobre las implicaciones de sus propias acciones que las otras personas. Eso lleva a una distorsión de los incentivos para tomar cuidados o para hacer un esfuerzo, principalmente cuando el costo de no tomar cuidado o de no hacer el esfuerzo es padecido por los otros».

Determinadas provisiones normativas en el diseño del sistema tributario pueden evitar, o al menos minimizar, el riesgo moral. Es el caso de la responsabilización de terceros, a través de mecanismos de retención de tributos o de la verificación del cumplimiento de ellos. La extinta Contribución Provisoria sobre Movimientos Financieras - CPMF es un buen ejemplo de tributo eficiente en lo que se refiere a la recaudación, pues era retenido por las instituciones financieras cuya obligación era traspasarlo a la Unión. La sustitución tributaria de impuestos indirectos como el ICMS y el IPI, principalmente la llamada «sustitución hacia adelante», también denota razonable eficiencia, aunque inferior a la referida y finada contribución social. Otras formas no son tan eficientes, aun con retención tributaria, como ocurre con el impuesto sobre la renta y otras contribuciones sociales. Las consecuencias son las innumerables medidas tomadas por los contribuyentes para evitar o evadir la tributación, tales como operaciones transnacionales, paraísos fiscales, *trusts* entre otras.

Como la asimetría de información potencialmente genera riesgo moral, el derecho a la privacidad contra el Estado, más específicamente contra Fisco, no tiene sentido del punto de vista de la eficiencia administrativa. ¿Tendría más sentido desde el punto de vista de derechos individuales? De forma más específica, ¿deberían ser considerados inconstitucionales los tributos del estilo de la revocada CPMF o inclusive la utilización de los movimientos financieros para fines de fiscalización del impuesto sobre la renta? ¿Y qué pasa con la posibilidad de que fiscal, mediante el proceso administrativo, requiera el quiebre del secreto directamente a la institución financiera en la cual el contribuyente tiene depositados sus recursos financieros (LC n.º 105/2001)?[159]

---

[159] La Ley Complementaria n.º 105/2001 determina en su artículo 6.º que «las autoridades y los agentes fiscales tributarios de la Unión de los Estados, del Distrito Federal y de los Municipios solamente podrán examinar documentos, libros y registros de instituciones financieras, inclusive los referentes a cuentas de depósitos y aplicaciones financieras, cuando haya proceso administrativo instaurado o procedimiento fiscal en curso y tales exámenes sean considerados indispensables por la autoridad administrativa competente». El Decreto n.º 4.489/2002 y a Instrucción Normativa n.º RFB-802/2007 regla-

Para Roque Antonio Carrazza (2010, p. 499-504) ese acceso del Fisco la los datos bancarios del contribuyente es inconstitucional, pues viola el derecho fundamental a la intimidad y a la vida privada las personas, salvo cuando obtenido mediante autorización judicial. El jurista paulista advierte que el acceso a esos datos por parte de la Administración puede resultar en abuso de poder, ya que, a partir de eso, se podrán averiguar preferencias políticas (en el caso de donaciones a campañas políticas), religiosas, asociativas, situación financiera del ciudadano, sus hábitos de entretenimiento etc.[160] En ese sentido, la invasión del Estado en la esfera íntima del individuo - más específicamente, su privacidad financiera - puede ser utilizada para fines persecutorios. Aunque ese peligro sea apenas potencial, la mera posibilidad de que el Estado tenga acceso a los datos ya configuraría intervencionismo exacerbado, contrario a los derechos individuales consagrados en la Constitución.

En un mundo ideal, donde todos los países se rigieran por el más perfecto y concretizado Estado Democrático de Derecho, realmente no habría cualquier justificación para el secreto bancario. El acceso pronto e inmediato del gobierno a los datos bancarios del ciudadano visaría tan solamente incrementar la administración tributaria y ni siquiera se podría considerar cualquier afrenta a derechos fundamentales, puesto que la recaudación tendría el fin de suprimir los cofres estatales que, a su vez, retornarían bajo la forma de servicios públicos prestados a la colectividad.

Sin embargo, la realidad está lejos de esa quimera. No solo el planeta es altamente irregular en lo pertinente a las democracias

---

mentan inclusive el valor (R$ 5.000,00 y R$ 10.000,00, por semestre, para personas físicas y jurídicas, respectivamente) a partir del cual las instituciones financieras deberán informar a la Hacienda Pública (Receita Federal). Se trata de una reglamentación semejante al *Bank Secrecy Act*, de los Estados Unidos, promulgada en 1970, que impone la obligación de información al *Internal Revenue Service* siempre que alguna transacción en dinero supere el valor de US$ 10.000,00 en el período de un día.

160 En el mismo sentido, Charles Adams (2001, p. 188-190), para quien el secreto bancario (*bank secrecy*) es una libertad básica del individuo y recuerda sus orígenes en el Derecho germánico y en el *Common Law* inglés, por medio del principio «a man's house is his castle» - doctrina por la cual es inviolable la intimidad del ciudadano. Derecho elegido con el fin de protegerlo a él y a sus bienes de la ganancia del Rey.

efectivamente instauradas, en términos comparativos, como los propios países, otrora garantizadores de derechos como el secreto bancario, tienen cada vez más relativizada esa privacidad en pro del interés público.[161]

Ahora bien, no debemos olvidar que el Estado no es una entidad hipostasiada, un ser sobre-humano superior en conocimiento y moralidad a los ciudadanos. El Estado se forma tan solamente por individuos como cualesquiera otros, apenas imbuidos de funciones distintas a las de aquellos que operan en el sector privado. A los agentes públicos no se les aplica solamente las mismas fallas e limitaciones de racionalidad e información, sino que muchas veces, las fallas morales también. Es lo que nos enseña la Teoría de la Elección Pública, rama de la Economía que analiza las denominadas «fallas de gobierno».

En ese sentido, de la misma forma que puede haber incentivos para que los contribuyentes incumplan sus obligaciones tributarias, pueden existir incentivos también para que los agentes públicos no siempre actúen de la forma estricta impuesta por la ley y cometan abusos. Los que abogan en el área saben bien lo que eso significa.

Otro sí, la misma estructura adecuada de incentivos normativos, léase sanciones, debe erigirse a efectos de restringir la acción de los agentes públicos. Si estos cometieran abusos en el ejercicio de sus funciones o hicieran mal uso de las informaciones recolectadas sobre los contribuyentes, deberán sufrir sanciones lo suficientemente severas como para que exista una eficaz disuasión de tales conductas.

El *trade off* que ocurre se da entre la eficiencia administrativa en la recaudación - que, en tesis, visa el bien común - y los derechos individuales. En esencia, el viejo conflicto entre interés público e in-

---

161 Como es el caso del *Patriot Act*, ley estadounidense creada después de los ataques terroristas de septiembre de 2001, que restringió diversas libertades individuales bajo el argumento de la seguridad nacional. El título III, subtítulo II, de la ley trata justamente del control del gobierno sobre las cuentas y movimientos financieros y de la obligación de las instituciones de informar a las autoridades en caso de sospecha de lavaje de dinero o de recursos destinados a financiamiento de prácticas terroristas.

terés privado. El cómputo costo-beneficio de esa elección pública se inclina favorablemente por los derechos individuales, sin embargo,[162] como demuestra la historia de las naciones que protegieron la intimidad de sus ciudadanos y que se desenvolvieron institucionalmente, en desmedro de la eficiencia administrativo-tributaria.

2.19. Justicia fiscal

2.19.1. Isonomía e igualdad material

La isonomía tributaria (artículo 150, I), a su vez, redundancia de la isonomía general, cláusula pétrea dispuesta en el artículo 5.°, intenta evitar privilegios injustificados entre contribuyentes. Aunque en la práctica esa limitación tenga poco efecto práctico, considerados los innumerables beneficios fiscales en la legislación, su intención es impedir favores por cuenta de clase o posición profesional o social.

En ese diapasón, protege el derecho de propiedad de forma ecuánime, pues, si todos fueran tributados de la misma manera, teóricamente la imposición podría ser menor.

2.19.2. El tributo óptimo

En términos de análisis normativo, la decisión del legislador debe visar el mejor tributo posible, lo que significa el menos distorsivo económicamente y el menos interventor en la libertad económica del individuo.

Richard Posner (1998, p. 533) señala cuatro requisitos para que el tributo alcance el nivel óptimo: 1) tener una base grande de contribuyentes; 2) incidir sobre productos y servicios de demanda inelástica; 3) cumplir con la regla de la isonomía; y 4) tener bajo costo administrativo.

A esos cuatro incorporo un quinto requisito: que el tributo sea regulado por pocas reglas, y que sean sencillas y objetivas. Pasemos a analizar uno por uno los requisitos:

1) Base grande de contribuyentes.

En el sistema tributario hay tributos que inciden sobre actividades o situaciones practicadas por un gran número de personas, físi-

---

[162] Se trata de una conclusión intuitiva, sin respaldo empírico.

cas o jurídicas, así como tributos que alcanzan apenas a determinadas clases de contribuyentes. Si el objetivo es primordialmente recaudatorio, el legislador puede instituir, dentro de las balizas constitucionales, exacciones sobre actividades de gran relevo financiero. La tributación sobre ganancia de capital, en el contexto del impuesto sobre la renta, cuya alícuota es de 15% sobre el resultado positivo obtenido en una venta de un bien, es un buen ejemplo.

Cuanto mayor la exacción, mayor será el estímulo para que el contribuyente trate de evitarla, conforme a las premisas de la elección racional. De la misma forma, cuanto más específica y más relevante del punto de vista financiero sea la situación sobre la cual el tributo incide, más recursos los contribuyentes tendrán para contratar profesionales entrenados en recursos elusivos.

Por otro lado, tributos que incidan sobre actividades realizadas indistintamente por un gran número de contribuyentes permiten que la carga *per cápita* de la exacción sea relativamente baja, puesto que es prorrateada entre todos. No solo eso tiene el potencial de generar grandes partidas para el Estado, sino también incentiva el cumplimiento de las obligaciones tributarias. De hecho, por el cálculo costo-beneficio, si el tributo es relativamente bajo, todo el costo implicado en impugnar la cobranza (contratar abogados, entablar una acción judicial, evaluar posibles pérdidas, etc.) puede no compensar tal medida, siendo más «barato» simplemente cumplir con la exacción.

2) Incidir sobre productos y servicios de demanda inelástica.

Como vimos, los tributos son distorsivos, pues interfieren en el sistema de precios y alteran el comportamiento de los productores y consumidores desestabilizando el equilibrio entre oferta y demanda. Sin embargo, si el tributo incide sobre productos y servicios con demanda inelástica, *es decir*, aquellos cuya alteración en los precios implica una baja sensibilidad en los consumidores, no ocurrirá el efecto sustitución y, consecuentemente, no habrá ineficiencia relacionada (peso muerto). Eso ocurre porque los consumidores continuarán consumiendo aquel bien aun con el tributo incorporado al precio y, consecuentemente, hará posible que el productor traslade el tributo a su producto sin que eso altere la demanda.

La forma de seguir ese criterio es imponiendo tributos a bienes y servicios de los cuales las personas no puedan prescindir, no solo por su importancia, como también por la falta de bienes sustitutos. Bienes y servicios esenciales (lo que es contra productiva, puesto que usualmente se pugna por la exención de esos productos, como dicta la sistemática de la esencialidad del IPI y del ICMS), tales como combustibles, energía, alimentos básicos y servicios bancarios, son algunos ejemplos.

3) Atienda a la isonomía (sea no discriminatorio).

Como no es posible, en vista de la Constitución, instituir tributos fijos no distorsivos, se debe aliar la búsqueda de la mínima distorsión posible con el simultáneo atendimiento la los criterios de justicia tributaria, especialmente la isonomía.[163]

Otro sí, los tributos deben tener en cuenta la capacidad contributiva de los ciudadanos, tanto en su vertiente objetiva, demostrada por el valor que sirve de base al tributo (*v.g.*, tributos sobre la propiedad, que inciden sobre el valor de bien, lo que remite al criterio de la tributación proporcional), como en su vertiente subjetiva, que tiene en cuenta los aspectos personales del contribuyente (artículo 145, § 1.º, de la CF).

4) Tener bajo costo administrativo.

La complejidad del sistema tributario no afecta apenas al contribuyente, sino también al propio Estado. Cuanto más complejo, más costos son devengados en la administración del tributo (por ejemplo, más agentes administrativos serán necesarios para fiscalizar y cobrar a los contribuyentes), lo que lleva a un círculo vicioso, como resalta James Buchanan (1975, p. 91): si es más costoso administrar el tributo, más recursos, léanse tributos, serán necesarios a tal efecto.

Si el tributo tuviera una forma de cobranza y, sobre todo, de fiscalización simple y eficaz, sus costos de administración serían

[163] A pesar de que los tributos sobre el consumo sean regresivos. El rico y el pobre que compran la misma caja de cigarros tendrán su capacidad contributiva afectada diferentemente por los tributos que son repasados al precio de la mercancía.

drásticamente reducidos. La sistemática de responsabilidad tributaria y de retención resuelve parcialmente ese problema, pero no totalmente, como puede observarse en tributos complejos e ineficientes como el PIS, la Cofins y el ICMS.

La extinta Contribución Provisoria sobre Movimiento Financiero (CPMF), a su vez, generaba bajos costos administrativos, pues la tarea de fiscalización y recaudación era prácticamente toda atribuida a los responsables tributarios, las instituciones financieras.

5) Reglas: pocas, sencillas y objetivas.

En términos empíricos, es extremamente difícil encontrar tributos con reglamentos claros, sencillos y de fácil comprensión por los contribuyentes. Las legislaciones del Impuesto sobre la Renta de los Estados Unidos de América y de Brasil, al solo efecto de citar dos ejemplos, son extensas, frecuentemente modificadas y muchas veces obscuras, dando lugar a millones de consultas fiscales a la Administración, para aclarar el contenido de las locuciones legales e infra legales. De la misma forma, la sistemática no acumulativa de las contribuciones del PIS y de la Cofines, a su vez, difícilmente será superada en nivel de complejidad y falta de claridad.

Aun así, no es utópica la pretensión de tener legislaciones parsimoniosas en la tributación, siempre que la estructura del tributo así el permita. El Impuesto sobre Servicios, por ejemplo, suele ser regulado por legislaciones simples, a pesar de que la actividad económica sobre la que él incide sea la que más crece actualmente, en todo el mundo, lo que lo convierte en un tributo altamente recaudatorio.

El reglamento parsimonioso, simple y objetivo reduce costos de conformidad y, por consiguiente, costos de transacción, evitando desperdicios e ineficiencias relacionadas. Además, el caos tributario se presta también a transferencias de rentas improductivas, también conocidas como *rent seeking*, según veremos en tema posterior. En otras palabras, la panacea tributaria genera un mercado de servicios - jurídicos, contables, financieros - que no producen nuevas riquezas, y solo reparten el mismo pedazo de la torta. Un ordenamiento claro y simplificado no necesitaría de innumerables abogados, contadores y afines, que, en su lógica racional, alimentan (pues les es ventajoso) el sistema con más demandas y pleitos, lo que, a su vez, requiere más funcionarios públicos por el lado del gobierno, aumentando los costos públicos - que deberán ser solventados por más tributos. El círculo vicioso nunca cesa.

2.20. El repertorio de elementos para la decisión jurídica del operador del Derecho

A partir de este punto, pasaremos a analizar más detenidamente los elementos del sistema jurídico y su relación con el proceso de toma de decisión. Aunque, a *groso modo*, los elementos para la toma de decisión - normas, principios y reglas y su modo de aplicación - sean los mismos para todos los operadores del derecho, a saber, contribuyentes, agentes administrativos y jueces, su análisis se dividirá en las secciones específicas que lidian con la decisión de cada especie de esos tomadores de decisión. La opción es meramente didáctica, es decir, no denota exclusividad de determinados operadores en relación a especies normativas.

En ese sentido, el problema de la aplicación de los principios jurídicos será abordado en el tema «decisión del juez». En el Derecho Tributario, gran parte de las acciones judiciales versa sobre cuestiones de constitucionalidad y justamente en esas contiendas es que la argumentación sobre la base de principios más ocurre. Por otro lado, la aplicación de las reglas, a través de la subsunción, será analizada en el tema «decisión del agente fiscal», puesto que se trata de la forma de operación por excelencia de ese operador del derecho.

La cuestión de las sanciones tributarias será examinada en el tema «decisión del contribuyente», por el hecho de que esas sanciones son el principal motivo de las conductas del contribuyente y de los responsables tributarios.

Igualmente, vale decir, que el legislador no se encuentra a lo largo de las especies normativas, como la organización tópica de esta obra podría eventualmente hacer creer. El legislador, como cualquier órgano del sistema, tiene la obligación de cumplir con los principios y las reglas formales y materiales que componen su competencia como creador de normas. Sin embargo, la clasificación normativa que utilizaremos no es derecho positivo, y sí dogmática, campo del conocimiento que influencia especialmente a los aplicadores del derecho, con especial énfasis en los jueces. El legislador, representante elegido por el pueblo, no sufre influencia de la doctrina jurídica[164] en la misma proporción que los jueces, que detenta formación jurídica tradicional.[165]

Siendo así, aunque el legislador deba atenerse a los dictámenes del ordenamiento, no procesa los órdenes normativos en las molduras clasificatorias que los operadores del Derecho, y en especial los jueces, adoptan. De ahí nuestra opción de tratar de las especies normativas en el contexto de los aplicadores del Derecho.

2.20.1. Texto y norma

Los elementos del sistema jurídico son órdenes apoyados por sanciones estatales o, utilizando el léxico de la filosofía del lenguaje, actos de habla directivos de conducta. En palabras más sencillas, la unidad básica del Derecho es la norma. No obstante, esa definición es elemental, refiriéndose al elemento esencial, universal y genérico de todo orden jurídico.

Utilicé el término «norma» de forma menos analítica hasta ahora, por lo tanto conviene precisar mejor en qué sentido empleo la palabra. Como enseña Guastini (2005, p. 24), norma no se confunde con el texto en el cual la mensaje es vehiculizado – *norma es el sentido construido por el intérprete a partir de su interacción con los textos normativos*.[166]

---

[164] A los fines de simplificación, no estamos considerando las comisiones técnicas formadas, muchas veces, por juristas, que auxilian en la creación de leyes.

[165] Pareceres escritos por juristas y juntados a los procesos judiciales tienen notoria influencia en la toma de decisión de los jueces, en nuestro país. En los Estados Unidos, por otro lado, académicos jurídicos, así como de otras áreas, son frecuentemente invitados a «deponer» en los órganos legislativos, como el Congreso, para transmitir su opinión técnica sobre determinada cuestión a ser legislada.

[166] Ricardo Guastini abre su clásico *De las fuentes a las normas* (São Paulo: Cuartier Latin, 2005) estableciendo la distinción entre texto normativo y norma jurídica, siendo que esta es el producto de la interpretación de aquél.

En una concepción generalizada, los elementos del ordenamiento son siempre normas, entendidas como el sentido construido a partir de la interpretación de los textos jurídicos, sin embargo hay diferencias importantes en cuanto a la estructura lingüística y a la propia función entre los principios y las reglas.

2.20.2. Principios y reglas

En un sentido que atiende más a la coherencia lógica del sistema que a una verificación empírica, los principios son enunciados que denotan valores consagrados por el sistema jurídico, y tienen la función de directivos axiológicos de todo el ordenamiento. Es que la atribución de *status* de «principios» a determinados enunciados y toda la consecuente y habitual sacralización es, en rigor, un hecho *ex post* a su positivación en el sistema. Como vimos, el legislador, e inclusive el constituyente, simplemente positiva enunciados que portan órdenes (cuando mucho, tienen la noción de estar creando «derechos»), los cuales desea ver obedecidos por sus destinatarios. Por lo tanto, la usual retórica de los principios como puntos nucleares, basilares del sistema, cumple la idea de coherencia sistémica que el centrista/intérprete desea que exista en el orden normativo.

En una dimensión pragmática dinámica, los principios se manifiestan en la argumentación jurídica presente en los actos de habla emitidos en el transcurso de los incesantes procesos de positivación del Derecho. Ya sea en las peticiones de las partes litigantes, en el caso tributario, los contribuyentes y la Hacienda Pública, o en las sentencias judiciales, los principios alcanzan su expresión máxima, por medio de la retórica persuasiva de los operadores del Derecho.

Como el término indica, «principio» tiene la idea de fundamento, punto de partida. Eso no significa que ya estén listos y acabados a la espera del operador del Derecho. Los textos normativos no suelen enunciar «principios»; éstos son postulados fundamentales descubiertos en el seno del sistema jurídico, principalmente mediante un análisis axiológico por el intérprete. De ese modo, la función importantísima de los principios es servir de integración para el sistema, permitiendo soluciones en que haya fallas o lagunas normativas.

Los principios, vistos como enunciados de valores fundamentales, forman el núcleo estable del sistema jurídico, y, por esa función, se dirigen inmediatamente al propio sistema jurídico, o, más precisamente, a la estructura auto generadora interna: los órganos productores de actos normativos. Su primer receptor es el legislador en sentido amplio; de forma mediata, el destinatario es el ciudadano súbdito del Estado, no como obligado, sino como receptor de la información de que no podrán ser creadas normas que violen sus derechos fundamentales.

También el juez empleará los principios como directivos para la comprensión del sistema jurídico, así como también para la fundamentación de sus decisiones, sean las que se utilizan como norma general preexistente para el caso concreto, sea en los casos de laguna, cuando el juez necesita construir una norma general y abstracta para la situación fáctica con la cual se depara. No hay que confundir tal norma general construida por el juez con la aplicación directa de un principio. Esta, en el caso en que el ordenamiento permita construir norma *ad hoc*, tendrá fundamentación y legitimación en los principios jurídicos.[167]

Las reglas, a su vez, son los órdenes por excelencia de cualquier ordenamiento jurídico, constituyendo la mayoría absoluta de sus elementos. Sean reglas legales, administrativas, contractuales o judiciales, son estos los directivos que efectivamente orientan la conducta, pues su estructura condicional «si-entonces» y su modalización en prohibiciones, obligaciones y permisos poseen la objetividad necesaria para la comprensión por parte de sus destinatarios en relación a sus propias tomas de decisión frente a las limitaciones que el Derecho impone a sus libertades.

2.20.3. Comunicación e interpretación

Irónicamente, la interpretación de los textos normativos no es emprendimiento fácilmente alcanzable por sus destinatarios,

---

[167] En el ejemplo utilizado por Dworkin (Riggs *v.* Palmer) en *Taking rights seriously*, el principio construido «nadie puede alegar su propia torpeza» fue un directivo que sirvió de justificación para la aplicación de una regla que vedó la transmisión de la herencia del nieto homicida.

es decir, los actores sociales. Generalmente es necesaria la intermediación de especialistas para la de codificación de los textos, depurando sus elocuciones en sentidos normativos completos, que informarán lo que el ciudadano puede o no puede hacer frente al orden jurídico.

La Ley de Introducción al Código Civil, prevista en su artículo 3.º, determina: «nadie se excusa de cumplir la ley, alegando que no la conoce». Se trata de una presunción legal[168] que refiere a la validez general del ordenamiento, y no a la comprensión de algún acto normativo específico. De ese modo, como el derecho es un sistema comunicacional público y general, a todos les es posible interactuar con sus dictámenes. Sin embargo, la comprensión eficiente de su contenido, es decir, de las normas vehiculizadas por los actos normativos, está cada vez más restringida a especialistas, lo que seguramente desvirtúa la función incentivadora del Derecho, generando igualmente todo tipo de distorsión en el orden social, económico y jurídico.

El fenómeno es común a casi todas las profesiones, especialmente a aquellas que exigen alto grado de formación y especialización. Por una cuestión natural de reserva de mercado y, como enseña Hirschman (1973), alto costo de «entrada», es comprensible que haya corporativismo, inclusive en el Derecho.[169] Sin embargo, una cosa es corporativismo en áreas en que el conocimiento y la técnica sobre determinado objeto son naturalmente restrictos por su propia naturaleza, por ejemplo, la Medicina y la Engeñaría. Otra, muy di-

---

[168] No se cuida de una ficción jurídica como quieren algunos autores. Está claro que no se trata aquí de que todos los individuos conozcan toda la infinidad de actos legales existentes en nuestro ordenamiento, sino del hecho de que todo acto normativo debe ser público y disponible a todos los ciudadanos. Tampoco se trata de que el contenido de esos actos debe ser aprendido por todos. Es una presunción porque se refiere a la situación de posible ocurrencia fáctica, aunque improbable, mientras que las ficciones son actos de habla que desconectan el lenguaje de la realidad. Sobre esa distinción, CARVALHO, 2008, ítem 4.4.14.

[169] Para una interesante e innovadora aplicación de la teoría de Hirshman al Derecho, específicamente al arbitraje y al proceso judicial, ver la obra *Arbitragem empresarial noBrasil.* Uma análise pelanova sociologia do Direito, de Rafael Bicca Machado (Porto Alegre, Livraria do Advogado, 2009).

ferente, es restringir el acceso de información en el campo que debería ser, por su propio origen y evolución histórica, democrático, que es, el Derecho.[170]

---

170 El que recuerda la famosa parábola «Frente a la Ley», de Franz Kafka, en su obra «O'Processo» (São Paulo: Compañíade las Letras, 2005. Trad. de Modesto Carone), aquí transcripta:

[...] Frente a la ley se encuentra un portero. Un hombre de campo se dirige a este portero y le pide ingresar en la ley. Pero el portero dice que ahora no puede permitirle la entrada. El campesino reflexiona y después pregunta si entonces no puede entrar más tarde. «Es posible», dice el portero, «pero ahora no». Como la puerta de la ley continua como siempre ,abierta, y el portero se posta al lado, el hombre se inclina para mirar el interior a través de la puerta. Cuando nota eso, el portero ríe y dice: «Si le atrae tanto, intente entrar a pesar de mi prohibición. Pero, preste atención: yo soy el poderoso. Y soy apenas el último de los porteros. De en sala, sin embargo, existen porteros cada uno más poderoso que el otro. Ni siquiera yo puedo soportar la visión del tercero», El campesinono esperaba tales dificultades: la ley debe ser accesible a todos y acualquier hora, piensa él; ahora, sin embargo, al examinar más de cerca al portero, con su abrigo de piel, el gran nariz puntiagudo y la larga barba tártara, rala y negra, él decide que es mejor aguardar hasta recibir el permiso de entrada. El portero le da un banquito y deja que él se siente al lado de la puerta. Allí permanece sentado días y años. Él hace muchos intentos para ser admitido, y cansa al portero con sus pedidos. Muchas veces el portero somete al hombre a pequeños interrogatorios preguntándole acerca de su tierra y de muchas otras cosas, pero son preguntas indiferentes, como las que suelen hacer los grandes señores, y al final le repite siempre que todavía no puede dejarlo entrar. El hombre, que se había equipado bien para el viaje, se alza con todo, por más valioso que fuera, para sobornar al portero. Este acepta todo, pero siempre diciendo: «Yo solo acepto para que tu no pienses que has dejado de hacer algo». Durante todos esos años, el hombre observa al portero casi sin interrupción. Se olvida de los otros porteros y este primero le parece el único obstáculo para ingresar en la ley. En los primeros años, maldice en voz alta al acaso infeliz; más tarde, cuando envejece, solo rezonga consigo mismo. Se vuelve infantil, y cuando, de tanto estudiar al portero durante años al pie del cañón, pasó a conocer hasta las pulgas del cuello de piel del portero, le pide a estas que lo ayuden a cambiar de opinión. Finalmente, su vista se debilita y él no sabe si de hecho está oscureciendo alrededor o si apenas los ojos lo engañan. Sin embargo, ahora reconoce en la oscuridad un brillo que irrumpe inextinguible de la puerta de la ley. Pero ya no le queda mucho tiempo de vida. Antes de morir, todas las experiencias de aquel tiempo convergen en su cabeza hacia una pregunta que hasta entonces no había hecho al portero. Le hace una seña para que se aproxime, pues no puede ya levantar el cuerpo rígido. El portero debe curvarse profundamente hasta él, ya

El sistema jurídico, en tanto conjunto de normas, existe justamente a raíz de un contrato social, que debería hacer posible un más que razonable grado de comunicación efectiva de sus órdenes en relación a aquellos a quienes ellos son dirigidos. Observe que la cuestión aquí no es la representación en juicio de particulares por sus abogados, pues eso es inherente al Estado Democrático de Derecho. El problema es la necesidad creciente de especialistas para la interpretación propiamente dicha del Derecho, cuya comprensión debería (y podría, al menos en grado mayor al que se verifica) ser de alcance general.

El fenómeno se denomina *asimetría de información*, una de las llamadas «fallas de mercado» en la teoría económica. En el fenómeno jurídico, y especialmente en el derecho tributario, tal asimetría genera costo social y distribución de recursos ineficiente, sin hablar del problema de la «búsqueda de renta» (*rent-seeking*).

Siguiendo la premisa de que los individuos son racionales y, por lo tanto, maximizadores, incluyendo en esa clase a los profesionales del Derecho, hay incentivos para que los propios juristas traten de mantener la impermeabilidad del sistema tributario para terceros. Se trata del problema del «agente-principal», que ocurre cuando hay incentivos para que el agente (contratado) no actúe en interés del principal (contratante). (PINDYCK y RUBINFELD, p. 687)

A groso modo, podemos traer algunos ejemplos generales, pues situaciones específicas requerirían pesquisa empírica. En nivel administrativo, órganos y cargos cuya existencia depende

---

que la diferencia de altura cambió mucho en detrimento del hombre. «¿Qué es lo que usted todavía quiere saber?», pregunta el portero, «usted es insaciable.» «Todos aspiran a la ley» dice el hombre, «¿cómo se explica que, en tantos años, nadie además de mí pidió permiso para entrar?» El portero advierte que el hombre ya está próximo del fin, y para todavía alcanzar su audición en declivio, él grita: «Aquí nadie más podía ser admitido, pues esta entrada estaba destinada solo a usted. Ahora yo me voy y la cierro».

en gran parte de la manutención de la panacea legislativa, pues cuanto más compleja e inaccesible sea la legislación, más reglamentación, dictaminadores de reglas y respectivos fiscales serán necesarios. No es poco común la participación de juristas en las reformas de códigos y leyes generales, cuyo producto final muchas veces resulta en dispositivos todavía más ambiguos y oscuros, generando aún más controversia, requiriendo posicionamientos judiciales y fomentando el mercado de consultas y pareceres jurídicos.

De la misma forma, cuanto más difuso y confuso sea el sistema tributario, más incentivos habrá para planeamiento tributario y acciones judiciales. Aunque el costo de contratación de especialistas en el área pueda ser menor que el beneficio esperado por los contribuyentes al economizar o recuperar valores que serían revertidos en tributos, en términos sociales sería innegablemente más provechoso si esos recursos no fueran invertidos en estas actividades de *rent seeking*.

La teoría del agente-principal, sin embargo, lleva a creer que es del interés de los operadores del Derecho que éste sea ineficiente, ambiguo, difuso, impreciso e inclusive violador de derechos individuales, pues es justamente eso lo que les mantendrá el *status quo* y la respectiva y necesaria fuente de recursos económicos.

En lo que respecta a la decisión jurídica, las normas componen el principal factor de elección, pues establecen costos para aquella. Ya sea la elección del legislador, del juez, del agente fiscal o del particular, las normas demarcan costos y relativos beneficios, y la forma por la cual la norma es construida afectará directamente el desempeño del sistema jurídico frente a su función incentivadora de conductas.

De ese modo, la forma por la cual la norma se presenta influye directamente en el proceso de elección del agente.

Dependiendo de cómo sea proyectada la norma, diferentes costos de ella advendrán. Como veremos a continuación, normas pueden ser puestas como principios y como reglas, y esas diferentes estructuras y funciones específicas tienen ventajas y desventajas, así como pueden generar costos de transacción, costos de oportunidad y costos de información.

2.20.4. Derechos Fundamentales

Usualmente, los derechos fundamentales están ligados a la especie normativa de los principios, y eso deviene de la importancia de ambos. En términos sustantivos, los derechos fundamentales, a su vez, intuitivamente son relacionados a las normas principiológicas.

En primer lugar, es importante recordar qué son los derechos fundamentales. Como vimos en el tema 2.12, ellos se dividen esencialmente entre libertades negativas y libertades positivas. Para algunos doctrinarios, las libertades negativas serían los llamados derechos fundamentales de primera generación, mientras las positivas se encuentran en los derechos fundamentales de segunda, tercera, y así sucesivamente. No entraré en esa cuestión por dos razones: 1) la clasificación de la libertad berliniana es más que el suficiente para dar cuenta del problema, siguiendo la máxima de la Navalha de Ockham; y 2) lo que importa para la cuestión tributaria son básicamente los derechos individuales (primera generación) y los derechos sociales (segunda generación). Los primeros, porque reflejan las limitaciones al poder de tributar y los segundos, porque indican la actuación del Estado y su necesidad de obtener recursos al efecto.[171] Por otro lado, temas como el medio ambiente, importantes

[171] Los derechos fundamentales de tercera generación protegen el medio ambiente, la paz, los derechos del consumidor, del niño, del anciano etc. Los de cuarta generación se refieren a bioética, informática, globalización etc. Muchas de esas elucubraciones apuntan hacia una especie de demagogia jurídico-doctrinaria, poco afecta a las exigencias mínimas de la lógica y del sentido común. Para que haya un Derecho es necesario que exista respectivamente un deber, así como es imprescindible que tales derechos y deberes puedan ser efectivamente aplicados coercitivamente. En ese sentido, resulta ya, de sobremanera difícil justificar lógicamente los propios

para la tributación como instrumento extrafiscal corrector de externalidades negativas, pueden ser vistos como provenientes de los derechos de propiedad - de primera generación, por lo tanto.[172]

Lo que importa a los fines del presente tema es señalar la relación de no identidad necesaria entre derechos fundamentales y principios. Como vimos, el legislador - incluyendo al constituyente - no se preocupa con definiciones y clasificaciones teóricas, pero sí en positivar valores por medio de normas, para orientar al Estado y a la sociedad a alcanzar determinados fines considerados moralmente deseables.

Siendo así, los derechos fundamentales pueden ser garantizados tanto por principios como por reglas, si queremos aplicar la clasificación. Por ejemplo, el derecho fundamental a la igualdad, efectivizado tanto como libertad negativa (prohibición de la discriminación) como positiva (acciones afirmativas), dada su intensa carga axiológica asociada a la vaguedad típica de los valores abstractos, es juridicizado como un principio. El derecho de propiedad, por otro lado, es un conjunto de reglas que tienen como objetivo alcanzar otros valores importantísimos para la democracia, que son las libertades políticas. Mientras la igualdad es de difícil definición y aplicación (aunque no sea de difícil comprensión), el derecho de propiedad, al contrario, debe ser objeti-

derechos sociales, puesto que difícilmente podré defender jurídicamente derechos fundamentales, tales como el Derecho al «entretenimiento» (¿quién tiene el deber respectivo?) ¿En qué sentido «entretenimiento»?, menos aún, derechos a la paz, o inclusivea la democracia. Si un sistema es antidemocrático y, como ciudadano afectado por este régimen, siento mis derechos fundamentales a la paz y a la democracia violados, ¿a qué tribunal concurriré? En buena parte, se trata de concepciones vacías y parroquiales, destituidas de rigor lógico, realismo o inclusive de sentido común.

172 Problemas como la contaminación y la degradación del medio ambiente son de derechos de propiedad mal definidos, bien como de mala inversión productiva.

vo y claro. Esa deseada objetividad que reforzaría la institución del derecho de propiedad no ocurre en nuestro sistema por su sujeción a la cláusula general de la función social, como veremos más adelante.

CAPÍTULO III
DECISIÓN DEL CONTRIBUYENTE

La decisión del contribuyente de ceder parte de su libertad para la manutención de una sociedad civilizada es, evidentemente, la condición necesaria para la propia existencia y viabilidad de un sistema tributario.

Fue dicho, en las primeras páginas de este trabajo, que el enfoque de la teoría de la decisión sería primordialmente normativo, es decir, teniendo en cuenta cómo debe ser la decisión racional, en sentido contrapuesto a un enfoque positivo, es decir, de cómo las personas realmente toman decisiones.

Por ese enfoque, una teoría de la decisión no puede colocar como opción de elección cometer actos ilícitos, por una cuestión ética. En términos positivos, sin embargo, los frenos morales a la conformidad fiscal son bajos. Nociones arraigadas de lo correcto y de lo incorrecto en relación al pago de tributos son mucho menos intensas que otras cuestiones morales universales y atemporales, por ejemplo, la vida y la libertad.

Este tema no visa establecer una teoría normativa para la decisión del particular, sino apenas demostrar algunos factores que la influencian. Una vez identificados esos factores, la teoría pasa a ser normativa desde el punto de vista del Estado, *es decir,* una vez consciente de que influencia el comportamiento del contribuyente, medidas pueden ser tomadas a efectos de incentivar el cumplimiento del deber de pagar tributos.

3.1. Eficacia de las sanciones tributarias

De forma poco romántica y más realista en cuanto a la naturaleza humana, es forzoso reconocer que el sentido moral es imbuido a lo largo del aprendizaje durante generaciones y más generaciones, por medio del método de la recompensa y punición. Inclusive virtudes morales como la honestidad, la equidad y cumplir con la palabra empeñada no son, ni de cerca, absolutas. Si el costo de esas virtudes fuese demasiado alto y la probabilidad de ser agarrado incumpliéndolas fuera baja, muchos individuos actuarían deshonestamente (GINTIS, 2009, p. 73).

Actuar contra las virtudes es aún más fácil cuando el individuo advierte que otros también actúan en ese sentido (heurística de la imitación), aunque eso se resuma a ciertos aspectos de su vida, como el matrimonio, manejar en el tránsito, recibir propinas en su actividad profesional o pagar tributos.

Eso es fácilmente verificable en términos empíricos. En ambientes en que la transgresión es la práctica social, los individuos tienden a actuar tal como los demás actúan. Si pensamos en términos sistémicos, es más fácil - y menos costoso - actuar como actúan los demás que ir contra tales comportamientos.

El elemento extraño suele ser repudiado en un sistema cerrado, en que las reglas de comportamiento llevan a determinado equilibrio. Si en determinada repartición, por ejemplo, una repartición pública, la mayoría de sus funcionarios es corrupta, un sujeto que trate de ser honesto inmediatamente provocará la resistencia, desconfianza e inclusive la revancha por parte de los demás. Muy probablemente ese individuo será expurgado de ese sistema o acabará adaptándose a su *homeostasis*, a su equilibrio - pasando a actuar como los demás para ser aceptado.

Nótese que el costo alto de pagar tributos aliado a la baja probabilidad de ser agarrado incumpliéndolos puede llevar a la norma social de no cumplir con las obligaciones de contribuyente.

Por lo tanto, cuando se trata de tributos, los incentivos pasan a tener importancia fundamental. La moral consecuencialista asume la delantera y la Deontología pasa a segundo plano. Las sanciones punitivas y premiales son los incentivos que mueven la conducta del contribuyente y su manipulación pasa a ser el principal factor de suceso (o fracaso) de un sistema tributario.

Sanciones punitivas generales y abstractas son condición necesaria, sin embargo no suficiente, para obtener la obediencia de los contribuyentes. La efectiva aplicación de esas sanciones es el elemento indispensable para que el contribuyente procese la punición como un efectivo precio al elegir la conducta que será tomada y pudiendo así calcular sus acciones. La eficacia de las sanciones, por lo tanto, preserva también la seguridad jurídica.[173]

Las fundaciones de la moderna ciencia del delito y de las sanciones se encuentran en Beccaria y Bentham. Pero fue Gary Becker el responsable por el sencillo y sin embargo revolucionario abordaje económico del crimen. Los criminales, según el profesor de la Universidad de Chicago, actúan como cualquier otro individuo racional: sopesan costos y beneficios y reaccionan a incentivos. Al criminal racional no le importan las *sanciones nominales*, pero sí las *sanciones esperadas*, es decir, no le importan las penas meramente previstas en la legislación, pero sí aquellas que realmente son aplicadas, que transcurren el proceso de positivación, de la regla general y abstracta a la regla individual y concreta.

Para que se pueda obtener una eficiente disuasión (*deterrence*), es necesario entonces aplicar los incentivos correctos, y estos se forman a partir de la combinación: sanción + aplicación de la sanción. La fórmula de Becker, como muchas de las ideas geniales, es simple: EP = NP X PP.

EP es la penalidad esperada, NP es la penalidad nominal y PP es la probabilidad de la pena que será impuesta concretamente. Si el beneficio esperado en no pagar tributos supera el costo esperado de las sanciones tributarias, el contribuyente no cumplirá con la obligación tributaria. Si el costo esperado supera el beneficio, el contribuyente entonces pagará el tributo debido.

Si, por ejemplo, la multa administrativa máxima es 150% del tributo debido, en casos de dolo y fraude, pero la probabilidad de

---

173 Conforme a Joseph Raz (2002, p. 125): «There are cases in whicha person who does not guide his behavior by a norm decides to conform to it on a particular occasion because he is aware of a policeman around the corner or a neighbor in the windows upstairs, and knows that since they accept the norm their reaction to his violation of it on this occasion would be such that he better conform to it».

aplicación de esa sanción fuese, digamos, 20%, la sanción esperada es 30% del valor del tributo.[174]

Suponiendo que el monto que debe ser pagado sea (tributo + multa) R$ 100.000,00, este valor sufre descuento por la probabilidad, de 20%, de que haya concreta ejecutabilidad de esa sanción, es decir, apenas R$ 20.000,00. Eso no significa que el infractor recibirá multa de veinte mil reales, pero sí que ese valor será tenido en cuenta por el agente en su cálculo costo-beneficio.

Recuérdese que ni siquiera el tiempo necesario para la efectiva ejecutabilidad de la sanción fue tenido en cuenta aquí, lo que seguramente es un factor importante de ser calculado. Si ese mero 1/5 de la sanción nominal todavía tardara, digamos, diez años para ser implementado, el acto ilícito se torna aún más barato: el delito compensa.

Otras formas alternativas de sanción pasan a funcionar como paliativos para el Estado. Las llamadas «sanciones políticas», que incluyen registro de deudores, necesidad de certificado de débito negativo para diversas actividades de los contribuyentes, sellos y autorizaciones de funcionamiento, emisión de documentos fiscales solo cuando las empresas estuvieran al día con el fisco e inclusive aprehensiones y retenciones de bienes privados pasan a funcionar como elemento de presión para forzar el cumplimiento de las obligaciones tributarias.

3.2. Sanciones premiales

El derecho funciona como un sistema de incentivos a la acción humana, tanto para reprimir conductas indeseadas como para recompensar conductas deseadas. Como denomina Bobbio (2008, p.1-32), esta es la función promocional del derecho que, para ello, se vale de *sanciones positivas o premiales*.

Las sanciones premiales son recompensas concedidas a aquellos que cumplen con las conductas determinadas por la ley. Pueden ser incentivos tan o más fuertes que las sanciones punitivas.

En el derecho tributario es frecuente la utilización de sanciones premiales. Ejemplo común son los descuentos de multas vehiculizados

---

[174] Es importante destacar que aplicabilidad de la sanción no se resume solo a la instauración del proceso administrativo, requiriendo también la real disminución de patrimonio del particular, que solo ocurre con la acción judicial de ejecución fiscal.

en autos de infracción, para convencer al demandado a no impugnar. Como forma de incrementar la recaudación, vale mencionar la genial institución de incentivos no a los contribuyentes, pero sí a terceros que adquieren bienes de aquellos. La Ley Provincial paulista n.° 12.685/2007 creó incentivos fuertísimos para que los consumidores hicieran las veces de fiscales del Estado, exigiendo la llamada «factura paulista» al comprar bienes y mercaderías, lo que les concede dinero repasado por el Estado, depositado en sus cuentas bancarías. Mejor y más eficiente privatización de la fiscalización tributaria no podría haber, pues, en vez de apelar a razones de orden moral para que los ciudadanos exijan la factura de los comerciantes, la ley fue mucho más correcta: apeló al sentido de interés en sí mismo maximizador de los ciudadanos.

3.3. Sanciones esperadas y el cálculo costo-beneficio del contribuyente

Teniendo en cuenta que la sanción esperada, entendida como el resultado de la sanción nominal multiplicada por la probabilidad de su efectiva aplicación, es uno de los principales incentivos que llevarán al cumplimiento o no de las obligaciones tributarias, cabe ilustrar la toma de decisión del contribuyente en el árbol decisorio.

Como se puede ver en la figura 15, la sanción esperada influencia directamente el cálculo racional del contribuyente.

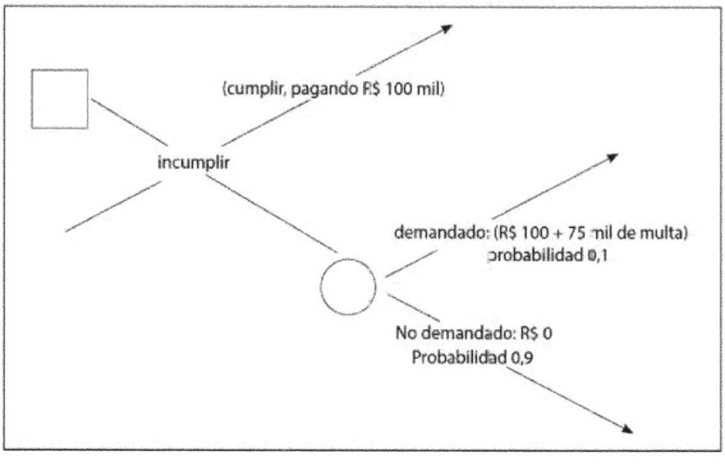

Figura 15. Decisión del contribuyente y sanción esperada

Si el contribuyente cumple con el deber de pagar el tributo, dispondrá del valor de R$ 100 mil, que es el monto del débito. Si, por otro lado, decide incumplir con la obligación, el nudo decisorio colocará dos posibilidades: 1) ser demandado por el valor del tributo (R$ 100 mil), sumado al de la sanción por el incumplimiento (R$ 75 mil); o 2) no ser demandado, lo que le ahorrará el monto integral que debía.

El punto clave, sin embargo, que influenciará la elección del contribuyente es la atribución de probabilidades (por lo tanto, una elección que conlleva un riesgo) de ser efectivamente agarrado en su conducta ilícita. Si, en su evaluación, esa probabilidad es de apenas un 10%, el valor a ser considerado es de apenas R$ 17.500,00, lo que racionalmente lo llevaría a incumplir con la prestación que debe al Estado, puesto que mediante el cálculo costo beneficio, la onerosidad que representaría pagar el tributo (R$ 100 mil) es considerablemente mayor.

3.4. Nuevamente los costos de conformidad

Las reglas tributarias son constantemente comparadas con las reglas penales. Los puntos convergentes son muchos: tipo cerrado, irretroactividad a hechos pretéritos a la regla, estricta legalidad y, principalmente, limitación de la libertad individual, una vez aplicados. Aunque tributos técnicamente no sean sanciones por actos ilícitos, dependiendo de su carga onerosa, la sensación psicológica puede llegar a ser la misma.

¿Por qué las reglas tributarias suelen generar más rechazo social que las reglas penales? Como vimos (tema 1.6.1), buena parte de las personas no cometería diversos de los delitos previstos por la legislación criminal, aunque los respectivos tipos fuesen eventualmente revocados. El sujeto que no es ni nunca fue proxeneta no pasará a explorar la prostitución solo porque no hay más delito previsto para esa actividad. La tasa de homicidios tampoco aumentaría significativamente si fuese revocado el artículo 121 del Código Penal brasileño. La moral individual y la moral colectiva, así como las normas sociales, funcionan sorprendentemente bien para detener tales conductas. ¿Pero y en lo que se refiere a los tributos?

Suena como total utopía imaginar que las personas contribuirían espontáneamente, en nombre de un abstracto contrato social, para mantener al Estado. Aunque deseen todos los servicios prestados por el *welfare state*, los incentivos para desertar y «engancharse» en los eventuales contribuyentes voluntarios serían enormes, lo que acabaría por inviabilizar el sistema. Por eso, en cualquier sistema los tributos son obligatorios.

¿El rechazo a los tributos ocurre solo por la reducción que ellos necesariamente implican en la riqueza del ciudadano? ¿El único factor que genera costos a los contribuyentes son los tributos en sí mismos, es decir, el monto que es obligatorio pagar al Estado, por ejemplo, R$ 1.000,00 a título de Impuesto sobre Propiedad de Vehículos Automotores?

Siguiendo adelante: el rechazo en mayor grado en relación a los tributos se daría por el hecho de que estos son obligatorios, mientras los delitos están prohibidos por el Derecho, puesto que podría ser más aceptable psicológicamente ser prohibido de hacer algo que obligado? No debería ser al revés, ya que la tributación se relaciona con actividades lícitas, mientras que las reglas penales tipifican situaciones tenidas como ilícitas por el legislador?

Apelando a la interdefinibilidad[175] de los modales deónticos, lo obligatorio equivale a prohibido no hacer, así como lo prohibido equivale a obligatorio no hacer algo. Otro sí, cuando se deprende de la regla sancionadora que pune el homicidio la regla dispositiva implícita «prohibido matar», por interdefinibilidad llegamos al «obligatorio no matar». En ese sentido puramente lógico-deóntico ambas situaciones son virtualmente idénticas.

La respuesta se encuentra en los costos atribuidos a los individuos.

Mientras las reglas penales, aunque implícitamente dispuestas, prohíben al individuo de hacer algo, las reglas tributarias lo obligan a actuar. No matar a alguien no suele implicar costos de oportunidad, al menos para los ciudadanos honestos e não-violentos. Por otro lado, para que se pueda cumplir con la obligación tributaria es

175 En ese sentido, ver ECHAVE, URQUIJO y GUIBOURG (1995, p. 123-124).

necesario tomar varias medidas que implican costos, además del tributo propiamente dicho.

Es por eso que reglas tributarias en sentido estricto requieren diversas otras reglas que posibiliten su cumplimiento. Esas reglas tributarias en sentido amplio se refieren a la recaudación y fiscalización de los tributos, siendo denominadas usualmente como «obligaciones accesorias». Paulo de Barros Carvalho (2010, p. 354-356) prefiere la expresión «deberes instrumentales», pues hay situaciones en que no existe ninguna obligación principal para que haya accesorias, como son los casos de inmunidad y exención. Sea como fuere, aun cuando no hay tributo a pagar, el contribuyente todavía está obligado a hacer algo para Estado.

Así, ser contribuyente implica cumplir diversas acciones: mantener e informar datos personales al Fisco, pagar los tributos y todavía interpretar (o contratar alguien para hacerlo) todo el enmarañado de actos normativos, legales e infra legales.

Esos son los costos de conformidad que, a su vez, generan costos de transacción para los contribuyentes. Considerando que para realizar negocios, abrir, cerrar, comprar o vender empresas, así como también para obtener financiamientos y crédito es necesario comprobar la conformidad con la tributación, y esa conformidad es onerosa y difícil, obviamente hay altos costos de transacción y, consecuentemente, ineficiencia económica.

3.5. Evasión, elusión y la Curva de Laffer

La tributación elevada genera incentivos a su propia deserción. Por la perspectiva de la racionalidad costo-beneficio, el contribuyente requiere beneficios superiores al costo del tributo cobrado, pues, de lo contrario, su probable elección será la de evitar la carga tributaria. Esa forma de deserción puede darse de modo lícito o ilícito. En el primer caso, se trata de la elusión fiscal; en el último, de la evasión. La elusión fiscal, en la definición de Paulo Ayres Barreto (2008, p. 270), significa el derecho subjetivo asegurado al contribuyente de, por medios lícitos, (i) evitar la ocurrencia del hecho jurídico tributario; (i) reducir el monto debido a título de tributo; o (ii) postergar su incidencia.

La evasión fiscal, a su vez, como el propio nombre lo dice, significa esquivar el cumplimiento de obligaciones tributarias, por medio de recursos ilícitos, tales como el fraude, la simulación y la disimulación.

Lo que importa demostrar es que tributación alta no significa necesariamente recaudación alta. En realidad, cuanto mayor sea la carga tributaria, más probable será la fuga de los contribuyentes, por los medios que tuvieren a su alcance. Esa fuga, además de la sut supra referidas, puede ser inclusive literal, por medio del traslado físico del contribuyente o de sus recursos hacia jurisdicciones con tributación más favorable. En esos casos, imponer una tributación excesiva, implica la pérdida de recaudación.

La Curva de Laffer, modelo propuesto por el economista homónimo norte-americano,[176] demuestra que, en determinadas situaciones, cuanto mayor sea la alícuota de un tributo, menor será su recaudación. El tributo óptimo estaría en el punto de intersección entre alícuota y su recaudación. Si la alícuota ultrapasa ese punto, como en la figura que aparece a continuación, la recaudación pasa a disminuir, pues hay incentivos para la deserción del cumplimiento del tributo.

Recaudación-Punto Óptimo de Recaudación-Alícuota Promedio

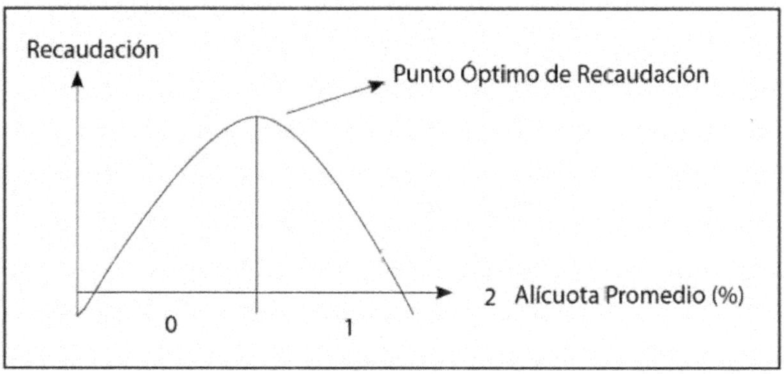

Figura 16: Curva de Laffer

[176] LAFFER, 1940.

El punto óptimo específico deberá, seguramente, ser comprobado empíricamente, y eso dependerá de diversos otros factores particulares de cada sistema particular e inclusive de componentes culturales de cada región, ciudad, Estado o país. Pero la lógica por detrás de él es irrefutable - independientemente de circunstancias, cultura o período histórico, los individuos siempre intentaron, intentan e intentarán mejorar su propia situación. Y, cuando se vean privados de sus recursos para transferirlos compulsivamente al Estado, sin contrapartidas que les parezcan lo suficientemente compensadoras, la elección racional inevitable será huir de los tributos.

La fuga ilícita o evasión, puede ser cohibida por medio de la eficaz y eficiente aplicación de sanciones tributarias y penales, así como por la técnica de las sanciones premiales. La elusión, a su vez, puede ser cohibida por medio de institución y aplicación de cláusula general antielusiva, la cual, conforme veremos en el tema 4.3, no existe en nuestro ordenamiento.

3.5.1. Planeamiento tributario

Como vimos en el tema anterior, si el contribuyente es racional, reaccionará a los incentivos normativos que le fueren destinados. Por esa razón, la relación entre tributación excesivamente onerosa[177] y el cumplimiento de las obligaciones tributarias es inverso, lo que genera el efecto potencial de disminuir la recaudación a medida que el Estado intensifica la carga tributaria.

Cuanto más invasivo sea el sistema tributario, más incentivos serán creados para que el contribuyente no pague tributos. Así como la carga tributaria obviamente cuenta para ese incentivo, la complejidad del sistema también contribuye. En efecto, un sistema tributario dividido en competencias federativas autónomas, con diversos tributos y diversas sistemáticas (no acumulativos, plurifásicos, deducibles etc.), inevitablemente contendrá fallas y lagunas normativas, que serán exploradas por los contribuyentes.

---

[177] Lo que no significa solo alícuotas altas, sino también los costos de oportunidad y de transacción implicados en el cumplimiento de obligaciones tributarias.

Siendo así, es racional querer pagar menos tributos, y una de las formas de hacerlo es mediante el planeamiento tributario. El planeamiento tributario, cuya otra denominación más técnica es elusión fiscal, denota la exploración racional por el contribuyente de las fallas de previsión por el legislador tributario, siempre con el objetivo de hacerla por las vías formalmente lícitas.

En ese sentido, Heleno Torres (2000, p. 37-38) destaca con precisión el proceso racional por el cual se da el planeamiento, una vez que el operador intenta anticipar sus consecuencias jurídico-tributarias, como también todas las repercusiones del sistema jurídico, ultrapasando no solo la incidencia de la norma tributaria estricta, sino también todas las obligaciones provenientes, incluyendo los deberes instrumentales y formales y sanciones penales. Se trata de un análisis consecuencialista que el planeador debe realizar con la máxima cautela, ya que de ese cálculo dependerá el suceso o no de las operaciones que realizó visando economía de tributos.

Esa técnica intenta explorar las del sistema tributario, que la doctrina norteamericana denomina como *loopholes*, algo próximo a lo que en el Brasil se llama de «lagunas normativas». Esas fallas o imprevisiones son aprovechadas para la realización de conductas que hacen posible la economía tributaria, y es parcialmente por eso que la elusión es considerada lícita. En esos casos, la licitud se da porque la elusión es permitida, en el sentido de que no existe prohibición expresa tampoco el propio permiso expreso, constituyendo lo que Georg von Wright (1963, p. 86) denominó de «permiso débil» (*weak permission*).

Además de su estructura lógico-normativa, o elusión también acarrea consecuencias sociales, que veremos en el tema siguiente.

3.5.2. Elusión y rent seeking

Cuando determinados contribuyentes recurren a especialistas en «planificación tributaria», crean también distorsiones en el sistema.

La planificación tributaria (o elusión fiscal) puede ser vista como una disputa por los «pedazos de la torta» entre el particular y el Estado. Considerando, por motivos de simplificación, que la elusión se refiere a prácticas lícitas del contribuyente que tienen como objetivo evitar o reducir la incidencia tributaria, es necesaria la contratación de abogados y contadores por parte de los contribuyentes, así como de auditores fiscales por parte del Estado.

En esa transacción, abogados y contadores, por un lado, y fiscales y auditores, del otro, representan costos incurridos para llegar al resultado final de la división de la torta. Tomando como datos estos costos, la solución eficiente es aquella que invierte los pedazos de la torta en aquel sector (gobierno o privado), cuyo retorno social es mayor.

Aun así, los referidos costos de transacción significan recursos no productivos. En otras palabras, recursos que no están siendo invertidos eficientemente por el mercado, sino transferidos a sectores no productivos, generando el efecto de la «búsqueda de renta» (*rent seeking*), que ocurre cuando ningún producto o servicio nuevo es creado, *es decir*, no hay riqueza nueva siendo producida, sino que solo los recursos ya existentes son repartidos de forma ineficiente. Siempre que no haya creación de riqueza, y si apropiación de ella, dos situaciones podrán surgir: si la apropiación se da de forma ilícita, se dice que hay robo o fraude; si ocurre de forma lícita, hay el fenómeno de *rent seeking*.[178]

Aun así, considerando que existe una disputa por los recursos, cabe verificar en qué sector estos son administrados de modo más

---

[178] Como muchas expresiones económicas, esta es de difícil traducción, a raíz de que pragmáticamente se utiliza la original en lengua inglesa. Sin embargo, aún la expresión inglesa, cuñada por la economista Anne Krueger en el famoso artículo The Political Economy of the Rent-Seeking Society, publicado en el *American Economic Review*, n. 64 (1974) es criticada por el padre de la idea, Gordon Tullock, en artículo de 1967, titulado The Welfare Costs of Tariffs, Monopolies, and Theft. *Westenern Economic Journal*, n. 5. El Profesor Tullock (2005, p. 55) define *rent seeking* como «[...] el uso de recursos reales con el fin de generar renta económica para las personas, siendo que las propias rentas económicas provienen de alguna actividad que tiene un valor social negativo. Por ejemplo, si la industria automovilística americana inviste recursos en persuadir al gobierno a imponer una tarifa sobre importaciones de carros coreanos, los ciudadanos americanos son perjudicados. Por lo tanto, aunque las empresas automovilísticas ganen, la inversión de recursos se orienta hacia «*rent seeking*».

eficiente. La teoría económica indica que es en el sector privado donde hay mejor empleo de los recursos, pues los mercados son generalmente eficientes, salvo en relativamente raras excepciones denominadas «fallas de mercado».

Aun con *rent seeking*, la planificación tributaria sería justificable a la medida que permitiese que los recursos fuesen invertidos por el sector privado, históricamente más eficiente que cualquier gobierno. Y, en ese contexto, «eficiente» significa menos desperdicio y mayor probabilidad de multiplicación de los recursos, generando, por lo tanto, excedente social y menos «peso muerto».

Cabe resaltar que apenas una pequeña parcela del sector privado dispone de recursos financieros para contratar especialistas en elusión fiscal, restando para la mayoría el dilema cumplir/evadir la tributación. La elusión acaba, en ese sentido, generando injusticia, pues redistribuye la carga tributaria, desplazando su peso hacia aquellos que no poseen medios para emprenderla.

Considerando que parte del sector privado transfiere recursos para la elusión fiscal, y parte de los contribuyentes opta por la llamada «informalidad», que no es otra cosa que actuar al margen de la tributación, a los contribuyentes que optan por la observancia de las reglas tributarias les restan fuertes incentivos para la deserción de esa conducta.

El dilema del prisionero demuestra que la racionalidad de los individuos lleva la deserción de la conducta, que sería la mejor elección desde el punto de vista individual, sin embargo, la peor, desde el punto de vista colectivo. Teniendo en cuenta que desde el año de 2000 até 2009 ya hubo cuatro grandes moratorias y amnistías de débitos federales,[179] se incluimos a las diversas provincias y municipios que instituyeron en sus competencias beneficios semejantes, ¿por

---

[179] Cuatro refinanciamientos de débitos tributarios federales en nueve años resultan en un promedio de uno a cada 2,25 años. Considerando que, en promedio, entre el incumplimiento del hecho generador, la fiscalización, el procedimiento y la ejecución fiscal transcurre un número considerablemente mayor de años, el gobierno federal señala a los contribuyentes que no es conveniente cumplir con las obligaciones tributarias.

qué deberían aquellos contribuyentes usualmente cumplidores de sus deberes para con el Estado fiscal seguir en tal conducta?

Nótese que el binomio sanción/aplicación de la sanción, uno de los principales incentivos al cumplimiento de las conductas, acaba siendo parcialmente anulado por la recurrente institución de las referidas moratorias y amnistías.[180]

Vale resaltar que no abogamos por la obediencia ciega a las normas tributarias. Cabe al contribuyente buscar la tutela de sus derechos siempre que los considere amenazados o violados por el Estado. Sin embargo, no es este el problema en cuestión. El propio Estado crea el círculo vicioso de distorsiones en el sistema económico siempre que la tributación excede los niveles razonables de costos directos e indirectos, y la institución de beneficios fiscales es apenas otra faceta del mismo problema.

Beneficios y subsidios acarrean distorsiones en el sistema de precios del mercado, de la misma forma que la tributación. Como si eso no bastara, grupos de interés también presionan a los miembros del Legislativo para la aprobación de privilegios de todo tipo, incluyendo los de naturaleza tributaria. En su célebre teoría de la acción colectiva, Mancur Olson (1965) demuestra que en sistemas democráticos no es la mayoría quien tiraniza a la minoría, sino lo opuesto: minorías organizadas en grupos de interés presionan al Estado, principalmente al Legislativo y al Ejecutivo para la aprobación de normas que les concedan ventajas. Nuevamente el fenómeno del *rent seeking*, invirtiendo recursos ineficientes a costa de la mayoría de los contribuyentes.

La solución óptima, del punto de vista de la ganancia social, es normativa: simplificación radical del sistema tributario y reducción drástica de gastos innecesarios por los gobiernos federal, provinciales y municipales.

---

[180] La Ley n.° 11.941/2009, que instituyó el llamado «refis IV» o «refis de la crisis», posibilitó uno de los mayores «perdones» vistos hasta la fecha a los contribuyentes deudores. No solo los débitos tributarios propiamente dichos estaban incluidos en su intención, sino también las sanciones, albergando también deudas en todos los estados, desde las no fiscalizadas hasta aquellas que estaban en sede de ejecución fiscal.

3.5.3. Eludir o no eludir? Norma general antielusiva y elección bajo incerteza

Como será visto en tema subsecuente, la llamada «norma general antielusiva», cláusula general que autoriza la desconsideración de negocios jurídicos con el objetivo precipuo de economía fiscal, es recurso que no posee eficacia técnico sintáctica, es decir, le falta regulación por ley ordinaria para que pueda entonces ser aplicada por el agente administrativo fiscal.

Aun así, los fiscales han desconsiderado operaciones usualmente permitidas por el derecho privado, simplemente por acarrear economía tributaria, sin competencia normativa para ello, y los tribunales administrativos (especialmente el CARF) han mantenido las actuaciones. Teniendo en cuenta la notoria dificultad de acceso por parte de los contribuyentes a los juzgados del Consejo Administrativo de Recursos Fiscales, asimetría informacional que dificulta un marco jurisprudencial transmisor de previsibilidad a los ciudadanos, y todavía la falta de balizas y límites legales para que un negocio jurídico pueda ser desconsiderado, el riesgo inherente a la opción por la planificación tributaria puede llegar a convertirse en una *elección bajo incerteza.*

Como vimos en el tema 1.7.2, la incerteza se manifiesta cuando no es posible atribuir probabilidades a los eventos. El cálculo costo-beneficio del individuo se ve perjudicado, pues ni siquiera es posible una evaluación subjetiva de las oportunidades de suceso o fracaso.

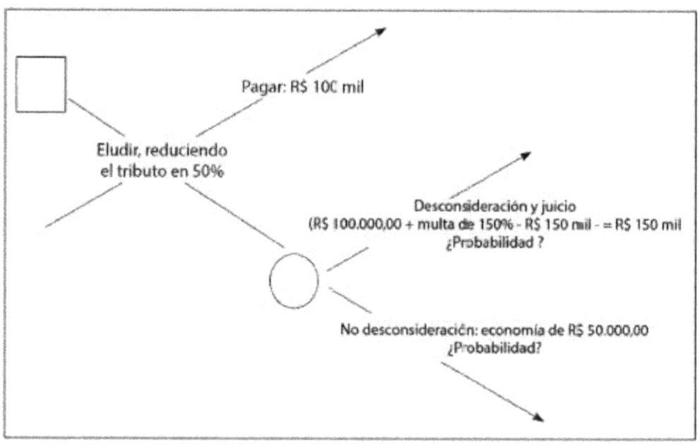

Figura 17. Elusión y elección bajo incerteza

En la figura ut supra la opción entre pagar el tributo o recurrir a la planificación que reduzca al mismo por la mitad está cercada de desconocimiento en cuanto a las consecuencias de la elección, lo que acarrea inseguridad jurídica y viola directamente la autonomía del individuo.

Se advierte que la elección bajo incerteza es peor que una elección bajo riesgo, pues en aquella al menos el contribuyente es capaz de calcular las oportunidades de sufrir sanciones por sus actos. Si es reacio al riesgo, optará entonces por evitar planificaciones agresivas, que con gran margen de probabilidad, le acarrearán puniciones. Si es amante del riesgo, asumirá el mismo y optará por la elusión. En la elección bajo incerteza, por otro lado, siquiera es posible prever lo que ocurrirá, a raíz de la falta de informaciones que permitan el cálculo racional del agente.

La incerteza, por lo tanto, viola directamente la libertad, incapacitando el ejercicio de la autonomía individual. Individuos racionales deben ser capaces de evaluarlos pros y contras de sus elecciones y decidir qué rumbo tomarán sus. Esta autonomía presupone libertad de elección, el pilar que identifica al Estado Democrático de Derecho y denota la presencia de seguridad jurídica.

3.6. Los delitos contra el orden tributario y la extinción de la punibilidad por el pago

Además de las sanciones pecuniarias, otro potente motivador de conductas sería la sanción privativa de la libertad, tipificada por los artículos 1° y 2° de la Ley n.° 8.137/90. Como en diversos otros países, Brasil pune criminal, además de tributariamente, al incumplimiento de obligaciones tributarias, siempre que exista el elemento subjetivo (dolo) en la conducta del agente, sea este persona física o administrador de persona jurídica.

La posibilidad de cumplir pena restrictiva de la libertad podría funcionar como considerable incentivo al cumplimiento de obligaciones tributarias por los contribuyentes. Sin embargo, un factor crucial interviene: la extinción de la punibilidad.

La ley n.° 8.137/90 disciplinaba la cuestión en su artículo 14, el cual condicionaba la extinción de la punibilidad por el pago de la deuda, desde que este fuera realizado antes del recibimiento de la denuncia por el Ministerio Público. El dispositivo fue revocado por la Ley n.° 8.383/91, lo que tornó la sanción aún más pesada para el contribuyente, ya que el pago no tendría la consecuencia de impedir una eventual denuncia fiscal y consecuente acción penal.

La Ley n.° 9.245/95 (art. 34) optó por crear incentivo para el pago, condicionando, de la misma forma que antes, que este fuera realizado antes del recibimiento de la denuncia, como única forma de extinción de la punibilidad. Considerando que el objetivo principal del Estado sea la recaudación, tenía sentido que existiera esa posibilidad, mezclando la sanción punitiva tributaria con la sanción penal premial. La facultad de pagar el tributo para escapar de la posibilidad de pena consistía en incentivo eficiente, al menos en tesis.

La situación cambió con la Ley n.° 10.684/03. La disposición retiró el factor temporal como condicionante de la extinción, dejando de exigir el pago previo a la denuncia. Aunque el legislador haya silenciado, el Tribunal Federal Supremo[181] afirmó posición en el sentido de que el pago en cualquier tiempo – léase antes o después de la denuncia o inclusive después de instauración del proceso, extingue la punibilidad del agente. Actualmente la cuestión es disciplinada de la misma forma por la Ley n.° 11.941/09. Posteriormente, la Ley 12.382/11 restituyó el marco temporal, limitando la extinción de punibiliad por el pago realizado antes de recibido la denuncia.

El punto importante es indagar ¿cuál es el objetivo de la legislación, disuadir la práctica de ilícitos penales tributários o meramente

---

[181] H C 81929 / RJ - Rio de Janeiro. Rel. Min. Cezar Peluso. Juzgamiento: 16.12.2003. DJ 27-02-2004 Acción Penal. Crimen Tributario. Tributo. Pago después del recibo de la denuncia. Extinción de la punibilidad. Decreto HC concedido de oficio a tal efecto. Aplicación retroactiva del art. 9º de la Ley federal nº 10.684/03, cc. art. 5º, XL, de la CF, y art. 61 del CPP. El pago del tributo, en cualquier momento, aun después de recibida la denuncia, extingue la punibilidad del crimen tributario.

servir de incentivo para la recaudación?. Se entende que lo correcto seria que no exista cualquier posibilidad de extinción de punibilidade, funcionando la ley como potente inhibidor de la practica de delitos tributarios. Sin embargo, la intención del legislador no es eso, sino incentivar el pago de los tributos, de forma tal de incrementar las arcas del gobierno.

CAPÍTULO IV: DECISIÓN DEL AGENTE FISCAL

En el campo de las decisiones tributarias, los agentes administrativos fiscalizadores cumplen una de las funciones más importantes, pues son los aplicadores por excelencia de las normas. Tal aplicación es, en rigor, monopolio de los agentes de la fiscalización, de conformidad con el *caput* del artículo 142 del Código Tributario Nacional.[182]

La aplicación se da a través del acto administrativo de lanzamiento, vehículo normativo que porta las reglas tributarias destinadas a los contribuyentes individualmente identificados. La forma por excelencia de aplicación es por medio del proceso de subsunción, puesto que, por el régimen que en la actividad de los fiscales, la adherencia estricta de los hechos a las reglas es exigencia absoluta.

La actividad del agente administrativo responsable por la fiscalización y aplicación de los tributos es, conforme el artículo 3.º del Código Tributario Nacional,[183] *vinculada*. Eso significa que no hay

---

182 Art. 142. Compete privativamente a la autoridad administrativa constituir el crédito tributario por el lanzamiento, así entendido el procedimiento administrativo tendiente a verificar la ocurrencia del hecho generador de la obligación correspondiente, determinar la materia tributable, calcular el monto del tributo debido, identificar al sujeto pasivo y, siendo el caso, proponer la aplicación de la penalidad correspondiente.

183 Art. 3.º Tributo es toda prestación pecuniaria compulsiva, en moneda o cuyo valor se pueda exprimir en ella, que no constituya sanción de acto ilícito, instituida en ley y cobrada mediante actividad administrativa plenamente vinculada.

margen de elección para el agente - puesto que, deparándose, en su actividad fiscalizadora, con hechos motivadores de tributos, tiene obligación de aplicar la legislación.[184]

Por esa restricción a su elección -que, de manera inversa, es la misma restricción impuesta al contribuyente, forzado a cumplir con la obligación tributaria (una vez existente, lo que deja la posibilidad de eludirla, como hemos visto), igualmente sin margen de elección-, resulta difícil un abordaje normativo de su proceso de toma de decisión. La negativa de abordaje es ética, pues no cabe aquí proponer protocolos de decisión entre alternativas lícitas e ilícitas al agente fiscal, de la misma forma que no cabe proponer lo mismo al contribuyente.

Evidentemente, desde el punto de vista positivo, la elección racional del fiscal opera como la de cualquier otro individuo. Además de cuestiones morales que también afectan su elección, las sanciones tienen impacto directo en ella tanto las punitivas, como las que conciernen a su responsabilidad funcional, así como también las premiales, que recompensan su desempeño en plano de carrera.

4.1. Subsunción y aplicación del derecho tributario por el agente fiscal

Puede parecer extraño que este tema esté inserto en el capítulo «decisión del agente fiscal», considerando que la inmensa mayoría de los tributos en nuestro sistema se rige por el llamado «lanzamiento por homologación», sistema por el cual caben al contribuyente el cómputo, la formalización y pago del débito, sujeto a ulterior confirmación (homologación) por el fisco.

A pesar de que el proceso de subsunción inicialmente será realizado por el contribuyente, a partir del cual podrá entonces expedir el «acto de formalización instrumental», según denominación empleada por Eurico de Santi (1996), son los actos de confirmación o refuta-

[184] Con la debida reserva de Paulo de Barros Carvalho (2010, p. 59): «Si es verdad que actos importantes del procedimiento de recaudación tributaria pertenecen a la clase de los vinculados, otros muchos existen, dentro de la misma actividad, en que el administrador está autorizado, por la ley, a integrar con su voluntad o juicio a la norma jurídica, frente al caso concreto, operando con criterios subjetivos propios, al efecto de satisfacer los objetivos consagrados en el sistema legal».

ción del órgano hacendario los responsables por la extinción o por la constitución del crédito tributario. Sea homologando el «auto lanzamiento», expresa, tácita o implícitamente,[185] sea lanzando de oficio o iniciando juicio, es el proceso de decisión y aplicación por los agentes administrativos lo que positiva en último grado las normas tributarias en el sistema jurídico. Siendo así, cabe entonces al agente de la administración aplicar las normas tributarias a los casos concretos.

La forma menos costosa de decisión es la aplicación de reglas. Para que eso sea posible, es necesario que haya, obviamente, regla disponible para la situación fáctica. La regla aplicable usualmente es una regla general y abstracta, lo que significa una hipótesis de incidencia, que connota situaciones fácticas de posible ocurrencia y un consecuente que establece los sujetos de derecho en relación jurídica. Es abstracta porque la hipótesis demarca posibles eventos en el mundo que interesan al legislador como implicadores de efectos jurídicos. Es general porque los efectos jurídicos son derechos y deberes correlativos en una relación jurídica en que los sujetos detentores de ese *status* deóntico no son identificados.

---

185 La homologación expresa y la homologación tácita son dispuestas por el artículo 150 e incisos del CTN. La primera se da por medio de un acto administrativo homologatorio de la formalización y del pago realizado por el contribuyente. La segunda, por el llamado «silencio administrativo» (GARNICA, 1990), que opera efectos por la simple inacción de la Administración Pública después del transcurso de cinco años contados de la ocurrencia del hecho generador. En cualquiera de los casos, la homologación presupone que haya habido formalización y pago por parte del contribuyente, pues, de lo contrario, no habría qué homologar. La tercera y última especie de homologación se perfecciona por el llamado acto administrativo implícito, aquel por el cual, conforme lo expuesto por Marcello Caetano (1994, p. 1374-1375), «la voluntad de la Administración se manifiesta por medio de un acto donde esté incluido otro o mediante hechos de los que necesariamente se deduzca». Cuando el contribuyente formaliza y declara sus actividades tributadas al fisco, y no obstante ello, no efectúa el pago, a la Hacienda inscribe el acto de formalización instrumental en la deuda activa, para posterior enjuiciamiento de acción de ejecución fiscal. Se trata de un acto administrativo implícito, pues por la inscripción se opera también otro acto, que es el de aceptar La verificación del débito realizado por el contribuyente. Es un acto homologatorio, aunque implícito, pues, sino hubiera concordancia con la verificación, ésta no se estaría convirtiendo en título ejecutivo extrajudicial, para consecuente ejecución.

En la legislación de derecho privado, usualmente los sujetos no están determinados, como es el caso de las reglas que rigen los contratos, bastando definirlos como «contratante y contratado». En la regla tributaria, o regla-matriz de incidencia, el sujeto activo es la excepción, pues es determinado en la relación jurídica *in abstracto*: o el ente federativo que tiene la competencia legislativa para crear el tributo, que lo cobra por medio de su secretaría de la hacienda, o un tercero señalado por la ley, en el caso de la parafiscalidad. El sujeto pasivo, por otro lado, no es determinado, constando en la regla apenas las connotaciones que forman la clase de aquel sujeto: el prestador de servicio, el comerciante, el industrial, aquél que obtiene ganancia de capital y así sucesivamente.

La operación mental denominada «subsunción» es una inclusión de objetos en categorías conceptuales, como trata Kant (1994) en su *Crítica la razón pura*. Se trata de una actividad mental propia de la capacidad de abstracción humana, por la cual se establecen conceptos generales y completos, a los cuales entonces se encajan situaciones, hechos y objetos concretos. El método es el inferencial deductivo, por el cual la premisa menor se subsume en la premisa mayor. Por ejemplo, si el enunciado general «todos los hombres son mortales» es la premisa mayor, el enunciado específico «Sócrates es mortal» es la premisa menor, siendo esta última subsumida en la primera. En lógica, la subsunción implica reglas de definición de los términos. La definición intencional o connotativa se refiere a las propiedades necesarias que, sumadas, forman el concepto, entendido este como la idea sustancializada en lenguaje. Por ejemplo, la definición de «planeta» como «astro que recibe su luz del sol, alrededor del cual gira», es intencional.[186] La definición extensional, a su vez,

---

[186] Definición extraída del *Dicionário de de língua portuguesa Caldas Aulete*. Se trata, sin embargo, de una definición que lleva en sí muchas fallas, por varias razones. Hay cuerpos celestes que giran alrededor del Sol y son también por él iluminados, pero no son clasificados como planetas, por ejemplo, los asteroides y los cometas. Además, no es condición necesaria la categoría de planeta que el astro orbite alrededor del Sol, pudiendo hacerlo en cualquier otra estrella, siendo que los astrónomos han descubierto más y más planetas orbitando en sistemas estelares distintos del nuestro. Otras características también deberían ser consideradas, como la incapacidad de generar energía termonuclear, así como de atraer cuerpos celestes menores, como planetoides y lunas.

se refiere a términos que se encajan –o se subsumen– al término definido intencionalmente. Marte, Venus y Tierra son definiciones extensionales de «planeta».

En el contexto jurídico, la subsunción funciona por la misma operación lógica inferencial-deductiva. El operador del derecho busca en las reglas generales la previsión para la situación específica y concreta con la cual se depara, a efectos de subsumir a esta en las disposiciones intencionales y connotativas de la regla. En la estructura lógica de la regla general, tanto su hipótesis como su consecuente son intencionales, mientras que, en la regla individual, el antecedente y el consecuente son extensionales.

Debe advertirse que la *fattis pecie* es siempre reductora de la inmensa diversidad del mundo de los hechos, pues el legislador, como el centrista, reduce la complejidad de lo real y traduce para el derecho apenas el que le interesa. La subsunción será realizada teniendo en cuenta apenas esas limitadas notas atribuidas por el legislador en la construcción de la regla general.

Como debe solucionar el caso concreto, el aplicador crea entonces otra regla, que es la traducción, a su vez, de esa operación lógica de subsunción. Esa es la regla individual y concreta. Es concreta por no tratarse solo de una mera posibilidad fáctica, sino de un hecho descripto en su antecedente lógico. Y es individual porque todos los sujetos de derecho están debidamente identificados. No se trata ya de un «prestador de servicio», sino de «Juan García», individuo de carne y hueso, domicilio, registro de identidad y de contribuyente.

El mismo razonamiento se aplica a otras combinaciones, como son las reglas generales y concretas e individuales y abstractas. Esta última es típica de los contratos. En estos vehículos de derechos y deberes, esencia de las relaciones privadas, aunque los sujetos sean determinados, las situaciones allí dispuestas se proyectan hacia el futuro. Un contrato de prestación de servicios, por ejemplo, estipula las obligaciones mutuas entre las partes (del prestador en realizar el servicio conforme a estipulado, y del tomador en pagar por el servicio prestado) que deben ocurrir para tornarse hechos, cumpliendo así la función para la cual el instrumento fue creado. Si el contrato debe ser ejecutado, su regla individual y abstracta será subsumida en una regla individual y concreta, con los mismos sujetos de derecho, sin embargo ejecutando la obligación no cumplida.

La regla general y concreta, a su vez, puede ser creada por diversos propósitos. Por ejemplo, la ley que prevé la indemnización para los perseguidos por el régimen militar. La regla allí dispuesta es concreta porque se refiere a un hecho, con coordenadas de espacio y tiempo: el período histórico caracterizado por el cercenamiento de libertades y garantías individuales. Es general porque no específica cuales son los individuos que encuadran como acreedores del Estado, sino que solo establece la clase de posibles sujetos de derecho. Cuando el individuo aparece pleiteando sus derechos, una vez que se encuadre en la referida clase, ocurre entonces la subsunción.

Las reglas generales y concretas son más utilizadas de lo que puede aparecer a primera vista, y están íntimamente ligadas al problema de la aplicación. Esta, a su vez, necesita más que reglas de derecho material. No basta apenas la subsunción de los hechos a reglas sustantivas de derecho, también es necesario que el aplicador busque además las reglas de procedimiento del sistema. ¿Y qué significa aplicar tales reglas? Para responder esa cuestión, es necesario recurrir a la Teoría de las Fuentes del Derecho.

4.2. Nomogénesis: las fuentes del Derecho y autogeneración del sistema jurídico

Nomogénesis significa el proceso de creación de los elementos del sistema jurídico, como son, las normas. Para comprender como se da tal proceso, es necesario analizar la estructura del sistema, en su constante dinámica de autogeneración. Para ello, el estudio de las fuentes del Derecho se vuelve imprescindible.

La estructura del sistema jurídico es dictada por las reglas secundarias, en el léxico hartiano, o reglas de competencia, según Alf Ross. Utilizo la expresión «metarreglas», pues se trata, en rigor, de reglas que versan sobre otras reglas. Más precisamente, dictan el procedimiento de creación de reglas en el ordenamiento jurídico.

Por razones analíticas, si consideramos que el sistema jurídico es del tipo dinámico y complejo, *es decir,* se regula a sí mismo y, más importante, produce sus propios elementos, adoptaremos entonces la definición de fuentes jurídicas de Paulo de Barros Carvalho (2010, p. 79):

> [...] por fuentes del derecho habremos de comprender los focos ejecutores de reglas jurídicas, es decir, los órganos habilitados por el sistema para producir normas, en una organización escalonada, bien como la propia actividad desarrollada por esos entes, teniendo en vista la creación de normas.

Los focos ejecutores o, en otras palabras, los órganos habilitados por el sistema para producir normas ejercen su respectiva función cuando aplican metarreglas. La competencia otorgada por el sistema para producir normas necesita, lógicamente, ser ejercitada, lo que ocurre con la efectiva aplicación de metarreglas, generales y abstractas, en el ejercicio de la competencia legislativa, administrativa, judicial o privada.

Ser fuente del Derecho es ejercer el rol de órgano habilitado por el sistema para producir la función necesaria a fin de mantenerlo vivo, así como cualquier otro sistema complejo: producir incesantemente sus propios elementos. A diferencia de la teoría luhmaniana, no se quiere afirmar aquí que el sistema social y los subsistemas que en el operan sean ontológicamente independientes de los individuos, se trata, tan solamente, de un modelo analítico.

Los sistemas no existen *per se,* apartados de los individuos. El mismo sujeto de carne y hueso tiene el potencial de ejercer diversos roles sociales en el ámbito cotidiano de su vida. Por la mañana, desempeña el rol de padre de familia al desayunar con su esposa y sus hijos. Asimismo, por la mañana y por la tarde, ejercerá también el papel de juez de derecho, órgano habilitado por el sistema para producir normas y por la noche, el papel académico como conferencista en congreso jurídico. Su racionalidad permanece la misma, como ya hemos visto, aunque su discurso sea traducido en diferentes códigos. Ejerciendo el papel de juez, sus comunicaciones serán eminentemente prescriptivas de conductas, aunque, para ello, sea necesario seguir una serie de procedimientos para que se pueda entonces cumplir con la función de órgano del sistema.

Si los requisitos para creación de norma no fueren absolutamente cumplidos, no habrá sentencia, ley, acta de infracción o contrato. Si fueren cumplidos parcialmente, probablemente la norma producida contendrá algún vicio en su proceso de producción, siendo pasible de impugnación por el sistema, después del necesario procedimiento requerido a tal efecto. En su constante función autogeneradora, el sistema jurídico mantiene el monopolio de producción de sus propios elementos, de la misma forma que un organismo vivo produce sus propias células. Suponiendo que el Poder Legislativo cree una ley cuyo proceso de producción no haya seguido adecuadamente las metarreglas respectivas, por ejemplo, aprobación de una ley complementaria sin el quórum exigido, de mayoría absoluta de las dos cámaras del Congreso, ¿será esa ley indefectiblemente «inconstitucional»?

Ahora bien, por más inconstitucional que una ley (o cualquier otro acto normativo) pueda parecer, solo el propio sistema tiene la competencia para declarar el propio vicio de sus elementos. Cualquier manifiesto sobre los predicados de un acto normativo, sean los morales acerca de lo justo o injusto, sean sobre la adecuación al orden jurídico vigente, no pasa de opiniones, sin fuerza vinculante. Por el contrario, aun aquellos actos normativos cuya inconstitucionalidad es obvia podrán plenamente producir efectos, si son aplicados por el aparato coercitivo del Estado. Solo el órgano habilitado podrá entonces impugnar, después de todo el cumplimiento de metarreglas previstas para ello, el acto normativo –o parte de él– por medio de la expedición de una norma específica para tal objetivo. En la permanente dinámica de autoconstrucción son necesarias normas para todas las funciones, inclusive la de impugnar elementos defectuosos del sistema.

Para que sea posible, entonces, crear, alterar o extinguir cualquier elemento del ordenamiento, es necesario cumplir con las metarreglas que dictan el procedimiento adecuado, y este cumplimiento se da con la aplicación de las mismas. Cuando se diferencia la competencia legislativa de su ejercicio, en rigor, se está distinguiendo las metarreglas abstractas de su aplicación.

Hay diversas especies de metarreglas, en nivel constitucional, legal y administrativo. Del mismo modo, hay metarreglas que disponen específicamente sobre qué procedimiento formal debe ser adoptado para la creación de otras normas. Otras metarreglas determinan cuál es la materia que debe ser tratada por la ley que será creada. Por ejemplo, el artículo 69 de la Constitución determina que la aprobación de una ley complementaria requiere mayoría absoluta, por lo tanto es una metarregla formal. El artículo 146, II, puntos *a* y *b* determinan qué materias la ley complementaria en materia tributaria deberá tratar, por lo tanto es una metarregla material. La ley complementaria aludida, a su vez, portará normas generales de derecho tributario, con la misma función de metarreglas. Por ese mismo diapasón, Eurico Marcos Diniz de Santi (2008, p. 328) las denomina «sobre normas», que, *verbis*:

> [...] dirigidas a la Unión, Provincias, Municipios y Distrito Federal, visan la realización de las funciones certeza y seguridad del derecho, estableciendo la uniformidad del Sistema Tributario Nacional, en consonancia con principios y límites impuestos por la Constitución Federal.

Todas, sin embargo, son aplicadas de la misma forma, mediante la concretización de la metarregla general. Por ejemplo, el Legislativo aplica metarreglas dispuestas en la Constitución y en el Código Tributario al hacer leyes; el juez aplica metarreglas dispuestas en el Código de Proceso Civil o Penal al sentenciar; el fiscal aplica metarreglas dispuestas en la legislación que regula el proceso administrativo; y los particulares aplican metarreglas dispuestas por el derecho privado al elaborar contratos. Lo que importa es que las metarreglas generales y abstractas -cuya hipótesis prevé justamente los requisitos necesarios para crear el acto normativo y cuyo consecuente dispone sobre la incorporación de un acto normativo en el sistema- son aplicadas por medio de una metarregla general y concreta.

Esa aplicación de reglas de competencia o metarreglas lleva a los conceptos de reglas introductoras y reglas introducidas. Lo que se rescata del proceso de producción normativa es su producto, la norma creada -lo que se verifica justamente por la regla introductora, que es la regla general y concreta que consustancia el ejercicio de la competencia de crear elementos normativos. El primer acceso epistemológico del proceso de producción normativa se verifica por medio de los *vehículos introductores de normas en el sistema*, es decir, la ley, el decreto, la sentencia, las actuaciones por infracción, el contrato etc. Eso porque registran la ocurrencia de un hecho muy importante para el ordenamiento jurídico, que es el ejercicio de la competencia de crear normas por el respectivo órgano autorizado para ello. Siendo así, las reglas introductoras son siempre reglas generales y concretas, *es decir*, generales porque se refieren a su inclusión en el sistema (pertinencia a un determinado conjunto, lo que es sinónimo de validez sintáctica) y concretas porque relatan aquel ejercicio de competencia citado líneas atrás (CARVALHO, 2005, 157). En suma, el vehículo introductor es el soporte físico de la regla introductora de reglas en el sistema. El preámbulo de la Constitución brasileña es un ejemplo de eso. En las demás leyes, el mero enunciado de tipo «Ley Federal n.º 5.172, de 25 de octubre de 1966», además de insertar el vehículo y las normas portadas por él en el sistema, relata además el acontecimiento de su creación: Ley Federal (Congreso Nacional, que es el órgano competente) n.º 5.172 (el número de la ley, que significa su colocación cronológica en el sistema, el procedimiento legislativo, por el hecho de ser ley ordinaria), de 25 de octubre de 1966 (la fecha de su promulgación). Otros hechos ligados al proceso de producción deberán ser rescatados en locales, además del mero vehículo introductor, y eventualmente servirán inclusive como pruebas necesarias para una eventual expulsión de norma inconstitucional del ordenamiento. Esquemáticamente, se puede representar la subsunción necesaria para la aplicación de metarreglas en la figura a continuación:

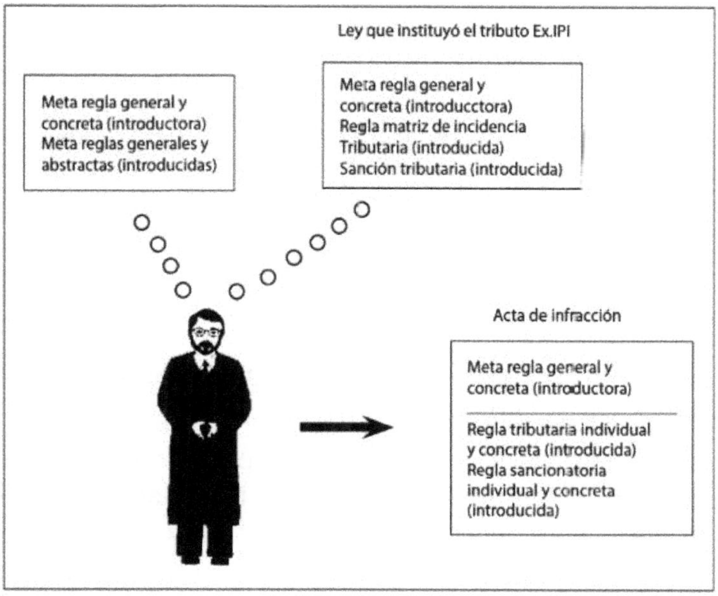

Figura 18. Proceso lógico de subsunción y aplicación

En la figura ut supra, el aplicador del Derecho pretende labrar un acta de infracción, una vez que se comprobó con el hecho generador de Impuesto sobre Productos Industrializados, en su actividad de fiscal de tributos. Para que pueda ser exitoso ese emprendimiento, debe, antes de todo, conocer las reglas aplicables al efecto. Deberá saber también cuál es la regla-matriz aplicable para la situación, en el caso, el IPI, así como cuál es la sanción correspondiente (pues se trata de un acta de infracción).

Sin embargo, no basta apenas con conocer las reglas de derecho material aplicable sin que se tenga conocimiento de las metarreglas -condición necesaria para la creación del acta de infracción, o de cualquier otra aplicación de norma en el ordenamiento. Otro sí, son necesarias dos subsunciones- 1) la del procedimiento concreto para labrar el acta, que se consustancia lingüísticamente con el propio vehículo, portador de la regla general y concreta, y 2) la de las reglas de derecho material.

Esa metódica es ineludible en la dinámica de autoconstrucción del sistema jurídico, y no es posible decidir nada desde el punto vista interno del ordenamiento sin que sea creada alguna norma para eso, de ahí la importancia crucial de la subsunción y aplicación de metarreglas.

En lo pertinente al derecho material, no siempre las cosas funcionan tan fácilmente. Cuando no hay regla disponible, es necesario utilizar otros recursos para solucionar el caso concreto, usualmente principios jurídicos. En los llamados casos difíciles, muchas veces implicando conflicto de principios, el método no es la subsunción, y sí la ponderación, conforme veremos a continuación.

4.4. La supuesta discrecionalidad del agente fiscal: ¿existe cláusula general antielusiva en Brasil?

Tradicionalmente, la sistemática de aplicación de tributos en el Brasil siempre siguió los dictámenes de la tipicidad cerrada, conforme las disposiciones pertinentes en la Constitución y en el Código Tributario Nacional. Desde, por lo menos, la Constitución de 1967, inmediatamente posterior a la Ley n.° 5.172/1966 (Código Tributario Nacional), el proceso de aplicación de las normas tributarias se afirmó por el criterio de la estricta subsunción.

Sin embargo, la tendencia mundial parece ser, en los últimos años, la de una ampliación del espectro hermenéutico del fiscal y, por lo tanto, concesión de discrecionalidad en su actividad. La tradicional limitación ut supra referida pasa a ser supuestamente superada por doctrinas como la «sustancia sobre la forma», «abuso de derecho» o «abuso de formas jurídicas».

La doctrina de la *substance over form* se convirtió en precedente en la Suprema Corte norteamericana en 1935, en el caso Gregory v. Helvering,[187] en que el planeamiento tributario entonces realizado fue desconsiderado por la corte, cuya decisión fue en el sentido de que lo que debe ser tomado en cuenta es la sustancia de los negocios jurídicos, y no apenas los sus aspectos formales, es decir, si las estructuras societarias emprendidas por el contribuyente tienen propósito en sí mismas, además de la mera economía tributaria.

---

[187] 293 U.S. 465 (1935).

Como fue dicho en las líneas que anteceden, existe actualmente una tendencia internacional en la aplicación de esta doctrina a la planificación tributaria[188] y aun en países donde tradicionalmente el entendimiento sobre el tema tendía al formalismo (por ejemplo, en Inglaterra)[189] comienzan a inclinarse por la preferencia sobre la sustancia y el propósito negocial en las operaciones con consecuencias elusivas.

El derecho público brasileño, sin embargo, exige la expresa autorización legal para toda y cualquier conducta adoptada por el agente administrativo fiscal en el ejercicio de sus funciones. La existencia de una norma o cláusula general antielusiva, aunque pudiera ser altamente discutible en vista de nuestro sistema constitucional tributario, haría posible que el fiscal ejerciese juicios de admisibilidad para fines tributarios en relación a los negocios jurídicos realizados por el contribuyente. De ese modo, de forma semejante a la desconsideración de la personalidad jurídica y consecuente responsabilización personal del socio o administrador previsto por el artículo 135 del Código Tributario Nacional,[190] la cláusula general antielusiva concedería poder al fiscal para desconsiderar los nego-

---

188 Cf. Richard Posner (1981, p. 532): «Courts have made some attempt to reduce the social costs of corporate reorganization through the judge-mad doctrine of «substance over form», whereby a reorganization or other transaction the sole purpose and effect of which is to beat taxes will be disregarded for tax purposes».

189 Ver el juicio de House of Lords, Macniven v. Westmorel and Investments Limited [2001] UKHL 6 y los recientes juicios de England and Wales Court of Appeal, John Astall and Graham Edwards v. HMRC [2009] EWCA 1010 y The Commissioners for Her Majesty's Revenue & Customs v. Tower MCashback LLP & Another [2008] EWHC 2387 (Ll).Ambas decisiones, no obstante resaltar restricciones en cuanto a la aplicación de la sustancia sobre la forma, destacan la importancia de superación de la interpretación literal del Derecho tributario en pro de una averiguación de la realidad económica subyacente a las operaciones visando economía de tributos.

190 Art. 135. Son personalmente responsables por los créditos correspondientes a obligaciones tributarias resultantes de actos practicados con exceso de poderes o infracción de ley, contrato social o estatutos:
I - las personas referidas en el artículo anterior;
II - los mandatarios, prepuestos y empleados;
III - los directores, gerentes o representantes de personas jurídicas de Derecho privado.

cios jurídicos que tuviesen finalmente la economía de tributos. Por la misma mecánica de la desconsideración de la personalidad jurídica, la desconsideración de negocios se da por el empleo de una ficción jurídica, por la cual el fiscal no desconstituye el negocio en sí, *pero a los fines tributarios es como si el mismo no hubiese ocurrido.*

Sin embargo, se pregunta: ¿existe, de hecho, una cláusula general antielusiva en Brasil?

La cláusula habría sido instituida por la Ley Complementaria n.° 104/2001, que insertó el párrafo único en el artículo 116 del Código Tributario Nacional:

> [...] la autoridad administrativa podrá desconsiderar actos o negocios jurídicos practicados con la finalidad de *disimular* la ocurrencia del hecho generador del tributo o la naturaleza de los elementos constitutivos de la obligación tributaria, observados los procedimientos que serán establecidos en ley ordinaria. (La cursiva es nuestra).

Una lectura un poco más detenida del dispositivo demuestra que no estamos al frente de ninguna antielusión, sino veamos:

1) Cuando el dispositivo determina que «la autoridad administrativa podrá desconsiderar actos o negocios jurídicos practicados con la finalidad de disimular la ocurrencia del hecho generador del tributo o la naturaleza de los elementos constitutivos de la obligación tributaria», simplemente enuncia una redundancia. «Disimular» la ocurrencia del hecho generador significa tan solamente ocultar, esconder, encubrir el evento generador de la obligación tributaria (Carvalho, 2004). Ahora bien, eso no es otra cosa que la vieja evasión fiscal de siempre, que ya está prohibida tanto por la legislación tributaria como por la legislación penal (Ley n.° 8.137/1990), mucho antes del advenimiento de la Ley Complementaria nº. 104/2001. Asimismo, si realizo algún negocio u operación jurídica con el objeto de dejar de pagar tributos, es obvio que tales actividades no tendrán la menor potestad de evitar la incidencia de las normas tributarias y sancionadoras aplicadas por la autoridad administrativa. Pero, el dispositivo no tiene, repetimos, cualquier eficacia contra elusión fiscal, que difiere en esencia de la «disimulación» de hechos generadores de tributos.

2) Aunque, *ad argumentandum tantum*, admitamos que el dispositivo haya vehiculizado una norma antielusiva, él seguiría sin eficacia, pues es exigida ley específica que lo regule («observados los procedimientos que serán establecidos en ley ordinaria»). Como advierte Paulo Ayres Barreto (2008, p. 271), a esa norma le falta eficacia técnica sintáctica, puesto que hasta ahora no fue dictada la necesaria ley ordinaria.

Anteriormente, la Medida Provisoria n. 66/2002 llegó a regular la antielusión, definiendo situaciones como «abuso de forma jurídica», «propósito negocial» y afines, bien como procedimientos para su aplicación. Sin embargo, la conversión de la Medida Provisoria nº. 66/2002 en Ley n.º 10.637/2002 no transportó los referidos dispositivos antielusivos hacia el ordenamiento, haciendo que perdieran su validez y eficacia.

A pesar de la falta de norma general antielusiva, o, en la peor de las hipótesis, falta de su eficacia, los tribunales administrativos - especialmente el entonces consejo de contribuyentes, actual Consejo Administrativo de Recursos Fiscales - han venido aplicando la cláusula aplicado la cláusula disimuladamente, mediante el uso de *simulación*.[191]

Se trata de otro equívoco, tal vez todavía peor, puesto que la simulación, en esos casos, se refiere a los negocios jurídicos regidos por el derecho privado. Sorprendentemente, con todas las cláusulas generales y tipos abiertos existentes en este segmento del derecho, el instituto de la simulación se ha tipificado de la forma más restrictiva posible, como se desprende del artículo 167 del Código Civil brasileño:

> Art. 167. Es nulo el negocio jurídico simulado, pero subsistirá lo que se disimuló, si fuera válido en la sustancia y en la forma.

---

191 Cf. Paulo Ayres Barreto (2008, p. 258): «esa, en verdad, es una tónica en las más recientes decisiones que involucran los límites de la planificación tributaria. Adviértase que el esfuerzo en el sentido de cualificar las operaciones como portadoras de carácter simulado, para evitar la discusión en torno a la eficacia del párrafo único del artículo 116 del CTN. Se intenta, con eso, fundamentar la decisión o en el artículo 149, VII, del CTN o, como se veen este caso, directamente en el Código Civil».

§ 1.º Habrá simulación en los negocios jurídicos cuando:

I - aparenten conferir o transmitir derechos a personas diversas de aquellas a las cuales realmente se confieren, o transmiten;

I - contengan declaración, confesión, condición o cláusula no verdadera;

II - los instrumentos particulares fueren pre-fechados, o posfechados.

Se advierte cristalinamente que el dispositivo contiene *numerus clausus, es decir*, las hipótesis legales de simulación son ni más ni menos, únicamente las que están enunciadas. Se advierte igualmente que la simulaciónes ilícita y es finamente diferenciada de la disimulación en el *caput* del artículo, en la tesitura de la clásica definición de Jean Baudrillard (2000, p. 9): «disimular es fingir no tener lo que se tiene. Simular es fingir tener lo que no se tiene». Por lo tanto, el negocio falso es considerado nulo y aquél que se quiso ocultar, válido, siempre que tenga atendido la sustancia *y* la forma.

La forma como el instituto de la simulación viene siendo aplicado, choca artículo 110 del Código Tributario Nacional:

> [...] la ley tributaria no puede alterar la definición, el contenido y el alcance de los institutos, conceptos y formas de derecho privado, utilizados, expresa o implícitamente, por la Constitución Federal, por las Constituciones de las Provincias, o por las Leyes Orgánicas del Distrito Federal o de los Municipios, para definir o limitar competencias tributarias.

Se trata de una metarregla antificción jurídica (Carvalho, 2008, p. 276-278), es decir, una prohibición dispuesta por una norma general de derecho tributario a que el fiscal altere un instituto de derecho privado con fines de cobranza de tributo.[192]

---

[192] Es una metarregla antificción, pues: 1) es un aregla de competencia, que dispone sobre lo que el agente administrativo, órgano habilitado por el sistema a producir normas, no puede hacer. El prefijo «meta» denota ser una regla que dispone sobre otras reglas; y 2) prohíbe una clase de ficción jurídica, que es la *ficción de tercer grado.* Ficciones son desconsideraciones lingüísticas en relación a la realidad. Ficciones son actos de habla cuya función ilocutiva es fabuladora, *es decir.*, contar una historia sin función de verdad/falsedad,

Además, no tiene el agente administrativo la competencia para evaluar actividades, operaciones o transacciones realizadas por el particular dentro de su esfera de autonomía, en lo que se refiere a la simulación. Se trata de regla de derecho privado, prerrogativa del juez de derecho examinar, cuando provocado por una de las partes o por el Ministerio Público.

En síntesis, la actuación del agente fiscal, como órgano habilitado por el sistema jurídico para producir normas, es sobre modo restringida. Sus posibilidades se limitan apenas a subsumir los hechos verificados en las reglas aplicables, sin poderes para desconsiderar negocios jurídicos, ya sea por medio de norma antielusión, que no existe en nuestro ordenamiento, o por medio del instituto de la simulación, dispuesto en el Código Civil.

4.5. Transacción Tributaria

El Código Tributario Nacional vehiculiza la norma general de atribución de competencia para creación de leyes específicas, de cada ente federativo, instituidoras de la transacción tributaria:

> Art. 171. La ley puede facultar, en las condiciones que establezca, a los sujetos activo y pasivo de la obligación tributaria a celebrar transacción que, mediante concesiones recíprocas, importe en determinación de litigio y consecuente extinción de crédito tributario.
>
> Párrafo único. La ley indicará la autoridad competente para autorizar la transacción en cada caso.

La transacción, instituto originario del derecho privado, es un procedimiento por el cual las partes negocian sus respectivos derechos y deberes, y tiene como presupuesto la autonomía de las partes en la relación jurídica. Una vez que dos sujetos privados, en relación contractual voluntaria, tienen algo que perder y algo que ganar con el acuerdo, hay incentivos para que lleguen a un denominador común.

---

de común acuerdo entre el hablante y el oyente. Las ficciones de primer grado son desconsideraciones de la realidad natural; las de segundo grado, desconsideraciones de la realidad institucional (también lingüística); finalmente, las ficciones de tercer grado son desconsideraciones de la realidad jurídica, en otras palabras, de los institutos, formas y conceptos creados por las normas.

Habiendo bajos costos de transacción, espontáneamente las partes llegarán a una solución eficiente implicando derechos de propiedad, y el bien en discusión irá hacia aquél que lo valore más, alcanzándose la eficiencia de Pareto. Se trata del Teorema de Coase, ya abordado en este trabajo, la contribución fundamental del economista inglés homónimo, profesor de la Escuela de Chicago y Nobel de Economía.

Los problemas comienzan a surgir cuando uno de los litigantes es persona de derecho público, pues uno de los presupuestos de ese segmento del sistema es que sus agentes no disponen de la autonomía de la voluntad, pues representan intereses que no son los personales. Se podría argumentar que la situación no es tan distinta a la de los mandatarios de empresas privadas, que representan los intereses de su organización, siendo irrelevantes los particulares para el acuerdo en cuestión. El gerente o director de una persona jurídica de derecho privado podrá, en ese sentido, representar los intereses del presidente, de los socios o de los accionistas de la empresa.

Personas de Derecho Público, por otro lado, administran recursos, como la propia denominación lo dice, públicos. La autonomía necesaria para transigir aparece de sobremanera limitada, en la mejor de las hipótesis, vinculada estrictamente a la ley que instituye la transacción. La discrecionalidad administrativa, en la lección de Celso Antonio Bandera de Mello (2010 p. 11), está también vinculada al ordenamiento jurídico, que dispone sobre las posibilidades de elección del agente administrativo fiscal frente al caso concreto. Cabe a la ley específica entonces definir formas que atiendan simultáneamente al interés público, entendido como la gestión racional, eficiente y transparente del dinero de los contribuyentes, y al interés privado de la parte que transa.

Esas y otras limitaciones inherentes a la máquina administrativa, como burocracia e inherente ineficiencia comparada con el sector privado, elevan sustancialmente los costos de transacción, dificultando una solución coseana.

Algunos requisitos son importantes para que la ley de transacción cumpla los efectos deseados, y vale mencionarlos aquí.

No siempre el agente fiscal - así como agentes que representan entidades privadas - actuará en el mejor interés de su organización. Eso no significa necesariamente que actuará de forma ilícita, sino apenas que tenderá que preservar primeramente sus propios intereses.[193] Según hemos visto, se trata del problema del «agente-principal», fenómeno por el cual los agentes (funcionarios) contratados por el principal (empresa, organización) actúan en interés propio, no coincidente con los intereses de quien los contrató, y así lo hacen por la dificultad de monitoreo de sus conductas, proveniente de la asimetría de información.

Para evitar o al menos minimizar el problema agente-principal (o riesgo moral), la transparencia sería requisito imprescindible en el proceso de transacción tributaria.

Otro problema, todavía más grave, es que el eventual uso irrestricto de la transacción afecte el sistema de precios normativo y, consecuentemente, cree incentivos equivocados para los contribuyentes. El recurso no podría ser una solución fácilmente empleada por los contribuyentes, cuando se vieran en dificultades para pagar sus deudas tributarias, pues, de lo contrario, el Estado estará demostrando a los demás contribuyentes que fácilmente concede beneficios y abdica de su crédito. La consecuencia será el incentivo al incumplimiento general.

---

[193] Por ejemplo, si el abogado recibe apenas honorarios mensuales para patrocinar acciones judiciales de su cliente, sin participación en éxito, tendrá poco incentivo para agilizar el proceso o inclusive para llegar a un acuerdo con la parte contraria. Por otro lado, si recibe un valor fijo, de antemano, su incentivo será el de librarse cuanto antes de aquél proceso, pues, recibidos que fueren los honorarios, cuanto más mantenga el caso consigo, menor será el valor que habrá recibido de su cliente. La misma lógica funciona para los llamados honorarios de «partido», sistemática por la cual el cliente paga un valor fijo a su abogado, que en contrapartida está disponible para prestar todo y cualquier servicio, sin limitaciones. Existen fuertes incentivos para que el profesional cobre el valor fijo mayor que el respectivo trabajo que realmente tendrá. El criterio más eficiente sería, por lo tanto, el de hora-técnica trabajada, por el cual el abogado actúa exactamente el tiempo necesario para su cliente. El incentivo para debitar horas excesivas puede ser neutralizado por medio de un informe detallado del trabajo realizado en aquél período cobrado.

Para evitar el problema ut supra, importante sería instituir alguna especie de costo, no necesariamente monetario, a los contribuyentes que optasen por la transacción. Algo que sea lo suficientemente oneroso como para vislumbrar a la transacción como última salida posible y viable para que el contribuyente salde sus débitos y el fisco reciba sus créditos. Una posibilidad es instituir costos de entrada y permanencia al contribuyente que opte por la transacción, semejante a los regímenes especiales punitivos, previstos en las legislaciones provinciales de ICMS, donde el monitoreo y la fiscalización constante, por tiempo determinado, serían impuestas al particular.

Sea como fuere, la Administración Tributaria siempre tendrá ventajas en un proceso de negociación con el contribuyente. Justamente por el hecho de que la actuación discrecional de sus agentes es limitada y circunscripta a la ley específica, su posición estratégica en la transacción se ve reforzada. Se trata del *juego del cobarde*, conforme hemos visto en el tema 1.8.2. La estrategia consiste en que el agente administrativo marca, antes del inicio del juego, que su margen de negociación es determinado e inflexible.

CAPÍTULO V
DECISIÓN DEL JUEZ

El acto de decisión más importante del sistema jurídico es el del juez. Por juez me refiero tanto a aquél a nivel administrativo, *es decir*, insertado en el poder ejecutivo de algún ente de la federación, como al que está a nivel judicial. No hay duda de que, en modo general, es este último el responsable por la calibración del sistema jurídico, mediante decisiones que estabilizan el sentido de las normas jurídicas. Son las decisiones judiciales, por lo tanto, las que encierran las controversias y fijan la significación de los textos normativos.

En el contexto tributario brasileño, la decisión administrativa de los órganos colegiados también estabiliza controversias y fija sentidos normativos. No hace cosa juzgada, pues eso es prerrogativa del Poder Judicial, Sin embargo, al menos en decisiones favorables a los contribuyentes, la Hacienda queda de manos atadas. Es que no tiene sentido, desde el punto de vista lógico, que la Hacienda ingrese con una acción visando anular la propia decisión. Las relaciones jurídicas deben, como señala Paulo de Barros Carvalho (2008, p. 104), ser irreflexivas, pues nadie puede estar en relación jurídica consigo mismo. Aunque, en el ejemplo en tela, el consejo que juzga (o la Cámara de Recursos Fiscales) y la procuraduría que enjuicia sean aparentemente distintos, pertenecen al mismo órgano del Poder Ejecutivo, que es la Hacienda Pública.

El acto de decisión administrativo está condicionado por restricciones diferentes a las que afectan al acto de decisión judicial, evidentemente. Aunque los dos tipos de actos tienden a estabilizar el sistema jurídico, el judicial es el único con función realmente definidora en nivel semántico y pragmático de las normas jurídicas. En efecto, los antiguos primero y segundo consejos de contribuyentes (ahora secciones del CARF) publicaron súmulas declarándose incompetentes para pronunciarse sobre la inconstitucionalidad de la legislación tributaria, lo que restringe sobremodo el alcance de sus decisiones.[194]

No por eso la decisión del juez judicial está libre de restricciones. De forma análoga a las restricciones presupuestarías y de oferta con las que el consumidor se depara cuando sale de compras, el juez también se ve frente a restricciones normativas y fácticas al decidir (y, para ello, expedir normas jurídicas) en casos concretos. En este capítulo concentraremos el enfoque en esa especie de juez - el juez perteneciente al Poder Judicial - considerando que sus decisiones abarcan todas las cuestiones importantes y, por consiguiente, interesantes desde el punto de vista de la teoría jurídica. Desde exámenes de legalidad y constitucionalidad a conflictos entre reglas y colisiones de principios, cabe al Poder Judicial decidir casos difíciles, muchas veces limítrofes en la capacidad de explicación de la dogmática del Derecho.

5.1. Principio del Debido Proceso Legal

El debido proceso legal es la garantía de derechos morales y jurídicos fundamentales como la vida, la libertad y la propiedad. Se trata, en esencia, de una defensa frente al poder absoluto del soberano, a pesar de que no sea condición necesaria para un sistema democrático de gobierno, ya que su contenido puede formar parte de sistemas monárquicos. Es más, su origen se dio en el reinado de Juan Sin Terra, en Inglaterra, durante el siglo XII, por medio de la promulgación de la Magna Carta (1215).

---

[194] Restricción esa consecuencia directa de la división de poderes. A la Administración le corresponde tan solo revisar los propios actos, para mantener aquellos conforme con la ley y expurgar aquellos que le son contrarios. Naturalmente está más allá de su competencia el examen de constitucionalidad de las leyes, prerrogativa constitucional del Poder Judicial.

El enunciado que introdujo la idea de debido proceso legal fincó el marco que vendría a ser el sustentáculo de todos los posteriores sistemas políticos y jurídicos pautados por la libertad y protección de los derechos del individuo frente al Estado, y se encuentra en el artículo 39 del documento original, transcripto abajo en traducción libre del original en latín:

> Ningún hombre libre será preso, aprisionado o privado de su propiedad, o tornado fuera de la ley, o exiliado, o de ninguna manera destruido, ni se actuará contra él o mandará a nadie contra él, a no ser por juicio legal de sus pares, o por la ley de la tierra.[195]

La expresión *due process of law* fue literalmente dispuesta por primera vez en ley inglesa de 1354, durante el reinado de Eduardo II. En los Estados Unidos de América, algunas constituciones provinciales, como las de Maryland, Pensilvania y Massachusetts mencionaron la expresión[196], que posteriormente vendría a consagrarse en Bill of Rights, constituida por enmiendas a la constitución y promulgada en 1791, que así enuncia: «Ninguna persona [...] será compelida en cualquier caso criminal la testificar contra sí misma, ni será privada de su vida, libertad o propiedad sin el debido proceso legal».[197]

El debido proceso legal carga la poderosa y revolucionaria idea por la cual ningún soberano - sea el rey de una antigua monarquía, sea el Estado moderno - puede privar injustificadamente al individuo de sus derechos básicos. Ahora bien, la tributación ataca justamente *los medios* por los cuales el individuo preserva su vida, libertad y propiedad, y en nuestra civilización, como bien señala la *National Taxpayer Avocate* de los Estados Unidos, Nina Y. Olson (2010, p. 227), «el dinero son los medios».

---

195 En el original en latín: «Nulas liber homo capiatur, vel imprisonetur, aut diseisiatur, aut utlagetur, aut exuletur, aut aliquo modo destruatur, nec super cum ibimus, nec super cum mittemus, nisi per legale judicium parium suorum vel per legenterre».

196 Cf. Nelson Nery Junior (1999, p. 33-34).

197 En el original en inglés: «No person [...] shall be compelled in any criminal case to be a witness against himself, nor be deprived of life, liberty, or property, without due process of law».

Para que la privación de esos medios sea justificada, sin embargo, no basta apenas que exista una ley que lo autorice, pues esta puede contener abusos. De esa forma, no solo la corrección de la aplicación de la ley a los hechos debe ser puesta en discusión, sino también la corrección de la ley propiamente dicha, lo que demuestra la doble dimensión del debido proceso: adjetivo y sustantivo.

5.1.1. Debido proceso legal adjetivo

El debido proceso adjetivo o procesal está enunciado expresamente en la Constitución brasileña (art. 5.°, LIV), y suena bastante semejante al original norteamericano: «nadie será privado de la libertad o de sus bienes sin el debido proceso legal». La referida máxima denota la obligatoriedad del Estado a proveer y el derecho del particular a tener acceso a un sistema de revisión de las imposiciones normativas sufridas por los individuos. El sistema es el procesal, que la nuestra Carta[198] instituyó tanto en nivel administrativo como judicial, y significa la disposición de los medios para que el ciudadano pueda contestar la acusación o el deber que le es requerido por la fuerza coactiva del Estado, sea su postulante él mismo u otro particular.

Para dar efectividad al principio, la Constitución brasileña dispone también de diversos otros enunciados, que consustancian reglas objetivas garantizadoras del debido proceso: prohibición al juicio o tribunal de excepción (art. 5.°, XXXVI); la institución de la jurisprudencia (art. 5.°, XXXVII); obligatoriedad de autoridad competente para procesar y sentenciar (art. 5.°, LII); el contradictorio y la amplia defensa (art. 5.°, LV); la prohibición de la utilización de pruebas ilícitas (art. 5.°, LVI); la necesidad de que la acción criminal transite en juzgado para que el acusado sea considerado culpable (art. 5.°, LVI); la obligatoriedad de la publicidad de los actos procesales (art. 5.°, LX); la obligatoriedad de flagrante delito u orden judicial para la prisión del individuo (art. 5.°, LXI); la comunicación de la prisión a la familia o persona indicada por el afectado (art. 5.°, LXI);

---

198 «Art. 5.°, LV - a los litigantes, en proceso judicial o administrativo, y a los acusados en general son asegurados el contradictorio y amplia defensa, con los medios y recursos a ella inherentes.»

la comunicación por la autoridad de los derechos del preso, incluyendo asistencia de la familia y de su abogado (art. 5.°, LXII); el derecho a la identificación de la autoridad que lo está le deteniendo o interrogando (art. 5.°, LXIV); el cese inmediato, por la autoridad judicial, de la prisión ilegal (art. 5.°, LXV); el derecho a la libertad provisoria con o sin fianza, cuando la ley lo prevé (art. 5.°, LXVI); prohibición de prisión civil por deuda (art. 5.°, LXVI); el *habeas corpus* (art. 5.°, LXVII); el recurso de amparo (art. 5.°, LXIX); la asistencia jurídica gratuita, cuando comprobada la insuficiencia de recursos de la persona (art. 5.°, LXXIV); la indemnización estatal por error Judicial o por prisión por tiempo superior al debido (art. 5.°, LXXV. Además de esas reglas, las leyes procesales civil, penal y administrativa vehiculizan centenas de dispositivos regulando innumerables aspectos y pormenores del proceso.

La enunciación de tantos dispositivos tiene por finalidad objetivar el principio del debido proceso, consustanciándolo en reglas imperativas para las autoridades estatales. El principio del debido proceso legal adjetivo y todas las reglas que lo sostienen visan atender el sentimiento de justicia del individuo frente a la supresión (inevitable en algún momento de su vida) de la libertad que el orden establecido le impone. El debido proceso, cabe resaltar, no es garantía de perdón, amnistía o absolución, pero sí de discusión sobre la norma que está afectando a la persona y las reglas, en su peculiar eficacia «todo o nada», hacen que el principio sea o no sea cumplido, sin graduaciones o relativizaciones.

Epistémicamente, lo que se pretende atender con el principio es la búsqueda de la verdad de los hechos que sirven de soporte a la imposición normativa, y, para eso, el reglamento de los medios de prueba, tanto para la imposición como para su defensa, es imprescindible. Analizando la teoría de los actos de habla, sabemos que el Derecho es regido por un macroacto[199] de habla directivo de conductas, lo que significa que el lenguaje jurídico debe finalmente prescribir comportamientos. En otras palabras, en tanto lenguaje (no como medio para alcanzar objetivos concretos), la función ilocutiva

[199] Sobre los macroactos ilocutivos, ver Van Dijk (2001) y Carvalho (2008).

global es directiva, aunque en su composición el Derecho Positivo contenga otros actos ilocutivos: asertivos, compromisivos, declarativos, expresivos y ficcionales. Los actos de habla que reconstituyen los hechos sobre los cuales incidirán las reglas son asertivos, pues su dirección de ajuste es palabra-mundo, *es decir*, la aserción debe corresponderse con la realidad. Es justamente en esa dirección que las pruebas se encaminan, y su finalidad es afirmar, confirmar o infirmar hechos jurídicos.

El debido proceso legal requiere entonces que el sistema jurídico si estructure para garantizar que sea posible la producción de esos actos de habla asertivos. La dinámica es, *mutatis mutandis*, semejante al lenguaje de la ciencia: ya que el método científico propone hipótesis confirmadas por los experimentos, esa verdades siempre provisoria, debiendo entonces ser pasible de eventual refutación por otra hipótesis capaz de explicar mejor a la realidad. La mecánica es nítidamente evolucionaria, sobreviviendo las teorías más aptas y descartándose a las demás. No hay límites para esa eterna búsqueda de la verdad por la ciencia, pues el macroacto de habla que la dirige es el asertivo, siendo su fin último la comprensión y la explicación del mundo. El Derecho, por otra parte, impone límites a la búsqueda de la verdad, pues su finalidad precipua, como vimos, es prescribir conductas, y no describir la realidad. Aun así, es fundamental para la manutención y cohesión del contrato social que cualquier imputación normativa sea pasible de refutación por su destinatario.

5.1.2. Debido proceso legal sustantivo

La dimensión sustantiva del debido proceso está un escalón arriba de la mera refutación de la aplicación de las normas a los hechos, implica la refutación de la norma propiamente dicha. Lo que se quiere al invocar ese mandamiento es impugnar el contenido de la norma jurídica, y no cuestiones de error de hecho o error de derecho.

Los controles de constitucionalidad, difuso y concentrado, son los principales instrumentos del debido proceso legal sustantivo: el primer control fue inaugurado por la *judicial review* norteamericana, en el caso Marbury *vs*. Madison, de 1803, capitaneado por el *Chief Justice* John Marshall, cuando por primera vez la Suprema Corte declaró la inconstitucionalidad de una ley. El último, creación del jurista austríaco Hans Kelsen, fue creado en el inicio del siglo pasado, en el sistema constitucional austríaco. Es por medio de esos dos procedimientos, siendo el primero en el contexto de una acción individual o colectiva, y el último por medio de una acción directa de inconstitucionalidad que se procura expurgar normas habidas como portadoras de vicios insanables, directamente contrarios a la Constitución.

El debido proceso legal adjetivo y sustantivo, además de atender a los anhelos naturales de justicia, también funciona como mecanismo perfeccionador del sistema, ya que las aserciones y contraaserciones en el proceso operan para depurar excesos, evitando la creación o expulsando del ordenamiento a las reglas abusivas, generales y abstractas e individuales y concretas.

La decisión del juez tiene como condición necesaria, por lo tanto, la existencia y manutención del debido proceso legal, pues el Poder Judicial actúa siempre bajo provocación de las partes, y, si estas no pudiesen si manifestarse, no habría sobre qué decidir.

5.2. Volviendo a los principios y a las reglas

La cuestión de la clasificación y diferenciación de las normas en principios y reglas solo se justifica a medida que sea útil para la solución de problemas jurídicos, pues, de lo contrario, no pasa de discusión bizantina. Vale decir que el Derecho es un objeto cultural, de ontología subjetiva, y no un objeto de la naturaleza; por lo tanto, tiene funciones que cumplir. Elucubraciones teoréticas sobre su estructura solo tienen sentido en el caso de que sean útiles en el contexto de razón práctica del Derecho.

Pasaremos a examinar las diferencias estructurales, epistémicas y funcionales entre los principios y las reglas, en los temas que se expresan a continuación:

5.3. Principios Versus Reglas

5.3.1. Género próximo y diferencias específicas

Considerando que tanto las reglas como los principios pertenecen al género norma jurídica, cabe entonces verificar cuáles son las diferencias específicas que justifican la clasificación.

Robert Alexy (2010, p. 21), uno de los más célebres iusfilósofos en tratar el tema, diferencia principios de reglas por el criterio de interpretación, aplicación y finalidad. Para el jurista alemán, reglas son «órdenes definitivos», siendo su forma de aplicación la subsunción. Si la regla es válida, lo que ella exige debe ser hecho. Para Ronald Dworkin, reglas son normas de tipo «todo o nada» y, «si dos reglas entran en conflicto, una de ellas no puede ser una regla válida» (1997, p. 24).

¿Pero, qué son principios, a final?

Conforme argumenta Alexy, principios son mandamientos o exigencias de optimización y, como tales, pueden ser atendidos en variados grados. Y el grado de su atendimiento depende no apenas de aquello que es fáticamente posible, sino también que de lo que es jurídicamente posible.[200] Dworkin, a su vez, sostiene que los principios tienen una dimensión de «peso», que las reglas no poseen.

Pensando en las libertades por detrás de las normas, cuyo goce y ejercicio están protegidos o limitados por ellas, observamos que la satisfacción de los principios es diferente cuando estamos frente a libertades negativas o libertades positivas.

Si libertades negativas significan abstención de interferencia en la autonomía de los individuos, basta la inacción por parte del Estado o de otros individuos para que sean respetadas. No obstante, como bien señalan Sunstein y Holmes (1999), ni siquiera esas libertades son de gratuitas, pues es necesario el contrato social - y su cría, el Estado - para protegerlas. Y esa protección, por consiguiente, no se da en términos binarios (sí o no), pero sí en variados grados. Libertades positivas típicas del *welfare state*, como derecho al empleo, al entretenimiento, a la salud y a la educación, son obviamente atendidas en menores grados, debido a los costos de su implementación. Si esas libertades buscan atender el «principio de la dignidad de la persona humana», se advierte que ese mandamiento de optimización es sobremanera más complicado de alcanzar.

200 Ídem, ibídem.

En efecto, los criterios diferenciadores que adoptaremos aquí son: 1) en cuanto a la objetividad; 2) estructura normativa; 3) función; y 4) axiología.

5.3.2. Diferencia en cuanto a la objetividad

Las reglas son objetivas, o tratan de serlo, lo que facilita su aplicación, ahorrando el operador del derecho del costo que la indeterminación de los principios acarrea. Por otro lado, por esa misma objetividad, son limitadas en relación al atendimiento de sus valores subyacentes. Y a los principios, se refieren a fines que no siempre son plenamente atendidos, y su observancia se da a medida que sus finalidades son pasibles de cumplimiento. En compensación, su subjetividad abre el terreno para la argumentación jurídica que muchas veces opera como instrumento útil para la calibración del sistema, especialmente en solución de casos difíciles.

Es necesario resaltar que la supuesta objetividad de las reglas le ahorra al operador del Derecho del esfuerzo hermenéutico que debe realizar. La diferenciación comúnmente empleada, principalmente por autores norteamericanos, entre *rules* y *standards* parece considerar solo los enunciados normativos, y no las reglas propiamente dichas. Al aplicar el modelo de interpretación propuesto por Paulo de Barros Carvalho (2006, p. 63-84),[201] por el cual el intérprete necesita interactuar con los textos normativos hasta alcanzar el plano de las normas, modelo ese denominado de recorrido generativo del sentido, se advierte que la clasificación comúnmente adoptada entre principios y reglas tiene en cuenta los enunciados textuales, y no propiamente su significación.

---

[201] El jurista en cuestión establece cuatro planos en el recorrido generativo del sentido: S1, el plano de laliteralidad textual; S2, el plano de la significación de los enunciados normativos; S3, el dominio articulado de las significaciones normativas; y S4, la forma superior del sistema normativo. El plano de las reglas, por lo tanto, es el S3, en que la articulación significa la estructura lógico-condicional, formada por un antecedente y un consecuente, que contiene todos los criterios necesarios para la completitud del orden. En el antecedente criterio material (conducta prevista), criterio temporal (momento de la conducta causante de la incidencia), criterio espacial (lugar donde la conducta ocurre). En el consecuente: criterio personal (relación jurídica modalizada) y, en los casos de obligaciones pecuniarias, el criterio cuantitativo.

En algunos segmentos del ordenamiento jurídico, la construcción del sentido de la regla es relativamente simple si comparada con otros segmentos. No obstante, en otros sectores - como es el caso de la tributación - la construcción del sentido completo de la regla requiere labor interpretativa que ultrapasa en mucho la simple lectura de un dispositivo de ley. Un mandato como una regla de tránsito que limita la velocidad máxima es de fácil comprensión. Su destinatario sabe el límite objetivo de la velocidad que puede transitar cuando se encuentra manejando su vehículo en la respectiva ruta y sabe también la consecuencia normativa -multa- que recibirá si desobedece la regla. Una regla tributaria, por otra parte, requiere el entendimiento de diversos subcomandos para que sea posible alcanzar el sentido completo: qué conducta o situación hace incidir el tributo; dónde surgirá la obligación; cuándo surgirá; quién cobrará y a quien es debido; quiénes obligado a pagar; cuando se debe pagar; cuánto se debe pagar.

Construida la regla, su objetividad seguramente la diferencia de un principio, y la convierte en un mandato definitivo: el chofer no puede ultrapasar ochenta kilómetros horarios en la ruta provincial; el tomador debe pagar por el servicio que contrató; el contribuyente debe pagar el tributo que debe al Estado. Sin embargo, esa objetividad no siempre resuelve determinadas situaciones complejas, y ahí entran los principios y su maleabilidad ínsita.[202]

---

[202] Celso Fernandes Campilongo (2000, p. 112), al hablar de la problemática de los derechos fundamentales, demuestra cuán subjetivos son los llamados principios jurídicos: «¿Alguien, por casualidad, es contrario al valor jurídico de la igualdad? ¿Alguien por casualidad es contrario al valor jurídico de la paz? ¿Alguien es contrario al valor jurídico de la libertad? ¡Claro que no! Todos nosotros somos favorables a los grandes valores. El problema reside en la forma de implementación de los valores, y, aquí, la situación se complica y se complica bárbaramente. El profesor Barroso, que a quien le gusta hablar estando en pie, es flamenguista y afecto al Derecho Constitucional, seguramente es un defensor de la paz, pero entiende que la mejor manera de garantizar a paz, por ejemplo, es adoptando una política antiarmamentista - le estoy dejando la parte buena a Barroso. Yo comulgo con los mismos valores, apesar de preferir hablar sentado, ser palmeirense y gustar de la Sociología Jurídica, también creo que la paz es un valor esencial, pero, al contrario de lo que expresa el profesor Barroso, en el momento de implementar los valores entiendo -apenas para ejemplificar- que la mejor forma de garanti-

5.3.3. Diferencia en cuanto a la estructura normativa

La diferencia entre principios y reglas se da en el nivel estructural. Las reglas tienen una formulación de implicación (si *p* entonces *q*), mientras que los principios simplemente dicen lo que se puede y lo que no se puede hacer en la autogeneración jurídica.

Las reglas se componen de un antecedente y un consecuente. Tomando las reglas generales y abstractas, el antecedente, denominado en la literatura como hipótesis de incidencia, suele referirse a alguna situación de hecho o de derecho de posible ocurrencia. El consecuente, a su vez, dispone los efectos jurídicos implicados por la situación prevista hipotéticamente. Por ejemplo, si presta servicio de naturaleza contractual, bilateral y onerosa (hipótesis), el contribuyente está obligado a recoger el impuesto sobre servicios de cualquier naturaleza.

Los principios, por otro lado, no poseen estructura lógico-condicional. Como no hay una hipótesis definida de incidencia basada en hechos, principios son órdenes más sencillos estructuralmente que las reglas.

Las reglas, por referir necesariamente a acontecimientos de probable ocurrencia, ya sean situaciones fácticas, o situaciones normativas, deben prever eventos, en el caso de las reglas generales, o describir hechos, en el caso de las reglas concretas. Tanto en un caso como en el otro, el antecedente - hipotético para las reglas generales y fáctico para las reglas concretas - es *asertivo.*

Por asertivos se entienden «actos de habla» cuya dirección de ajuste es palabra-mundo, pues la aserción exitosa es aquella cuyo contenido corresponde al Estado de cosas por ella referido.[203] El consecuente o prescriptor de la regla genera lo individual, a su vez, es

---

zar la paz no es la política antiarmamentista, sino, todo lo contrario, es armarme hasta los dientes para defenderme de mis enemigos. En relación a los valores, nuestras posturas son idénticas. Pero en la estrategia de implementación de valores las diferencias son muy grandes».

203 Con excepción de las ficciones jurídicas, cuyo contenido no corresponde a los estados de cosas reales. En esos casos, los actos de habla son de tipo ficcionales, con función fabuladora y dirección de ajuste nula (CARVALHO, 2008).

un acto de habla directivo, cuya dirección de ajuste es mundo-palabra. Como se trata de un mandato, el mundo - entiéndase las conductas reales que el derecho pretende alcanzar - debe ajustarse al contenido de la regla. Como ejemplo: «si presta servicio de cualquier naturaleza en el municipio de São Paulo, deberá el prestador pagar el monto de 5% sobre el valor del servicio prestado al municipio». Observe que hay doble dirección de ajuste: palabra-mundo, pues la aserción solo será exitosa si alguien realmente presta servicio en São Paulo, y la dirección mundo-palabra, pues el mandato solo será exitoso si el prestador realmente paga el tributo.

Con los principios no ocurre el mismo. Por ser directivos de la propia autogeneración del sistema jurídico, es decir, normas primordialmente endógenas, que operan internamente, son actos de habla puramente directivos. Sus órdenes remiten siempre a algún valor de relevo, que puede relacionarse a derechos individuales (isonomía, propiedad, debido proceso), a derechos sociales (educación, trabajo, salud), a deberes del Estado (moralidad, impersonalidad, eficiencia) o a la estructura del Estado (República Federativa).

Aun así, la locución constitucional muchas veces confunde Al intérprete, pues enuncia lo que parecen ser reglas, aunque, sin embargo, no lo son. Dispositivos tales como «está prohibido a la Unión, la las Provincias, al Distrito Federal y a los Municipios utilizar tributo con efectos confiscatorios» suenan como regla, tal es su imperatividad prohibitiva. Como señala Farnsworth (2009, p. 169), cuando cabe a las cortes aplicar esas supuestas reglas en casos concretos, se advierte su naturaleza principiológica. En el ejemplo citado, el llamado «principio de no confiscatoriedad» no es otra cosa que un desdoblamiento del derecho individual de propiedad enunciado en el artículo 5.º, XXI.

Humberto Ávila (2005, p. 32-33) critica lo que denomina de «carácter hipotético-condicional» como criterio diferenciador, ya que se trata de una mera formulación lingüística y, por lo tanto, «no puede ser elemento distintivo de una especie normativa». Según el autor, por el hecho de que sea posible reformular inclusive los principios con una estructura hipotético-condicional, tal carácter no sería «atribuible empíricamente a solo una categoría de normas».

No hay duda de que es posible reformular muchos de los llamados principios constitucionales en reglas hipotético-condicionales. Inclusive órdenes estructuralmente sencillos como los principios necesariamente se refieren a la realidad, ya sea la natural, o la institucional. Por ejemplo, el principio de la isonomía dispuesto por el artículo 5.°, *caput*, de la Constitución Federal: «todos son iguales frente a la ley, sin distinción de cualquier naturaleza, garantizándose a los brasileños y a los extranjeros residentes en el país la inviolabilidad del derecho a la vida, a la libertad, a la igualdad, a la seguridad y a la propiedad».

Se advierte la dirección de ajuste mundo-palabra, o, más precisamente, sistema jurídico-principio, pues cualquier acto normativo que venga a ser creado no podrá vulnerar ese mandato. Por otro lado, ¿dónde se encuentra la dirección de ajuste palabra-mundo? No hay precisión hipotética típicamente objetiva y evidente de las reglas aquí expuestas, pero sí un mandato que remite a un valor de fundamental importancia para toda la identidad político-filosófica del sistema.

No debe argumentarse que sería posible reformular ese acto de habla simple, de una sola dirección de ajuste, en un acto complejo, de dirección doble, como son las reglas lógico-condicionales. En primer lugar, no existe un «si» aquí, hay solamente un deber. Se trata de un orden incondicional. Aunque se reformulara el principio de la isonomía en una regla, tal como «si la Unión Federal, el Distrito Federal, las Provincias y los Municipios crean ley, les está prohibido discriminar a los ciudadanos». Pero eso ya no es más el mandato ut supra transcripto, es una regla. Más precisamente, una regla o elemento general de las reglas de competencia legislativa.

Por otro lado, pretender empírica y objetivamente detectar especies normativas en el texto constitucional equivale a intentar fotografiar juicios de valor: una empresa destinada al fracaso por la ontología propia de los objetos en cuestión.

Como hemos observado, el derecho, en nivel de significación, es decir, en el plano de las normas, es ontológicamente subjetivo como cualquier otro bien cultural, hecho que hace ardua a la investigación. Aunque se pueda buscar una epistemología objetiva, es decir, libre en la medida de lo posible de opiniones personales y de juicios de valor subjetivos, el único sustrato ontológicamente objetivo del derecho son los textos en su literalidad más cruda. A partir del momento en que el intérprete pasa a construir sentido, la ontología del derecho se convierte en subjetiva.

Sin embargo, la objetividad de la investigación jurídica no se limita a poco. A partir de los enunciados prescriptivos en conjunto con las decisiones judiciales que los concretizan fácticamente y precisándoles los significados, podemos tener razonable certeza de lo que podemos y lo que no podemos hacer. Aunque existan controversias y opiniones distintas sobre constitucionalidad y legalidad de los actos normativos, existe razonable consenso sobre las obligaciones, prohibiciones y permisos emanados del ordenamiento jurídico. Si así no fuera, no tendríamos orden social, por mínimo que fuese.

El mismo grado de consenso no ocurre, ni podría o debería ocurrir en el nivel abstracto de las clasificaciones.

Cuando se habla de principios y reglas, se está clasificando especies a partir de otra construcción arbitraria, que es la propia norma jurídica. El constituyente, de forma irregular, se refiere a principios en determinados segmentos de la Carta, sin, obviamente, adentrar en especificidades teóricas acerca de la naturaleza, definición y clasificación de especies normativas.

Inclusive la regla-matriz de incidencia de Paulo de Barros Carvalho, formidable instrumento de análisis de la legislación, es conceptual. No se puede decir que existan reglas-matrices empíricamente en el sistema jurídico - lo que existe son meros enunciados, en un enmarañado a partir del cual el analista puede depurar y construir, a partir de un modelo (como el de la RMIT) aquello que considerará entonces como una regla completa de sentido. Ese modelo será útil a medida que pueda servir como recurso explicativo de su fenómeno-objeto.

En ese sentido, no hay que buscar reglas o principios en la legislación, como si allá estuviesen listos para ser extraídos por el intérprete. Lo máximo que este podrá hacer es identificar, teniendo como punto de partida los textos normativos, aquellos enunciados que contienen mayor carga axiológica que otros, así como diferentes niveles de objetividad entre sí.

De ese modo, las especies normativas se construyen a partir de determinadas propuestas clasificatorias, determinados modelos analíticos. Tal es así, que es posible encontrar tantos modelos clasificatorios como juristas. Y el texto constitucional jamás protesta en cuanto a eso.

Aunque hablemos de las reglas y de los principios como pertenecientes al sistema jurídico de forma independiente, como si existiesen por si solos, no podemos olvidar el hecho de que la propia concepción del sistema es también conceptual. «Sistema» significa orden, patrones y *fines* que insistimos en atribuir a objetos que no siempre corresponden a nuestra consideración. ¿Quién puede tener certeza de la finalidad de una ley o de un dispositivo legal, cuando no hay exposición de motivos o cualquier otra explicación por parte del legislador?[204]

Por ese enfoque, el criterio diferenciador de principios y reglas por el carácter lógico-condicional o hipotético condicional es tan bueno o tan malo como cualquier otro. Se trata de una elección del analista jurídico, del modelo por él propuesto o adoptado para modelar su objeto, en el caso, inmensa cantidad de textos y actos normativos. Lo que definirá la clasificación y sus criterios es tan solamente su utilidad. Si cumple los propósitos analíticos para los cuales fue creada, es una clasificación útil. Si no la cumple, debe ser descartada.

5.3.4. Diferencia en cuanto a la función

La función de toda norma jurídica es prescribir comportamientos humanos. La forma por la cual ya quien, específicamente, la norma intentará dirigir conductas difiere en razón de su especie.

---

[204] Por ejemplo, el artículo 598 del Código Civil, que limita el contrato de prestación de servicios en cuatro años. ¿Cuál es la razón de esa limitación? ¿Por qué no tres, cinco o diez años?
«Art. 598. La prestación de servicio no se podrá convenir por más de cuatro años, aunque el contrato tenga por causa el pago de una deuda de quien lo presta, o se destine a la ejecución de cierta y determinada obra. En este caso, transcurridos cuatro años, se dará por terminado el contrato, aunque todavía no esté concluida la obra.»

Las reglas tienen la función primordial de coordinar, objetivamente, las acciones de los individuos. Prácticamente todas las áreas de la vida humana están regladas, ya sea por reglas morales, éticas, sociales o jurídicas. Por ejemplo, las reglas de etiqueta, especies de normas sociales, obligan, prohíben y permiten determinadas acciones en los más diversos contextos. Para la etiqueta occidental, al menos, es considerado inapropiado eructar en la mesa; es considerado de buen tono mostrarse atento cuando una persona nos explica algo; es admitido que personas de edad avanzada o mujeres embarazadas pasen adelante de los demás en las filas, hecho que sería visto como una falta de educación si otros sujetos lo hicieran.

Por otra parte, suele decirse que personas morales son aquellas que viven de acuerdo con ciertos principios. Ser honesto, íntegro y no perjudicar a los otros son algunas de esas máximas, que informalmente se consustancian en reglas morales:[205] no apropiarse de las pertenencias de los otros; no traicionar la confianza de los amigos y colegas; cumplir con las promesas etc.

En el campo jurídico, las reglas también son objetivaciones de principios jurídicos. Estos tienen la función, por lo tanto, de servir de paradigma axiológico en la construcción de las reglas, principalmente por aquél que detenta esa tarea: el legislador. Al fiscal no le cabe realizar exámenes principiológicos - salvo que la regla específica así lo determine (*v.g.*, artículo 108 del CTN), y al juez tampoco, debiendo él aplicar subsuntivamente las reglas a los casos, salvo cuando ellas no existieren.

En los casos judiciales difíciles, ya sea porque no existen reglas previstas para ellos, o porque hay colisión de derechos fundamentales, los principios funcionan como mecanismos de calibración del sistema jurídico. La calibración intenta ecualizar el sistema jurídico con los patrones morales y las expectativas normativas de los ciudadanos, no solo para buscar las decisiones más justas - dentro de los parámetros mínimos normativos -, como también para preservar la propia legitimidad frente a la sociedad. Sistemas que no se calibran, ignorando el *feedback* social, pueden inclusive mantenerse activos por

205 Que no se confunden con reglas éticas, pertenecientes a contextos más específicos y determinados, por ejemplo, la ética profesional, artística, científica.

algún tiempo, por medio de su aparato coactivo, pero el precio a pagar por su ineptitud homeostática será la inevitable ruptura. Sistemas jurídicos adaptativos, por otro lado, pueden mantenerse operantes por tiempo indeterminado, gracias a la calibración realizada por el Poder Legislativo y por los tribunales.[206]

La función de los principios, por lo tanto, es operar como vector en la construcción del sistema, por ello son *normas endógenas*. Las reglas, a su vez, tienen la función de objetivamente determinar conductas, modalizándolas en prohibidas, obligatorias y permitidas, con el fin de alcanzar o preservar valores considerados como deseables socialmente. Por «conducta» me refiero tanto a la del órgano productor de normas, en el sentido de delimitar objetivamente su competencia para ello, como a la del ciudadano común.

Las reglas que determinan la producción de otras reglas, o *metarreglas*, restringen la competencia del legislador, administrador, juez y también del particular. El primero, al hacer las leyes; el segundo, al crear normas infra legales; el tercero, al juzgar; y el último, al celebrar contratos. Son conductas, aunque en el sentido de conductas creadoras de normas. Finalmente, las reglas de comportamiento se dirigen a los ciudadanos, en sus actividades en sociedad, con el fin de coordinar sus acciones y preservar la paz social.

Las reglas coordinan el comportamiento humano y, para ello, fijan precios para la conducta de los individuos, permitiendo entonces que estos puedan efectuar cálculos costo-beneficio de sus acciones frente al Derecho.

5.3.5. Diferencia en cuanto a la axiología y en cuanto a la teleología

Uno de los rasgos diferenciadores más importantes entre principios y reglas seguramente su axiología, o conexión con los valores.

---

[206] Sistemas regidos por el Derecho romano-germánico (*Civil Law*) no suelen tener la misma capacidad adaptativa de los sistemas del *Common Law*. Los Estados Unidos de América, con Constitución escrita e Inglaterra, de Derecho consuetudinario, poseen una estabilidad en sus sistemas jurídicos que va mucho más allá que la de lospaíses de sistema codificado. Mientras los EUA siguen con el mismo sistema constitucional desde su independencia, tal longevidad es difícil de encontrar en países de sistema codificado.

El Derecho, por ser un objeto cultural, por lo tanto, de ontología subjetiva y perteneciente al dominio del deber-ser, está impregnado de valores morales convertidos en jurídicos. Su teleología es hacer posible la paz social, por medio de la regulación de comportamientos, siempre con los valores como norte. La seguridad y la justicia, posiblemente los dos valores primordiales, raramente o nunca son pasibles de satisfacción plena. La metáfora más apropiada es considerar que el Derecho es un barco navegando en altamar, mientras la seguridad y la justicia están en un horizonte sin fin. El barco puede avistar y también navegar en dirección al horizonte, pero nunca lo alcanzará.

Los principios son la conexión jurídica con esos valores, de origen moral e inspiradores de la propia existencia del Derecho.

Las reglas, a su vez, seguramente contendrán carga valorativa en sus enunciados, puesto que perteneciendo al sistema jurídico, comparten su ontología descrita ut supra. Pero son meros instrumentos para la consecución de aquellos valores, y con ellos no se confunden.

En síntesis, mientras los principios son los fines anhelados por el Derecho, las reglas son los medios para alcanzarlos. Como valores que son, jamás serán plenamente alcanzados - apenas optimizados, siguiendo a Alexy. En ese sentido, esta distinción axiológica remite a una teleología del principio y a una teleología de la regla.

La teleología de los principios significa la finalidad de estos en obtener y preservar los grandes valores (morales, económicos, políticos) que la sociedad anhela y, para eso, sus miembros abdican de parte de sus libertades personales, transfiriendo la misma para al Estado, el monopolizador de la fuerza que guiará a todos en la dirección deseada. El contrato social, en último análisis, no es otra cosa que la construcción de un orden social amparado en una autoridad central (cuyo molde institucional es el Derecho) basado en esos valores, que, a su vez, reflejan los deseos inmemoriales de la especie humana, desde el tiempo en que los seres humanos habitaban las estepas africanas, hace millones de años: paz, seguridad y prosperidad.

La teleología de las reglas, a su vez, se refiere a la finalidad de estas de respetar los principios, traducciones jurídicas de aquellos grandes valores, y que también sirven de timón para que la *Ius Nave* siga su trayectoria.

María Eduarda Fleck da Rosa (2012, p. 86) emplea la analogía perfecta para ilustrar la diferencia entre principios y reglas, que tanto ilustra su distinción por el criterio de la objetividad, como demuestra el carácter final de los principios y el carácter instrumental de las reglas, utilizando para ello la cotidiana situación de una consulta médica:

> (...) Después de ser evaluados por el médico, bien como de que se nos realizara la batería de estudios por él solicitado, se nos da el diagnóstico: debemos llevar una vida más saludable. Una vida más *saludable. Pero…* ¿qué es exactamente lo que el médico quiere decir con eso? ¿Qué es lo que, objetivamente, debemos hacer para lograr cumplir con la determinación médica?
>
> Cuestionamos, por lo tanto, al médico. Como respuesta, surgen una serie de recomendaciones que deberán ser observadas por nosotros diariamente, tales como: práctica de 30 minutos de ejercicio aeróbico, ingesta de 3 frutas, inclusión de ensalada en el menú, etc. Sin embargo, no solo acciones (obligatoriedades) serán de nosotros exigidas. Determinará el médico que no podremos, por ejemplo, ingerir bebida alcohólica, fumar un cigarro o un habano o comer grasas. Serán estas imposiciones las que nos impedirán (prohibiciones) realizar determinadas tareas. Finalmente, enumerará el médico una serie de proscripciones, en relación a las cuales seremos libres (permisos) para optar si las observaremos o no, tal como la posibilidad de comer un chocolate por día.
>
> Siguiendo en la ilustración ut supra presentada, podemos pensar en el predicado «saludable» como un principio (jurídico) dispuesto por el médico (legislador). Existe, seguramente, un sentido común sobre lo que sería vivir de forma saludable. Sin embargo, solo la imprecisión del sentido común, no más que eso. Es en este contexto que las determinaciones médicas, objetivamente a nosotros prescriptas (reglas jurídicas), nos permiti-

rán cumplir con las imposiciones, de acuerdo con lo que el propio médico (nuevamente el legislador) comprende por «saludable». Para eso, nos serán conferidas una serie de recomendaciones (reglas jurídicas prohibiendo, permitiendo y obligando).

Un orden jurídico formado solo por principios fracasaría en su propósito más básico, que es coordinar la vida humana, justamente por la falta de prescripciones instrumentales para darle eficacia. Mientras los principios son esencialmente finales, las reglas son meramente instrumentales, no obstante, tienen una importancia crucial para la propia viabilidad de cualquier sistema.

5.3.5.1. Reglas jurídicas como fijadoras de precios

El proceso decisorio del individuo inevitablemente considera las ventajas y desventajas que tendrá por cuenta de sus elecciones y provenientes acciones. Aunque el cálculo racional sea intuitivo en gran parte de las situaciones cotidianas de la vida, o consciente y ponderado en tantas otras, la presencia de decisiones previamente hechas por otros individuos ahorra al sujeto el esfuerzo de emprenderlas.[207]

Por lo tanto, las reglas tienen la función de pre-decidir y limitar las elecciones de los agentes, alejando la controversia y las incertezas que surgirían, en el caso de que tales elecciones no hubieran sido hechas previamente.

En esa tesitura, las reglas visan reducir la arbitrariedad, por lo que, restringen la discrecionalidad del juez, sin embargo, tienen el efecto colateral de impedir las soluciones que podrían ser, eventualmente, más justas, dadas las peculiaridades del caso.

Vale decir que el sistema jurídico se consustancia en conformador de ambiente institucional en el cual los agentes econó-

[207] Por ejemplo, no necesito decidir si es apropiado o no ceder el asiento a una mujer embarazada, pues ya existe una regla de buenos modales que impone esa conducta. Tampoco necesito ponderar si debo o no pagar el impuesto debido por el hecho generador que realicé, pues el legislador ya decidió previamente que sí. Puedo elegir, como en cualquier situación reglada, cumplir o no el mandamiento, lo que, a su vez, implicará los debidos efectos. En una regla social, la desaprobación de mis pares. En una regla jurídica, la sanción impuesta por el Estado.

micos en sentido *lato* (ahí comprendidos, de forma simplificada, las familias, las empresas y el Estado) interactuaran, a fin de buscar el máximo de satisfacción posible (o utilidad, en la jerga económica).

Por esa concepción, podemos advertir los sistemas jurídicos y más precisamente las reglas jurídicas como fijadoras de precios para las acciones de los agentes, capaces de disponer y modificar los costos y beneficios relativos de las conductas y, por lo tanto, influenciar eficientemente los comportamientos. Sin embargo, para que las reglas jurídicas puedan cumplir con su función de fijadoras de precios para las acciones de los individuos, es necesario que sea asegurado el carácter de bien público de la legislación, para permitir el funcionamiento del sistema de incentivos que la misma compone.

Como se deprende, las reglas jurídicas hacen que sean fijados, *ex ante*, los precios de las acciones, haciendo posible que los agentes puedan prever el resultado esperado de sus conductas y, con eso, puedan tratar de maximizar sus beneficios. En otras palabras, la legislación estructurada en reglas claras y estables es el medio tener conocimiento previo de los precios de las acciones, permitiendo, inclusive, que haya planificación.

Dije, líneas atrás, que las incesantes disputas jurídicas provocadas por abogados desvían recursos escasos de sus aplicaciones más eficientes. Sin embargo, no siempre tal *rent seeking* es tan negativo, pues, al litigar, el particular provoca a los órganos decisorios por excelencia del sistema, en el caso de la tributación, a los consejos paritarios administrativos (TIT[208], CARF[209] e innumerables otros consejos de contribuyentes provinciales y municipales) y al Poder Judicial a posicionarse al respecto y, así, paulatinamente fijar los sentidos (y precios) normativos. Una vez fijada la semántica de los textos positivos del derecho, la seguridad jurídica se alcanza más fácilmente, lo que lleva a la idea de bien público. Y, con eso, a la idea de paz social, de justicia (al menos) formal y de equilibrio sistémico.

---

208 Tribunal de Impostos e Taxas de São Paulo.
209 Conselho Administrativo de Recursos Fiscais.

5.3.5.2. Carácter de bien público que las reglas atribuyen al derecho positivo

Como vimos, bienes públicos son aquellos no rivales y no excluyentes, constituyendo una de las externalidades positivas. Son también fallas de mercado, pues este no lo produce de modo adecuado para satisfacer la demanda de los individuos.

El derecho positivo, principalmente cuando afirmado por medio de reglas claras y objetivas en la legislación y jurisprudencia estable, también posee características de bien público. Sirviendo de guía de los límites de la acción humana, como también garantizando expectativas normativas (LUHMANN, 2004), el Derecho se irradia a todos y forma la estructura institucional necesaria para que los agentes interactúen. Desafortunadamente, también puede asumir características de «mal público», a medida que crie externalidades negativas, lo que puede ocurrir en vista de normas imprecisas e inestables, que transmitan inseguridad jurídica.

De ese modo, son las características de bien público del derecho que permiten el funcionamiento del sistema de incentivos que el mismo conforma, creando mecanismos que tanto visan la estimular los comportamientos deseados por el legislador como inhibir aquellas conductas sociales inadecuadas y perjudiciales al bien común.

5.3.6. Naturaleza de los principios

Se advierte una especie de mítica en relación a los principios, lo que es comprensible en razón de la axiología intrínseca a todo sistema jurídico. Como la creación de un sistema jurídico presupone un contrato social que, a su vez, impone un eterno *trade off* entre libertad individual y bien común, la demarcación del *quantum* que es permitido avanzar sobre la esfera privada, así como la necesidad de mantener la cohesión social por medio de restricciones a las conductas y la constante estabilización mediante solución de conflictos intersubjetivos, toda clase de pasiones brotan cuando los principios son invocados.

No hay duda de que el tema tiene una parte emocional que sobresale a meras y frías consideraciones técnicas al respecto del fenómeno jurídico. Aunque teóricamente se hable de un contrato social como la causa primera de los sistemas normativos, históricamente muchos de ellos surgieron a partir de insurrecciones populares, demandas colectivas por justicia y rebeliones contra regímenes previos. Aun cuando tal insurrección es más simbólica que fáctica, la consecuencia es la parte emotiva consustanciada en valores esculpidos en el orden jurídico naciente.

Hecha esa breve digresión, es necesario entonces indagar acerca de la naturaleza de los principios. ¿Cuál es el sustrato extrajurídico que les sirve de base, y cuál es su función intra y extra sistémica?

Eros Roberto Grau (2002, p. 38-39) adopta una visión positivista, en el sentido de que los principios no son transcendentes, es decir, no preexisten externamente al ordenamiento jurídico. Tampoco son creación jurisprudencial, aunque su sentido y extensión sean argumentativamente construidos en gran parte por los jueces. Por lo tanto, principios son nada más y nada menos que normas jurídicas, conforme el jurista gaucho.

Paulo de Barros Carvalho (2008, p. 253) es también partidario de ese enfoque, al enfatizar la naturaleza de norma jurídica que los principios tienen,[210] ya que la estructura sintáctica del derecho positivo es homogénea, aunque él sea heterogéneo en lo que se refiere a su parte semántica.[211] Resalta, igualmente, que el Derecho es construcción del ser humano, siendo, por lo tanto, un producto cultural portador de valores, inherentemente finalista -que tiende a un fin-.

El enfoque colacionado ut supra intenta dejar claro el origen normativo de los principios. Estos no son transcendentales al ordenamiento, pero existen en él, como obra del legislador. No hay duda de que esa posición es correcta, pues la ontología subjetiva del Derecho acarrea, necesariamente la introyección de valores del legislador su obra, el ordenamiento.

---

210 Resaltando que la unidimensionalidad del sistema jurídico como norma es para «efectos dogmáticos» (ídem, ibídem). Entendemos esa afirmación como una proposición de un modelo analítico del Derecho, que no significa necesariamente su ontología, sino tan solamente un enfoque epistémico, reductor de complejidades.

211 Que haría que los principios tuviesen estructura lógico-implicacional, con la que no acordamos. Las reglas poseen esa estructura, los principios son enunciados más simples, mandamientos *prima facie* del sistema, sin necesidad de condicionamientos.

Sin embargo, considerando que los principios estarían presentes en el ordenamiento y no afuera o más allá de él, ¿dónde serán buscados por el juez, cuando éste necesite invocarlos para dar solución a una controversia? ¿Es suficiente con ir al texto constitucional? En casos en que no hay reglas expresas ni tampoco jurisprudencia al respecto, donde buscar la eventual solución principiológica?

Adoptando una perspectiva sistémica, se advierte que los principios son la puerta abierta del ordenamiento para argumentos morales. La conexión entre el sistema jurídico y la Moral (o tal vez, más realísticamente, los preceptos morales del juez) se da en la argumentación principiológica. Aunque formalmente se pueda sostener que los principios ya están en el ordenamiento, sea por medio de enunciados explícitos o por medio de enunciados implícitos, su real concretización ocurre a medida que los aplicadores del Derecho los justifican argumentativamente.

Ahora bien, no se puede olvidar que el sentido de los mensajes normativos es construido tanto por el emisor como por el receptor. El sistema jurídico, en términos objetivos, es apenas un enmarañado de textos, pero su significación, que le otorga el *status* de conjunto de normas, es producida por los comunicadores: Estado y sociedad. Analizando la teoría de los actos de habla, la comunicación se da en el momento en que los actos de habla son intercambiados por los usuarios, es decir, cuando el acto ilocutivo (emitido por el hablante) es comprendido y genera reacción por el oyente (acto perlocutivo). La comunicación nunca es unilateral, por lo tanto.[212]

Aunque el Derecho se valga de la presunción de que nadie puede excusarse del cumplimiento de la ley alegando su desconocimiento,[213] lo que supuestamente dispensaría la participación del receptor en la producción del sentido, el sistema jurídico solo sobrevive a medida que se calibra con su ambiente, la sociedad, lo que significa decir: los valores morales que los individuos comparten, formando patrones sociales de moralidad.

---

[212] La palabra «comunicación» tiene origen en el latín *comunicatio-onis*, que a su vez viene de *communis, es decir, la comunión* en la producción de sentido.

[213] Artículo 3.º de la Ley de Introducciónal Código Civil (Decreto-ley n.º 4.657/ 1942).

Asimismo, el juez no solo inyecta en sus decisiones principiológicas un *quantum* de ideología personal, sino también de ideología que comparte con sus pares, y logra hacerlo exactamente por la vía argumentativa que la apertura de los principios permite.

Esa perspectiva termina por conceder determinada razón a Kelsen (1996, p. 274-275), respecto de la integración de una laguna por parte del juez, ya que para el jurista austríaco, la laguna es aparente. Si algo no está expresamente prohibido, está lógicamente permitido, aunque no haya permiso expreso, y, siendo así, lógicamente el sistema es completo. La supuesta falta de norma es apenas una ficción, que permite que el juez pueda hacer juicios ético-políticos subjetivos. En la misma tesitura, los realistas jurídicos norteamericanos estaban parcialmente correctos al desdeñar de la concepción formal deductiva del Derecho y enfatizar su lado humano y, consecuentemente, sujeto a las inherentes imperfecciones de sus operadores.[214]

Desde el punto de vista estrictamente jurídico formal, esa aserción es verdadera, pues, si existen situaciones en que no hay limitación formal para que el juez decida conforme a sus concepciones morales lo que considere principios jurídicos, verificándose, sin embargo, que en promedio las decisiones no suelen tener desvío-patrón acentuado de un promedio ideológico social, que usualmente es más conservador, principalmente en lo que se refiere a la redistribución de renta y concesión de derechos fundamentales positivos.[215]

---

[214] Uno de los más famosos realistas jurídicos, el norteamericano Jerome Frank, suele decir que la decisión judicial puede ser determinada por aquello que el juez comió en su desayuno. Movimiento análogo ocurrió en Europa Continental, en la época semejante, que fue el ascenso de la Jurisprudencia de los Intereses sobre a Jurisprudencia de los conceptos, siendo esta un sistema doctrinario cerrado, por el cual el Derecho es deductivo y autosuficiente, mientras que aquella se abre para penetraciones de otras áreas del conocimiento, como también por la concepción de que las decisiones son influenciadas por diversos otros factores extrajurídicos, y no ocurren apenas subsuntivamente.

[215] Ver el artículo Robin Hood *vs.* King John Redistribution: How do Local Judges decide cases in Brazil?, de Ivan Cesar Ribeiro, presentado en la XI Alacde (Latin American and Iberian Association of Law and Economics) Annual Conference, ocurrida en Brasilia, DF, 26 a 27 de mayo de 2007. Artículo disponible en <http://esllolarship.org/uc/iten/4qz0t3p7#page-2>.

Sin embargo, otros factores contribuyen para restringir la libertad del juez al decidir, y esas restricciones son de naturaleza extrajurídica, especialmente *normas sociales.*

En otras palabras, la discrecionalidad del juez acaba siendo limitada no solo por eventuales límites normativos -que en determinadas situaciones, a decir verdad, acaban siendo pocos-, sino también por restricciones extrajurídicas, que pueden ser de todo tipo: aprobación de sus pares (o recelo de desaprobación, que puede resultar en perjuicio de ascensión en la carrera), religión, principios morales, etc. Douglas North (1992, p. 17) enfatiza la fuerza que las reglas de comportamiento informales -no jurídicas, por lo tanto- tienen sobre el comportamiento de los individuos, sean ellos miembros de organizaciones privadas o de organizaciones públicas.

En síntesis, de la misma forma que el legislador se abre materialmente a las expectativas sociales al formular sus leyes, que son producidas de acuerdo con las restricciones formales (competencias) del ordenamiento, el juez también así procede al decidir principiológicamente. Es cierto que esa apertura es mucho menor que la legislativa, y se restringe más y más a medida que los precedentes fijan el entendimiento de los tribunales, pero no por eso deja de existir. Tampoco se trata de una anomalía, sino de una característica inherente a cualquier sistema jurídico.

5.3.7. ¿Jerarquía entre principios y reglas?

Hablar de jerarquía en construcciones interpretativas de cómo son las normas convierte la tarea epistemológica en una vía sin salida. Si definimos normas como productos de la interpretación realizada a partir de los textos del derecho positivo, se advierte que no hay relación biunívoca entre dispositivo legal y norma jurídica, o aun entre acto o disposición normativa y norma.

Siendo la norma un mandato, emitido en el contexto de un sistema comunicacional público que a todos pretende alcanzar, es necesario que su destinatario[216] pueda comprender la orden emanada,

216 A los fines de simplicidad analítica, no entraré en el mérito de que el destinatario sea el ciudadano común o el profesional jurídico.

es decir, lo que le es exigido en términos de conducta. Aunque esa comprensión pueda ser emprendida a partir de locuciones normativas simples, como aquellas contenidas en un simple artículo de ley, es frecuente la necesidad de que transcurran diversos actos normativos, muchas veces de órganos distintos, para que se pueda finalmente asimilar cual es la conducta impuesta.

Tal peregrinación textual ocurre tibiamente en el derecho tributario, dada gran cantidad de actos normativos de todos los tipos circulantes en nuestro sistema. Por ejemplo, las innumerables alícuotas del Impuesto sobre Productos Industrializados (IPI)[217] son dispuestas por decreto que instituye la Tabla del IPI (TIPI). Para que el industrial pueda tener conocimiento de sus obligaciones deberá tener conocimiento no solo de las leyes del impuesto, sino de los actos infra legales.

En ese sentido, la jerarquía no puede ser de las normas, sino de los actos normativos, o, en el léxico de Paulo de Barros Carvalho (2010), de los vehículos introductores de normas. En conformidad con el entendimiento del referido publicista, los vehículos introductores son también normas, (más precisamente leyes, decretos, actos administrativos, sentencias judiciales etc.) que introducen otras normas en el sistema (*v.g.*, el contenido de los vehículos, por ejemplo, la regla-matriz del impuesto sobre servicios dispuesta por la Ley Paulista n.º 6.989/1966 y sus innumerables alteraciones legislativas).

Por lo tanto, lo que muchas veces se confunde como jerarquía entre principios y reglas es simplemente el hecho de que muchos de los primeros están en la Constitución y que muchas de las últimas están en la legislación infraconstitucional.

---

[217] O IPI é um imposto sobre consumo brasileiro, semelhante ao IVA, porem de competencia federal e incidente apenas sobre contribuintes industriais. No Brasil, existe outro imposto sobre consumo, denominado Imposto sobre Circulação de Mercadorias e Prestação de Serviços de Transporte Interestadual e Intermunicipal e de Comunicação (ICMS), também semelhante ao IVA, porem de competência dos estados da federação brasileira, e incidente sobre toda a cadeia de produção, desde a industrialização até o comércio. Ambos são considerados «impostos indiretos», pois sua carga repercute no preço das mercadorias e produtos vendidos.

De ese modo, no hay jerarquía en el sentido normativo que lleva a la construcción de especies como los principios y las reglas. En suma, el escalonamiento del sistema jurídico, en la línea de Kelsen, debe ser visto como una cuestión de disposiciones normativas, y no de su contenido. Así, *no hay jerarquía entre principios y reglas*, pero, sí, de sus vehículos.

Entre principios constitucionales y reglas legales la jerarquía se refiere a la fuente normativa de los dispositivos. Dispositivos emanados del poder constituyente son jerárquicamente superiores a los dispositivos vehiculizados por los poderes legislativos federal, provinciales y municipales.

Determinadas corrientes teóricas comúnmente agrupadas bajo la estampa «neo constitucionalismo» propugnan la preponderancia de los principios sobre las reglas. En vez de atenerse a los códigos legales, la solución más conducente con los valores como la justicia social y la dignidad de la persona humana es superar reglas en pro de principios constitucionales.

En segmentos del sistema en que hay códigos sedimentados y completos, como es el caso del derecho civil[218] y del derecho penal, tal superación en pro de nociones altamente subjetivas de justicia causan extrema inseguridad jurídica. Por otro lado, en otros segmentos, ni siquiera es necesario ser un neoconstitucionalista, pues el propio legislador constituyente trató de actuar como uno.

Ilustrativo es nuestro sistema constitucional tributario. La Constitución Federal de 1988, la primera en clima democrático de largo período autoritario, refleja esa intensa preocupación en limitar y delimitar la actuación del Estado fiscal. Seguramente la Carta de 1988 es una de las más pródigas y difusas en materia tributaria, no contentándose apenas con disponer sobre limitaciones al poder de tributar, como también estableciendo rígida y exhaustivamente las propias competencias legislativas.

Como todo en la vida, esa opción tiene pros y contras o costos y beneficios. El beneficio más evidente es un supuesto freno a las in-

[218] Aunque el actual Código Civil sea reciente, los institutos allí dispuestos advienen de una larga tradición, restando básicamente los mismos en su estructura.

tervenciones del Estado Fiscal, tanto a nivel legal como en nivel administrativo. Los «contras», a su vez, son varios. Desde el enyesamiento del sistema, dificultador de cualquier pretensión reformista, al fomento de frecuentes litigios pleiteando inconstitucionalidades a diestra y siniestra, los costos de esa constitucionalización de la tributación parecen ultrapasar los beneficios, también porque los avances del Estado fiscal, teniendo en cuenta el nivel de la carga tributaria sobre el producto interno bruto brasileño, solo han crecido desde la promulgación de la Constitución.

Irónicamente, al mismo tiempo en que el derecho tributario brasileño es altamente principiológico, literalmente millones de reglas integran su estructura. De eso deviene el constante y antiproductivo confronto entre las reglas y principios, polarizando *ad infinitum* Administración tributaria y contribuyente, ambos naturalmente con sus propios intereses maximizadores. Parte de la culpa es del Poder Legislativo y del Ejecutivo, que frecuentemente abortan normas llenas de inconstitucionalidades. Por otro lado, una cuota de culpa también cabe a los contribuyentes, o, más específicamente, a sus abogados, que intentan incesantemente - en auténtica actividad de *rent seeking* - crear tesis jurídicas apelando, en buena parte de las veces, a argumentos principiológicos vulgares. Cabe al juez, en inoportuno aumento de los costos del Poder Judicial, y a sobremodo elevados, depurar el polvo del trigo, expurgando normas realmente en desacuerdo con la Carta Magna y manteniendo a las que estén con ella de acuerdo.

5.3.8. Los principios, las cláusulas generales y los conceptos indeterminados

Como vimos, epistémicamente la diferencia más fácilmente verificable entre principios y reglas es el grado de objetividad semántica que cada especie detenta. En ese sentido, principios son vagos, mientras que las reglas son objetivas y precisas.

La referida distinción, sin embargo, no implica que las reglas sean cristalinas y destituidas de vaguedades y ambigüedades. Lejos de eso. Se podría decir que la vaguedad y la ambigüedad se encuentran no en las reglas, sino en los enunciados que les sirven de soporte físico. Así, una vez que las reglas son la construcción de sentido de los textos normativos, solo se las alcanzaría cuando no hubiera más vaguedad o ambigüedad.

Sin embargo, si así fuera, solo se podría considerar como reglas aquellas provenientes de decisiones de los Tribunales Superiores, que encierran discusiones semánticas sobre el Derecho.[219] Antes de eso, lo máximo que el Derecho poseería serían dispositivos sueltos, sin cualquier fuerza coercitiva o incentivadora de conductas, algo como un relativismo deóntico completo. Reinaría el caos institucional, pues los individuos no sabrían cómo actuar o hasta dónde iría el límite de sus libertades, por lo menos hasta que el Superior Tribunal de Justicia y el Tribunal Federal Supremo se posicionaran al respecto. Sin embargo, el sistema jurídico posee un grado de inteligibilidad bastante razonable, lo que hace posible la red institucional que cerca las relaciones sociales.

Las reglas, en relación a los principios, tienen grado superior de objetividad, especialmente en el contenido de sus hipótesis de incidencia y de sus consecuentes. En determinados segmentos del Derecho, tal objetividad se destaca, por ejemplo, en el Derecho Penal. No son necesarios grandes arrobos hermenéuticos para comprender que el delito de homicidio resulta en pena de seis a veinte años de privación de libertad (artículo 121 del Código Penal). Está claro que, para entender esa regla, es necesario saber qué es homicidio, qué es pena de privación de la libertad, así como también las excepciones que caben para la regla, pero no por eso la regla contiene ambigüedad eso indeterminaciones. Esas suelen ocurrir en la reconstitución de los hechos por las pruebas, lo que impide entonces la incidencia de la regla, siempre en pro de la seguridad jurídica y de la justicia.

Los principios, como ya se ha adelantado más arribas on intencionalmente abiertos, vagos, con sus fronteras semánticas indefinidas. La literatura norteamericana e inglesa suele referirse a algo parecido a los principios bajo la denominación de *standards*, cuya

[219] Que aun así, también se expresan en enunciados, también portadores de vaguedades y potenciales ambigüedades. El recurso conocido como «embargo de declaración» tiene el fin de subsanar ambigüedades, omisiones y contradicciones en las decisiones judiciales, siendo que el resultado no siempre resulta favorable.

traducción al español es «padrones», y se concentran básicamente en el grado de abertura semántica de estos. Así, la diferencia fundamental entre los *standards* y las reglas es de grado (de objetividad), y no de naturaleza.

Por ese entendimiento, una norma que determine a todos «manejar en las rutas federales con prudencia y razonabilidad» es un *standard*; una norma que determine «está prohibido dirigir con velocidad superior a ochenta kilómetros horarios» es una regla.

Sin embargo, la mera graduación de objetividad del ejemplo ut supra mencionado, no es adecuada como un diferenciador entre principios y reglas. Ocurre que el *standard* referido tiene estructura implicacional, aunque sea extremadamente vaga y abierta: *si manejar en rutas federales, debe ser la obligación de manejar con prudencia y razonabilidad.* Por más vago que sea, el standard es una regla de comportamiento de los ciudadanos, algo para lo cual los principios no se aplican, dado que su función es interna al sistema jurídico, sin proyectarse externamente.

Usualmente, cuando hay *standards*, no hay reglas precisas concomitantes para las mismas situaciones, pues se trata de una opción del legislador. Aun así, para el caso de que exista una regla para la misma situación, la forma de solución para la antinomia es la clásica preponderancia de la regla específica sobre la general.

Lo que ocurre es que inclusive las reglas pueden ser indeterminadas. En el último caso, son los llamados «conceptos indeterminados», aquellos cuyo contenido y extensión son en gran medida inciertos (ENGISH, 1996, p. 208).[220] En términos estructurales, es un elemento de la regla que está indeterminado, y ese elemento puede encontrarse tanto en la hipótesis de incidencia como en el consecuente (aunque sea más común que esté en la hipótesis).

Así, aunque una regla de conducta pueda tener en su esencia conceptos indeterminados, que también implican una apertura semántica destinada al intérprete/aplicador. Para Karl Engish (ídem,

220 Para Eros Roberto Grau (1988, p. 76), la indeterminación no es de los conceptos, sino de los términos. Los conceptos jurídicos, según el jurista gaucho, son siempre determinados.

p. 209-212), los conceptos indeterminados pueden ser tanto naturalistas como normativos. Ejemplo de los primeros: «impacto», «peligro», «cosa». Ejemplos de los últimos: «mujer honesta», «dignidad», «prudencia», «razonabilidad». Los conceptos indeterminados naturalistas, por así decir, tienen como referente algo ontológicamente objetivo, independiente del observador, mientras que los conceptos indeterminados normativos son ontológicamente subjetivos, dependientes del observador. Por lo tanto, de todavía más difícil determinación.[221]

Según Tércio Sampaio Ferraz Jr. (1980, p. 96), el sentido de los conceptos indeterminados pide del aplicador una explícita determinación. Tal colocación es precisa en el sentido de que todo lenguaje es vago y potencialmente ambiguo, lo que requiere siempre algún grado de interpretación. La forma de determinar el concepto requiere su definición connotativa, pues a medida que se enriquecen y detallan las notas que definen el término (punto de partida del concepto), más restringida queda la definición denotativa. Típico ejemplo de eso es la forma por la cual los contratos son redactados en los Estados Unidos de América, donde para cada situación o concepto la definición es exhaustiva.

Si determinada expresión, como *fiscal year* (ejercicio financiero), se menciona, en seguida es definida en el sentido en que ella es utilizada, por ejemplo, el período que comienza el día 1.° de octubre y termina el día 30 de septiembre del año siguiente, reduciendo así vaguedades y potenciales ambigüedades que podrían ser eventualmente exploradas por las partes o generar dificultades para los jueces o árbitros.

Observe que los conceptos tienen grado de determinación. Desde los más determinados, usualmente expresos en términos numéricos, hasta los más indeterminados, cuyos términos poca o ninguna significación poseen. *Por lo tanto, la diferencia entre concepto indeter-*

[221] Cf. Engish (1996, p. 212): «Debemos entender como conceptos normativos aquellos que, contrariamente a los conceptos descriptivos, visan datos que no son simplemente percibidos por los sentidos o perceptibles, pero que solo en conexión con el mundo de las normas se tornan representables y comprensibles».

minado y concepto determinado es de grado, no de naturaleza. En el ejemplo de regla de tránsito que vimos, determinar límites objetivos de velocidad implica utilizar un concepto determinado. Ochenta kilómetros horarios es un marco objetivo, independientemente de evaluaciones subjetivas, al contrario de conducir con «prudencia y razonabilidad».[222]

El criterio diferenciador de la objetividad, por lo tanto, es apenas uno de los criterios, aunque epistémicamente importante. Pero no sirve como único ni tampoco como el principal, como parece querer la doctrina estadounidense.

Ya la *cláusula general* es técnica legislativa que hace posible discrecionalidad al aplicador, sometiendo a ella toda una clase de situaciones. Se trata de un criterio de interpretación intencionalmente abierto. En el derecho privado, especialmente abierto en sus formulaciones, las cláusulas son dirigidas a los jueces, que tratarán de concretizarlas en sus decisiones, construyendo entonces la jurisprudencia que precisará su significado.

Hay cláusulas generales, según señala Judith Martins-Costa (1999, p. 323-325), que vehiculizan valores, tales como los principios, por ejemplo, la buena fe objetiva, razonabilidad, etc.

En términos sistémicos, las cláusulas generales son aberturas que permiten al operador del derecho calibrar el sistema jurídico, para adaptarlo a situaciones nuevas e inesperadas. Sin embargo, cuanto más vaga e imprecisa en su significación, mayor discrecionalidad la cláusula abierta permitirá.

En relación a los conceptos indeterminados, las cláusulas generales de ellos se diferencian por ser aquellas componentes de las nor-

---

222 A few years ago, for example, the state of Montana eliminated all fixed speed limits, requiring instead only that driving should be «reasonable and prudent». But drivers have widely divergent ideas of what is reasonable and what is prudent, and so do police officers and judges, As a result, there developed wide variations in speed limit enforcement, the consequence being that drivers became highly uncertain about how fast they could go without running afoul of the law. This much uncertainty was too much for the Montana Supreme Court, which struck down the «reasonable and prudent» rule as excessively vague (Schauer, 2009, p. 16).

mas, mientras estas son las normas en su integridad. En ese sentido, los conceptos indeterminados permiten menos discrecionalidad, una vez que otros elementos de la norma en que si insertan limitan la interpretación. En términos estructurales, los conceptos indeterminados generan incerteza en relación a aspectos del contenido de la norma, usualmente en la disposición del comportamiento a ser adoptado, pero no en las consecuencias del cumplimiento o incumplimiento de ella. Por ejemplo, la regla de tránsito ut supra citada. Se sabe que si el chofer no maneja con *prudencia* y *razonabilidad*, será multado. La consecuencia advenida de la inobservancia es clara, residiendo el problema en la comprensión del comportamiento prescripto.

Sin embargo, ¿cuál es la diferencia, si es que hay, entre cláusula general y principio jurídico?

Ahora bien, los principios son normas vagas, de carácter *prima facie* e intensamente ligados a valores. Funcionan como directivos axiológicos del sistema, así como también operan como integradores en situaciones donde las reglas son insuficientes para soluciones de casos concretos. ¿No lo son también las cláusulas generales?

Veamos dos de las llamadas cláusulas generales o abiertas en el Código Civil brasileño:

> Art. 113. Los negocios jurídicos deben ser interpretados conforme a la buena fe y a los usos del lugar de su celebración.
>
> Art. 421. La libertad de contratar será ejercida en razón y en los límites de la función social del contrato.

Ambas contienen la vaguedad típica de los principios. Ambas son mandamientos *prima facie*, no condicionales a alguna ocurrencia fáctica específica, tal cuales los principios. Sirven tanto como directiva en la construcción de normas (contratos), como también para interpretación e integración del sistema, así como los principios. Aunque si pueda sostener que la «función social» carece de conexión con algún valor específico, al menos desde el punto de vista técnico y científico, no se puede ignorar que la expresión es comúnmente relacionada a la redistribución de riqueza, por lo tanto, derivada de valores como justicia social e igualdad material.

La diferencia más significativa, por no decir la única, pasa a ser la jerarquía entre las referidas categorías, dado que los principios son usualmente identificados como normas constitucionales, mientras que las cláusulas generales tienen *status* de ley. En ese matiz, no se puede sostener cualquier jerarquía superior de las cláusulas generales en relación a las demás normas legales, solo coordinaciones horizontales en la construcción del sentido normativo. De ese modo, las cláusulas generales funcionan como auxilio en la construcción de esta interpretación, que en última instancia, es la construcción de las propias reglas jurídicas. Por ejemplo, al interpretar y decidir sobre el sentido de disposiciones contractuales, tales cláusulas auxiliarán en el proceso hermenéutico. Nada más.

En el derecho tributario, la cláusula general es de sobremanera limitada. Una vez que este, por el principio de la seguridad jurídica, debe ser siempre formulado con tipos cerrados, una cláusula general necesita de reglamentación específica, por no estar autorizado a conceder discrecionalidad a su aplicador, sea el agente administrativo fiscal, sea el juez. Un ejemplo es la cláusula general antielusiva, contenida en el párrafo único del artículo 116 del Código Tributario Nacional. Es general porque somete todo negocio jurídico que tenga, en situaciones que serán especificadas normativamente, intención de disimular ocurrencias de hechos generadores.

Nótese que la cláusula general usualmente se vale de conceptos indeterminados, pero nada impide que incluya conceptos determinados. Basta que remita su disposición general a una formulación cerrada, precisamente descrita por el legislador. En el derecho tributario, las disposiciones «fraude, dolo y simulación» remiten a conceptos normativos determinados. Dolo es la constatación objetiva del acto de engañar deliberadamente a alguien (mala fe), con el objetivo de obtener ventajas a costa suya - conducta ilícita que, a su vez, es también la definición de fraude. Simulación, a su vez, refiere a los negocios jurídicos, y está tipificada en *numerus clausus* en el artículo 167, § 1.°, del Código Civil brasileño. Se trataría de una cláusula general cerrada lo que demuestra la impropiedad de la utilización sinonímica de las expresiones «cláusula general» y cláusula abierta».

La cláusula general difiere también de la analogía, pues esta es técnica argumentativa de aplicación del derecho y no norma, y es utilizada en casos de lagunas normativas, es decir, situaciones fácticas que no fueron previstas por el legislador. En el derecho tributario, así como en el derecho penal, están prohibidas las analogías para la aplicación de tributos y de penas, siendo obligatorias sus previsiones expresas.

5.3.8.1. Los costos de los principios, cláusulas generales, conceptos indeterminados y la inseguridad jurídica

Principios son valores que informan a todas las demás normas del sistema, en el sentido de ser su fundamento último de validez. Por lo tanto, no hay (o no debería haber) propiamente una elección entre principios y reglas, salvo en determinadas situaciones de lagunas normativas, de inconformidad entre reglas y principios y de superación de reglas por principios.

Por ser valores fundamentales al sistema y establecidos de conformidad con la moralidad vigente, naturalmente todo converge hacia los principios. Son como imanes del sistema, no apenas en términos de fundamento de validez, sino también argumentativamente cualquier cuestión jurídica es pasible de reducción a los valores vehiculizados por ellos.

A su vez, conceptos indeterminados naturalmente requieren concretización de sus significados a nivel pos legislativo. Eso naturalmente genera costos, que no significan necesariamente costos financieros, aunque sí costos económicos que pueden ser de oportunidad, de información y de transacción.

Conceptos indeterminados naturalistas, en el decir de Engish, son inevitables. Requieren menos costos para el legislador y todavía tienen el beneficio de perdurar por más tiempo frente a la realidad, justamente por su tesitura abierta. Aun así, son más fáciles de objetivar. Por ejemplo, «ruido nocturno» puede ser arbitrariamente estipulado en número de decibeles, constituyendo entonces un marco objetivo para algo subjetivo.

Los conceptos indeterminados normativos conllevan problemas mayores, pues son todavía más vagos, y a la vez que se refieren a aspectos morales y axiológicos.

Inclusive conceptos tradicionalmente considerados como determinados generan problemas en determinadas situaciones. Por ejemplo, el concepto básico de «libro» es razonablemente estable, aunque en su halo sea difuso. Todos nosotros tenemos una buena noción de lo que sea un libro, sin embargo... ¿una edición con dos páginas sería un libro? ¿Y con diez páginas? ¿A partir de cuantas páginas el concepto pasa de difuso a sólido?

Conceptos normativos, inclusive en su núcleo, tienen una vaguedad mucho mayor. Aunque se tenga un sentido común de lo que es ser una persona razonable, los límites del concepto son variables de individuo a individuo. En el ejemplo de la ruta citado líneas atrás, un sujeto que se juzgue óptimo chofer puede muy bien creer que es razonable circular a una velocidad de ciento ochenta kilómetros horarios.

Nótese que reglas portadoras de conceptos indeterminados normativos reservan alto grado de discrecionalidad a sus aplicadores. No solo que el destinatario no logrará cumplir el mandamiento con seguridad, como además quien aplique la norma al caso concreto podrá decidir el significado *ad hoc* de aquel concepto.

Como resalta Schauer (2009, p. 195), el *trade off* fundamental en la elección entre reglas, principios, cláusulas generales y conceptos indeterminados se da en la determinación de la toma de decisión entre el presente y el futuro. Como señala él, directivas altamente específicas - reglas - maximizan la certeza y la previsibilidad, pero al costo de que no siempre sea posible obtener la solución más correcta en casos o situaciones imprevistas. Directivas vagas - los *standards* - hacen posible al tomador de decisiones jurídicas alcanzar la decisión determinada, sin embargo al costo de proveer poca certeza, previsibilidad y control de discrecionalidad del juez.

Asimismo, cuando los ciudadanos no tienen conocimiento objetivo de los límites de su libertad, su capacidad de cálculo costo-beneficio se ve perjudicada. Consecuentemente, la eficacia incentivaciones de la propia norma también se ve afectada y aumentan los costos de transacción (y consecuente pérdida de excedente social), lo que es nocivo para toda la sociedad. Por lo tanto, como sostiene Louis Kaplow (1992, p. 596), las reglas tienden a ser preferibles en lo que se refiere al comportamiento del individuo, puesto que éste necesitará despender menos recursos para comprender el Derecho, teniendo así mayor y mejor conocimiento de los órdenes a él dirigidos y, consecuentemente, portarse de acuerdo.

Las cláusulas generales indeterminadas son aún peores en ese sentido. Son tan abiertas que se tornan virtualmente destituidas de sentido, lo que potencialmente puede conducir a arbitrariedades y llevara la gran inseguridad jurídica. En eso difieren de los principios, pues, aunque estos sean una flexibilización del sistema, se refieren, como dicho ut supra, a sus valores fundamentales. Inclusive principios difíciles de determinación como la igualdad son más fácilmente digeribles por el sentido común que cláusulas de difícil determinación de significado, como es el caso de la buena fe objetiva y de la función social de la propiedad y de los contratos. Tal imprecisión puede acarrear que resulte inviable el cálculo racional del individuo, tornando su elección bajo incerteza - generando inseguridad jurídica.

En lo que concierne al uso del adjetivo «social» en conceptos morales y jurídicos, Friedrich Hayek, Nobel de Economía, dedicó todo el segundo volumen (titulado *The mirage of social justice*) de su trilogía *Law, Legislation and Liberty*, señalando lo que considera como las falacias de la denominada «justicia social». Según el filósofo, jurista y economista austríaco, el problema de la expresión «justicia social» deviene de la colocación del adjetivo «social» al sustantivo «justicia». Conforme Hayek, «social» es una palabra comadreja[223] (*weasel word*) que tiene la aptitud de vaciar el concepto original de las palabras a las cuales se vincula. Sea cual fuere el término, tal como «justicia», «función», responsabilidad», «derecho», «valor», o cualquier otro, la simple vinculación con la palabra «social» inmediatamente acarrea el efecto de desvirtuar el concepto original del primer vocablo, sugiriendo una significación de sobremanera más elevada, con algo de sublime.

Es cierto que la expresión «justicia social» tiene un razonable significado presente, que lleva en si a la idea de redistribución de

---

223 Las comadrejas suelen hacer pequeñas perforaciones en los huevos de gallina y sorber todo su relleno, dejando intacta la cáscara.

riqueza, y en esa dirección la jurisprudencia se ha venido afirmando cada vez más. Sin embargo, se trata de una distorsión del término «social», que significa, de forma pura, apenas algo ligado a un fenómeno de intencionalidad colectiva. En ese sentido, un partido de fútbol es tan «social» como cualquier otro fenómeno que implica estados intencionales colectivos. Justicia, a su vez, es un fenómeno intrínsecamente colectivo, siendo imposible su existencia desde un punto de vista meramente individual. Es viejo el ejemplo, sin embargo, difícilmente superable: mientras Robinson Crusoé se encontraba solo en la isla en que naufragó, no era necesario ningún sistema de normas de conducta social. Bastó que Viernes llegara y listo, surgió la necesidad de normas, ya que la libertad de los dos se hallaba disminuida, simplemente por la necesidad de convivencia.

Conforme vimos, todavía peor es la expresión «función social», utilizada por la Constitución (*v.g.*, artículo 5.°, XXII), en lo pertinente al derecho de propiedad, y por el Código Civil (artículo 421), para los contratos. ¿Cuál es la función social de cualquier cosa que sea? Si la justicia, en tanto institución y organización, es decir, conjunto de reglas y órganos aplicadores de ellas, tiene una función social, ¿cuál sería? Resolver imparcialmente las cuestiones que les son colocadas para dirimir o intervenir activamente para redistribuir recursos de la forma que considere más equitativa?

5.3.8.2. Análisis normativa: propuesta de interpretación para la cláusula función social

La expresión «función social» aparece siete veces en la Constitución Federal de 1988 y, salvo una mención concerniente a las empresas públicas (artículo 173, § 1.°, I), todas las demás apariciones se refieren a la propiedad, urbana y rural. En lo que se refiere a la propiedad urbana, la cláusula tiene tono legalista, pues simplemente atribuye como cumplidora de la función social a la propiedad que cumpla con «las exigencias fundamentales de ordenación de la ciudad expresadas en el plano director» (artículo 182, § 2.°). En otras palabras, habrá atendido la cláusula simplemente cumpliendo los dictámenes de la ley municipal que instituye el plano director.

La propiedad rural, a su vez, tiene criterios enunciados en el artículo 186 de la Constitución:

Art. 186. La función social es cumplida cuando la propiedad rural cumple, simultáneamente, según criterios y grados de exigencia establecidos en ley, los siguientes requisitos:

I - aprovechamiento racional y adecuado;

I - utilización adecuada de los recursos naturales disponibles y preservación del medio ambiente;

II - observancia de las disposiciones que regulan las relaciones de trabajo;

IV - exploración que favorezca al bienestar de los propietarios y de los trabajadores.

Tales criterios son funcionalistas y pueden ser interpretados a la luz de una visión consecuencialista del Derecho. El inciso I ordena la exploración de la propiedad de modo racional y adecuado, lo que significa sostenible. Esta idea es seguida por el inciso siguiente, que determina la «utilización adecuada de los recursos naturales disponibles y preservación del medio ambiente». El inciso tercero se refiere apenas a la observancia de las normas laborales, con el objeto de evitar la exploración de trabajo inhumano y esclavo en el campo. El cuarto y último inciso exige la «exploración que favorezca el bienestar de los propietarios y de los trabajadores».

Con excepción posible del inciso tercero, los demás visan metas a ser cumplidas, las cuales, una vez atendidas de hecho, tendrán concretizada la función social de la propiedad. Lo que podemos extraer, como denominadores comunes, son las *externalidades y la eficiencia,* como criterios de interpretación de la cláusula.

Recordando que la propiedad es un derecho individual, manifestación de una libertad negativa fundamental para el Estado Democrático de Derecho, la forma de interpretar la función social es pensarla justamente en ese contexto. La libertad del individuo es siempre el bien supremo en cualquier régimen que se pretenda «democrático de derecho». Sin embargo, el contrato social que lógicamente antecede a la sociedad civilizada exige renuncia parcial de esa libertad, pero tan solamente en la medida en que esa abstinencia garantice la libertad del mayor número posible de individuos.

La fórmula aquí es limitar la autonomía del individuo apenas cuando su ejercicio invada la esfera de autonomía del prójimo (la libertad de uno termina cuando comienza la del otro), y la única forma razonablemente objetiva de verificar eso se da por el análisis de las externalidades.

Ahora bien, el uso del derecho de propiedad por un individuo puede tornarse ilícito cuando pasa a ocurrir el llamado abuso de derecho, como determina el artículo 187 del Código Civil.[224] Ese abuso ocurre porque el uso del libre derecho de propiedad acaba afectando a terceros, en el ejemplo citado, el vecino. En el caso de la propiedad rural, el uso adecuado significa no agotar los recursos y también no generar externalidades negativas, como la contaminación. Igualmente, «generar bienestar» lleva a la idea de uso eficiente de los recursos, íntimamente conectada también con externalidades, como recuerda la clásica «tragedia de los comunes», de Garret Hardin (1968).[225]

La función social de la propiedad rural está, en síntesis, umbilicalmente ligada a la eficiencia económica. La propiedad rural cumplirá la función social produciendo adecuadamente (eficiencia de producción), sin causar externalidades negativas (agotamiento de los recursos naturales, contaminación) y generando bienestar social (eficiencia en la colocación de recursos).

---

224 Art. 187. También comete acto ilícito el titular de un Derecho que, al ejercerlo, excede manifiestamente los límites impuestos por su fin económico o social, por la buena fe o por las buenas costumbres.

225 Garrett Hardin publicó en la revista *Science*, en 1968, uno de los artículos más influyentes en las ciencias sociales de la segunda mitad del siglo pasado. Utilizando un escenario del siglo XIX, en que pastores campesinos (*commos*) compartían el uso de los pastos para alimentar a sus animales. La «tragedia» ocurre justamente por la racionalidad costo/beneficio individual, en que los beneficios son internalizados (el ganado de cada uno engorda), pero los costos no. El caso ilustra el ejemplo de bienes colectivos (*common pool resources*), que son aquellos de uso rival, aunque no excluyente, es decir, así como el dilema del prisionero, es racional dejar que sus animales consuman lo máximo posible de aquellos recursos compartidos, presuponiendo que los otros pastores harán el mismo. El resultado social, sin embargo, es trágico, pues se agotan los recursos para todos.

En cuanto a la función social de los contratos, dispuesta por el artículo 421 del Código Civil, no hay determinación de la cláusula, restando a la discrecionalidad hermenéutica de los jueces construir su sentido.[226] Sin embargo, la misma lógica puede ser aplicada allí.

Considerando la libertad contractual, condición necesaria para que los individuos interactúen en el ambiente denominado «mercado», restricciones a esa autonomía también son justificables desde el punto de vista de la eficiencia de la producción y de la inversión de recursos.

Contratos que incumplen con su función social serán aquellos que generan externalidades negativas a terceros. El ejemplo de la contaminación nuevamente puede ser utilizado, pues una relación jurídica entre un productor y sus consumidores (naturaleza contractual, al menos en sentido amplio) que ocasiona perjuicios a otros habrá incumplido su función social.

Otro ejemplo, bastante común, es el de la casa de espectáculos que cobra ingresos de sus espectadores, ambos dentro de la lógica costo-beneficio. El público paga por el ingreso, pues entiende que el beneficio de asistir al *show* es mayor al precio de la entrada, y el promotor del evento lo realiza por pretender obtener lucro al final. Sin embargo, el ruido del *show*, que primeramente es un contrato entre la casa de espectáculos y sus clientes, ultrapasa sus fronteras e incomoda a toda la vecindad. Ese costo soportado por los vecinos, que prefieren la paz y el sosiego del silencio, no fue contabilizado en los costos del productor al realizar el espectáculo.

Esa relación o relaciones contractuales generaron externalidades que extrapolaron (*spill over*) la mera relación original entre las partes alcanzando a terceros, por lo tanto violaron su función social.

5.3.9. Discrecionalidad o solución por principios?

Un sistema ideal desde el punto de vista iuspositivista sería aquél por el cual toda y cualquier controversia pudiera ser solucionada

---

[226] Para un análisis de la función social de los contratos bajo la perspectiva del Derecho y la Economía, ver el artículo «Ainda sobre la função social do Direito contratual no Código Civil brasileiro: justiça distributiva VS. eficiência econômica.» In: TIMM, Luciano Benneti (org.). *Direito e Economia*. Porto Alegre: Livraria do Advogado, 2ª ed., 2008.

por reglas objetivas, que obligan, prohíben o permiten. Desafortunadamente o felizmente, dependiendo de la perspectiva, es imposible para el legislador prever toda la inmensa cantidad de innovaciones provenientes de la acción humana. Al contrario de lo que ocurre en el orden espontáneo de la sociedad, el Derecho es siempre artificial (BECKER, 1999, p. 49) y, por eso, atrasado en su eterna carrera para regular la vida humana. Lagunas normativas o reglamentos en desfasaje con el mundo actual, por lo tanto, son inevitables y siempre existirán.

Para positivistas como Kelsen y Hart, siempre que las reglas no basten para solucionar casos, sobrará la discrecionalidad del juez, que decide la cuestión utilizando sus criterios personales de justicia y equidad. Tal libertad de crear soluciones *ad hoc*, dígase de paso, es algo que siempre incomodó a los pensadores más afectos al control del arbitrio judicial, desde Bentham hasta los actuales «interpretativistas» jurídicos.[227]

Vale decir que tal discrecionalidad no es tan amplia. En los llamados casos difíciles, en que el juez necesita encontrar alguna solución no prevista cristalinamente en las reglas del repertorio jurídico, y, por lo tanto necesita apelar a alguna salida dada su obligatoriedad de encerrar el litigio, la respuesta se encuentra en los principios. Luego, no hay arbitrariedad judicial, pues la única forma de resolver es por medio de principios jurídicos, lo que para Dworkin (2006, p. 75) significa «una exigencia de justicia o equidad u otra forma de dimensión de moralidad».

No hay duda de que es mucho más fácil decidir cuando el trabajo mayor ya fue realizado por el legislador, es decir, la legislación previó satisfactoriamente las situaciones del mundo real que producirán efectos jurídicos. Cuando es preciso solucionar la cuestión apelando a recursos extrarreglas, la argumentación pasa a cumplir función legitimadora de la decisión.

---

[227] O activistas judiciales, corriente doctrinaria estadounidense que propugna la interpretación de una Constitución «viva», *es decir.*, adaptable a la sociedad en constante mutación. La corriente contraria es la llamada de «textualismo», que defiende una interpretación histórica de la Constitución, y tiene entre sus próceres al juez de la Suprema Corte, Antonin Scalia.

La estructura tripartida de Estado, sumada a los grados de jurisdicción y a las reglas procesales, contribuye a que los jueces sean obligados a fundamentar sus decisiones, principalmente cuando no hay solución fácil. Aunque la fundamentación de las sentencias sea siempre obligatoria, ella pasa a exigir argumentación convincente en los casos difíciles, so pena de reforma por grado de jurisdicción superior y so pena de descrédito social.

Sin embargo, la argumentación que tiene como objetivo justificar una solución principiológica debe buscar sus razones en el propio sistema. Aunque esa línea argumentativa suene muchas veces retórica, ya que en ciertos principios prácticamente cualquier interpretación es posible, al menos se justifica frente a valores importantes como la separación de los poderes y el Estado Democrático de Derecho. Si el juez fue al propio sistema a encontrar la solución para el caso, *a contrario sensu* no decidió de acuerdo con sus criterios personales y subjetivos de justicia.

Consecuentemente, apelar a principios no debe ser considerado como razonamiento «moral» (*moral reasoning*), como dice Dworkin (1997), y sí razonamiento apoyado en principios contenidos en el propio sistema. Aunque, según el referido autor, los jueces no puedan juzgar de acuerdo con sus preferencias personales, debiendo atenerse a patrones públicos de moralidad, resulta altamente peligrosa la apelación de la moral. Aunque conceptos abstractos y generales como lo que es moral e inmoral sean razonablemente uniformes y de sentido común, la aplicación de esos conceptos a casos concretos generalmente acarrea controversias.

Los propios ejemplos traídos por Dworkin, como el caso Riggs *vs*. Palmer, no generan unanimidad en cuanto a la solución encontrada por la Corte de Apelación de Nueva York. Hay quien entienda que, a pesar de que la punición por el homicidio fue adecuada, Elmore Riggs debería haber recibido la herencia simplemente por no existir normas que prohibiesen aquello. Así, en pro de la seguridad jurídica y de la estabilidad de las relaciones sociales, la solución menos gravosa sería permitir que el heredero asesino se quedara con los bienes legados por su víctima. Como las reglas válidas y vigentes habrían permitido tal contrasentido, entonces la mejor solución sería simplemente alterarlas. Las reglas se alterarían legislativamente, pues ese sería el procedimiento adecuado por la óptica de la tripartición de los poderes y del propio Estado Democrático de Derecho.

Siendo así, apelar a juicios de moralidad extrajurídicos como recursos integrativos del sistema es cuestionable. Alterándose el discurso, las consecuencias relevantes para el sistema jurídico son otras. En vez de negar el sistema y decidir *ad hoc*, debe el juez recorrer el propio ordenamiento, en la búsqueda de algún principio que pueda solucionar aquello que no puede solucionarse por las reglas.

Es cierto que los principios constituyen una abertura para juicios y ponderaciones morales, pero solo porque el propio sistema lo permite, y no por una discrecionalidad supra sistémica del juez.

5.3.10. Superación de reglas por principios

Decimos que la clasificación de normas en subespecies «principios» y «reglas» es doctrinaria y arbitraria, es decir, es construcción del jurista. En términos prácticos, el legislador establece actos de habla que tienen como objetivo ser exitosos, *es decir*, órdenes que pretenden ser obedecidos. Y, por ese diapasón, usualmente esas órdenes intentan ser claros y objetivos, para no generar excesivas dudas y hesitaciones en cuanto a sus destinatarios.

Ocurre que, en algunas situaciones prácticas, los aplicadores desean «superar» esas consignas objetivas por mandamientos genéricos y vagos, como son, los principios jurídicos. Esa superación siempre es justificada con la intención de así respetar valores sustitutos del ordenamiento, como la justicia y la equidad. Así, algunos jueces dejan de aplicar las reglas jurídicas a determinados casos concretos y aplican, en su lugar, decisiones basadas en los principios que entienden adecuados.

El problema de esa práctica es que los aplicadores del Derecho, como la propia denominación indica, no son (o no deberían ser) sus creadores. En un Estado Democrático de Derecho, cabe al legislador, elegido por el voto popular, representar la colectividad al producir leyes que crean nuevos derechos y deberes, por delegación de los ciudadanos que representan en los parlamentos. Y la legislación, cuando es razonablemente estable y exitosa, instituye un sistema de incentivos eficiente de las conductas, o, en otras palabras, un *sistema de precios normativo*, del cual derivan, como visto líneas más arriba, externalidades positivas.

Por lo tanto, la superación contumaz de reglas por principios permite que sea debilitado aquél carácter de bien público de las reglas jurídicas, disminuyendo el poder de influencia en el comportamiento social. En otras palabras, la no efectivización de las normas por parte de la jurisdicción hace que, en última instancia, la propia ley (la legislación de modo general) pierda su credibilidad y finalidad, destituyéndola de su función de orientar la conducta intersubjetiva. La ley pierde entonces su función de instituidora de precios a elección de los agentes racionales, que, a su vez, se ven imposibilitados de efectuar cálculos costo-beneficio para sus acciones frente al ordenamiento jurídico. En suma, impera la inseguridad jurídica.

Siendo así, las reglas, en vista de su razonable objetividad y previsibilidad, hacen posible el cálculo racional de los individuos, disminuyendo costos de transacción y lubrificando las relaciones e intercambios sociales.[228] Poder prever lo que me pasará en vista de las mis elecciones y respectivas acciones es lo que me hace posible vivir en una sociedad civilizada, donde conozco los límites de mi accionar.[229]

---

228 El casuismo judicial, por lo tanto, torna ineficaz el sistema de incentivos del Derecho, contribuyendo al comportamiento errático de los agentes sociales y colocando en jaque a todo el sistema jurídico. De ese modo, no hay razón para privilegiar principios en detrimento de reglas, pues, como bien observa Humberto Ávila (2007, p. 114): «al contrario de lo que la actual exaltación de los principios podría hacer creer, las reglas no son normas de segunda categoría. Todo lo contrario, ellas desempeñan una función importantísima de solución previsible, eficiente y generalmente ecuánime de solución de los conflictos sociales».

229 Conforme a Schauer (2002, p. 140): «When I know what is going to happen, the value of reliance is tangible, thereby do things I could not otherwise have done. Thus the ability to predict the sanction-imposing decisions of others opens up otherwise les available options for action. If the penalty for speeding is severe and I am risk averse, I will likely drive faster under a regime of Speed Limit 55 than if I am required simply to 'drive safely'. Predictability of legal enforcement of contracts, wills, trusts and other legal instruments is often the only thing that makes the transaction possible».

Además de eso, considerando que las reglas establecen *ex ante* soluciones para conflictos entre intereses antagónicos, si el aplicador del Derecho pretende sustituir las ponderaciones ya realizadas por el legislador por las suyas propias, estará violando la propia Constitución, por violar el principio de la separación de los poderes.

Asimismo, las reglas tienen también función objetivadora de los principios, porque varios de los ideales cuya realización es por ellos determinada ya se encuentran positivizados, no cabiendo al juez concretar el ideal constitucional de modo diferente a aquél previsto por la Constitución y, por delegación, al legislador. Por ejemplo, el principio del debido proceso legal es conducido objetivamente por reglas constitucionales, tales como la prohibición del tribunal de excepción (artículo 5.°, XXXVI) y la del contradictorio y la de la amplia defensa (artículo 5.°, LV).

Se dice que esas reglas son «objetivas» porque la definitividad de su comando, para utilizar la definición de Alexy, se da una vez que, obedecido, no existe cualquier «optimización» a ser hecha. La observancia a esas reglas puede ser verificada directamente, sin cualesquiera ponderaciones o juicios subjetivos: basta verificar si determinada imposición cualquiera, como en las actuaciones por infracción, permite un adecuado derecho de defensa o si determinado juicio o tribunal fue instituido después del hecho que será por él decidido.

Además, admitiéndose que las reglas son instrumentos de solución, generalmente, previsible, eficiente y ecuánime de los conflictos, su superación será tanto más costosa cuanto más imprevisibilidad, ineficiencia y desigualdad general provoque su inobservancia. Por lo tanto, cuanto más potencial exista de compromiso del valor o valores sustanciales específicos que la regla objetiva promueva, más difícil será su superación, así como también el funcionamiento del sistema de incentivos del cual la misma forma parte (CARVALHO, TRINIDAD, 2010, p. 96).

Es importante recalcar que *el valor subyacente la regla vincula el grado de resistencia a su superación.* En ese sentido, la posibilidad de la superación de las reglas se encuentra inversamente relacionada al compromiso del fin que las justifica, es decir, implica la ponderación de los resultados que la inobservancia generará frente a los objetivos que justifican su creación. La función es de proporción inversa: cuanto mayor la posibilidad de perjuicio de los fines subyacentes a la regla, menos viable será su superación.

Como la eventual superación es casuística, así también será la evaluación de sus posibles perjuicios para el sistema jurídico. Considerando que las reglas fijan precios para las acciones de los individuos, al pretender suplantar la aplicación de una regla en un caso específico, es necesario verificar si esa inobservancia no creará externalidades negativas, modificando los precios relativos para todos los demás destinatarios de la regla. La superación inadvertida puede convertir al incumplimiento de lar egla en «barato» para los demás, alterando el equilibrio del sistema de precios normativo y perjudicando lose fectos anhelados por el legislador.

Nuevamente se advierte el *trade off* entre equidad y seguridad jurídica. Usualmente el argumento para superar la regla apela a la justicia y razonabilidad, es decir, a su aplicación objetiva en determinada situación invoca la sensación de que la ley es inflexible e inhumana.[230] La manutención de la aplicación, como sistemática general, por otra parte, preserva la previsibilidad del sistema jurídico, garantizando la seguridad a los ciudadanos, pues el sistema de incentivos del Derecho permanece íntegro.

---

230 Ejemplo literario clásico es el romance *Los miserables*, de Víctor Hugo. La pena de trabajos forzados que el personaje principal Jean Valjean sufre y cumple se debe al hurto de un pan para alimentar a su familia. Esta obra maestra del Romanticismo intenta denunciar la inhumanidad del sistema entonces vigente en Francia en el siglo diecinueve, período del Código Civil Napoleónico y de la Escuela de la Exégesis, propugnadora de la interpretación restrictiva y literal de la ley, sin cualquier margen de libertad hermenéutica para el juez. El tema de la Ley vs. Justicia se repite en otras partes de la narrativa, con destaque para el conflicto entre el deber (regla) que se impone al inspector Javert y su sentido de equidad (principio, más moral que jurídico, en el contexto del libro) cuando está a punto de aprisionar a Jean Valjean, entonces fugitivo, pero que le había salvado la vida poco antes, durante la batalla en las Comuna de Paris. Javert sabe que debe aplicar - y cumplir él mismo - la regla que determina la prisión de su salvador, pero tampoco logra hacerlo. La única solución es liberar a Jean Valjean y suicidarse, arrojándose en el Río Sena.

Asimismo, la decisión deberá demostrar que la superación de la regla no provocará inseguridad jurídica. Así, recordando que las reglas son medios creados *ex ante* por el Poder Legislativo para reducir controversias, incertezas y arbitrariedades, así como para evitar problemas de coordinación, deliberación y conocimiento (y, por lo tanto, costos de transacción), debe ser nítidamente demostrado que el sistema de incentivos jurídico no será afectado por la superación. Contrariamente, el perjuicio a la colectividad será francamente mayor al beneficio alcanzado en el caso específico, no justificando la superación.

Finalmente, atendidos los dos requisitos anteriores, como son: no afectar la finalidad subyacente de la regla y no perjudicar el equilibrio en el sistema de precios normativos, para que sea admitida la superación, deberá haber comprobación de obtención de mayor eficiencia, en términos económicos. De esa forma, se exige que la situación resultante de eventual superación de regla jurídica sea más eficiente económicamente, eso es, que no resulte en costo individual o social.

Si el juez decide no aplicar determinada sanción por considerarla irrazonable en el contexto del caso concreto y verifica que su decisión no perjudicará la finalidad de la regla tampoco generará repercusiones en los precios relativos a las acciones de los demás individuos, debe verificar igualmente si su elección no resulta un desperdicio de recursos o, preferencialmente, genera aumento de riqueza social.

Esos requisitos limitan de sobremanera las posibilidades prácticas de superación de reglas por principios, pero n por ello ni por ello significan su impracticabilidad.[231]

[231] Humberto Ávila (2005, p. 115) colaciona interesante ejemplo de superación de regla que condice con los requisitos presentados en este tópico. El ejemplo se refiere a una regla que condicionaba el ingreso en un programa simplificado de tributos federales a la ausencia de productos extranjeros. Así, los participantes del programa no podrían efectuar operaciones de importación, so pena de exclusión. Sin embargo, una pequeña fábrica de sofás efectuó una importación y, por lo tanto, fue sumariamente excluida del programa. La referida importación consistía, tan solamente, a cuatro pies de sofás, para un solo sofá, una única vez. En el caso, fue justificada la posibilidad de la supe-

5.4. Argumentación y justificación en la construcción y aplicación de reglas por los jueces

Como vimos, las reglas exigen razonamiento a modo de subsunción para su aplicación, es decir, a partir de la previsión general de la regla, se verifica si los hechos en ella se incluyen. En el derecho tributario, en tesis, el razonamiento subsuntivo es relativamente simple, dada la tipificación exclusiva de las reglas tributarias.

Cabe resaltar, sin embargo, que la aplicación precipua de reglas tributarias a los casos concretos es actividad privativa del agente administrativo fiscal, al expedir el lanzamiento tributario (artículo 142 del CTN), bien como también obligación de los propios contribuyentes en todos los tributos regidos por el sistema de homologación. Cuestiones tributarias que llegan al Poder Judicial son relativas al examen de legalidad y constitucionalidad en la aplicación de las reglas, por lo tanto no puede el juez ejercer la función de agente fiscal y lanzar tributos, pero puede - y esa es su prerrogativa - decir si el tributo o su aplicación al caso concreto es legítimo.

El examen de la regla, sin embargo, no es tarea exenta de dificultades. Si determinada cuestión es pasible de litigio judicial, es porque hay disputa entre las posibles significaciones de las reglas y su aplicación a la situación específica. La fundamentación exigida del juez requiere esfuerzo hermenéutico para fijar el sentido de las diversas locuciones que integran la regla tributaria y del alcance de ella al caso en examen. Por ejemplo, ¿cuál es la significación de «renta» a los fines del respectivo impuesto? Es la renta «producto» en-

---

ración de la regla porque, en suma, no fue comprometida la promoción de la finalidad subyacente a la regla (sea ella el estímulo a la producción nacional por pequeñas empresas), bien como no perjudicaba la promoción de la seguridad jurídica, a raíz de que la circunstancia particular no sería fácilmente reproducida, alegable o demostrada por otros contribuyentes. Finalmente, la superación acarreó inclusive la producción de una unidad del bienamás, generando riqueza adicional y, por lo tanto, eficacia productiva. Por otro lado, el Estado en nada perdió con la superación, pues en este caso no se trata de pérdida o renuncia la renta, pero sí de comportamiento indeseado replicado por otros contribuyentes en la misma situación, lonoocurriría, dada la especificidad de la situación.

tendida como el fruto del capital y del trabajo, la renta «incremento» considerada como el resultado positivo en el patrimonio del contribuyente en determinado lapso temporal, ¿o sería la renta aquello que el legislador diga que es? El artículo 43, incisos I y I, del Código Tributario Nacional deja margen a diversas interpretaciones, que afectan la regla-matriz del impuesto. Por ejemplo, recursos oriundos de un *trust* localizado en el exterior a residentes de Brasil, ¿deben ser considerados como renta a los fines de tributación por el impuesto o no? No habiendo regularidad en la recepción de esos valores o, todavía, si estos fuesen recibidos a título de un *discretionary trust*, por el cual el beneficiario de ese fondo no tiene cualquier injerencia (por lo tanto no hay contrapartida de su parte), ¿deberían tales valores ser tributados por el impuesto sobre la renta o por el impuesto sobre donaciones?

Nótese que, aun habiendo reglas supuestamente inclusivas y objetivas, el juez no se libera de la carga hermenéutica, ni tampoco de la argumentativa. El sistema jurídico ofrece algunas posibilidades para la interpretación, aplicación y justificación de las reglas, que veremos a continuación.

5.4.1. Teoría de la Argumentación

La técnica de la argumentación es fundamental para el Derecho. Este, en tanto campo de la razón práctica, requiere legitimidad y persuasión para que pueda mover eficientemente las conductas humanas en las direcciones que pretende, para alcanzar las metas pretendidas.

La argumentación forma parte de la pragmática de la comunicación humana, técnica o arte por la cual los individuos usan el lenguaje para comunicarse e influenciarse mutuamente y, por consiguiente, vivir en sociedad. El criterio diferenciador que nos aparta de todas las demás especies animales es justamente la habilidad lingüística, monopolio de la especie humana. Por eso, otra forma, tal vez hasta más precisa, de definición aristotélica *genum et differentia* es decir que somos no solo animales racionales, *sino también animales hablantes*.

En ese sentido, somos los únicos seres vivos en el planeta con la habilidad de proferir sofisticados actos de habla, con todas sus respectivas funciones ilocutivas: asertiva, directiva, compromisiva, declaratoria, expresiva y ficcional.[232]

La función ilocutiva se refiere a la intención de uso del lenguaje por parte del hablante, independientemente del contenido proposicional de la elocución o aún de su forma. Por ejemplo, una frase proferida por una ama de casa a su empleada: «la cocina está inmunda». El contenido de la frase aparenta ser una aserción, y, de hecho, su contenido proposicional lo es. Sin embargo, su fuerza ilocutiva es directiva, *es decir*, lo que el hablante pretende es que el oyente actúe de determinada forma, en el caso, limpie la cocina.

El Derecho opera por medio de normas y, por eso, se dice que el macro acto de habla que rige el sistema jurídico es de fuerza ilocutiva directiva. Sin embargo, en el ordenamiento existen actos de habla de todos los tipos. Las hipótesis de incidencia, bien como los antecedentes de las reglas individuales y concretas, son actos asertivos; los contratos contienen actos compromisivos (promesas mutuas entre los contratantes); reglas individuales y concretas también tienen fuerza de acto declaratorio, como ocurre cuando el juez condena al reo por algún delito cometido, lo que altera el Estado de cosas en el mundo (hubo, por lo tanto, un delito y respectivo autor) e instituye *status* deóntico (reo debe cumplir pena de diez años de reclusión); hay momentos procedimentales en que actos expresivos también surgen, como es el caso de exaltaciones en audiencias, que pueden inclusive eventualmente constar de la transcripción en acta; y finalmente, las ficciones jurídicas, actos de habla de fuerza ilocutiva ficcional, cuando el emisor desconsidera la correspondencia entre lenguaje y realidad con el fin de obtener determinados efectos que no serían posibles de otra forma.

---

232 Se tratade la Teoría de los Actos de Habla, creada por el filósofo analítico inglés John Langshaw Austin y posteriormente continuada y desarrollada en su plenitud máxima por el norteamericano John R. Searle. Para esos autores, ver, respectivamente: *How to do things with words* (2. ed., 16.ª reimpresión, Boston: Harvard University Press, 1999) y *Speech Acts*. An Essay in the Philosophy of Language (21.ª reimpresión, Cambridge: Cambridge University Press, 1969).
La función ilocutiva ficcional, entre tanto, es contribución nuestra, cf. Carvalho 2008.

Sea cual fuere el tipo de acto ilocutivo, el elemento persuasivo de la lenguaje siempre opera, en mayor o menor grado. Hipótesis y teorías científicas, legítimos actos de habla asertivos, también pretenden convencer a su público de que corresponden a los hechos que buscan explicar. La forma que un centrista tiene para persuadir a sus pares de que su teoría es correcta es exponer hechos que la corroboren, mediante resultados robustos obtenidos por medio de experimentos controlables y repetibles.

Los actos de habla directivos, a su vez, necesitan de otros recursos persuasivos. Un pedido o una orden obtendrán el debido éxito dependiendo de la legitimidad y de la autoridad de quien los haya emitido. En el famoso ejemplo de Kelsen (1996, p. 9), una orden de un asaltante de ruta puede funcionar en el sentido de obtener, por la amenaza de la fuerza, las pertenencias de la víctima, sin embargo no tendrá legitimidad ni autoridad institucional. Un agente estatal, por otro lado, puede inclusive disminuir la misma (o mayor) riqueza del individuo, pero su acción tendrá todo el esqueleto institucional que le da apoyo.

Los diversos tipos de actos normativos, aunque tengan como denominador común el hecho de ser actos de habla directivos, requieren igualmente recursos persuasivos en diferentes grados. *Y la forma por la cual se persuade es por medio de la argumentación.* Por ejemplo, la exposición de motivos que antecede a una ley es una forma de argumentación por la cual el legislador pretende exponer las razones, calcadas en hechos y en objetivos, por las cuales la ley debió ser creada.

Un acta de infracción tributaria por más subsuntivo que pueda ser, también debe estar fundamentado, siendo esta una de las condiciones de su validez. La fundamentación se compone de argumentos que tratan de exponer las razones (y, por lo tanto, convencer a los demás) que motivaron su expedición. Y esa argumentación no intenta persuadir solo al contribuyente, sino también (tal vez, principalmente) a los propios órganos del sistema, fundamentalmente a aquellos superiores que eventualmente revisarán las actuaciones.

Las decisiones de jueces necesitan igualmente de argumentación. Importante advertir que, aunque haya simple subsunción de hechos la las normas, es necesario argumentar para persuadir a todos de que la aplicación de aquella norma al caso es correcta, revistiéndola de legitimidad institucional. Asimismo, como señala Friedrich Müller (1999, p. 52), la fundamentación pública de la decisión debe convencer a los alcanzados por ella y la decisión debe ser controlable por medio de reexamen de tribunales jerárquicamente superiores, para hacer posible su eventual reforma y también consonancia con la Constitución.

La argumentación por parte de jueces judiciales es todavía más importante y requiere más recursos persuasivos que demandan las decisiones provenientes de jueces singulares o colegiados administrativos. Se advierte claramente que la última palabra siempre cabe a los tribunales judiciales, pues son estos quienes cierran el sistema y resuelven las controversias, siempre en el afán de estabilizar el sistema jurídico - y, así, estabilizar las expectativas normativas, como insiste Luhmann.

En la distribución de funciones de los tribunales, en nuestro ordenamiento, las cuestiones de «hecho», eso es, envolviendo pruebas, son usualmente solucionadas en las jurisdicciones de segunda instancia, provinciales y federales. Cuestiones únicamente de «derecho», eso es, interpretación y fijación de los sentidos normativos, son atribuidas a los tribunales superiores, específicamente al Superior Tribunal de Justicia (artículo 103, inciso I y concordantes, de la CF), en relación a la legislación federal, y el Tribunal Federal Supremo (artículo 102 de la CF), en relación a la Constitución.

Aunque la palabra de esos tribunales sea la final, pues no cabe más recurso de sus decisiones, no por eso están exentos de la carga argumentativa. Por el contrario, por tienen la prerrogativa de la decisión final es que sus decisiones exigen argumentaciones aún más convincentes que las producidas por tribunales inferiores. Las decisiones emanadas de los tribunales superiores, por su carácter final, funcionan como marcadores para toda la sociedad, generando externalidades positivas o, desafortunadamente, negativas, como veremos más adelante.

En el proceso de toma de decisión, la argumentación cumple una función de convencimiento tanto de las partes como también de toda la sociedad, considerando que la regla general es la de la publicidad de los procesos.

5.4.2. Estructura del argumento

La lógica no formal establece criterios para que argumentos posean la debida estructura. La contribución considerada más influente para tanto es la de Stephen Y. Toulmin, filósofo inglés influenciado por Ludwig Wittgenstein (en su segunda fase, la de las «Investigaciones Filosóficas») y dedicado al uso pragmático del lenguaje.

La obra *Los usos del argumento* (2006), de Toulmin, establece la adecuada estructura (*lay out*) para los argumentos, sea cual fuere el campo específico en que ellos fueron utilizados. Hay seis componentes interrelacionados para ser verificados en un argumento: 1) Alegación (*claim*), es decir, aquello que se quiere probar; 2) Datos (*data*), que son hechos y pruebas traídos para sostener la alegación; 3) Garantías (*warrant*), que son hipótesis o premisas generales y patrones y cánones argumentativos que funcionan como puentes entre los datos y la alegación. Estos tres componentes son esenciales, debiendo estar presentes en toda argumentación. Hay otros tres componentes que funcionan como complementarios:

4) Apoyo (*backing*), que sirve de aval que legitima oficialmente las garantías. En el contexto jurídico, la mención a las leyes y a la jurisprudencia, por ejemplo; 5) Refutación (*rebuttal*), declaraciones que demuestran excepciones a la alegación; y 6) Cualificador (*qualifier*), modales que indican el grado de fuerza de la alegación: posiblemente, seguramente, presumiblemente.

El mapa del argumento ofrecido por Toulmin puede ser así esquematizado:

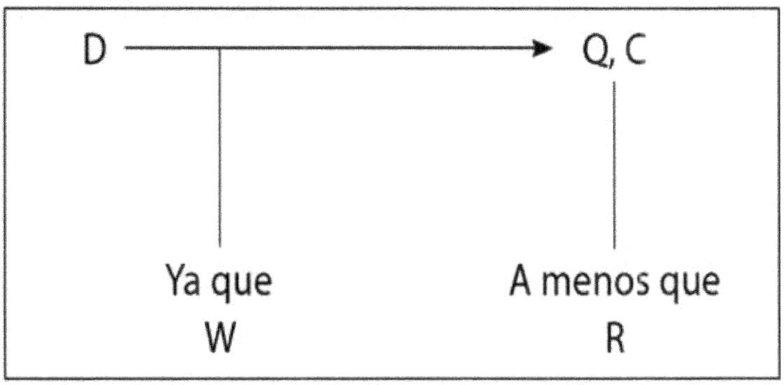

Figura 19. Mapa del argumento

Aplicando la estructura a la decisión en el derecho tributario, tendríamos el siguiente mapa:

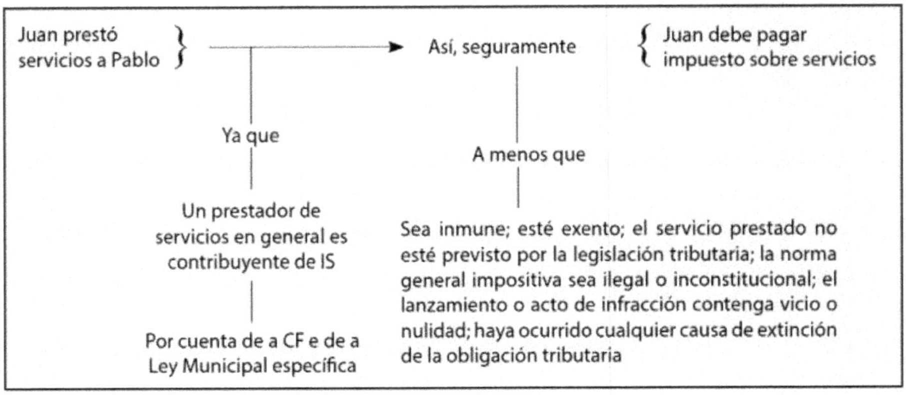

Figura 20. Mapa del argumento tributario

Esa es la estructura esencial de la argumentación jurídica, que debe estar presente en toda fundamentación decisoria. Por ser esencial, es también simple y universal.

Pasemos ahora a examinar especies de argumentos específicamente jurídicos, que pueden o no pueden ser aplicados en la decisión tributaria.

5.4.3. Argumento de la literalidad de la ley

Aunque las palabras puedan ser vagas e inclusive ambiguas en determinadas situaciones, existe un sentido literal para las palabras en relación a su definición. Si la palabra «vela» puede referirse, por ejemplo, por lo menos a tres sentidos posibles (vela de automóvil, vela de cera o vela de embarcación), su uso puede ser literal o figurado. Por ejemplo, puedo usar la palabra «vela» en uno de sus sentidos literales, el de objeto hecho de cera y dotado de una mecha, cuya finalidad es iluminar ambientes. Puedo también usar esa misma palabra, ligada a su definición de diccionario, sin embargo en sentido figurado, como es el caso de la expresión «tener la vela», empleada para referir a la situación que ocurre cuando un soltero acompaña a una pareja de enamorados.

En el contexto jurídico, el argumento por la literalidad significa restringir el alcance de la regla frente a los casos posibles de su extensión y aplicación, como contraposición a interpretaciones ampliativas, analógicas o ficcionales. En ese ámbito, el artículo 111 del Código Tributario Nacional determina la interpretación literal de la legislación tributaria que disponga sobre suspensión del crédito tributario, exención, amnistía y dispensa del cumplimiento de obligaciones tributarias accesorias.

El argumento por la literalidad busca la objetividad de las reglas jurídicas y, por consiguiente, la seguridad jurídica.[233] La seguridad jurídica puede entrar en *trade off* con la justicia, lo que no siempre convierte la literalidad el argumento más adecuado. Sin embargo, es el argumento que más se identifica con la propia esencia y función de la especie normativa de la regla jurídica.

5.4.4. El argumento de la intención del legislador

La retórica de la intención del legislador es uno de los argumentos más utilizados por los operadores del Derecho y, al mismo tiempo, uno de los más frágiles. De determinada forma, la intención del legislador, aunque no se confunda, tiene relación con la teleología de la ley, es decir, con la finalidad para la cual ella fue creada. Ambas se presentan, sin embargo, como difíciles de ser rescatadas.

Aunque, obviamente, toda ley haya sido creada para alcanzar determinado fin, no siempre el legislador explicita sus intenciones, al contrario de los aplicadores como los jueces y fiscales, que deben fundamentar sus actos normativos. La ley que contiene la exposición de motivos de su creación hace posible el conocimiento del contexto en que la disposición fue creada, auxiliando al operador del Derecho a interpretar y aplicar la norma.

Sin embargo, aunque sea posible encontrar la verdadera intención del legislador, es habitual que esta sucumba ante el propio sistema jurídico, en su estructura vertical y horizontal de normas. Es

233 Es interesante advertir que los abogados suelen emplear hartamente el argumento cuando se trata de evitar la incidencia tributaria, alegando la tipicidad cerrada, la estricta legalidad, etc. Muchas veces, empero, cuando se trata de obtener lo que comúnmente se denomina exoneraciones tributarias, tales como inmunidades y exenciones, o inclusive subsidios, la literalidad pasa a ser villana y la interpretación ampliatoria pasa a ser adecuada.

que la intención del legislador puede ser inclusive contraria a los valores que rigen el ordenamiento, no solo los históricamente esculpidos por el constituyente, sino principalmente aquellos construidos ya firmados por los tribunales a lo largo de los años.

En el derecho tributario brasileño eso ocurre frecuentemente, cuando, por ejemplo, el legislador crea una ley con el objetivo de alterar criterios de la regla-matriz de algún tributo, para fines de incremento recaudatorio. Innumerables ejemplos podrían ser citados, entre ellos, la alteración de la base de cálculo de las contribuciones del PIS y de la Cofins por la Ley n.º 9.718/1998, «definiendo» como facturación toda la partida de ingresos brutos de la persona jurídica (artículo 3.º, § 1.º), dando lugar a millones de acciones judiciales y culminando con la declaración de inconstitucionalidad por el Tribunal Federal Supremo (RE 346.084/PR, 09.11.2005).

Otro ejemplo es la inmunidad de los libros, diarios, periódicos y el papel destinado a su impresión, dispuesta por el artículo 150, II, *d*, de la Constitución. Considerando el Estado de cosas en la tecnología del año 1988, el constituyente meramente repitió la misma limitación a la competencia tributaria ya anteriormente dispuesta en la Carta de 1967 (ver tema 2.3), de ahí la complementación del «papel destinado a su impresión». Habría sido esta su intención, que es limitar la inmunidad apenas a vehículos impresos - excluyendo, por lo tanto, todos los demás, incluyendo a los actuales libros y diarios electrónicos y *on-line*, ¿o simplemente no previó la tecnología que estaba por venir, en breve?

Por lo tanto, la comprensión de la intención del legislador puede ser útil para situar la ley en el contexto adecuado, principalmente en el sentido histórico-evolutivo, en concordancia con la clásica lección de Carlos Maximiliano (1995), pero no es garantía de correcta aplicación al caso concreto. Por ello, no es el argumento más eficiente.

5.4.5. Argumento de la finalidad de la ley

La finalidad o teleología de la norma es un argumento menos insatisfactorio que la literalidad, pues no depende de aspectos históricos y psicológicos como la intención del legislador y puede ser construida a partir de la interpretación sistemática y de su estabilización por la doctrina y jurisprudencia. Aun así, es tarea difícil y sujeta a contaminaciones de juicios personales e ideológicos del intérprete. Un ejemplo clásico es el traído por H. L. Hart (2009, p. 167), de una regla que prohíba transitar con vehículos dentro de un parque público. La prohibición es clara, pero, ¿cuál es su finalidad? ¿Evitar contaminación o garantizar la tranquilidad y seguridad física de los usuarios del parque? Un cochecito de bebé ¿es también un vehículo prohibido de circular en el parque, ya que no contamina ni genera amenaza a la integridad física de nadie? Bicicletas, a su vez, no contaminan, más pueden llegar a lastimar a otras personas en caso de colisión. Como queda la interpretación de ese dispositivo en vista de las posibles finalidades normativas?

¿Y en cuanto al embate entre literalidad y finalidad, en el caso mencionado de la inmunidad del libro? La literalidad del enunciado lleva a la idea de que apenas los vehículos impresos en papel serían inmunes. La finalidad, por otro lado, demuestra que la regla inmunizadora cumple el papel de servir a ciertos valores, como los de garantizar la libre expresión, la libre imprenta y la cultura.

Ejemplo reciente y perfecto de literalidad *vs.* finalidad o formalismo *vs.* funcionalismo es la cuestión de la inmunidad sobre recursos provenientes de exportación para tributación por contribuciones sociales (artículo 149, § 2.°, I, de la CF). Por la literalidad del enunciado, la inmunidad se refiere apenas a las contribuciones que inciden estrictamente sobre recaudaciones, como son PIS y Cofins, dejando la Contribución Social sobre el Lucro Líquido (CSLL), por ejemplo, al alcance de la tributación. Nuevamente, se advierte el embate entre la letra fría del enunciado *versus* la finalidad de la ley.

El Tribunal Federal Supremo, por seis votos a cinco, decidió por la incidencia de la CSLL sobre las recaudaciones provenientes de la exportación en tres recursos extraordinarios (juzgados en 12.08.2010). El argumento vencedor es simple y así puede ser sintetizado: la inmunidad es regla objetiva, por lo tanto de interpretación restrictiva. Si el legislador constituyente quisiera haber inmunizado también el lucro líquido resultante de las exportaciones, debería haberlo hecho expresamente. Aunque el lucro sea un resultado posible (ingresos menos gastos) en las operaciones de exportación, su concepto es diferente del concepto de recaudación. Es el perfecto argumento por la literalidad (léase objetividad y alcance restrictivo) de la regla de inmunidad tributaria.

El argumento contrario es puramente finalista y así puede ser resumido: si el lucro no se inmuniza de la respectiva contribución social, pierde eficacia la teleología de la inmunidad, que es exonerar a las exportaciones y así incentivarlas.

Se trata, sin duda, de una elección difícil. Tan es así que el caso fue decidido por un voto de desempate, del Ministro Joaquin Barbosa. En esencia, el *trade off* se da entre garantizar la seguridad jurídica y hacer justicia a los fines normativos. No se trata si quiera de la intención del legislador, pues esta parece apoyar la propia literalidad, como vimos ut supra. Por otro lado, la defensa de la finalidad es siempre recurso arriesgado y tendiente a la contaminación de valores subjetivos, personales e ideológicos, que contrastan con el ideal de imparcialidad del juez.

Otros argumentos pueden servir de fuertes aliados al argumento de la literalidad. La separación de los poderes, instituto que tiene como objetivo preservar, por medio de los frenos y contrapesos, al Estado Democrático de Derecho, choca contra la preferencia por la literalidad, pues, si la regla es clara al limitar la inmunidad para determinados tributos solamente, la prerrogativa para alterarla, o no, es únicamente del legislador - no del juez. Interpretaciones arguyendo supuestas finalidades de la norma pueden acabar innovando el sistema jurídico, creando derechos y deberes *ex nihilo.*

En suma, el argumento por la literalidad intenta asegurar la objetividad, que a su vez garantiza la previsibilidad necesaria para la seguridad jurídica, Sin embargo, al costo de no siempre obtener la decisión más justa. Por otra parte, el argumento por la finalidad anhela alcanzar la decisión más justa, sin embargo a costo de no tener seguridad jurídica.

La discusión remonta al propio dilema principio *vs.* regla, dado que preferir la finalidad de la regla en pro de los valores que ella busca es, asimismo, superarla en pro de un principio. Aunque no se argumente de esa forma, en esencia se trata de la misma cosa, una vez que, si toda regla anhela alcanzar la consecución de valores, estos deben estar insertos en el ordenamiento, y su inserción se da por medio de principios.

5.4.6. El argumento por analogía

El razonamiento analógico es una de las más eficaces herramientas cognitivas del individuo y demuestra la capacidad de razonamiento abstracto que apenas el animal racional Hombre posee.

La palabra «analogía» tiene por lo menos dos significados fundamentales: la) el significado restricto, que refiere al uso lógico-matemático de igualdad de relaciones o proporciones; y b) el sentido de extensión probable del conocimiento, mediante el uso de semejanzas genéricas que se pueden aducir en situaciones diversas (ABBAGNANO, 1998, p. 55).

En el sentido lógico-matemático, la analogía se refiere más específicamente a la teoría de las relaciones, particularmente las relaciones transitivas: si x es mayor a y, y y es mayor a z, luego x es mayor a z.

En el sentido no formal, la analogía es una manera de razonamiento inductivo, que busca una relación entre una proposición y una realidad no referida por ella, pero, sin embargo, semejante. En ese sentido, el razonamiento por analogía es más una semejanza de relaciones que una relación de semejanza.[234] Chaïm Perelman (1997, p. 334) define analogía como similitud de relaciones, vía de regla en el esquema «A está para B así como C está para D».[235]

Las analogías también pueden existir en esquemas de tres variables, o, en otras palabras, una inferencia que lleva a la siguiente

---

[234] Ver M. Cazals (Apud Perelman y Olbrechts-Tyteca: 2002, p. 424).

[235] Sustituyendo las variables, podríamos tener, por ejemplo, la siguiente analogía: *los individuos son para el Estado lo que las células son para el cuerpo humano.* Ese ejemplo denota una analogía argumentativa en vía de justificar la filosofía de los regímenes totalitarios, pues es enfatizada la importancia del todo en detrimento de las partes, visto que las células mueren y son sustituidas sin causar cualquier perjuicio mayor al cuerpo–de forma análoga, por lo tanto, los individuos considerados como tal, poco importan frente al Estado. Observe que no es necesario, ni siquiera es regla, que las analogías expresen verdades, pero, sin, argumentos didácticos persuasivos.

conclusión de que aquello que es verdad en todas las situaciones *a* también puede serlo en las situaciones *b*, pues *a* y *b* comparten determinada característica *c*. Por ejemplo, si los osos son peligrosos, porque tienen garras y dientes afilados, los tigres también lo son, pues poseen las mismas características. El razonamiento inductivo analógico intenta colocar, sobre un mismo género mayor, dos o más especies distintas, y esas son las analogías típicas para resolver el problema de las lagunas normativas.

En el derecho privado, el empleo de analogías es un recurso relativamente común. Supongamos que el reglamento de un club social prohíba a sus socios circular en sus dependencias acompañados de «canes». Sin entrar en la discusión de si la finalidad de la regla es preservar a los demás socios de ser eventualmente atacados por el animal o si es preservar la limpieza del local, el hecho es que, si por ventura algún frecuentador del recinto llegue conduciendo un tigre por la correa, el reglamento no prevé tal situación. Sea cual fuere la finalidad ut supra referida, la dirección del local podrá valerse de una analogía para impedir el ingreso del tigre. Si los canes potencialmente amenazan la seguridad de los socios o pueden ensuciar el lugar, cuanto más un tigre, animal mucho más grande y más peligroso.

¿Y en el derecho tributario?

Aprovechando el mismo ejemplo, suponiendo que hubiese una tributación sobre la propiedad de canes feroces, tal vez como medida extrafiscal para el desincentivo la tal práctica, podría el impuesto ser aplicado al propietario del tigre? Al final, la finalidad es la misma, que es tributar con el objetivo de no incentivar la conducta.

La respuesta es negativa.

Como la tributación es el segmento que más afecta la libertad del individuo, la seguridad jurídica tiene primacía en un Estado Democrático de Derecho. Como forma de instrumentalizar ese principio, las reglas de la estricta legalidad y de la tipicidad cerrada[236],

[236] Es importante mencionar que la expresión «tipo», en la lección de Misabel Derzi, en su clásico *Derecho tributario, Derecho penal y tipo* (São Paulo: RT, 1988, capítulo 2) es utilizada de forma equivocada en la doctrina ibérica y latinoamericana, proveniente de una traducción libre del término alemán

dispuestas tanto en la Constitución como en el Código Tributario - la disposición infraconstitucional por excelencia del sistema tributario brasileño -, prohíben el uso de la analogía, prohibición inclusive expresa por el § 1.° del artículo 108 del Código Tributario Nacional:

> Art. 108.
>
> [...]
>
> § 1.° El empleo de la analogía no podrá resultar en la exigencia de tributo no previsto en ley.

El mismo dispositivo autoriza, sin embargo, la integración de la laguna normativa con el empleo de la analogía[237] (artículo 108, I),

---

tatbestand como «tipo». Existe una confusión entre tres entidades, el tipo propiamente dicho, el concepto determinado erróneamente llamado de «tipo» por la referida doctrina y la hipótesis de incidencia, antecedente lógico del consecuente normativo de la regla jurídica. El vocablo alemán se refiere, advierte la jurista minera, a la descripción legal del hecho jurídico, *es decir*, hipótesis de incidencia, que no se confunde con tipo, en el sentido correcto del término. Aquella, a su vez, puede contener tipos o conceptos determinados, definitivos, clasificatorios («tipo», en la acepción que utilizamos por aquí). Así, en el sentido original y correcto, todo tipo es necesariamente abierto, pues no se trata de un concepto clasificatorio. Cuando el Derecho cierra el tipo, se convierte en concepto determinado, conforme afirma Derzi.

En el mismo sentido, Luís Eduardo Schoeuri (2011, p. 250-251) ejemplifica de forma perfecta la distinción entre tipo y concepto:

«Imagínese que un profesor quisiera referir a una realidad que él conoce: sus alumnos. Él puede hacerlo de un modo tipológico o conceptual. Por la última aproximación, él dirá: 'mis alumnos son aquellos que, en este semestre, están regularmente matriculados en el grupo X, excluidos aquellos que por ventura hayan sido reprobados en las disciplinas que sean previas para la disciplina'. La aproximación tipológica será diferente: 'mis alumnos son aquellos que ya adoptaron un conocimiento de fundamentos de mi disciplina: son jóvenes de 20 años que se interesan por tributos en todas sus acepciones: jurídica, económica, política y social'. En el último caso, el profesor habrá descripto un alumno 'típico', desnudándolo del aspecto espacial o temporal».

Con la debida consideración por las lecciones arriba, el hecho es que la doctrina y la jurisprudencia patrias sedimentaron el uso del vocablo «tipo» como sinónimo de concepto cerrado o abierto en la construcción de las hipótesis de incidencia normativa. Como ejemplo, ver Alberto Xavier, *Tipicidad de la tributación, simulación y norma antielusiva* (São Paulo: Dialéctica, 2001).

237 Art. 108. En ausencia de disposición expresa, la autoridad competente para aplicar la legislación tributaria utilizará sucesivamente, el orden indicado:
I - la analogía;

como prioridad entre las demás formas integrativas, como los principios generales de derecho tributario, los principios generales de derecho público y la equidad. ¿Habrá una contradicción entre los enunciados?

Si nos atenemos al punto de que la prohibición al empleo de la analogía es válida apenas para aplicación de la regla tributaria en sentido estricto, la respuesta será no. Para todas las demás cuestiones tributarias que no impliquen el cobro del tributo propiamente dicho, *es decir,* reglas concernientes a la fiscalización y a la recaudación, el argumento de la analogía es perfectamente aplicable.

5.4.7. El argumento consecuencialista

Se dice que una persona es responsable y sensata cuando evalúa cuidadosamente las consecuencias de sus actos. Inclusive los individuos altamente morales, así entendidos aquellos que orientan sus acciones a partir de rígidos principios y códigos de conducta éticos, también se preocupan con las consecuencias de sus actos. ¿Por qué no deberían luego los jueces, cuyas sentencias deciden la vida de tantos, tomar las consecuencias en serio?

El sentido común es que el legislador debe preocuparse con el futuro, mientras el juez cuida del pasado. En otras palabras, la ley se dirige a los eventos futuros, mientras que cabe a las cortes examinar eventos pasados y solucionar conflictos presentes. ¿Será cierto?

El principal objetivo del Derecho es motivar comportamientos, para orientar la conducta humana para que la sociedad se estructure y coordine en pro de valores morales, como la libertad y la justicia. Si es motivar comportamientos, los incentivos producidos por las normas intentan alterar conductas de los destinatarios, una vez que estos reciban los mensajes normativos. Derivan de eso el presupuesto lógico de la publicidad de las leyes y las deseables claridad y ob-

---

II - los principios generales de Derecho tributario;
III - los principios generales de Derecho público;
IV - la equidad.
§ 1.° El empleo de la analogía no podrá resultar en la exigencia de tributo no previsto en ley.
§ 2.° El empleo de la equidad no podrá resultar en la dispensa del pago del tributo debido.

jetividad de su contenido. En ese sentido, ya sea para alterar estados de cosas o para solucionar conflictos concretos, las normas siempre se proyectan en el tiempo.

Algunos podrían argumentar también que la diferencia entre la ley y la decisión judicial es que, mientras aquella se dirige a todos, de forma indistinta, ésta se dirige solo a las partes que integran la relación jurídica, objeto de la sentencia. Es cierto que los efectos específicos de la decisión judicial, tales como la condena del demandado o el no diferimiento del pedido del autor, afectan directamente a las partes implicadas en el proceso, sin embargo, en tanto motivadora de comportamientos, la decisión afecta a toda la sociedad. En el derecho tributario se advierte eso claramente, no apenas con las decisiones judiciales, sino también con las administrativas, funcionando como guías para el comportamiento de los contribuyentes.

En ese sentido, las decisiones judiciales, cuando orientadas en una determinada posición, forman la jurisprudencia, que, por su carácter público, pasa a ser tan potente motivadora de comportamientos como las leyes. En efecto, se advierte que la jurisprudencia tiene carácter de bien público, en el sentido económico, una vez que irradia externalidades positivas - aunque apenas los sujetos de la relación jurídica hayan participado del proceso judicial, la decisión acaba por alcanzar a toda la colectividad. También puede recibir, por otro lado, la característica de «mal público» - desafortunadamente algo bastante común en nuestra desorientada jurisprudencia - irradiando externalidades negativas, como suele ocurrir en sentencias y decisiones que relativizan derechos de propiedad o que entran en conflicto unas con las otras. Apenas para ilustrar el carácter público de la jurisprudencia, las decisiones arbitrales, por el contrario, tienen características de bienes privados, pues no son publicitadas, restringiendo su irradiación apenas a las partes implicadas en el litigio.

Considerando la repercusión inevitable que las sentencias y plenarios judiciales poseen, la preocupación con sus consecuencias debería estar presente en la toma de decisión jurisdiccional. Lo que se advierte, sin embargo, es el imperio del noble, sin embargo ingenuo (y a veces, irresponsable) aforismo del *fiat justitia et pereat mundus* (hágase justicia aunque perezca el mundo), es decir, satisfacer este anhelo tan humano como inmemorial, independientemente de las consecuencias. El problema obvio en esa ideología es que, si el mundo pereciera, no sobraría nadie que pudiera beneficiarse con este noble ideal.

Cuando se dice que el Tribunal Federal Supremo es un tribunal «político», lo correcto es advertir esa adjetivación como determinando la preocupación que la excelsa corte necesita tener para con sus decisiones, que, por cerrar el sistema jurídico estabilizando definitivamente las significaciones de los institutos jurídicos, acaba por afectar a toda la sociedad.

Por eso el filtro creado por la Enmienda Constitucional n.° 45/2004, que impone el criterio de la repercusión general de las cuestiones constitucionales traídas para examen de la Suprema Corte. En síntesis, apenas materias que por su naturaleza potencialmente acarreen externalidades serán apreciadas, lo que demuestra, de forma cabal, la naturaleza de tribunal político del Supremo.

Pero, y las demás instancias judiciales... ¿estarían libres de cualquier consideración con las consecuencias? Pienso que no, pues muchas veces acaban emitiendo decisiones definitivas.

Asimismo, uno de los vicios más frecuentes de razonamiento de los jueces y de los juristas es confundir los derechos sociales con los derechos individuales. Los derechos sociales no pueden ser convertidos inconsecuentemente en derechos individuales, lo que ocurre cuando algún particular inicia un pleito ante el Poder 1Judicial planteando algún derecho social para sí mismo. Un ejemplo son las irresponsables decisiones judiciales, desafortunadamente con apoyo reciente del propio Supremo Tribunal, al decidir que el Estado (léase SUS) tiene el deber de costear tratamiento médico de alto costo. Desafortunadamente, la realidad siempre prevalece y nos hace recordar, dolorosamente, que los recursos son escasos. Si el Estado, costeado por los tributos pagados por todos nosotros, está obligado a costear medicamentos o tratamientos carísimos para pocos ciudadanos, la consecuencia (de una obviedad ululante) es que la mayor parte de la población se verá privada de la prestación de servicios de salud más básicos.

Siendo así, aunque primordialmente corresponda al juez el análisis del caso concreto, debe aliar la preocupación con las consecuencias de su decisión a la rectitud de esta. Como vimos, el consciencialismo solo se justifica a medida que atiende la consecución de derechos individuales, pues, de lo contrario, no es otra cosa que utilitarismo. No obstante, la necesidad de consecuencialismo es mucho más apremiante de lo que se imagina, pues la búsqueda de la justicia muchas veces desemboca en la más abyecta injusticia. De ese modo, decisiones inconsecuentes son también ineficientes, e ineficiencia, como advierte Posner (1998, p. 30), es sinónimo de injusticia en esos casos, pues denota desperdicio de recursos tan valiosos como escasos.

En cuanto al argumento consecuencialista, su estructura, conforme Huhn (2008, p. 63), siempre se divide en: 1) un análisis predictiva de las posibles consecuencias que advendrán al dar determinada interpretación a la ley, y 2) una evaluación de cuáles consecuencias atienden mejor a los valores consagrados por el Derecho. Otra forma de nominar esa estructura bipartida es el análisis positivo y el análisis normativo de las consecuencias. La primera analiza, describe y predice las posibles consecuencias; la segunda propone la mejor alternativa posible, dentro de las premisas adoptadas por el tomador de decisiones.

5.4.7.1. Análisis positivo de las consecuencias

Tener en cuenta a las decisiones judiciales significa evaluar las posibles transformaciones en los estados de cosas en el mundo. Una simple elección del juez puede acarrear las más imprevisibles consecuencias para la realidad social y para el propio sistema jurídico. Cualquier elección del juez que tenga en cuenta las posibles implicaciones de su decisión es una *elección bajo riesgo*, puesto que solamente puede atribuir probabilidad las consecuencias previstas.

El riesgo, sin embargo, puede ser mensurado. Aunque hagamos eso intuitivamente en nuestra vida cotidiana, existen procedimientos específicos de evaluación de riesgo, envolviendo métodos cuantitativos, como la Econometría y la Estadística, así como modelos de interacción entre individuos racionales, propuestos por la Teoría de los Juegos.

Siendo así, para decidir eficientemente es importante prever cuáles son los posibles resultados provenientes de la elección que resultarán en una sentencia o fallo plenario. Para que esta norma judicial sea un bien y no un mal público, es necesario que ella genere externalidades positivas, y no negativas. Eso es empíricamente pasible de verificación por el comportamiento de los individuos y esa epistemología es realizable por medio de regresiones econométricas a partir de datos disponibles provenientes de casos pasados o simulaciones de interacción estratégica. Por ejemplo, decisiones que flexibilizan los requisitos requeridos a los contribuyentes para el ingreso a planes de refinanciamiento de deudas fiscales, permitiéndoles seguir discutiendo débitos o pleiteando créditos sin cumplir con las cargas impuestas por la ley, pueden mostrarse altamente ineficientes, en el sentido de generar incentivos erróneos. Pierde el sentido el beneficio fiscal si ninguno de sus beneficiados tuviera que cumplir los requisitos exigidos legalmente.

5.4.7.2. Análisis normativa de las consecuencias

Puede parecer bizantina la sugerencia de que los jueces deban aplicar métodos cuantitativos o de la teoría de los juegos. Inclusive consideraciones en cuanto a cualquier efecto que extrapole el ámbito del litigio entre las partes son vistas como requerimientos irrazonables e impertinentes por muchos de los jueces, que consideran como su deber evaluar apenas el caso concreto. No hay duda de que, en la mayor parte de las situaciones, realmente no caben consideraciones consecuencialistas al momento de decidir una contienda jurídica, ya que el legislador fue capaz de prever tales situaciones al crear leyes que versan sobre ellas. Apenas - y es crucial resaltar eso - en los llamados casos difíciles es que el juez debe ponderar las consecuencias.

Evaluadas las posibles consecuencias de cada opción posible en la toma de decisión en un caso difícil, deberá entonces el juez optar por aquella que resulte la mejor elección posible - teniendo en cuenta no apenas a las partes implicadas en el litigio, sino también a toda la sociedad. Por ejemplo, en un proceso tributario que implique no la simple subsunción de una regla, sino principios igualmente importantes en ambos lados del conflicto, el juez debe considerar cómo los demás individuos ajenos a la relación jurídica procesal reaccionarán a partir de la definición dada por la decisión.

5.4.7.3. Conclusión

Vimos, líneas arriba, que la preocupación con las consecuencias es importante, por no decir, fundamental. Aun así, tal preocupación no puede plantearse como un valor absoluto. En rigor, el argumento consecuencialista es una cuchillo de doble filo y requiere riendas cortas para su control. Dejado al azar, el argumento consecuencialista puede extrapolar las fronteras del Derecho y desembocar en líneas supra jurídicas, en el estilo derecho alternativo o justicia con las propias manos, tendencias abominablemente antidemocráticas.

Si el juez pretende ignorar el derecho puesto, sea aquél emanado del legislador, sea aquél labrado por el juez, y decidir según sus concepciones particulares de justicia, alegando para ello, argumentos consecuencialistas, estará promoviendo políticas públicas. Sin embargo, está más allá de su competencia constitucional hacerlo. La regla de la separación de los poderes se lo impide, atribuyendo exclusivamente al legislador la prerrogativa para tal fin. No se puede olvidar que este fue elegido por el pueblo, por medio del sufragio universal, periódico y secreto, para representarlo. Las asambleas y cámaras legislativas están compuestas por individuos que representan la voluntad colectiva - por más ficta que esta sea - y sus deliberaciones resultan de intensa discusión y negociación, hasta que realmente se tornen leyes.

Estamos ante un impase. Si el juez debe preocuparse con las consecuencias de sus decisiones, pero, al mismo tiempo, no puede ser un político, so pena de violar la Constitución, ¿cómo podrá satisfacer ambas cosas? La respuesta es simple: principios.

Si el juez no puede extrapolar su restricción normativa, *es decir*, ir más allá de lo que le permite el Derecho y las respectivas reglas que le conceden competencia como órgano productor de normas, él debe pautarse por el repertorio jurídico-normativo de que dispone. Siempre que haya reglas previstas para el caso concreto, será obligado a aplicarlas, pues, de lo contrario, estará juzgando *contra legem*. Por lo tanto, por más que desee, no podrá decidir con el fin de promover políticas públicas (*v.g.*, redistribución de renta o concesión de exenciones y beneficios no previstos en ley). La función de promover políticas públicas es prerrogativa del legislador, siendo algo ajeno al juez, en un sistema que se pauta por la separación de los poderes. La salida es buscar en el propio sistema las posibilidades de decidir de forma consecuencialista, y la puerta abierta para eso reside en los principios jurídicos.

Se podría sostener que las reglas también carecen de argumentación consecuencialista, especialmente en lo que se refiere a su finalidad subyacente y a cuáles son las consecuencias de ella advenidas. En el derecho tributario, la apreciación de la finalidad debe ser restrictiva, pues la naturaleza de sus normas - las que más afectan la libertad individual - impone límites su interpretación, fortaleciendo la restrictiva. El consecuencialismo en las reglas debe ser practicado por el legislador, al ejercer su competencia de crear leyes.

5.4.8. El argumento principiológico

Muchos de los operadores y estudiosos del Derecho suelen referir a los principios casi como si estos fosen objetos o entidades corpóreas, sosteniendo el sistema jurídico, en una visión literal de las usuales metáforas «pilares», «fundaciones» y afines. Esa sustancialización de metáforas hace que parezca que el sistema posee, concretamente, tabiques que impiden la violación de derechos. Por eso, cuando algún derecho fundamental es supuestamente violado, es alegada la ofensa al principio respectivo, como si automáticamente la ofensa - en la forma de una norma o de una acción - se convirtiera en inconstitucional.

Siendo más realista, para no decir cético, la verdad es que en el derecho vivo, aquél practicado a diario en los tribunales, los principios no son entidades, sino *argumentos*. La invocación a los principios por los operadores del Derecho, sean abogados, agentes administrativos, contribuyentes o inclusive jueces, es retórica. No hay un ente localizado en el tiempo y en el espacio, denominado de principio, del cual se pueda verificar objetivamente la ofensa o violación.

Retomando las premisas asumidas en el inicio de este trabajo, el Derecho es subjetivamente construido - su ontología es subjetiva, aunque su ciencia y su epistemología, pueda ser objetiva. Así, cuando en un proceso una de las partes invoca algún principio - la parte adversa muchas veces invoca otro principio o el mismo -, lo que se tiene es pura retórica. Aunque los hechos señalen la violación de aquellos derechos y garantías fundamentales dispuestos por la Constitución, será necesario persuadir argumentativamente al juez para que él entonces declare, en sus poderes de decisor, la ofensa a aquel principio invocado.

Algunos podrían argumentar que, una vez convencido el juez, entonces objetivamente se verificó la ofensa al principio, siendo que el juez entonces descubrió la verdad. ¿Y cuando la decisión del juez fue revertida por algún tribunal superior? Se advierte entonces que hasta en una decisión irreversible por falta de tribunal jerárquicamente superior, como es el caso de los juzgados del Tribunal Federal Supremo, estamos lidiando con retórica.

Tan es así, que los propios tribunales superiores cambian su posicionamiento a lo largo de los tiempos sobre diversas cuestiones - si los principios fuesen objetivos, eso simplemente no sería posible, de la misma forma que la constante matemática ð es, siempre fue y siempre será el número irracional 3.141593, cuya notación decimal es infinita. Si la humanidad fuera barrida del universo, en nada la referida constante será alterada, mientras que los principios o su significación (lo que es lo mismo) evolucionan con el Derecho y con su principal sustrato, la cultura.

Al contrario de lo que muchos piensan, la argumentación sobre la base de principios es más débil, en términos de fuerza ilocutiva, que la argumentación sobre la base de reglas. Utilizando la teoría de los actos de habla, comparemos la fuerza ilocutiva de dos aserciones, por ejemplo: 1) existió la ciudad-Estado en la Antigüedad llamada Troya; 2) Hubo realmente una guerra entre los griegos y troyanos, que sirvió de inspiración para el poema *La Ilíada*, de Homero.

La aserción 1 es, de hecho, objetiva, mientras que sobre la aserción 2 existen meras suposiciones, no comprobadas.

En cuanto a los actos de habla jurídicos, la objetividad también refuerza la fuerza ilocutiva. Una cosa es argumentar que un principio fue violado, y otra muy diferente es demostrar que una regla fue incumplida. Por ejemplo, ¿cuál argumentación es más fuerte, la de que el principio de la seguridad jurídica fue violado o la de que la regla de la estricta legalidad fue desobedecida? Para la verificación de esta, basta ver si la institución del tributo o su ampliación fue vehiculizada por ley formal o por cualquier disposición infra legal. Una vez demostrado eso, resta poco margen para impugnación.

La argumentación principiológica, dada la subjetividad que le es inherente, es menos eficiente que la argumentación basada en reglas objetivas. Ya sea que se empleen por abogados o por jueces, los principios deberían ser la excepción en la retórica jurídica. Lo que ocurre habitualmente, sin embargo, es exactamente lo opuesto, dándose lo que Ronaldo Porto Macedo denomina de «orgía principiológica»: cada día más y más «principios» son traídos a los debates académicos a las controversias judiciales. Quien pierde, al final, es la objetividad de la Ciencia Jurídica.

En términos de análisis normativo del Derecho, los principios deberían ser invocados en último caso, solamente cuando no existan reglas disponibles para la solución de los problemas. En todos los demás, es preferible que sigan reposando en el Olimpo retórico la que pertenecen.

5.5. Principios *Versus* Principios

5.5.1. ¿Colisión de principios o de derechos fundamentales?

El tomador de decisiones jurídicas está obligado por su repertorio de alternativas. Su restricción normativa le impone las posibilidades de normas aplicables al caso concreto, así como los procedimientos pertinentes.

Cuando determinado caso concreto envuelve principios jurídicos en conflicto (o, utilizando la metáfora en boga por la doctrina, «en colisión»), métodos usuales de aplicación, como la subsunción, no funcionan. De la misma forma, criterios tradicionales para solución de antinomias, tales como norma específica/norma genérica, jerarquía de leyes y ley posterior/ley anterior, no resuelven la cuestión. No se trata de un problema de antinomia o contradicción entre reglas, sino de valores jurídicos en conflicto.

Pero, cabe la pregunta: ¿la colisión se da entre principios o entre derechos fundamentales?

Como hemos visto, existen derechos fundamentales que se expresan por medio de reglas jurídicas. Por ejemplo, la regla dispuesta en el artículo 5.º, XXXVI, por el cual «la ley no perjudicará el derecho adquirido, el acto jurídico perfecto y la cosa juzgada». ¿Y en los casos en que, una vez transcurrido el plazo para el juicio de acción rescisoria (artículo 465 del CPC), la propia ley que instrumentó la cosa juzgada es declarada inconstitucional por violación a algún principio? Aún en esas situaciones, la cuestión puede ser reducida a principios, en el caso, la seguridad jurídica, que apoya la inviolabilidad de la cosa juzgada y la justicia (o el interés público), que permitiría su relativización. En otras palabras, los argumentos que sirven de supedáneo a la manutención de la decisión transitada en juzgado son principiológicos, pues no basta que la conservación de una regla se justifique por sí misma, en términos argumentativos.

Innumerables ejemplos pueden ser utilizados para ilustrar esa cuestión. Recientemente la Unión Federal ingresó con recurso extraordinario (n.º 590880) en el Tribunal Federal Supremo, contra decisión del Tribunal Superior del Trabajo que negó la posibilidad de revocar decisión ya transitada en juzgado, cuyo tenor fue extenderla los servidores de la Justicia Electoral de la Provincia de Ceará reajuste salarial. El Tribunal Superior del Trabajo fundamentó su decisión por el hecho de que la Unión ni siquiera había entablado la competente acción rescisoria (artículo 485 del CPC), apropiada para anular la sentencia transitada.

Aunque el argumento traído por la Unión sea de inconstitucionalidad, por la incompetencia del Tribunal Superior del Trabajo en juzgar la cuestión, cuatro[238] de los siete ministros que votaron en sesión plenaria se posicionaron por la imposibilidad de alterar la decisión transitada en juzgado por medio de recurso extraordinario. El recurso aguarda decisión final.

---

[238] Los Ministros Eros Grau, Ayres Britto, Cezar Peluso y Marco Aurélio. Los Ministros Ellen Gracie (relatora), Carmen Lúcía Rocha y Ricardo Lewandowski votaron en el sentido de modificar la decisión transitada en juzgado. El Ministro Gilmar Mendes pidió vista y el Ministro Dias Toffoli se declaró impedido.

Nótese que el argumento de la mayoría de los ministros que votaron hasta ahora sostiene fundamentalmente la seguridad jurídica. Sin embargo, los argumentos de la Unión reclaman que el Tribunal Superior del Trabajo era incompetente para juzgar la cuestión, después del advenimiento de la Ley n.º 8.112/1990 (que instituyó el régimen jurídico único de los servidores públicos federales), por lo tanto vulnera la separación de los poderes, la legalidad y el debido proceso legal. Además, alega que el Tribunal Superior del Trabajo desconsideró la invalidez de cosa juzgada inconstitucional (artículo 884, § 5.º, de la Consolidación de las Leyes del Trabajo), una vez que el Tribunal Federal Supremo ya había decidido anteriormente por la inexistencia de derecho adquirido al reajuste (MS 21216/DF). Por lo tanto, la colisión de los derechos fundamentales se da entre diversos principios.

Otro ejemplo reciente, y más drástico, fue la decisión del STF (RE 377.457, 2008) por la constitucionalidad de la cobranza de Cofins de las sociedades de profesión reglamentada, dispuesta por la Ley n.º 9.430/1996 (artículo 56, que revocó la exención dispuesta por la Ley Complementaria n.º 70/1991). Sin embargo, diversas sociedades que ingresaron con acciones judiciales obtuvieron cosa juzgada favorable a ellas, y la Unión no ingresó con acción rescisoria en tiempo hábil. Aun así, la cosa juzgada se ha venido relativizando por otros recursos, por ejemplo, levantamiento de depósitos judiciales. El argumento es el de que la invalidad de la cosa juzgada inconstitucional, conforme al artículo 741 del Código de Proceso Civil, instituido por la Ley n.º 11.232/2005, en los casos en que el Tribunal Federal Supremo ya se hubiera posicionado contrariamente a la norma que dio lugar a la cosa juzgada. Nuevamente la decisión puede ser reducida a los principios de la seguridad jurídica (en pro de la cosa juzgada) y de la justicia y equidad (pues, si la norma en la cual se fundamentó la decisión transitada es inconstitucional, hiere el sentido de justicia que ella pueda ser válida y generar efectos).

En efecto, siempre que consideramos que existen derechos fundamentales en colisión y es necesario elegir entre ellos, solo tiene sentido argumentar reduciendo el tema a los principios, aunque aparentemente el embate si dé entre un principio y una regla constitucional.

5.5.2. Ponderación entre principios

¿Cómo decidir qué principio utilizar cuando hay más de uno aplicable al mismo caso? No hay solución aparentemente fácil y objetiva como en la antinomia entre reglas.

Ronald Dworkin (1997, p. 26) es célebre por la metáfora del «peso» entre los principios, mientras Robert Alexy utiliza el término «ponderación» o «balanceamiento». Metáforas aparte, cabe indagar si los métodos propuestos solucionan el problema decisorio complejo que ocurre en situaciones de conflicto entre principios.

Dworkin (2006, p. 27) objeta la ponderación entre principios, por colocar el problema de conflicto entre principios como una cuestión moral, que requiere la decisión correcta para el caso. Jürgen Habermas (1992, p. 332), a su vez, critica la ponderación por ser ella «irracional», ya que no existen «medidas inequívocas» para evaluar bien esos valores jurídicos - necesarias, según sostiene el filósofo alemán, para que la ponderación sea un método racional, pues de lo contrario, se trataría de una forma irrestrictiva y arbitraria de decisionismo y casuismo judicial.

Frederick Schauer (2010, p. 35) señala la diferencia entre racionalidad y subjetivismo, al aclarar el carácter racional que la ponderación, especialmente la de Alexy, basada en la proporcionalidad, posee. Según el iusfilósofo norteamericano, el carácter subjetivo de la apreciación o valoración, o la crítica de un bien cualquiera (*v.g.*, comida, libros, vinos, teatro, arte, o el propio Derecho) no equivale a la irracionalidad.[239] Sin embargo, como bien señala, el hecho de que la ponderación sea racional no significa que sea objetiva. Es exactamente ese el problema de la teoría de la ponderación de Alexy. Vamos a ella.

Según el jurista germánico, el método de la ponderación entre principios colindantes opera por el *principio de la proporcionalidad,*

---

[239] En lo que Habermas probablemente coloca como concepto de racionalidad, que es el consenso comunitario (de la misma forma que sucriterio de verdad), las teorías predominantes colocan como forma de procesamiento de informaciones en nivel conceptual, mediante el uso del lenguaje, y condicionado por reglas lógicas.

que, a su vez, debe atender a tres subprincipios: el de la adecuación, el de la necesidad y el de la proporcionalidad en sentido estricto. El principio de la proporcionalidad opera como una balanza de la justicia, para permitir la decisión sobre cuál principio debe prevalecer en un caso concreto - o, en última instancia, cual interés particular de las partes en litigio deberá preponderar, siempre circunscripto y conducente a un valor del ordenamiento jurídico.

Los dos primeros subprincipios, adecuación y necesidad, se refieren a cuestiones fácticas, es decir, análisis de los costos y beneficios relativos a la elección de un principio colindante por el otro (ALEXY, 2010, p. 28). La adecuación funciona balanceando la medida adoptada para privilegiar uno de los principios y la medida adoptada, para privilegiar el otro. Si una de ellas atiende al principio en cuestión sin perjudicar el otro principio, y la otra implica costo para la optimización del segundo principio, debe prevalecer la primera. Se trata del criterio de eficiencia de Pareto, en el que el intercambio deja a una de las partes mejor sin dejar a otra en peor situación (ALEXY, 2008, p. 588-590)

La necesidad opera de forma semejante. La medida elegida para privilegiar uno de los principios que, simultáneamente, interviene menos en el otro es la que debe ser elegida.

El tercero es normativo e implica una fórmula de sopesamiento para la toma de decisión:

$$W^{ij} = \frac{I^i}{I^j}$$

En la fórmula ut supra, *W* es el peso entre los principios, *I* es la intensidad de interferencia con el principio P^i; I^j denota la importancia de satisfacer el principio colindante P^j. Para probar que su método es racional, Alexy propone este método inferencial, en que $W^{i,j}$ es el peso concreto del principio cuya violación está siendo evaluada (P^i), *es decir*, el cociente de la intensidad de la interferencia en el principio P^i y la importancia concreta del principio que con él compite (P^j).

El nivel de intensidad propuesto es semántico y gradual, de tipo leve, moderado, grave. Así, la intensidad de violar el principio P^i puede ser leve, mientras que la importancia de preponderar el principio P^j es grave. Si fuesen atribuidos números a esa graduación semántica, por ejemplo, 1 para leve, 2 para moderado y 4 para grave, el cálculo sería favorable a la preponderancia del principio P^j.

Mientras los dos primeros subprincipios señalan hechos, el tercero inevitablemente implica subjetivismo. Por más que la inferencia sea objetiva, la atribución de valores es inherentemente subjetiva. Está claro que tal *quantum* de subjetividades ontológico en el derecho y, por derivación, en su interpretación, pero la pregunta pertinente es: ¿será suficiente tal recurso inferencial?

La cuestión que se plantea es que, además del análisis costo-beneficio relativo al caso concreto, deben ser también evaluadas las consecuencias que podrán advenir de la decisión. Casos difíciles sirven de precedente y de marcos para creación de incentivos sociales. En ese sentido, el efecto de la decisión claramente ultrapasa los intereses en juego, constituyendo externalidades. El comportamiento futuro, no apenas de las partes implicadas, sino de otros individuos, también debe entrar en el cómputo de la decisión. Y, siendo así, deben ser preferidas las externalidades positivas que las negativas, o, en otras palabras, cómo los demás individuos se comportarán a partir de la elección del juez.

5.5.3. Principio de la proporcionalidad: análisis costo-beneficio y externalidades

Alexy expone la preocupación de obtener la eficiencia paretiana en la ponderación entre principios, con su innovadora fórmula de sopesamiento. La debida preocupación con aspectos de eficiencia económica por parte de un iusfilósofo continental europeo es, no se puede negar, poco común e igualmente saludable. Por eso mismo, tal vez sea demasiado pedir lo que me parece fundamental: aumentar el foco, ultrapasando el mero caso concreto, que se refiere solo a las partes y la los principios abstractos implicados y ver las consecuencias generales que la decisión puede acarrear.

En ese marco, es necesario igualmente recordar que la eficiencia Kaldor Hicks también debe ser considerada, pues es un criterio más plausible, en vista de las inevitables externalidades generadas en casos de esa naturaleza. Aunque paretianamente pueda no haber perjuicio si miramos apenas hacia el caso al decidir, es muy probable que la decisión tenga efectos para terceros, ajenos a la relación jurídica.

Por el criterio Kaldor Hicks, aunque una de las partes (así como en determinado momento la propia colectividad) salía desfavorable en la decisión, es posible que ella, bien como la propia sociedad, sea (potencialmente) recompensada, pues la ganancia social superará el costo social. A pesar de que sea una cuestión verificable empíricamente, en el caso de que una decisión prestigiase uno de los principios, por ejemplo, el principio de la libre expresión en detrimento del principio de la privacidad, deberán ser evaluadas las consecuencias que afectarán a las demás personas.

La proporcionalidad, en la línea de Alexy, es un metaprincipio, pues su función es regular la aplicación de otros principios. Cuál es la racionalidad detrás de esa aplicación?

Considerando que la decisión del juez, especialmente los que integran las supremas cortes y tribunales constitucionales, es una elección pública, la racionalidad subyacente a esta debe ser la ponderación costo-beneficio. Cuando hay colisión de principios, la elección de uno implica la renuncia al otro y, consecuentemente, hay un costo implicado. El costo de oportunidad referente al principio preterido debe inferirse al beneficio alcanzable con el principio preferido, de lo contrario, la elección será ineficiente. Por ejemplo, si el juez o tribunal decide priorizar la libertad de expresión en cambio del derecho a la privacidad, debe evaluar si esta elección no será pasible de una repercusión que extrapole el mero caso concreto. ¿Podrán ocurrir abusos por parte de la imprenta si los pronunciamientos del Poder Judicial indican una carta blanca para la invasión de la vida privada de los ciudadanos? Y, si la decisión fuese en el sentido de limitar la libertad de expresión en pro del derecho a la privacidad, eso no podría incentivar el surgimiento de la censura?[240]

Seguramente, el análisis no es simple, que diversas ya que diversas variables deben ser consideradas y calculadas. Por difícil que

---

[240] En el infame caso Cicarelli *vs.* Youtube (Apelación Civil n.º 556.090.4/4-00), el Tribunal de Justicia de São Paulo decidió poner la prohibición de vehiculización de las imágenes de la coautora de la acción en escenas íntimas con el novio en

sea, sin embargo, se trata de un emprendimiento fundamental que deberá ser llevado a cabo, pues el Derecho es razón práctica, no razón pura, es decir, afecta la vida de todos sus destinatarios. Será siempre la sociedad la que cargará con los costos y externalidades generadas por las decisiones judiciales, por lo tanto es obligación del tomador de decisiones considerar las consecuencias de su elección.

5.5.4. Repercusión general y externalidades

Cuanto mayor sea la jerarquía del juez, mayor será su capacidad de generar tanto bien público como mal público con sus decisiones. De la misma forma que al decidir cosas sin importancia no emprendemos el mismo esfuerzo cognitivo que cuando nos deparamos con elecciones difíciles, cuanto más alto suba un caso, presumidamente más importante es él. Aunque eso no haya sido la realidad en nuestro sistema judicial, dado que a cada año millones de nuevos procesos suben a los tribunales superiores,[241] recientemente algunas medidas saludables fueron tomadas en ese sentido.

---

una playa pública. El argumento fue por la preservación del «Derecho fundamental a la imagen, privacidad e intimidad», «aunque una de las personajes tenga alguna notoriedad». Esta última reserva es interesante, pues refiere justamente a la posibilidad de relativización del Derecho a la intimidad cuando el individuo afectado es una persona pública. El interés público, que consiste en que la prensa vehiculice aspectos íntimos del individuo, intenta atender a la transparencia exigible aun en determinados aspectos de la vida privada de ciertas personas. Los políticos y funcionarios públicos, por ejemplo, que lidian con recursos públicos y cuyas acciones afectan potencial o directamente a la vida de terceros, no pueden tener Derecho al mismo grado de privacidad de las demás personas. Por otro lado, la relativización de ese Derecho individual debe ser justificada por el interés público en la divulgación de informaciones. En el caso concreto, no parece haber cualquier interés público en la divulgación de imágenes en vivo de sexo entre los implicados, debiendo prevalecer el Derecho a la intimidad y privacidad, siempre que eso no signifique censurar la divulgación del hecho en sí. No se puede olvidar los actores que no esquivaron practicar actos íntimos en un lugar público,y, considerando que uno de ellos era persona célebre, obviamente eso es noticia (sin considerar los aspectos ilícitos de practicar un acto sexual en una playa pública), y cualquier intento de censura atentaría contra otro Derecho fundamental, aquél previsto en el artículo 5.°, IX, de la Constitución Federal.

241 A título comparativo, la Suprema Corte americana juzga cerca de noventa casos por año, mientras que el nuestro Supremo Tribunal Federal ha venido juzgando anualmente más de cien mil.

La Enmienda Constitucional n.° 45/2004 instituyó la llamada repercusión general como criterio de admisibilidad de recursos extraordinarios, en el control difuso de constitucionalidad. Así, con el artículo 102, § 3.°, de la Constitución, incorporado por la Enmienda, bien como los artículos 543-Lay 543-B del Código de Proceso Civil, incorporados por la Ley n.° 11.418/2006, el Tribunal Federal Supremo solo juzgará «cuestiones relevantes desde el punto de vista económico, político, social o jurídico, que ultrapasen los intereses subjetivos de la causa» (§ 1.° del artículo 543-B). No podría haber una definición más precisa y concisa para externalidades que esta.

La repercusión general, como filtro de admisibilidad de recursos, tiene importancia fundamental para la manutención del sistema jurídico como generador de externalidades positivas. La posibilidad de que la Suprema Corte se dedique a pocos procesos que, por su naturaleza, alcancen a muchos, ayuda en la fabricación de decisiones coherentes y estables, que irradien la generalización congruente de expectativas normativas, en el decir de Luhmann.

Además de las externalidades positivas generadas apenas por la jurisprudencia estable y de la consecuente estabilización de los sentidos normativos, obviamente es fundamental considerar las externalidades provenientes de la solución específica para el litigio, que servirá de regla general para todos los demás individuos. Principalmente en los casos en que haya colisión de principios, deben ser ponderadas, como hemos visto líneas atrás, las consecuencias posibles de cada decisión, pues ellas alcanzarán innumerables otros individuos, además de las partes del proceso.

El Tribunal Federal Supremo debe, por lo tanto, ser capaz de analizar cuidadosamente las externalidades implicadas en las cuestiones que le caben juzgar - no solo para admitirlas, sino también para decidirlas. No tiene sentido filtrar los recursos con ese criterio para después ignorarlo al decidir.

5.5.5. Modulación de los efectos de la decisión por el Tribunal Federal Supremo

A partir de la Ley n.º 9.868/1999,[242] el Tribunal Federal Supremo pasó a modular los efectos de sus decisiones en el control abstracto de constitucionalidad. De ese modo, el Tribunal Federal Supremo puede atribuir efectos *ex nunc* (prospectivos) y *ex tunc* (retrospectivos) a sus decisiones, siendo posible inclusive modular efectos que valgan en el futuro, a partir de determinado momento fijado por el tribunal. Esa técnica pasó a ser aplicada, por la referida corte, también a los recursos extraordinarios, aunque la ley la limite a las acciones directas de inconstitucionalidad y declaratorias de constitucionalidad.

En términos puramente jurídico-teoréticos, sorprende la modulación, pues, si la norma fue declarada inconstitucional, eso significa que desde el momento de su creación había un vicio insanable en el proceso de producción normativo. La declaración de inconstitucionalidad es siempre constitutiva, en el sentido de generar efectos a partir del momento de su emisión, aunque estos busquen reparar daños ya ocurridos. Técnicamente es errada la concepción de la ley inconstitucional «natimuerta», de lo contrario, jamás sería necesario procedimiento tan penoso como el control abstracto para expurgarla del sistema: como reza el dictado, «no se patea al perro muerto». Es por eso que Kelsen (1996, p. 306-308) nos enseña que, en rigor, no existe nulidad de la norma, sino solamente anulabilidad retroactiva.

Aun así, la declaración demuestra que, a pesar de que la norma haya sido puesta en crisis, chocando con la Carta Magna, permaneció válida y generando efectos concretos hasta el momento de su expulsión. Y es justamente por eso que la modulación suena injusta desde el momento que permite al juez no compensar los daños ya

[242] Art. 27. Al declarar la inconstitucionalidad de ley o acto normativo, y teniendo en vista razones de seguridad jurídica o de excepcional interés social, podrá el Supremo Tribunal Federal, por mayoría de dos tercios de sus miembros, restringir los efectos de aquella declaración o decidir que ella solo tenga eficacia a partir de su tránsito en juzgado o de otro momento que pueda ser fijado a futuro.

causados por la norma que él mismo consideró digna de ser expurgada.

Se trata de una visión consecuencialista, no hay duda. El dispositivo que autoriza a modular los efectos de la decisión menciona «seguridad jurídica» y «excepcional interés social», expresión esta, bastante vaga, dígase de paso. El criterio que deberá ser ponderado, nuevamente, son las externalidades. Por ejemplo, si el efecto *ex tunc* genera una crisis sistémica, por ejemplo, paralizar o quebrar al Estado con una deuda impagable a título de restitución de tributos, la norma entonces autoriza a la Suprema Corte a graduar el alcance de su decisión.

Por otro lado, no podemos olvidar que los individuos racionales actúan movidos por incentivos. Tampoco podemos olvidar que los agentes públicos - sean políticos, ejecutivos o jueces - son además, individuos autointeresados y que muchas veces sus elecciones, aunque públicas, tenderán a buscar su maximización personal de utilidad. *Consecuentemente, el uso constante de la modulación tendrá el poder de generar incentivos para que los entes tributantes sigan creando tributos inconstitucionales.*

Considerando el tiempo promedio que una cuestión demora en ser juzgada en el Tribunal Federal Supremo, puede valer la pena seguir instituyendo exacciones inconstitucionales que, sin embargo, generan recaudaciones que no deberán ser devueltas a los contribuyentes. La modulación, o por el menos su uso irrestricto, incentivaría a los entes federativos paulatinamente a violar la Constitución, ya que la sanción que funcionaría como barrera, que es el costo económico-financiero de devolución de los tributos recolectados indebidamente, es neutralizada.[243]

---

[243] En los Recursos Extraordinarios n.° 556.664, 559.882 y 559.943, juzgados en 2008, relativos a los plazos de caducidad o «decadencial» y de prescripción de diez años, dispuestos por la Ley n.° 8.212/1991 (por lo tanto inconstitucionales, ya que junto al artículo 146, III, *b*, de la CF), el Supremo Tribunal Federal moduló los efectos de sus declaraciones de inconstitucionalidad. Las decisiones se volvieron Precedente vinculante n.° 8: «son inconstitucionales el párrafo único del artículo 5.° del Decreto-ley n.° 1.569/1977 y los artículos 45 y 46 de la Ley n.° 8.212/1991, que tratan la prescripción y la decadencia del crédito tributario».

El Tribunal Federal Supremo, con la posibilidad de modulación, está frente a un *trade off*: o preserva la situación financiera del Estado, o crea incentivos correctos para que nos instituyan más leyes y dispositivos inconstitucionales. En pro del interés público, el análisis de los ministros no puede limitarse apenas a la tradicional teoría jurídica, mediante juicios de valoración de la justicia en el caso concreto, sino que debe evaluar los costos de oportunidad implicados en ese intercambio.

5.6. Decisión del juez y la construcción de reglas: restricción normativa y curvas de indiferencia

Por más que si hable en principios, el hecho es que ellos no bastan para dirigir la conducta intersubjetiva en la decisión de un caso concreto. Los principios sirven como fundamento y se justifican a medida que el juez los utiliza como argumentación para la construcción de una regla específica, esa sí determinando la atribución de derechos y deberes en la solución de un conflicto entre partes litigantes.

La decisión que contenga apenas una exposición principiológica de nada servirá. En una acción de amparo, en que el contribuyente sustente que, *v.g.*, la alícuota progresiva del Impuesto sobre Transmisión *Causa Mortis Causa* y Donación de cualesquiera Bienes o Derechos (ITCD) es inconstitucional, pues viola la capacidad contributiva personal, y el juez resuelva haciendo lugar a la acción planteada por conceder la seguridad pleiteada en decisión de mérito, no es suficiente que se fundamente apena en el referido principio. Será imprescindible, so pena de no existencia de la sentencia, la parte dispositiva (artículo 458 del Código de Proceso Civil)[244] - que no es otra cosa que la regla específica para el caso. Cuando el juez expide la regla, está «concediendo la seguridad», disponiendo exactamente los derechos y deberes correlativos y cuáles son los ítems de los pedidos que acoge (hace lugar total o parcialmente a la cuestión planteada).

---

[244] Art. 458. Son requisitos esenciales de la sentencia:
I - el informe, que contendrá los nombres de las partes, la suma del pedido y de la respuesta del demando, bien como el registro de las principales ocurrencias habidas en el andamiento del proceso;
II - los fundamentos, donde el juez analizará las cuestiones de hecho y de Derecho;
III -el dispositivo, en que el juez resolverá las cuestiones, que las partes le sometan.

Asimismo, aunque la decisión no haya provenido de una subsunción de los hechos launa regla general y abstracta, y sí de argumentos principiológicos, inevitablemente la parte dispositiva de la sentencia deberá contener una regla individual y concreta. De lo contrario, las partes no sabrán qué deben hacer frente al mandato.

Por lo tanto, cabrá al juez construir una regla a partir del repertorio disponible para la situación que le cabe decidir. Y su elección considerará los argumentos de ambas partes del proceso a la luz de la legislación y de la jurisprudencia. En la mayor parte de los casos encontrará reglas generales subsuntivas, sin embargo en algunas situaciones tendrá que construir la regla para el caso específico, valiéndose de su competencia y de la argumentación basada en otros elementos del sistema, tales como los principios jurídicos, así como en argumentos analógicos (sobremodo más limitados en el derecho tributario, como veremos).

Importa, en este tema, analizar cómo se da el proceso de construcción de las reglas para el caso concreto, frente al repertorio de elementos que constituyen la restricción normativa del juez. En un litigio, por definición, siempre habrá intereses en conflicto, calcados igualmente en argumentos. Cada parte utilizará también los elementos del sistema para persuadir al árbitro de que le asiste razón, presentando entonces posibilidades de elección para la decisión.

Para ello, aplicaremos la Teoría de la Elección del Consumidor, oriunda de la Microeconomía. Esta sub-área económica analiza cómo los individuos enfrentan *trade offs* (Mankiw, 2005, p. 453) al elegir aquello que les da mayor satisfacción como consumidores. La analogía con la elección del juez puede sonar extraña en un primer momento, dada la naturaleza distinta de los bienes en cuestión. Sin embargo, las premisas básicas de la elección racional - de la cual deviene la elección del consumidor - también se aplican a la elección del juez, que, al final de cuentas, también es un individuo racional. Está claro que el juez no estará eligiendo bienes de consumo en estantes de supermercado al tomar sus decisiones, que afectan directamente a las partes litigantes. Aun así, el juez, como individuo racional, buscará maximizar su utilidad en el sentido de proferir la decisión que considere más acertada para el caso - por así decir, la decisión «correcta». Se trata de un análisis normativo de la decisión y no positivo, es decir, no importan - a los fines de ese enfoque - factores psicológicos, morales o sociales que eventualmente influencien la decisión.[245]

Por una cuestión de simplificación analítica, la elección suele ser representada teniendo dos bienes, representados en los dos ejes del gráfico, conforme a la figura que lo expresa a continuación:

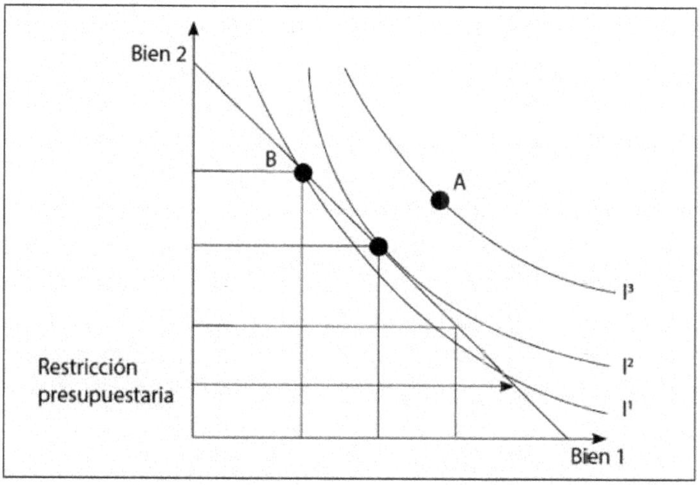

Figura 21. Curvas de indiferencia

Los ejes vertical y horizontal representan dos bienes o combinación de bienes que el consumidor puede adquirir, frente a sus recursos limitados, o su restricción presupuestaria. Como las personas tienen recursos limitados, en mayor o menor grado, ellas tienen que elegir cómo utilizar esos recursos para consumir los bienes y servicios que desean, o, de forma más simple todavía, el consumidor no puede gastar más que el total de la renta de que dispone.[246]

---

245 Para un análisis positivo de la decisión judicial, ver a excelente obra de Richard Posner, *How the Judges Think*, Cambridge: Harvard University Press, 2008.

246 KRUGMAN y WELLS (2007, p. 104).

En la Figura 19, la restricción presupuestaria aparece como una reta que conecta los dos ejes, demostrando los límites de recursos que el consumidor dispone, dentro de la cual pueden hacerse las diversas combinaciones entre los bienes localizados en los dos ejes. Considerando esa restricción, no se puede olvidar que el consumidor siempre intentará, como individuo racional, maximizar su utilidad, *es decir*, efectuar elecciones que le traigan más satisfacción y bienestar.

La curva de indiferencia que toca la recta de la restricción presupuestaria informa las diversas combinaciones de bienes que proveen un determinado nivel de bienestar, y, cuanto más alejada del origen, mayor es el nivel de bienestar obtenido. Se dice que es de «indiferencia» porque ella indica las combinaciones de consumo que proporcionan al consumidor el mismo nivel de satisfacción (MANKIW, 2005, p. 456). En otras palabras, el individuo puede preferir una cesta donde hay más del Bien 1 que del Bien 2, y en ese punto de intersección es donde la curva tocará. Es importante resaltar que, por la premisa de la maximización racional, cuanto más elevada esté la curva de indiferencia, mayor será el bienestar del consumidor. Sin embargo, el máximo posible a alcanzar es cuando la reta está sobre la línea de la restricción presupuestaria, pues eso demuestra que el consumidor empleó toda su renta para adquirir lo que más le traerá satisfacción (PINDICK y RUBINFELD, 2002, p. 79).

Recordando que el consumidor tiene presupuesto definido y limitado, y puede preferir un bien antes que otro, la inclinación en cualquier punto de la curva de indiferencia equivale a la cantidad de un bien que un consumidor desea dejar de consumir para obtener una unidad adicionando otra. Esta es la tasa marginal de sustitución (TMS). Por lo tanto, si él consume más del Bien 1 es porque desiste del Bien 2 (*trade off*), y la TMS mide cuántas unidades del Bien 1 serán necesarias para compensar el desistimiento del Bien 2.

De la misma forma, la curva de indiferencia no puede estar fuera de la línea de la restricción presupuestaria, pues eso implica elecciones que no son pasibles de ser obtenidas por sus recursos escasos. Es decir, el consumidor no puede alcanzar niveles de satisfacción más altos que aquellos representados por la curva de indiferencia hecha, en la Figura 19. No obstante, dentro de la restricción presupuestaria, el consumidor puede realizar elecciones óptimas o sub-óptimas.

En el gráfico de la Figura 19, la curva I^1 toca el punto B, donde el consumidor prefiere más del Bien 2 que del Bien 1. No es una elección óptima, pues la curva no tangencia la recta de la restricción presupuestaria en su altura máxima, no maximizando entonces la utilidad del consumidor. La curva I^3, a su vez, es la curva más alta entre todas, lo que generaría el mayor bienestar para el consumidor. No obstante, se encuentra arriba de la línea de la restricción presupuestaria, por ello, no puede ser cargada por el consumidor. Por ejemplo, el consumidor, que tiene presupuesto de R$ 50.000,00 para comprar un automóvil sofisticado (ej. carro deportivo) o práctico (ej. Una *van*, donde entre toda la familia del conductor), no puede adquirir un Ferrari. Aunque ese automóvil le traiga enorme satisfacción, se encuentra más allá de su restricción presupuestaria.

Finalmente, la curva que tangencia la restricción presupuestaria es la elección óptima del consumidor, pues es la curva más elevada de indiferencia que el consumidor logra alcanzar, dados sus recursos.

Hay situaciones en que el individuo prefiere consumir apenas uno de los bienes, aunque el otro tenga el precio reducido. Se trata de una situación poco común, dado que usualmente el precio tiene relación inversa con la demanda de un bien. Esa situación es denominada «solución de esquina», y ocurre cuando la tasa marginal de sustitución de un consumidor no se iguala entre los precios en ningún nivel de consumo (PINDICK y RUBINFELD, 2002, p. 85).

La curva de indiferencia plasmada en la Figura 20 representa una *solución de esquina*. En esos casos, aunque el precio de uno de los bienes caiga, el consumidor continuará adquiriendo apenas el otro bien, desplazando la curva de indiferencia hacia uno de los cuantos del gráfico. El individuo puede optar por no consumir determinada mercadería por diversas razones (morales, religiosas etc.), y la variación en el precio de ella no causará diferencia en su preferencia.

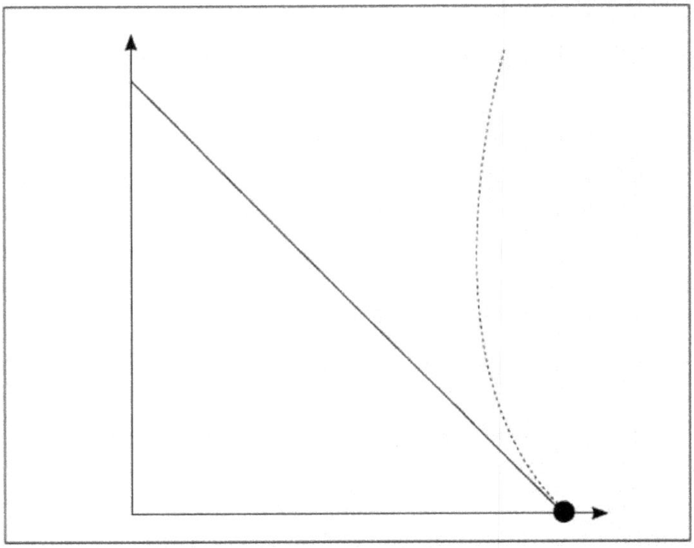

Figura 22. Solución de Esquina

Aplicando esas categorías en el Derecho, tenemos la *restricción normativa*, que significa el límite de la competencia de que dispone el aplicador/constructor de reglas al expedir sus decisiones. Se trata del radio deóntico de obligaciones, prohibiciones y permisos, a partir del cual el juez tiene discrecionalidad para decidir. La restricción normativa es, *mutatis mutandis*, el «presupuesto» de que dispone el juez para proferir su decisión, en el sentido de competencia formal y material en tanto órgano productor de normas del sistema jurídico.

Hemos visto, líneas atrás, que el juez, como cualquier otro individuo, es un agente racional que intenta maximizar su utilidad. Eso no significa, adviértase, que el juez quiera beneficiarse de sus decisiones en un sentido inmoral o ilícito, sino que intenta alcanzar la decisión que le parezca la más adecuada, la más justa y ecuánime posible en el contexto del conflicto de intereses que debe dirimir.

De ese modo, el juez tiene de optar por una decisión posible, una regla para el caso concreto que aplique los valores (o la combinación de ellos) que él considere como solución óptima, dentro de las posibilidades permitidas por el derecho. No podrá el juez construir una regla concreta que no tenga base en el ordenamiento, aunque eso le traiga más satisfacción, pues estará yendo más allá de la restricción normativa (su curva de indiferencia no tocaría la reta de la restricción).

Como ejemplo, la restricción no autoriza al juez conceder remisiones o amnistías no previstas en ley, o tampoco a aplicar sanciones no dispuestas legalmente,[247] por más que desee hacerlo.

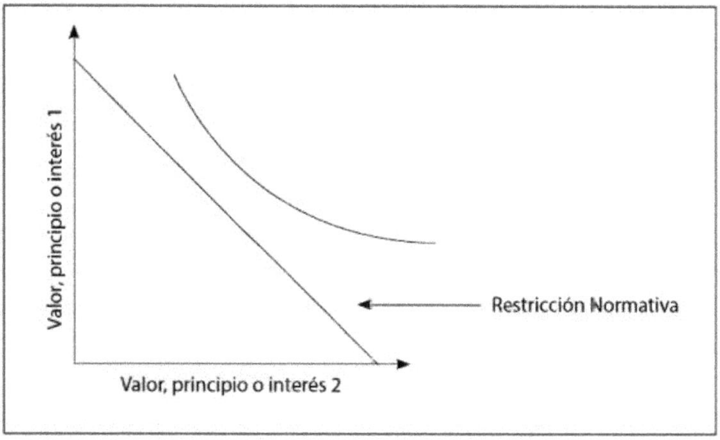

Figura 23. Curva de indiferencia fuera de la restricción normativa

La restricción normativa es, por lo tanto, el campo de decisiones posibles que el juez o el aplicador del derecho puede realizar, de acuerdo con el ordenamiento jurídico (Carvalho y Mattos, 2008, p. 36) Ese campo reúne metarreglas y reglas de derecho material, es decir, procedimientos referentes a la expedición del vehículo formal de la sentencia o del fallo plenario bien como los derechos sustantivos aplicables.

Como se advierte en el gráfico ut supra, los ejes representan valores, principios o intereses del caso en cuestión. Son estos, por lo tanto, los elementos que el juez considerará al decidir, y puede ocurrir que exista conciliación entre los mismos o no. Es importante advertir que primordialmente se trata de intereses en conflicto - y,

[247] Observe que, de acuerdo con esas premisas, cualesquiera consideraciones en pro de un Derecho natural o de un Derecho alternativo son prontamente alejadas.

por la argumentación de las partes en litigio, esos intereses pueden estar fundamentados por principios, reglas o inclusive por cuestiones fácticas.

Pueden ocurrir, sin embargo, *soluciones de esquina* en esas elecciones de los jueces. Como el Derecho, aunque no se confunda con la Moral, tiene estrecha relación con ella, posiciones ideológicas rígidas de los jueces son más comunes que lo que se podría esperar. Dependiendo de su ideología, podrá, por ejemplo, tender siempre a privilegiar los derechos individuales del contribuyente en detrimento del interés público o vice-versa. Cuando las decisiones no son unipersonales, sino provenientes de órganos colegiados, el choque ideológico se verifica de forma todavía más clara.[248]

Igualmente, determinados segmentos del ordenamiento jurídico son más flexibles y aptos para la obtención de soluciones ponderadas, que consigan conciliar los valores e intereses en conflicto. El derecho privado, por medio de la autonomía de voluntad de las partes, hace posible acuerdos y transacciones, lo que ya es extremadamente difícil en el derecho público. En este, imperan el interés público y la voluntad de la ley, restando poco margen - salvo habiendo ley específica, como es el caso de la transacción tributaria (tema 4.5). *De ese modo, en vista de la rigidez peculiar del derecho tributario, las conciliaciones son raras y las soluciones de esquina, frecuentes.*

En la figura 22, pueden verse dos valores en conflicto dada una situación concreta cualquiera que exige una decisión del juez. Apelando al apaleado ejemplo de la colisión entre derecho y privacidad y derecho a la libertad de información, en el eje vertical, tenemos el valor «privacidad» y en el eje horizontal, el valor «libre imprenta». A partir de la combinación de esos valores, el juez (en tesis) podrá

[248] En las Supremas Cortes, el ingreso de jueces con acentuadas preferencias ideológicas puede cambiar la orientación de los juzgamientos en una o en otra dirección. El sondeo ideológico de los jueces de la Suprema Corte americana es práctica común entre los analistas, que suelen utilizar ese criterio para prever si, dependiendo del número de jueces conservadores o de jueces más a la izquierda, el Tribunal se va la inclinar en una o en otra posición respecto de temas polémicos, como el aborto o el Derecho de portar armas de fuego.

construir diversas reglas aplicables al caso, que privilegien más o menos uno de los valores (R1, R2 y R3, por ejemplo, como combinaciones entre los dos). Si el juez fuere un amante apasionado de la privacidad, o un entusiasta radical de la libertad de imprenta, podrá ser totalmente negligente al respecto del valor que no le es afecto, por medio de una solución de esquina (R0 ó R4).

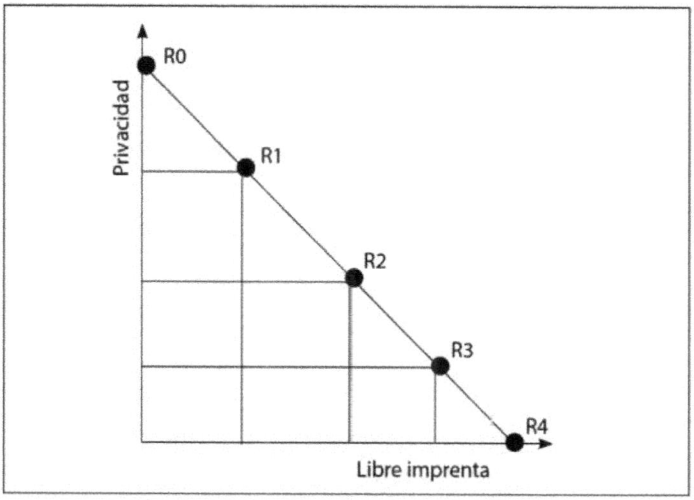

Figura 24. Posibles reglas de solución en la colisión de principios

Por otro lado, la solución no extremada (R2) que atienda de la mejor forma posible los intereses en conflicto sería más fácilmente alcanzada por medio de la connivencia entre las partes. Para que tal acuerdo sea posible, es necesario que los costos de transacción sean lo suficientemente bajos, que no la impidan, conforme en los enseña el Teorema de Coase.

5.7. Protocolo Decisorio

En este tema será propuesto un protocolo para toma de decisiones por el juez. Se trata de un modelo simple, inspirado por el árbol decisorio de la teoría clásica, adaptada al repertorio y a la restricción normativa a que se encuentra obligado el juez. Debemos recordar que el juez se depara con argumentos de ambas partes, que intentan persuadirlo de que tienen razón en sus pedidos. Aun así, el juez está obligado a decidir, aplicando el Derecho al caso, tarea no siempre simple.

El modelo se basa en las diversas elecciones con las cuales el juez se depara, de forma binaria. Para cada elección posible hay siempre una renuncia, tan inevitable como necesaria. Se trata de un esquema básico y objetivo, pues, sin la debida reducción y simplificación de la realidad, cualquier modelo pierde su funcionalidad.

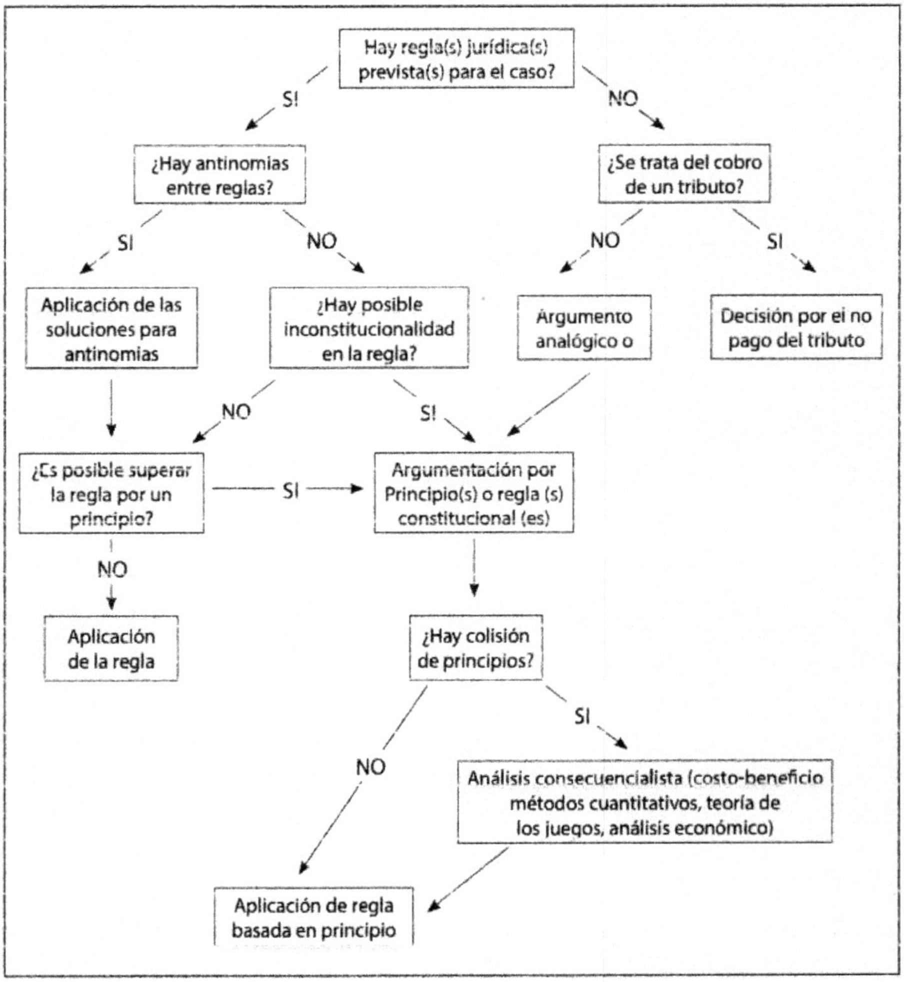

Figura 25. Protocolo decisorio judicial

El punto de partida del protocolo es saber si hay regla específica para el caso. No solo debe ser así en cualquier área del Derecho, como, principalmente, en el campo tributario, dada la necesidad de reglas específicas para la incidencia de tributo. No habiendo regla, el árbol indaga si se trata de cobranza de tributo. Si la respuesta fuera positiva, es decir, no hay regla prevista para aquella situación, la decisión solo puede ser en el sentido de que no haya cobranza de tributo. Si la respuesta fuera negativa, por ejemplo, una situación que involucre fiscalización y recaudación, el árbol indica la posibilidad de argumento por analogía. Siempre que no implique exigencia de tributo no previsto en ley, el juez puede utilizarse de razonamiento analógico. Sucesivamente, de acuerdo con el dispuesto en el artículo 108 del Código Tributario Nacional, podrá también emplear argumentos principiológicos para resolución del caso.

Retornando al inicio del árbol, si la opción fuera por la existencia de regla o de reglas, cabe entonces verificar cuál se aplica. Si hay antinomia, los criterios de resolución para ella deberán ser utilizados: regla posterior revoca anterior, regla de más alta jerarquía o regla más específica prepondera sobre la de más baja jerarquía o regla general, respectivamente. Solucionada la antinomia (si la hubiere), cabe indagar si en el caso específico hay eventual necesidad de superación de la regla por principio. Son casos en que la razonabilidad puede y debe imperar, siempre y cuando los criterios necesarios al efecto sean atendidos: 1) que la finalidad de la regla no sea alterada; 2) que el equilibrio en el sistema de precios normativo no sea afectado; y 3) que haya obtención de mayor eficiencia económica. Si esos criterios no fueren todos respetados, la superación no es posible y, entonces, se aplica la regla apropiada.

Nuevamente retrocediendo al árbol, habiendo o no antinomia entre reglas, es necesario verificar si hubo argumentación de las partes en cuanto a la inconstitucionalidad de la regla. Si la respuesta fuera positiva, entonces el principio que estuviera siendo violado por la regla será el camino argumentativo.

En este momento, también cabe constatar si hay colisión de principios o de derechos fundamentales en el caso. En caso negativo, simplemente se construye la regla basada en el principio adecuado. Si la respuesta fuera positiva, debe entonces valerse metaprincipio de la proporcionalidad para elección del principio preponderante, por medio del análisis consecuencialista, que responderá cuál de los principios colindantes informará la decisión del juez.

5.8. El caso «American Virginia»

A efectos de ilustrar las posibles aplicaciones de algunas de las herramientas aquí presentadas, utilizaremos el caso en rúbrica, juzgado en el Tribunal Federal Supremo,[249] donde si verifica colisión de derechos fundamentales, más específicamente entre el libre ejercicio de actividad económica y la libre competencia. El caso ya fue por nosotros abordado en otra ocasión (CARVALHO y MATTOS, 2008), sin embargo sí la aplicación de algunos instrumentos que serán ahora empleados, como es el caso del protocolo decisorio y de la teoría de los juegos.

Usualmente, los referidos derechos fundamentales son confundidos como uno solo, dado que ambos están íntimamente ligados a la libertad económica, que, a su vez, deviene directamente de la libertad de elección, ínsita a todos nosotros, individuos dotados de racionalidad. Sin embargo, no se confunden, y el hecho es que tales derechos fundamentales tienen identidad propia y pueden, inclusive, entrar en conflicto.

Tercio Sampaio Ferraz Jr. (2007, p. 156), al distinguir la libre-iniciativa de la libre competencia, enseña:

> [...] es importante señalar que libre-iniciativa (CF. art. 170, *caput*) y libre competencia (CF. art. 170, IV) no coinciden necesariamente. Es decir, libre competencia no siempre conduce a la libre-iniciativa y vice-versa. De ahí la necesaria presencia del Estado regulador y fiscalizador, capaz de disciplinar la competitividad en tanto factor relevante en la formación de precios, del dinamismo tecnológico, del uso adecuado de economía de escala, etc., impidiendo, sin embargo, que se vuelva instrumento de restricción estratégica de la capacidad de iniciativa de los competidores.

En efecto, el libre ejercicio de actividad económica (o libre-iniciativa) y la libre competencia son valores complemen-

---

[249] Tribunal Pleno, AC-MC 1657/RJ, Rel. Min. Joaquin Barbosa, Relator p/ Acordada Min. Cezar Peluso, j. 27.06.2007, *DJe* 092 30.08.2007.

tarios, sin embargo no idénticos. Hay ocasiones en que estos principios colindan, y la opción por uno u otro de esos valores de magnitud constitucional generará consecuencias económicas que pueden inclusive afectar a terceros externos al caso concreto.

En el caso específico, la empresa «American Virginia Industria y Comercio, Importación y Exportación de Tabacos Ltda.» Tuvo su registro especial, previsto por el Decreto-ley n.º 1.593/1977, cancelado, por contumaz falta de retención de impuesto sobre productos industrializados. El referido registro es condición necesaria para que se fabriquen cigarros, y el no pago de tributos administrados por la *Secretaría de Hacienda Federal*es hipótesis de su cancelación (artículo 2.º del Decreto-ley n.º 1.593/1977, con redacción dada por la Ley n.º 9.822/1999).

En el curso del proceso administrativo, la Hacienda Federal concedió a American Virginia el plazo de diez días para la regularización de su situación tributaria, lo que significaba la cancelación inmediata de todos los débitos pendientes. La empresa, entonces, entabló una medida cautelar para asegurar su derecho al libre ejercicio de la actividad económica, alegando que el Estado le estaría aplicando una sanción política, es decir, coaccionándola indirectamente al pago de tributo, lo que está vedado por la Constitución Federal y por súmulas del Tribunal Federal Supremo (n.º 70, 323 y 547). La propia constitucionalidad del Decreto-ley n.º 1.593/1977 fue puesta en jaque con el argumento de que este no habría sido receptado por la Constitución Federal de 1988 (artículo 5.º, XII y LIV y 170), puesto que significaría un auténtica sanción política.

La medida cautelar fue concedida y, después, entablada la acción principal, cuya sentencia fue favorable a la empresa. La Unión apeló, y la sentencia fue reformada por el Tribunal Regional de la 3.ª Región. La empresa entonces entabló nueva acción cautelar en el Tribunal Federal Supremo, visando obtener el efecto suspensivo de su recurso extraordinario, para impedir la paralización de sus actividades.

El Tribunal Federal Supremo, en plenario, decidió no conceder la cautelar. Los Ministros Joaquin Barbosa (relator), Marco Aurélio Mello, Celso de Mello y Sepúlveda Pertence votaron en el sentido de diferir la cautelar. Los Ministros Gilmar Mendes, Eros Grado, Ricardo Lewandowski, Carlos Britto, Cezar Peluso, Carmen Lúcía y Ellen Gracie votaron por el no diferimiento de la cautelar.

El denominador común en los votos fue la colisión entre los derechos fundamentales al libre ejercicio de la actividad económica y a la libre competencia. También fue levantado el interés público en la recaudación del impuesto, ya que el cigarro acarrea daños a la salud pública, lo que requiere los necesarios recursos para la prestación de servicios públicos de salud.

El argumento en pro de la libre-iniciativa fue en el sentido de evitar la utilización de sanciones políticas para coaccionar al particular a pagar sus débitos tributarios, práctica prohibida por la Constitución y por las súmulas del Tribunal Federal Supremo. Por otro lado, el argumento en pro de la libre competencia fue en el sentido de evitar conferir ventajas injusta a la empresa que no paga tributos, responsables por gran parte del precio del cigarro. El Ministro Joaquin Barbosa señaló la orientación de la Suprema Corte en rechazar sanciones políticas, concediendo la cautelar por recelo de irreversibilidad de las consecuencias advenidas de la cancelación de las actividades de la empresa. El Ministro Cezar Peluso, a su vez, resaltó la excepcionalidad de la concesión de la cautelar en recurso que, por regla, no tiene efectos suspensivos, y resaltó los aspectos contrarios a la competencia, que surgieron al permitir el contumaz no pago de un tributo, cuya constitucionalidad ni siquiera estaba siendo discutida. Además, recordó que entre «las trece o catorce empresas del sector» apenas esta no retenía el IPI.

Ambos argumentos son potentes, pero permanecen aún como la mayoría de las tesis estrictamente jurídicas, en el campo de la retórica. Se pregunta, entonces, ¿hay formas de tornar esos argumentos más objetivos y, por lo tanto, más convincentes?

Comencemos aplicando el protocolo decisorio expuesto en el tema anterior, con la figura que se esboza a continuación:

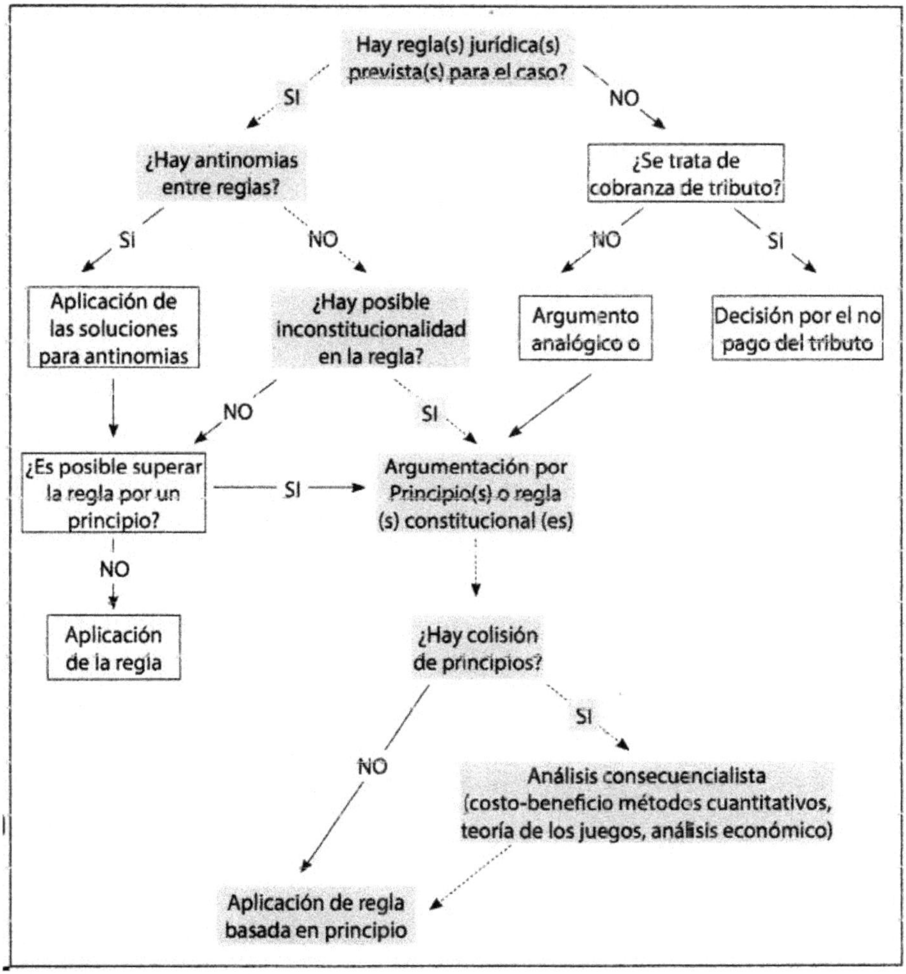

Figura 26. Protocolo decisorio en el caso American Virginia

Las áreas sombreadas y punteadas indican el camino decisorio a ser tomado (y de qué determinada forma, fue, aun sin las herramientas aquí presentadas), veamos:

1) ¿Había regla específica para el caso? La respuesta es positiva, pues la Hacienda Federal aplicó el artículo 2.° del Decreto-ley n.° 1.593/1977, con redacción dada por la Ley n.° 9.822/1999; 2) ¿Hay antinomia entre reglas? No, lo que hace que sigamos en el protocolo; 3) ¿Hay posible inconstitucionalidad en la regla? Sí, en el presen-

te ejemplo, el caso llegó al Tribunal Federal Supremo, la corte constitucional brasileña; 4) Cabe entonces verificar cuáles principios o reglas constitucionales estarían siendo violadas. Conforme el argumento del autor de la medida cautelar, la sanción que le retiró la licencia para producir cigarrillos hiere su derecho fundamental al libre ejercicio de la actividad económica; 5) ¿Hay colisión de principios? Sí, pues la parte contraria, la Unión Federal, alega que si la sanción no fuera aplicada y la Actora siguiera produciendo sus mercaderías sin pagar impuesto, inmediatamente colocaría las demás empresas del sector en desventaja competitiva injusta. Por lo tanto, resultaría herido el principio de la libre competencia; 6) En el caso de colisión de principios, valores fundamentales del ordenamiento, entra el análisis consecuencialista. No fue lo que hicieron los Ministros del STF, apelando para la tradicional retórica jurídica, aunque intuitivamente hayan llegado a la decisión más correcta desde el punto de vista de la eficiencia y del cálculo costo-beneficio. Si hubiesen recurrido a los métodos que propugnamos en ese libro, su enfoque sería el análisis del mercado específico en que actúa la actora de la acción y sus competidores, bien como también modelarían las posibles interacciones estratégicas entre ellos.

Ahora bien, si los argumentos conflictivos resultantes de la colisión de principios involucran la actividad tanto de la empresa (libre ejercicio) como de las demás empresas del sector (libre competencia), es fundamental entonces examinar cómo efectivamente funciona el mercado de cigarros.

Nótese que la preocupación con la libre competencia en el sector denota la importancia de la consideración de las posibles externalidades implicadas, por lo tanto análisis consecuencialista. En ese sentido, se pueden proponer por el menos dos enfoques: análisis del mercado propiamente dicho, en el que se refiere a la oferta y a la demanda, así como modelos de comportamiento estratégico de las demás empresas del sector, a partir del señalamiento emitido por la decisión del tribunal. Vamos a ell*os.*

a) Análisis del mercado

El análisis de la situación del mercado específico es retrospectivo y prospectivo, pues visa constatar si la empresa incumplidora ha adquirido ventajas competitivas entre las demás empresas del sector tabaquista, así como ilustrar las ventajas que pasará a usufructuar si pudiera seguir con sus actividades. Siendo así, es argumento que requiere dados concretos, relativos al mercado en cuestión.

Los tributos incidentes en los cigarros son directamente traspasados al precio, porque la tributación pretende ser extrafiscal en ese caso. El análisis que debe hacerse es verificar si hay elasticidad de precio cruzada entre los competidores, *es decir*, si la posible disminución del precio de aquel productor que no retiene los impuestos hará que los consumidores de otras marcas migren hacia su producto.

Los datos deberían cubrir lapso temporal entre el período de cumplimiento y el período en que la empresa dejó de pagar tributos, para verificar si hubo el efecto sustitución por los consumidores, es decir, si pasaron a consumir los cigarros de *America Virginia*. Asimismo, aunque la empresa haya seguido con los mismos precios que tenía, aun sin retener tributos, tiene ventaja competitiva entre las demás del sector. A pesar de eso, la verificación de la elasticidad cruzada reforzaría aún más los argumentos por la libre competencia.

Son argumentos que la propia Unión, como recurrente que alega la violación de la libre competencia, debería colacionar a los autos, con el apoyo de datos objetivos.

b) Teoría de los Juegos

Además del examen del mercado de cigarros y de verificar cómo el comportamiento de un productor viene afectando a los demás, el análisis de las consecuencias de las posibles decisiones a ser proferidas es prospectivo y debe basarse en simulaciones de comportamiento de los contribuyentes.

Cuanto mayor sea la jerarquía de un juez, mayor influencia tendrá su decisión. En otras palabras, mayor orientación su decisión será capaz de irradiar, con perspectivas potenciales de generar externalidades positivas o negativas. Considerando que una decisión de la Suprema Corte estabiliza los sentidos normativos y encierra discusiones jurídicas, funciona como parámetro normativo para el comportamiento de las personas, y justamente por eso es que deben ser evaluadas, con el debido cuidado, sus posibles consecuencias.

La forma por excelencia de modelar posibles comportamientos futuros es establecer interacciones estratégicas con respectivas recompensas. La Teoría de los Juegos puede mostrarse bastante útil para esta empresa.

Para el problema en cuestión, se puede proponer un juego que ilustre la competitividad en el mercado en análisis, la depender de la decisión la ser toma. Si la decisión resulta benéfica para el contribuyente incumplidor contumaz, su señalamiento podrá informar los demás contribuyentes del sector que es compensador seguir la misma conducta. Para simplificar el modelo, los *pay offs* están colocados semánticamente (y no numéricamente), indicando la ventaja (en no pagar tributo) y el costo (en pagar el tributo). El símbolo negador «colocado en el costo» sirve para demostrar que en el juego expuesto a continuación pagar tributos es desventajoso, pues no hay sanción para quien no lo hace - luego, la elección racional es no pagar tributos y buscar ventaja (o equiparación) en relación a los demás competidores del sector.

Situación en la cual las empresas incumplidoras no son sancionadas:

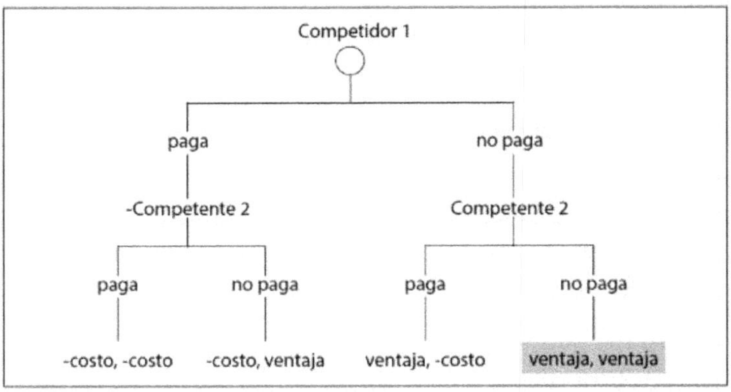

Figura 27. Juego competencial- contribuyentes no son sancionados

Como se puede observar, el juego es bastante simple e intenta esquematizar una situación en la cual no hay sanciones para el comportamiento de la empresa que no paga sus tributos. Por esa razón, los *pay offs* (colocados semánticamente) por la conducta ilícita son, obviamente, ventajosos. Para agravar la situación, en el momento en que la Suprema Corte decida favorablemente al contribuyente incumplidor, el elemento de riesgo que había hasta entonces para la conducta ilícita disminuye considerablemente, tornándose un juego de información completa. En otras palabras, los jugadores sabrán cuáles serán las consecuencias de sus acciones.

En el juego ut supra, el equilibrio de Nash (caja sombreada) ocurre cuando ninguno de los competidores paga sus impuestos, ya que es la elección en la cual la recompensa es mayor. La solución roza la tautología, pues parece ser obvio que las empresas elegirán no cumplir con sus obligaciones tributarias, sin embargo, la decisión de una corte superior confiere ese elemento de certeza de las recompensas. La consecuencia para la colectividad de una decisión en ese sentido son externalidades negativas.

El argumento contrario, que defiende el libre ejercicio de la actividad económica, es colocado deontológicamente por la parte, es decir, independientemente de las consecuencias, enfocándolo como un derecho fundamental *prima facie*, sin preocupación con cualquier efecto prospectivo.

Veamos la situación en la cual el Estado, a través del Poder Judicial, señala a los contribuyentes la efectiva aplicación (*enforcement*) de las sanciones por el incumplimiento de las obligaciones tributarias, según se expresa en la figura.

Situación en la cual las empresas incumplidoras son sancionadas:

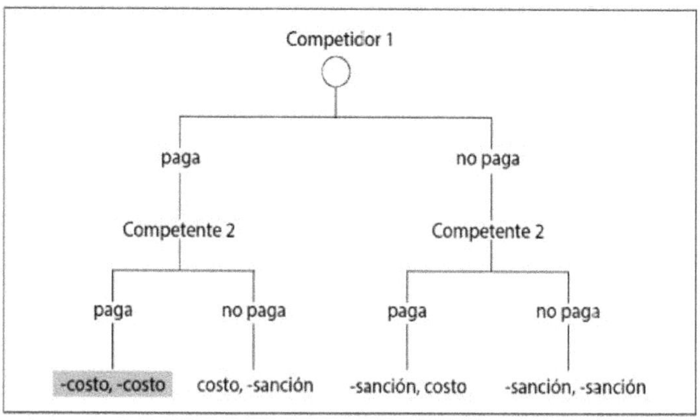

Figura 28. Juego dinámico competencial – contribuyentes son sancionados

Nótese que en el juego ut supra, la conducta ilícita es punida, luego, los símbolos negativos «-»se hallan ligados a las sanciones - y no más a los costos. Aunque al pagar tributos los contribuyentes se encuentren en una situación financiera peor que la que tenían antes del encargo, la opción de no pagar es desventajosa, pues serán sancionados por tal elección. El equilibrio de Nash (área sombreada) se encuentra en la situación en que ambos jugadores-empresas cumplen con sus obligaciones tributarias.

Los dos juegos ut supra ilustrados demuestran que el señalamiento del comportamiento del Estado, al instituir y aplicar los incentivos adecuados (léase sanciones) influencia, a su vez, el comportamiento de los contribuyentes. Estos, como individuos racionales que son, actuarán teniendo en cuenta las recompensas o puniciones que les son destinadas, incentivos estos que son afirmados, de forma definitiva, por la decisión del Estado-Juez.

CONCLUSIONES

1 - La Ontología es la forma de existencia de las cosas. La Epistemología es la forma como conocemos las cosas. La ontología y la epistemología pueden ser objetivas y subjetivas. Los objetos naturales tienen ontología objetiva, su existencia no depende del observador, mientras que objetos culturales tienen ontología subjetiva, su existencia depende del sujeto cognoscente. La epistemología puede ser tanto objetiva como subjetiva, esta última refiriéndose a preferencias personales, y la primera, el análisis imparcial del objeto.

2 - Es posible una epistemología objetiva de objetos culturales. La neutralidad axiológica del positivismo jurídico intenta analizar el Derecho objetivamente, especie de objeto cultural, por lo tanto de ontología subjetiva.

3 - El análisis positivo tiene por finalidad verificar cómo el Derecho *es*. El análisis normativo intenta proponer cómo el Derecho *debería ser*. Mientras el primero intenta ser objetivo y estar exento de juicios de valor, el último pretende incorporar valores al objeto de estudio, para obtener determinados fines. Aunque el análisis normativo usualmente esté impregnado de valoraciones personales, nada impide que sea realizado de forma objetiva, en el sentido de proponer alteraciones en las leyes, que vengan a alcanzar determinado fin, aunque el proponente repruebe moralmente aquél objetivo.

4 - La intencionalidad humana, que es la capacidad de proyectar los estados conscientes de la mente para mundo, aliada al pensamiento racional abstracto y al lenguaje, fue capaz de crear la realidad institucional. La realidad institucional tiene ontología subjeti-

va, pues depende del lenguaje y de la intencionalidad colectiva como condición de su existencia.

5 - Las instituciones restringen y delimitan la acción humana en la sociedad. Son constituidas por reglas formales, informales y por mecanismos responsables por la eficacia de esas reglas. Las instituciones implican *status* deónticos para los individuos y organizaciones que actúan en su contexto, lo que significan derechos y deberes correlativos.

6 - El lenguaje y la comunicación son imprescindibles para la toma de decisión. El lenguaje es el aparato simbólico por el cual la racionalidad opera, y la comunicación es el instrumento de interacción entre los seres racionales. La Teoría de los Actos de Habla analiza la dinámica comunicacional humana, aislando su elemento fundamental: el acto ilocutivo, la unidad mínima de la comunicación humana responsable por la externalización social de la decisión.

7 - Los actos ilocutivos, por lo tanto, denotan la intención del hablante al utilizar el lenguaje: afirmar, preguntar, ordenar, describir, expresar un deseo etc. Es la forma por la cual el usuario utiliza el lenguaje en el contexto comunicacional. Los actos perlocutivos, a su vez, denotan los efectos que los actos ilocutivos causan en los oyentes.

8 - La «Racionalidad» comporta varias acepciones: lucidez, razonabilidad o reflexión no emocional. En el contexto de la Teoría de la Decisión, la racionalidad significa la adecuación de los medios a los fines pretendidos por el agente, por eso se trata de una *racionalidad instrumental.*

9 - La Teoría de la Elección Racional intenta modelar matemáticamente las elecciones de los individuos, siendo el paradigma predominante en las ciencias sociales, especialmente la Economía. Sus postulados fundamentales son: 1) los individuos son autointeresados, lo que significa que actúan en el sentido de maximizar su bienestar (o *utilidad*, conforme el léxico empleado por la teoría), frente a los recursos limitados de que disponen; 2) los individuos realizan elecciones consistentes, mediante la información de que disponen, en relación a las alternativas posibles para alcanzar los objetivos pretendidos; 3) los individuos reaccionan a incentivos.

10 - El *input* epistemológico de la Elección Racional son las *preferencias reveladas* de los individuos, observadas mediante sus comportamientos. Esas preferencias deben ser estables y consistentes. Y, para que sean consistentes, deben ser completas, asimétricas y transitivas.

11 - El valor denota el objetivo de una acción, orientándola en la dirección de aquello que pretende adquirir y/o conservar. El valor tiene ontología subjetiva, su existencia depende de un sujeto dotado de consciencia e intencionalidad. Otra forma de referir al valor es la «utilidad», la medida abstracta de satisfacción que el individuo obtiene frente a determinadas situaciones, personas, bienes y servicios.

12 - Toda elección genera costo de oportunidad, que es el valor de la opción a la que renunciamos al momento de elegir. El costo de oportunidad, por lo tanto, es el valor de la segunda mejor opción. La elección racional debe considerar los costos de oportunidad, y una de las formas es a través del análisis costo-beneficio.

13 - La Eficiencia es un valor instrumental y significa alcanzar los mejores resultados posibles a partir de recursos limitados. La eficiencia de Pareto ocurre cuando en una interacción al menos un individuo resulta en una situación más favorable a la que tenía antes, y ningún individuo en situación peor. La eficiencia es «Pareto óptimo» cuando ya no es posible alterar una inversión de recursos sin que uno de los individuos resulte en peor situación que antes. La eficiencia Kaldor-Hicks se da cuando en una interacción una de las partes resulta en situación peor que antes, pero aun así es potencialmente conveniente por la parte que resultó en mejor situación.

14 - La elección racional es un modelo analítico, simplificador de la realidad. Empíricamente, las personas tienen racionalidad limitada, información incompleta y sesgos cognitivos. En gran parte de las situaciones, cuando el costo marginal de la información excede el de su beneficio, los individuos utilizan heurísticas para evaluar alternativas y decidir, es decir, estimaciones y métodos intuitivos (*rules of thumb*) adquiridos y desarrollados en un largo proceso evolutivo. Sin embargo, el uso de heurísticas en determinadas situaciones puede llevar a errores sistemáticos de evaluación y resultados sub-óptimos.

15 - Las Cuestiones morales afectan la toma de decisión. La Deontología es la filosofía moral que defiende la elección basada en reglas y deberes apriorísticamente considerados correctos. Ya para el consecuencialismo, el énfasis debe ser dado a los posibles resultados o a los fines pretendidos por el agente, es decir, un acto no es moral o inmoral *a priori*, pero será uno u otro, dependiendo de las consecuencias de él resultantes. El utilitarismo debe ser visto como una especie de consecuencialismo, pero no se confunde con él, puesto que no se preocupa con el análisis puro y simple de las consecuencias, aunque sí anhela consecuencias específicas: una acción es moralmente correcta si su resultado alcanza la mayor satisfacción posible para el mayor número de personas.

16 - El Derecho debe reflejar valores morales por medio de principios y reglas jurídicas. Cabe al legislador efectuar cálculos consecuencialistas para que sus leyes alcancen los resultados pretendidos, debiendo ser estos de índole moralmente correcta. El consecuencialismo opera, en ese sentido, al servicio de la deontología.

17 - La teoría de la decisión es el campo de estudio, basado en la racionalidad, que tiene como objetivo obtener los mejores resultados por medio de un proceso organizado y metódico. Es una teoría normativa, por la cual se procura analizar cómo las decisiones *deben ser*, en vez de como ellas realmente ocurren.

18 - La teoría de los juegos incorpora la estrategia a la decisión. Al actuar, el jugador debe considerar las posibles acciones y reacciones de sus oponentes, para obtener las mejores recompensas (*pay offs*). La teoría modela situaciones estratégicas en juegos que pueden ser cooperativos, no cooperativos, estáticos, dinámicos, de información completa o incompleta.

19 - Entre los juegos clásicos, se encuentra: 1) la *Caza del Ciervo*, que ilustra el contrato social, dada la posibilidad de cooperación entre los individuos para alcanzar el mejor resultado para todos; 2) el *dilema del prisionero*, que demuestra situaciones no cooperativas, en que hay incentivos para la deserción de los individuos, aunque resulte en situación peor para todos; 3) *juego del cobarde*, interacción no cooperativa que ilustra situaciones de conflicto y negociación.

20 - El sistema jurídico, en tanto objeto cultural -por lo tanto, ontológicamente subjetivo-, permite epistemología objetiva, siendo esta la gran contribución del positivismo jurídico. No obstante, es inevitable la visión funcionalista del Derecho, inherente a todo objeto cultural. Enfoques estructuralistas y funcionalistas son, por lo tanto, complementarios e igualmente importantes para el conocimiento del Derecho.

21 - El contrato social implica renuncia parcial de la libertad individual en pro de una autoridad central con poder ecuánime sobre todos. Los tributos son la forma concreta por excelencia de renuncia de la libertad individual en pro del contrato social.

22 - La renuncia a la libertad individual en forma de tributos se justifica por la generación de rentas para que el Estado pueda proveer bienes públicos a los ciudadanos. Bienes públicos son aquellos cuyo uso es no rival y noexcluyente y, por lo tanto, no hay incentivos para que el sector privado los produzca eficientemente, debiendo entonces el Estado intervenir para corregir esa falla de mercado.

23 - El tributo debe ser obligatorio, pues la racionalidad impone la deserción que lleva al incumplimiento de su pago. La tributación es una interacción social no cooperativa, aunque sea la condición necesaria para la manutención del Estado, que es el guardián del contrato social.

24 - Es posible, sin embargo difícil, convertir la interacción no cooperativa de la tributación en una interacción cooperativa, en que los contribuyentes estarían siempre incentivados a cumplir con sus obligaciones tributarias. Para ello, sería necesario: 1) estimular la confianza entre Estado y particular y entre particulares, por medio de normas sociales de cooperación y de sanciones jurídicas premiales; 2) estructurar los *pay offs* de modo que sea más ventajoso pagar tributos que ser oportunista, mediante: a) información a los contribuyentes relativa al costo de los tributos en bienes y servicios, y de los gastos públicos por los gobiernos; b) racionalización y simplificación del sistema tributario, tornándolos más fácil de comprender y cumplir, disminuyendo los costos de transacción; c) evitar conceder moratorias, remisiones y amnistías recurrentes, que generan incentivos al no cumplimiento de las obligaciones tributarias.

25 - En la estructuración del sistema tributario, la igualdad y la eficiencia suelen entrar en conflicto. Los tributos suelen ser distorsivos, alterando comportamientos del consumidor e incentivando el efecto-sustitución, creando ineficiencia en la orientación de recursos, denominada «peso-muerto». Una de las formas de corregir esa ineficiencia es la de tributos fijos, lo que a su vez es contrario a los principios de la igualdad y de la capacidad contributiva.

26 - Las Libertades negativas y libertades positivas, respectivamente derechos individuales y derechos sociales, acarrean costos para ser provistos por el Estado, que necesita de tributos para ello. Inclusive las libertades negativas, que significan no interferencia del Estado o de particulares en la esfera privada del individuo, requieren la protección del poder público. Sin embargo, la protección de los derechos individuales exige costos mucho menores que proveer derechos sociales a los ciudadanos, por lo tanto menos tributación.

27 - La inalienabilidad de las libertades fundamentales es imposición normativa. El contrato social y la tributación retiran marginalmente las libertades de los individuos, cabiendo a los derechos individuales y a los órganos encargados de aplicarlos frenar la retirada en exceso de las libertades.

28 - El sobre-principio de la seguridad jurídica es sustantivamente neutro, pero funciona como estabilizador del ambiente institucional necesario para el desenvolvimiento. La seguridad jurídica se manifiesta *ex ante* y *ex post*: la primera significa la posibilidad de cálculo racional del individuo en relación a las consecuencias jurídicas de sus elecciones, es decir, preservar la estabilidad de las reglas del juego. La última significa preservar las relaciones jurídicas en andamiento o consolidadas. Reglas constitucionales como la estricta legalidad, la irretroactividad, la anterioridad y la cosa juzgada visan objetivar la seguridad jurídica en el sistema tributario.

29 - La prohibición del efecto de confiscación es proveniente del derecho de propiedad y debe ser analizada no solo tributo por tributo, sino también globalmente. Los costos de conformidad también necesitan ser levados en consideración en el análisis del efecto confiscatorio.

30 - El derecho a la privacidad del contribuyente incentiva el riesgo moral e impide la máxima eficiencia administrativa tributaria. Sin embargo, el acceso a los datos del contribuyente directamente por el agente administrativo fiscal puede incentivar también abusos y arbitrariedades, considerando la racionalidad del administrador. El *trade off* entre eficiencia recaudatoria y derechos individuales se hace necesario, sin, sin embargo, conceder privilegios absolutos a cualquiera de ellos.

31 - El tributo óptimo requiere: 1) tener una base grande de contribuyentes; 2) incidir sobre productos y servicios de demanda inelástica; 3) atender a la isonomía; 4) tener bajo costo administrativo; y 5) ser regulado por pocas reglas, simples y objetivas.

32 - El repertorio de la decisión está formado por normas jurídicas, cuyas especies son los principios y las reglas. La clasificación es arbitraria, pues empíricamente lo que se verifica son órdenes normativos construidos por el receptor a partir de los textos del derecho positivo. Sin embargo, es una clasificación útil para la solución de problemas jurídicos.

33 - Los derechos fundamentales se expresan tanto con principios como por reglas.

34 - La complejidad de la tributación perjudica la comunicación del sistema jurídico, inviabilizando la comprensión efectiva de sus órdenes por sus destinatarios, lo que afecta la eficiencia socio económica e incentiva la búsqueda de renta (*rent seeking*) por profesionales del área. La búsqueda de renta es una patología económica, oriunda de grupos de interés, que revela la redistribución de riqueza, en vez de su creación.

35 - La decisión del contribuyente de cumplir o no con la legislación tributaria está motivada principalmente por las sanciones jurídicas. El cálculo costo-beneficio considera no solo las sanciones formales, sino también la probabilidad de su aplicación efectiva, cuyo resultado es la *sanción esperada*. Las sanciones premiales también desempeñan un importante papel para incentivar el cumplimiento de las obligaciones tributarias.

36 - El planeamiento tributario o elusión es una técnica que tiene como objetivo explorar fallas (*loopholes*) del sistema tributario,

siempre por las vías formalmente lícitas, principalmente por medio de «permisos débiles». La elusión acarrea consecuencias negativas y positivas para la sociedad. Las negativas incluyen incentivos al *rent seeking*, el uso de recursos productivos para la exploración de fallas legislativas y la injusticia en el desplazamiento de la carga tributaria hacia aquellos que no tienen recursos para contratar especialistas en planificación fiscal. Las positivas devienen de los recursos económico-financieros que permanecen en el sector privado, vía en general más eficiente que el sector público.

37 - En vista de la actividad plenamente vinculada del agente fiscal, el método de aplicación de la legislación tributaria es el subsuntivo, que significa la aplicación de reglas a los hechos, cuando estos reúnen los elementos expresamente previstos por aquellas.

38 - La aplicación de reglas tributarias opera por la subsunción tanto de las reglas materiales como de las reglas formales o metarreglas, que dictan la autoproducción del sistema jurídico.

39 - No hay norma general antielusiva en el sistema tributario brasileño, pues el párrafo único del artículo 116 del Código Tributario utiliza el verbo «disimular», lo que denota evasión y no elusión, que siempre estuvo vedado por el ordenamiento. Además de eso, falta eficacia sintáctica a la cláusula general, pues no fueron editadas reglas legales que la regulen.

40 - La transacción en el Derecho Tributario podría generar eficiencia en la inversión de recursos, sin embargo, los costos de transacción, el problema del agente-principal y los posibles incentivos equivocados a los demás contribuyentes tornan sobremodo difícil la inserción de este instituto previsto por el artículo 171 del Código Tributario Nacional. No obstante, en conformidad con la teoría de los juegos, la Administración siempre tendrá ventajas realizando una negociación con el particular.

41 - El debido proceso legal adjetivo y sustantivo, además de atender a los anhelos naturales de justicia, también funciona como mecanismo perfeccionador del sistema, puesto que las aserciones y contra-aserciones en el proceso operan a fin de depurar excesos, evitando la creación o expulsando del ordenamiento las reglas abusivas, generales y abstractas e individuales y concretas. La deci-

sión del juez tiene como condición necesaria, por lo tanto, la existencia y manutención del debido proceso legal, pues el Poder Judicial actúa siempre bajo provocación de las partes, y, si estas no pudieren manifestarse, no habrá sobre qué decidir.

42 - La decisión del juez es por restricciones normativas, que son las competencias formales y materiales que limitan su campo de elección. El repertorio de la decisión del juez está formado por todos los elementos del sistema, a saber, principios y reglas jurídicas.

43 - Desde el punto de vista estructural, los principios y reglas son mandamientos con implicación condicional y que prescriben conductas obligatorias, prohibidas y permitidas. Los Principios son mandamientos *prima facie,* de alta carga axiológica, traducciones jurídicas de valores sociales. Desde el punto de vista epistemológico, las reglas son órdenes que pretenden ser objetivos, aunque en su esencia puedan contener elementos vagos e inclusive ambiguos. Los Principios son intencionalmente abiertos y genéricos, para permitir construcciones hermenéuticas por sus intérpretes. Desde el punto de vista funcional, las reglas coordinan la acción humana, fijando preciosa las conductas del individuo. Ya los principios, operan como vectores en la construcción del sistema y como calibradores de su dinámica, permitiendo soluciones en situaciones en las cuales no hay reglas o son ellas insuficientes o ineficientes para la solución del problema. Son, por lo tanto, normas endógenas, mientras que las reglas pueden ser tanto endógenas (metarreglas) como exógenas (reglas de conducta).

44 - Las reglas dispuestas por ley y aplicadas por el juez confieren carácter de bien público al derecho positivo, generando externalidades positivas que resultan en seguridad jurídica. La relativización de las reglas su superación por argumentos principiológicos afecta el carácter de bien público, generando inseguridad y distorsionado el sistema de precios normativo.

45 - Las reglas siempre deben tener primacía sobre los principios en el proceso de positivación del sistema jurídico y en la toma de decisión de los jueces, pues esta prevalencia mantiene la seguridad jurídica. Las excepciones ocurren cuando no hay reglas previstas para el caso concreto o la regla existente resulta inadecuada.

46 - La superación de una regla por un principio solo se justifica cuando: 1) no afecta la finalidad subyacente a la regla; 2) no distorsiona el sistema de precios normativo, es decir, la irradiación de externalidades positivas por el carácter de bien público del derecho positivo; 3) la superación genera eficiencia en la inversión de recursos.

47 - La argumentación es punto clave para la decisión judicial, fundamentándola y legitimándola. Funciona en la aplicación de reglas y, principalmente, en la aplicación de principios. La argumentación principiológica es la puerta abierta del sistema para el análisis consecuencialista del Derecho.

48 - Cuando derechos fundamentales entran en conflicto en un caso concreto, existe el problema de la colisión de principios. El principio de la proporcionalidad funciona como argumento de ponderación entre derechos fundamentales colindantes, pero debe ir más allá del mero caso concreto y evaluar también las externalidades posiblemente provenientes de la decisión.

49 - Dada la rigidez del sistema tributario, en casos de colisión de derechos fundamentales es más frecuente la ocurrencia de soluciones de quantum, cuando el juez opta por apenas uno de los valores e intereses colindantes en el caso, sin que haya posibilidad de una solución óptima, de confluencia de los principios.

50 - En la elección por uno de los principios colindantes, el análisis consecuencialista puede valerse de examen económico del mercado específicamente alcanzado por las repercusiones posibles de la futura decisión judicial, así como también de simulaciones de comportamiento estratégico de los agentes de ese mercado, una vez afectados por el señalamiento emitido por la norma judicial.

BIBLIOGRAFÍA

ABBAGNANO, Nicola. *Diccionario de Filosofía*. Traducción de Alfredo Bosi. São Paulo: MartinsFontes, 1998.

ADAMS, Charles. *For good and evil*. The impact of taxes on the course of civilization. 2. ed. Lañan: Madison Books, 2001.

ALEXANDER, Larry; SHERWIN, Emily *Demystifying legal reasoning*. Cambridge: Cambridge University Press, 2008.

ALEXY, Robert. *Teoría de los derechos fundamentales*. Traducción de Virgílio Afonso da Silva. São Paulo: Malheiros, 2008.

- The construction of constitutional rights. *Law, Ethics and Human Rights*, Berkeley: Berkeley Electronic Press, v. 4, n. 1, 2010.

ARISTÓTELES. *Política*. 3. ed. Traducción de Mariode la Gama Kury. Brasilia: Editorial UnB, 1997.

- *Ética a Nicómaco*. Traducción de Edson Bini. São Paulo: Edipro, 2002.
- *Metafísica*. Traducción de Edson Bini. São Paulo: Edipro, 2006.

ARROW, Kenneth J. *Elección social y valores individuales*. Traducción de Eusebio Aparicio Aufion.Buenos Aires: Planeta Agostini, 1994.

AUSTIN, John Langshaw. *How to do things with words*. 2. ed. Boston: Harvard University Press, 1999.

AUSTIN, John. *The province of jurisprudence determined*. New York: Prometeus Books, 2000.

ÁVILA, Humberto. *Seguridad Jurídica*. Entre permanencia, cambio y realización en el derecho tributario. São Paulo: Malheiros, 2011.

- *Teoría de los principios*. De la definiciónala aplicación de los principios jurídicos. 4. ed. São Paulo: Malheiros, 2005.

AXELROD, Robert. *The evolution of cooperation*. Cambridge: Basic Books, 1984.

BAIRD, Douglas G.; GERTNER, Robert H.; PICKER, Randal C. *Game theory and the law*. Cambridge: Harvard University Press, 1994.

BARRETO, Paulo Ayres. *Elusión tributaria*. Límites normativos. 2008. Tesis (Libre-docencia) - Facultad de Derecho de la Universidad de São Paulo, São Paulo.

BAUDRILLARD, Jean. *Simulacros y simulación*. Traducción de María João da Costa Pereira. Lisboa: Relógio D'Água, 1981.

BECCARÍA, Cesare. *On crime and punishment*. Traducción de David Young. Indianápolis: Hackett Publishing & Co, 1986.

BELLO, Renato Lopes. *Filosofía del derecho tributario*. São Paulo: Saraiva, 2009.

BECKER, Alfredo Augusto. *Teoría general del derecho tributario*. São Paulo: Saraiva, 1963.

- *Carnaval tributario*.2. ed. São Paulo: Lejus, 1999.

BECKER, Gary. Crime and punishment: an economic approach. *The economic approach to human behavior*. Chicago: The University of Chicago Press, 1978.

- The economic approach to human behavior. *The economic approach to human behavior*. Chicago: The University of Chicago Press, 1978.

BENTHAM, Jeremy. *The principles of morals and legislation*. New York: Prometeu Books, 1988.

BERCOVICI, Gilberto. *Soberanía y constitución*. Para una crítica del constitucionalismo. São Paulo: Cuartier Latin, 2008.

BERLIN, Isaiah. *Four essays on liberty*. Oxford: Oxford University Press, [s.d.].

BERNSTEIN, Lisa. Opting out of the legal system: extralegal contractual relations in the diamond industry. *The Journal of Legal Studies*, vol. 21, n. 1, Chicago: University of Chicago Press, 1992.

BERNSTEIN, Peter L. *Desafío a los dioses*. La fascinante historia del riesgo. Traducción de Ivo Korylowski. 23ª ed. São Paulo: Elsevier, 1997.

BIDERMAN, Ciro; ARVATE, Paulo (Org.). *Economía del sector público en Brasil*. São Paulo: Campus, 2005.

BINMORE, Ken. *Rational decisions*. Princeton: Princeton University Press, 2009.

BOBBIO, Norberto. *Teoría del ordenamiento jurídico*. Traducción de María Celeste Cordeiro Leite de los Santos. 7. ed. São Paulo: UnB, 1996.

- *De la estructura a la función*. Barueri: Manole, 2007.

BULLANAN, James. *The limits of liberty*. Between anarchy and Leviathan. Chicago: The University of Chicago Press, 1975.

- *Costo y elección*. Una indagación en teoría económica. Traducción de Luis Antonio Pedroso Rafael. Río de Janeiro: Instituto Liberal, 1993.

CAETANO, Marcello. *Manual de Direito Administrativo*. 10. ed. Coimbra: Almedina, 1994.

CALIENDO, Paulo. *Derecho tributario y análisis económico del derecho. Una visión crítica*. São Paulo: Campus: 2009.

CAMPILARGO, Celso Fernandes. *El derecho en la sociedad compleja*. São Paulo: Max Limonad, 2000.

CANARIS, Claus-Wilhelm. *Pensamiento sistemático y concepto de sistema en el conocimiento del derecho*. Trad. de A. Menezes Cordeiro. 2ª ed. Lisboa: Fundación Calouste Gulbenkiam.

CANOTILHO, J.J. Gomes. *Derecho Constitucional*. 6. ed. Coimbra: Almedina, 1996.

CARRAZZA, Roque Antonio. *Curso de Derecho Constitucional Tributario*. 26. ed. São Paulo: Malheiros, 2010.

CARVALHO, Cristiano. Análisis económico del derecho tributario: una introducción. In: LIMA, María Lucía de Pádua (org.). *Derecho y economía*. 30 años de Brasil. Agenda contemporánea. Tomo 3. São Paulo: Saraiva, 2012.

- Breves Consideraciones sobre Elusión y Evasión Fiscales. In: PEIXOTO, Marcelo Magalhães. *Planejamento Tributario*. (coord.). São Paulo: Cuartier Latin, 2004.

- *Ficciones jurídicas en el derecho tributario*. São Paulo: Noeses, 2008

- *Teoría del sistema jurídico, derecho, economía, tributación*. São Paulo: Cuartier Latin, 2005.

- ; MATTOS, Ely José de. Entre principios y reglas: una propuesta de análisis económico en el derecho tributario. *Revista Dialética de Derecho Tributario*, São Paulo: Dialéctica, n. 157, 2008.

- ; TRINDAD, Manoel Gustavo Neubarth. La superación de reglas por principios jurídicos en la actividad jurisdiccional: un enfoque por el análisis económico del Derecho. *Revista de Derecho Tributario*. São Paulo: Malheiros, n. 109, 2010.

CARVALHO, Paulo de Barros. Sobre los principios constitucionales tributarios. *Revista de Derecho Tributario*,São Paulo: RT, n. 55, 1991.

- *Derecho tributario*. Fundamentos jurídicos de la incidencia. 4. ed. São Paulo: Saraiva, 2006.

- *Derecho tributario, lenguaje y método*. São Paulo: Noeses, 2008.

- *Curso de derecho tributario*. 22. ed. São Paulo: Saraiva, 2010.

LLERNOFF, Herman; MOSES, Lincoln Y. *Elementary decision theory*. Nueva York: John Wiley & Sons, 1959.

COASE, Ronald. *The Firm, the Market and the Law*. Chicago: The University of Chicago Press, 1988.

COOTENER, Robert D. *The strategic constitution*. Princeton: Princeton University Press, 2000.

- ; ULEN, Thomas. *Law and economics*. New York: Addison Wesley, 1992.

COSTA, Alcides Jorge. Historia de la tributación: de Brasil-Coloniaal Imperio. In: SANTI, Eurico Marcos Diniz de (Coord.). *Curso de derecho tributario y finanzas públicas*. Del hecho a la norma, de la realidad al concepto jurídico. São Paulo: Saraiva, 2008.

DERSHOWITZ, Alan M. *Is there a right to remain silent?* Coercive interrogation and the fifth amendment after 9/11. Oxford: Oxford University Press, 2008.

DERZI, Misabel Abreu Machado. *Derecho tributario, derecho penal y tipo*. São Paulo: RT, 1988.

- ; *Modificaciones de la jurisprudencia en el derecho tributario*. São Paulo: Noeses, 2009.

DWORKIN, Ronald. *Taking rights seriously*. 16. ed. Cambridge: Harvard University Press, 1997.

EATWELL, John; MILGATE, Murray; NEWMAN, Peter. *Game theory*. Nueva York: W.W. Norton, 1989.

ECHAVE, Delia Teresa; URQUIJO, María Eugenia; GUIBOURG, Ricardo. *Lógica, proposición y norma*. Buenos Aires: Astrea, 1995.

ELLICKSON, Robert C. *Order without law*. How neighbours settle disputes. Cambridge: Harvard University Press, 1991.

ENGEL, Christoph; GIGERENZER, Gerd. Law and heuristics: an interdisciplinary venture. In: ------; ------. *Heuristics and the law*. Cambridge: The MIT Press, 2006.

ENGISH, Karl. *Introducción al pensamiento jurídico*. Traducción de João Baptista Machado. 7. ed. Lisboa: Fundación Calouste Gulbenkian, 1996.

FARNSWORTH, Ward. *The Legal Analyst*. A toolkit for thinking about the law.Chicago:The University of ChicagoPress, 1999.

FÉDER, João. *Estado sin poder*. São Paulo: Max Limonad, 1997.

FERRAZ JR., Tercio Sampaio. *El conocimiento del derecho*. São Paulo: Atlas, 1980.

- *Introducción al estudio del derecho*. Técnica, decisión y dominación. 2. ed. São Paulo: Atlas, 1996.
- Tributación y competencia. *Revista de Derecho Tributario de la APET*, São Paulo: MP, n. 16, 2007.

FRANK, Robert H. The status of moral emotions in consequentialist moral reasoning. In ZAK, Paul J. (Ed.). *Moral Markets*. The critical role of values in the economy. Princeton: Princeton University Press, 2008.

FRIEDMAN, David. D. *Law's order*. What economics has to do with Law and why it matters. Princeton: Princeton University Press, 2000.

FRIEDMAN, Milton. *Essays in positive economics*. Chicago: University of ChicagoPress.: 1953.

- ; FRIEDMAN, Rose. *Libertad de elegir*. Traducción de Ruy Jungmann. Río de Janeiro: Record, 1980.

GAMA, Tácio Lacerda. *Competencia tributaria*. Fundamentos para una teoría de la nulidad. São Paulo: Noeses, 2009.

GARLAND, Brent. *Neuroscience and the law. Brain, mind, and the scales of justice*. Nueva York: Dana Press, 2004.

GARNICA, Ernesto García Trevijano. *El silencio administrativo en el derecho español*. Madrid: Civitas, 1990.

GEORGAKOPOULOS, Nicholas L. *Principles and methods of law and economics. Basic tools for normative reasoning*. Cambridge: Cambridge University Press, 2005.

GIGERENZER, Gerd. Heuristics. In: ------; ENGEL, Christoph. *Heuristics and the law*. Cambridge: The MIT Press, 2006.

GILBOA, Itzhak. *Theory of decision under uncertainty*. Cambridge: Cambridge University Press, 2009.

GINTIS, Herbert. *The bound of reason*. Game theory and the unification of the behavioral sciences. Princeton: Princeton University Press., 2009.

GLANNON, Walter (Ed.). *Defining right and wrong in brain science*. Essential readings in neuroethics. Nueva York: Dana Press, 2005.

GOMES, Luiz Flavio Autran Monteiro. *Teoría de la decisión*. São Paulo: Thomson, 2007.

GRAU, Eros Roberto. *Derecho, conceptos y normas jurídicas*. São Paulo: RT, 1988.

- *Ensayo y discurso sobre la interpretación/aplicación del derecho*.São Paulo, Malheiros, 2002.

GUASTINI, Riccardo. *De las fuentes a las normas*. Traducción de Edson Bini.São Paulo: Cuartier Latin, 2005.

HABERMAS, Jürgen. *Derecho y democracia*: entre factibilidad y validez. Traducción de Flávio Beno Siebeneichier. Río de Janeiro: Tiempo Brasileño, 1987. 2 v.

HARDIN, Garret. The tragedy of the commons. *Science*, Vol. 162. en 3859. Diciembre de 1968. Artículo disponibleen:

<http://www.sciencemag.org/cgi/content/full/162/3859/1243>Accesoen 03.04.2010.

HARE, R.M. *El lenguaje de la moral*. Traducción de Eduardo Pereira y Ferreira. São Paulo: Martins fontes, 1996.

HART, Herbert L. La. *El concepto de derecho*. Traducción de A. Ribeiro Mendes. São Paulo: Martins Fontes, 2009.

- Positivism and the separation of law and morals. In: FEINBERG, Joel; GROS, Hyman (Ed.). *Philosophy of law*. 2. ed. Belmont: Waldsworth Publishing, 1978.

HAUSER, Marc D. *Moral minds. The nature of right and wrong*. Nueva York: Harper, 2007.

HAYEK, Friedrich. *Individualism and economic order*. Chicago: University of Chicago Press, 1984.

- *The fatal concept*. The errors of socialism. Chicago: The University of Chicago Press, 1991.
- *Law, legislation and liberty*. The mirage of social justice. Chicago: University of Chicago Press, 1995. v. 2.

HESEN, Johannes. *Filosofía de los valores*. Traducción de L. Cabral de Moncada. São Paulo: Saraiva, 1946.

HIRSCHMAN, Albert. *Salida, voz y lealtad*. São Paulo: Perspectiva, 1970.

HOBBES, Thomas. *Leviatán*. Traducción de João Paulo Monteiro y María Beatriz Nizza da Silva. São Paulo: MartinsFontes, 2008.

HOLMES, Stephen; SUNSTEIN, Cas R. *The cost of rights*. Why liberty depend on taxes. New York: W.W. Norton & Company, 2000.

HORVATH, Estevão. *El principio de no confiscación en el derecho tributario*. São Paulo: Dialética, 2002.

HUHN, Wilson. *The five types of legal argument*. 2. ed. Durhan: Carolina Academic Press., 2008.

HUME, David. *Treatise of human nature*. New York: Prometheus, 1992.

JEFFREY, Rillard C. *The logic of decision.* 2. ed. Chicago: University of ChicagoPress, 1983.

JHERING, Rudolph von. *La lucha por el Derecho*. Traducción de João Vasconcellos. 23. ed. São Paulo: Martins Fontes, 2004.

JOLLS, Christine; SUNSTEIN, Cas R.; THALER, Rillard H. La behavioral approach to law and economics. In: SUNSTEIN, Cas R. (Ed.). *Behavioral law & economics*. Cambridge: Cambridge University Press., 2000.

KAFKA, Franz. *El proceso*. Traducción de Modesto Carone. São Paulo: Compaña de las Letras, 2005.

KANT, Immanuel. *Crítica de la razón pura.* Traducción de Manuela Pinto dos Santos. 3. ed. Lisboa: Fundación Calouste Gulbenkian, 1994.

- *Crítica de la razón práctica*. Traducción de Valerio Rohden. São Paulo: Martins Fontes, 2003.
- *La metafísica de las costumbres*. Traducción de Edson Bini. 2. ed. São Paulo: Edipro, 2010.

KAPLAN, Mark. *Decision theory as philosophy*. Cambridge: Cambridge University Press, 1996.

KAPLOW, Louis. Rules and standards. An economic analysis. *Duke Law Journal,* Durhan: Duke University School of Law, v. 42, n.3, 1992.

- *The theory of taxation and public economics*. Princeton: Princeton University Press, 2008.

KAPLOW, Louis; SHABLEL, Steven. Should legal rules favor the poor? Clarifying the role of legal rules and the income tax in redistributing income. *Journal of Legal Studies,* Chicago: University of Chicago, 2000.

- Fairness versus welfare. Notes on the Pareto principle, preferences and distributive justice. *Journal of Legal Studies*, Chicago: Chicago University Press, n. 32, 2003.
- *Decision analysis, game theory and information*. Nueva York: Foundation Press, 2004.
- *Microeconomics*. Nueva York: Foundation Press., 2004.

KELSEN, Hans. *Teoría pura del derecho*. Traducción de João Baptista Machado. 2. ed. São Paulo: Martins Fontes, 1996.

KNIGHT, Frank H. *Inteligencia y acción democrática*. Traducción de Francisco J. Berali. Río de Janeiro: Instituto Liberal, 1989.

KRUGMAN, Paul; WELLS, Robin. *Introducción a la economía*. Traducción de Helga Hoffman. São Paulo: Campus, 2007.

LARENZ, Karl. *Metodología del conocimiento del derecho*. Traducción de José Lamego. 5ª ed. Lisboa: Fundación Calouste Gulbenkian, 2009.

LINDLEY, D.V. *Making decisions*. 2. ed. Londres: John Wiley & Sons, 1988.

LOCKE, John. *An essay concerning human understanding*. Nueva York: Prometheus Books, 1995.

- *Segundo tratado sobre el gobierno civil y otros escritos*. Traducción de Magda Lopes y Marisa Lobo da Costa. Petrópolis: Vozes, 1994.

LUCE, R. Duncan; RAIFFA, Howard. *Games and decisions*. Introduction and critical survey. Nueva York: Dover, 1985.

LUHMANN, Niklas. *Law a sa social system*. Traducción para la lengua inglesa de Klaus La. Ziegert. Oxford: Oxford University Press, 2004.

MACCORMICK, Neil. *Legal reasoning and legal theory*. Oxford: Clarendon Press, 1978.

MACHADO, Hugo de Brito. *Curso de derecho tributario*. 31. ed. São Paulo: Malheiros, 2010.

MACHADO, Rafael Bicca. *Arbitraje empresarial en el Brasil*. Un análisis por la nueva sociología del Derecho. Porto Alegre, Librería delAbogado, 2009.

MACINTYRE, Alasdair. *Despuésde la virtud*. Traducción de Jusara Simões. Baurú: Edusc, 2001.

MANKIW, N. Gregory. *Principios de microeconomía*. Traducción de Allan Vidigal Hastings. 3. ed. São Paulo: Thomson, 2005.

MARTINES, Ives Gandra da Silva. *Teoría de la imposición tributaria*. São Paulo: Saraiva, 1983.

MARTINS-COSTA, Judith. *La buena fe en el derecho privado.* Sistema y tópica en el proceso obligacional. São Paulo: RT, 1999.

MAXIMILIANO, Carlos. Hermenéutica y aplicación del derecho. 15ª ed. Río de Janeiro: Forense, 1995.

MISES, Ludwig von. *Acción humana.* Un tratado de economía. Traducción de Donald Stewart Jr. 2. Ed. Río de Janeiro: Instituto Liberal, 1995.

MITCHELL, Gregory. Libertarian paternalism is an oxymoron. Artículo inédito. *Vanderbilt School of Law,* [s.d.].

MLODINOW, Leonard. El andar del borracho. Traducción de Diego Alfaro. Río de Janeiro: Jorge Zahar Editor, 2008.

MÜLLER, Friedrich. *Derecho, lenguaje y violencia.* Elementos de una teoría constitucional. Traducción de Peter Naumaun. Porto Alegre: Fabris, 1995.

- *Métodos de trabajo del derecho constitucional.* Traducción de Peter Naumann. 2. ed. São Paulo: Max Limonad, 2000.

MURPHY, Lian; NAGEL, Thomas. *The myth of ownership.* Taxes and justice. Oxford: Oxford University Press, 2005.

NAGEL, Thomas. *Mortal questions.* Cambridge: Cambridge University Press, 1997.

NERY JUNIOR, Nelson. *Principios del proceso civil en la constitución federal.* 5ª ed. São Paulo: RT, 1999.

NEVES, Marcelo. *Entre Témis y Leviatán*: una relación difícil. São Paulo: Martins Fontes, 2006.

NORTH, Douglas C. *Institutions, institutional change and economic performance.* Cambridge: Cambridge University Press, 1990.

- *Costos de transacción, instituciones y desempeño económico.* Traducción de Elizabeth Hart. Río de Janeiro: Instituto Liberal, 1998.

NOZICK, Robert. *The nature of rationality.* Princeton: Princeton University Press, 1993.

- *Anarquía, Estado y utopía.* Traducción de Ruy Jungmann. Río de Janeiro: Jorge Zahar 1994.

OGDEN, C.K. *Bentham's theory of fictions.* New Jersey: Littlefield, Adams & Co., 1959.

OLIVERA, Régis Fernandes. *Acto administrativo*. São Paulo: RT, 1978.

OLSON, Mancur. *The logic of collective action*. Public goods and the theory of groups. Cambridge: Harvard University Press, 1965.

OLSON, Nina Y. 2010 Erwin N. Griswold lecture before the American College of Tax Counsel: Taking the bull by its horns: Some thoughts on constitutional due process in tax collection. *The Tax Lawyer*, Washington: American Bar Association, v. 63, 2010.

PARETO, Vilfredo. *Manual de economía política*. Trad. de João Guilherme Vargas Neto. São Paulo: Nueva Cultura, 1988.

PARSONS, Talcott; SHILS, Edward La. *Toward a general theory of action*. Theoretical foundations for the social sciences. London: Transaction Publishers, 2001.

PAULSEN, Leandro. *Seguridad jurídica, certeza del derecho y tributación*. Porto Alegre: Librería del Abogado, 2006.

PERELMAN, Chaïm. Retóricas. Traducción de María Ermantina Galvão G. Perera. São Paulo: Martins Fontes, 1997.

PERELMAN, Chaïm; OLBRELLTS-TYTECA, Lucie. *Tratado de la argumentación*. La nueva retórica. Traducción de María Ermantina Galvão G. Perera. São Paulo: Martins Fontes, 2002.

PETERSON, Martin. *An introduction to decision theory*. Cambridge: Cambridge University Press, 2009.

PINDICK, Robert, S.; RUBINFELD, Daniel L. *Microeconomía*. Traducción de Eleuterio Prado. 5. ed. São Paulo: Prentice Hall, 2002.

POLITZER, Peter. *Neuroconomics*. A guide to a new science of making choices. Oxford: Oxford University Press, 2008.

POPPER, Karl. *La lógica de la pesquisa científica*. Traducción de Leónidas Hegenberg y Octanny Silveirada Mota. São Paulo: Cultrix, 1996.

POSNER, Eric A. *Law and social norms*. Cambridge: Harvard University Press., 2000.

POSNER, Richard. *The economics of justice*. Cambridge: Harvard University Press., 1983.

- *The problems of jurisprudence*. Cambridge: Harvard University Press, 1990.

- *Law, pragmatism and democracy*. Cambridge: Harvard University Press, 2003.
- *Not la suicide pact*. The Constitution in a time of national emergency. Oxford: Oxford University Press, 2006.

Economic analysis of law. New York: Wolters Kluwer Law & Business, 2007.

- *How judges think*. Cambridge: Harvard University Press, 2008.

RAMSEY, Frank Pluton. La Contribution to the Theory of Taxation. *The Economic Journal*, 37, n. 145. Chicago: University of Chicago, 1927.

RASKOLNIKOV, Alex. Crime and punishment in taxation: deceit, deterrence, and self -adjusting penalty. Columbia University School of Law, 2007. Artículo inédito.

RAZ, Joseph. *Practical reason and norms*. 2.ed. Oxford: Oxford University Press, 1999.

RAWLS, John. *Una teoría de la justicia*. Traducción de Almiro Pisetta y Lenita M.R. Esteves. São Paulo: Martins Fontes, 1996.

RESKIK, Michael D. Choices. *An introduction to decision theory*. Minneapolis: University of Minnesota Press, 1987.

RIANI, Flávio. *Economía del sector público*. Un abordaje introductorio. 5. ed. Río de Janeiro: LTC, 2009.

ROS, Alf. *Una teoría de la justicia*. Traducción de Almiro Pisetta y Lenita M.R. Esteves. São Paulo: Martins Fontes, 1997.

- *Derecho y justicia*. Traducción de Edson Bini.São Paulo: Edipro, 2000.

ROUSSEAU, Jean Jacques. *Discurso sobre esta cuestión propuesta por la Academia de Dijon*: cuál es el origende la desigualdad entre los hombres, y si es autorizada por la ley natural. Libro disponible en:

<http://www.dominiopublico.gov.br/download/texto/cv000053.pdf>. Acceso en: 02.02.2010

- *El contrato social*. Traducción de Edson Bini. São Paulo: Edipro, 2000.

SANDEL, Michael J. *Liberalism and the limits of justice*. 2ª ed. Cambridge: Cambridge University Press, 1998.

SANTI, Eurico Marcos Diniz de. *Lanzamiento tributario*. São Paulo: Max Limonad, 1996.

- El Código tributario nacional y las normas generales de derecho tributario. In: ------ (Coord.). *Curso de derecho tributario y finanzas públicas.* Del hecho a la norma, de la realidad al concepto jurídico. São Paulo: Saraiva, 2008.

SCHAUER, Frederick. *Playing by the rules.* La philosophical examination of rule-based decision-making in law and in life. Oxford: Clarendon Press, 2002.

- *Thinking like la lawyer.* La new introduction to legal reasoning. Cambridge: Harvard University Press, 2009.
- Balancing, subsumption and the constraining role of legal text. *Law & Ethics of Human Rights*, Berkeley: Berkeley Electronic Press., v. 4, n. 1, 2010.

SCHELLING, Thomas C. *The strategy of conflict*. Cambridge: Harvard University Press, 1980.

SLLICK, Frederic. *Making Choices. A recasting of decision theory.* Cambridge: Cambridge University Press, 1997.

SCHOEURI, Luís Eduardo. *Normas tributarias inductoras e intervención económica*. Río de Janeiro: Forense, 2005.

- *Derecho tributario*. São Paulo: Saraiva, 2011.

SEARLE, John R. *Speech Acts.* An Essay in the philosophy of language. Cambridge: Cambridge University Press, 1968.

- *The Construction of social reality*. New York: The Free Press, 1995.
- *Mente, lenguaje y sociedad.* Filosofía en el mundo real. Traducción de F. Rangel. Río de Janeiro: Rocco, 2000.
- *Rationality in action*. Cambridge: MIT Press, 2001.
- *Intencionalidad.* Traducción de Julio Fischer y Tomás Rosa Bueno. 2. ed. São Paulo: Martins Fontes, 2002.
- *Philosophy in a new century*. Cambridge: Cambridge University Press, 2010.

Sen, Amartya. Rational fools: A critique of the behavioral foundations of economic theory. *Philosophy and Public Affairs*, NuevaYork: Blackwell Publishing, v. 6, n. 4, 1977.

- *Rationality and freedom*. Cambridge: The Belknap Press. of Harvard University Press., 2002.

SHAVEL, Steven. *Economic analysis of law*. New York: Foundation Press, 1994.

SILVA, Virgílio Afonso. *Derechos fundamentales*. Contenido esencial, restriccionesyeficacia. 2. ed. São Paulo: Malheiros, 2010.

SKYRMS, Brian. *The stag hunt and the evolution of social structure*. Cambridge: Cambridge University Press, 2004.

SMITH, Adam. *Investigación sobre la naturaleza y las causas de la riqueza de las naciones*.Traducción de Luís Cristóvão de Aguiar. 2. ed. Lisboa: Fundación Calouste Gulbenkian, 1989. 2 v.

SOTO, Hernando de. *The mystery of capital*. Why capitalism triumphs in the west and fails everywhere else. NuevaYork: Basic Books, 2000.

SOUTO MAYOR BORGES, José. *Introducción al derecho financiero*. 2. ed. São Paulo: Max Limonad, 1998.

STEINBRUNER, John D. *The cybernetic theory of decision*. New dimensions of political analysis. 2. ed. Princeton: Princeton University Press, 2001.

STIEGLER, Steven M. *The history of statistics*. Cambridge: Harvard University Press, 1986.

SZTAJN, Rachel. Externalidades y costos de transacción. La redistribución de derechos en el nuevo código civil. *Revista de Derecho Privado,* São Paulo: RT, n. 22, 2005.

TIMM, Luciano Benetti. Todavía sobre función social del derecho contractual en el Código Civil brasileño: justicia distributiva Vs. eficiencia económica. In: TIMM, Luciano Benneti (org.). *Derecho y Economía*. Porto Alegre: Librería del Abogado, 2ª ed., 2008.

TORRES, Heleno. *Derecho tributario internacional*. Planeamiento tributario y operaciones transnacionales. São Paulo: RT, 2000.

- *Derecho constitucional tributario y seguridad jurídica*. Metódica de la seguridad jurídica del sistema constitucional tributario. São Paulo: RT, 2011

TORRES, Ricardo Lobo. *La idea de libertad en el Estado patrimonial y en el Estado fiscal*. Río de Janeiro: Renovar, 1991.

TOULMIN, Stephen Y. *Los usos del argumento.* Traducción de Reinaldo Guarany. 2. ed. São Paulo: Martins Fontes, 2006.

TULLOCK, Gordon; SELDON, Arthur; BRADY, Gordon L. *Fallas de gobierno.* Una introducción a la teoría de la elección pública. Traducción de Robert Fendt.Río de Janeiro: Instituto Liberal, 2005.

TVERSKY, Amos; KANEHMANN, Daniel.Judgment under uncertainty. Heuristics and bases. In: ------; ------; SLOVIC, Paul; (Ed.). *Judgment under uncertainty.* Heuristics and bases. Cambridge: Cambridge University Press, 2008.

VAN DIJK, Teun A. *Text and context.* Explorations in the semantics and pragmatics of discourse. London: Largman, 2001.

VILANUEVA, Lourival. *Estructuras lógicas y el sistema de derecho positivo.* 3. ed. São Paulo, 2005.

WAAL, Frans de. *Primates and philosophers.* How morality evolved. Princeton: Princeton University Press, 2006.

WHITE, D.J. *Decision theory.* Londres: Aldine Transaction, 2007.

WEBER, Max. *Economía y sociedad,* Vol. 1. Trad. de Regis Barbosa y Karen Elsabe Barbosa. 4ª ed. Brasilia: Editora UNB, 2004.

WITTGEINSTEIN, Ludwig. Tractatus Logico-Philo.

Wright, Georg Henrik von. *Norm and action.* A logical enquiry. Londres: Routledge & Kegan Paul, 1963.

TEORÍA DE LA DECISIÓN TRIBUTARIA,
de CRISTIANO CARVALHO
se imprimió en la República Argentina
en diciembre de 2017

www.ingramcontent.com/pod-product-compliance
Ingram Content Group UK Ltd.
Pitfield, Milton Keynes, MK11 3LW, UK
UKHW051914031026
15588UKWH00008B/1469

9 789567 799770